GUSTAV FREYTAG

Die Technik des Dramas

W0012259

HERAUSGEGEBEN VON
KLAUS JEZIORKOWSKI

PHILIPP RECLAM JUN. STUTTGART

Der Text folgt: Gustav Freytag: Die Technik des Dramas. Fünfte, verbesserte Auflage. Leipzig: S. Hirzel, 1886. – Die Orthographie wurde unter Wahrung des Lautstandes dem heutigen Gebrauch angeglichen, die Interpunktion behutsam modernisiert. Schwankende Schreibungen von Dramentiteln und von Namen handelnder Personen wurden zur historisch korrekten Form vereinheitlicht. Die Inhaltsübersicht, mit der die Ausgabe von 1886 schließt, wurde in der vorliegenden Ausgabe dem Text vorangestellt.

Universal-Bibliothek Nr. 7922 [4]
Alle Rechte vorbehalten. © 1983 Philipp Reclam jun., Stuttgart
Gesamtherstellung: Reclam, Ditzingen. Printed in Germany 1983
ISBN 3-15-007922-5

Inhalt

An Wolf Grafen von Baudissin 7

Einleitung. Die Technik des Dramas nichts Feststehendes.
Sichere Handwerkstüchtigkeit früherer Zeiten. Lage der Modernen. »Poetik« des Aristoteles. Lessing. Die großen Bühnenwerke als Vorbilder 11

Erstes Kapitel

Die dramatische Handlung

1. *Die Idee.* Wie das Drama in der Seele des Dichters entsteht. Herausbilden der Idee. Der Stoff und seine Umbildung. Der Geschichtschreiber und der Dichter. Die Gebiete des Stoffes. Die Umbildung des Wirklichen nach Aristoteles . . . 17
2. *Was ist dramatisch?* Erklärung. Wirkungen. Charaktere. Die Handlung. Das dramatische Leben der Charaktere. Eintreten des Dramatischen in das Menschengeschlecht. Seltenheit der dramatischen Kraft 25
3. *Einheit.* Das Gesetz. Bei den Griechen. Wie sie hervorgebracht wird. Ein Beispiel. Wie die Einheit bei geschichtlichen Stoffen nicht gewonnen wird. Falsche Einheit. Wo ein Dramenstoff zu suchen ist. Der Charakter im neueren Drama. Das Gegenspiel und seine Gefahr. Die Episode 32
4. *Wahrscheinlichkeit.* Was wahrscheinlich sei. Gesellige Wirkungen des Dramas. Das Fremdartige. Das Wunderbare. Mephistopheles. Das Vernunftwidrige. Shakespeare und Schiller 51
5. *Wichtigkeit und Größe.* Charakterschwäche. Vornehme Helden. Privatpersonen. Entwürdigung der Kunst 61
6. *Bewegung und Steigerung.* Staatsaktionen. Innere Kämpfe. Dichterdramen. Nichts Wichtiges ist wegzulassen. »Prinz von Homburg«. »Antonius und Kleopatra«. Botenszenen. Verhüllen und Wirken durch Reflexe. Wirkungen durch die Handlung selbst. Notwendigkeit der Steigerung. Gegensätze. Parallelszenen 65
7. *Was ist tragisch?* Wiefern der Dichter darum nicht zu

sorgen hat. Die Katharsis. Wirkungen des antiken Trauer-spiels. Gegensatz des deutschen Dramas. Das tragische Mo-ment. Die Peripetie und Anagnorisis   80

Zweites Kapitel

Der Bau des Dramas

1. *Spiel und Gegenspiel.* Zwei Hälften. Steigen und Sinken. Zwei Arten des Aufbaues. Drama, in welchem der Hauptheld führt. Drama des Gegenspiels. Beispiele. Schauspiel und Trau-erspiel   97
2. *Fünf Teile und drei Stellen.* Die Einleitung. Das erregen-de Moment. Die Steigerung. Das tragische Moment. Fallende Handlung. Das Moment der letzten Spannung. Die Katastro-phe. Nötige Eigenschaften des Dichters   105
3. *Bau des Dramas bei Sophokles.* Entstehung der Tragödie. Pathosszenen. Botenszenen. Dialoge. Aufführungen. Die drei Schauspieler. Umfang ihrer Leistung mit moderner vergli-chen. Einheit des Darstellers zur Verstärkung der Wirkungen benutzt. Rollenverteilung. – Ideen der erhaltenen Tragödien. Bau der Handlung. Die Charaktere. Aias als Beispiel. Eigen-tümlichkeit des Sophokles. Sein Verhältnis zu den Mythen. Die Teile der Tragödie. – »Antigone«. »König Ödipus«. »Elektra«. »Ödipus auf Kolonos«. »Trachinierinnen«. »Aias«. »Philoktetes«   125
4. *Drama der Germanen.* Bühne des Shakespeare. Ihr Ein-fluß auf den Bau der Stücke. Eigentümlichkeit Shakespeares. Seine fallende Handlung und ihre Schwächen. Bau des »Ham-let«   160
5. *Die fünf Akte.* Einfluß des Vorhangs und der modernen Bühne. Ausbildung der Akte. Die Fünfzahl. Ihre technischen Besonderheiten. Erster Akt. Zweiter. Dritter. Vierter. Fünf-ter. Beispiele. Bau des Doppeldramas »Wallenstein«   169

Drittes Kapitel

Bau der Szenen

1. *Gliederung.* Auftritte. Einheiten des Dichters. Ihre Verbindung zu Szenen. Aufbau der Szenen. Zwischenakte. Kulissenwechsel. Haupt- und Nebenszenen 185
2. *Die Szenen nach der Personenzahl.* Führung der Handlung durch die Szenen. Monologe. Botenszenen. Dialogszenen. Verschiedene Bauart. Liebesszenen. Drei Personen. – Ensembleszenen. Ihre Gesetze. Die Galeerenszene in »Antonius und Kleopatra«. Bankettszene der »Piccolomini«. Rütliszene. Reichstag im »Demetrius«. – Massenszenen. Verteilte Stimmen. – Gefechte. 191

Viertes Kapitel

Die Charaktere

1. *Völker und Dichter.* Voraussetzung des dramatischen Charakterisierens. Schaffen und Nachschaffen. – Verschiedenheit der Charaktere nach Völkern. Germanen und Romanen. – Verschiedenheit nach Dichtern. – Shakespeares Charaktere. Lessing. Goethe. Schiller 214
2. *Charaktere im Stoff und auf der Bühne.* Die Charaktere abhängig von der Handlung. Beispiel »Wallenstein«. Charaktere mit Porträtzügen. – Die geschichtlichen Charaktere. Dichter und Geschichte. Der Gegensatz zwischen Charakter und Handlung. Die epischen Helden innerlich undramatisch. Euripides. Die Deutschen und ihre Sage. – Ältere deutsche Geschichte. Beschaffenheit der historischen Helden. Innere Armut. Mischung von Gegensätzlichem. Mangel an Einheit. Einfluß des Christentums. Heinrich IV. – Stellung des Dichters zu den Erscheinungen der Wirklichkeit. – Gegensatz des Dichters und Schauspielers 230
3. *Kleine Regeln.* Die Charaktere müssen dramatische Einheiten sein. – Das Drama soll nur einen Haupthelden haben. Doppelhelden. Liebende. – Das Handeln soll auf leicht verständlichem Grundzug des Charakters beruhen. – Mischung aus böse und gut. – Der Humor. – Der Zufall. – Die Charak-

tere in den verschiedenen Akten. – Forderungen der Schauspieler. Das Bühnenbild soll dem Dichter lebhaft sein. Die Fächer des Schauspiels. Was heißt wirksam schreiben?   259

Fünftes Kapitel

Vers und Farbe

Prosa und Vers. – Der fünffüßige Jambus. – Tetrameter, Trimeter, Alexandriner, Nibelungenvers. – Das Dramatische des Verses. – Die Farbe   275

Sechstes Kapitel

Der Dichter und sein Werk

Der Dichter der Neuzeit. Die Stoffe. Die Arbeit. Das Anpassen an die Bühne. Die Striche. Die Länge des Stückes. Die Bekanntschaft mit der Bühne   289

Anmerkungen   311

Literaturhinweise   317

Nachwort   319

An
Wolf Grafen von Baudissin[1]

Sie haben wesentlichen Anteil an der großen Arbeit gehabt, durch welche Shakespeare dem deutschen Volke in das Herz geschlossen wurde, in der heiteren Muße eines schön gehaltenen Lebens haben Sie unsere Kenntnis früherer Literaturperioden nach mehr als einer Richtung gefördert, mir selbst ist die Freude geworden, mit Ihnen einzelne Kunstregeln und Hilfsmittel dichterischer Arbeit in guter Stunde durchzusprechen. So lassen Sie sich gefallen, daß Ihr Name als günstige Vorbedeutung diesem Buche vorsteht. Ein einzelner wünscht Ihnen dadurch öffentlichen Dank für vieles auszusprechen, womit Sie unserem Volke wohlgetan haben.

Was ich Ihnen darbiete, soll kein ästhetisches Handbuch sein, ja es soll vermeiden, das zu behandeln, was man Philosophie der Kunst[2] nennt. Zumeist solche Erfahrungen wünschte ich aufzuzeichnen, wie sie der Schaffende während der Arbeit und auf der Bühne erwirbt, oft mit Mühe, auf Umwegen, spät für beglückenden Erfolg. Ich hoffe, auch in dieser Gestalt mag das Buch einigen Nutzen stiften. Denn unsere Lehrbücher der Ästhetik sind sehr umfangreiche Werke und reich an geistvoller Erklärung, aber man empfindet zuweilen als Übelstand, daß ihre Lehren gerade da aufhören, wo die Unsicherheit des Schaffenden anfängt.

Die folgenden Blätter suchen also zunächst einen praktischen Nutzen, sie überliefern jüngeren Kunstgenossen einige Handwerksregeln in anspruchsloser Form. Die Veranlassung dazu fand ich in gelegentlichen Anfragen einzelner Schaffenden und in den Dramen, welche ich in der Handschrift zu lesen hatte. Wohl jeder, dem das Vertrauen anderer ein schriftliches Urteil über ein neues Stück abfordert, hat erfahren, wie schwer, ja wie unmöglich es ist, eine ehrliche Überzeugung im Raum eines Briefes so zu begründen, daß der Dichter, noch warm von der Arbeit und befangen in den beabsichtigten Wirkungen, die Billigkeit des Tadlers und die Berechtigung der fremden Ansicht erkenne. Und nicht immer ist Muße, die Handschrift zu lesen und eingehend zu antworten.

Was auf diesen Blättern in Kürze dargestellt wird, ist auch kein Geheimnis, kein neuer Fund. Fast jeder, der auf unserer Bühne einige Erfahrung erworben hat, handhabt, mehr oder weniger sicher, die folgenden Regeln. Auch nicht die möglichste Vollständigkeit technischer Vorschriften suchte ich zu erreichen. Sie lassen sich sehr häufen, jeder Schaffende besitzt seine besondere Art zu arbeiten und gewisse ihm eigene Mittel zu wirken. Es kam hier darauf an, die Hauptsache herauszuheben und dem jüngeren Dichter den Weg zu weisen, auf dem er sich selbst zu fördern vermag.

Wenn aber der Freund fragen sollte, ob, wer selbst für die Bühne schreibt, nicht vorziehe, die Arbeitsregeln durch eigene Erfindung annehmbar zu machen, so will ich dieses Buch auch entschuldigen. Es werden alljährlich in Deutschland vielleicht hundert Dramen ernsten Stils geschrieben, wohl neunzig davon verschwinden in Handschrift, ohne auf die Bühne, selbst ohne zum Druck zu gelangen. Von den zehn übrigen, welche eine Aufführung durchsetzen, geben vielleicht nicht drei den Darstellern eine würdige und lohnende Aufgabe, den Zuhörern die Empfindung eines Kunstgenusses. Und unter den vielen Werken, welche untergehen, bevor sie lebendig geworden sind, sind allerdings zahlreiche Versuche Unfähiger, aber auch manche Arbeit hochgebildeter und tüchtiger Männer. Das ist doch eine ernste Sache. Hat sich die Talentlosigkeit in Deutschland eingebürgert, und sind wir sechzig Jahre nach Schiller noch so arm an dramatischem Leben?[3]

Und sieht man solche Arbeiten näher an, so wird man die Beobachtung machen, daß hier und da sich allerdings achtungswerte Kraft regt, aber formlos, zuchtlos, mit seltsamer

Unbehilflichkeit im Herausheben der Wirkungen, welche dem Drama eigentümlich sind.

Noch immer wird den Deutschen sehr schwer, was unsere westlichen Nachbarn leicht erwerben, Verständnis dessen, was auf der Bühne darstellbar ist. Wollte man den treuen Bundesgenossen, der in Karlsruhe mit unermüdlicher Sorgfalt unbrauchbare Stücke beurteilt,[4] nach seinen Erfahrungen fragen, er würde wahrscheinlich als letzten Grund dieser dramatischen Schwäche hervorheben, daß unsere Dichter nicht selbst auf der Bühne den Ball werfen wie Sophokles[5] oder geisterhaft im Harnisch schreiten wie Shakespeare.

Dieser Übelstand läßt sich allerdings nicht beseitigen. Man kann unsere jungen Dichter nicht veranlassen, sich in dem Rollenfach zweiter Liebhaber für die Kunst zu ziehen, man kann unsere Schauspieler, denen ihre schöne Kunst zur anstrengenden Tagesarbeit geworden ist, nicht mit behaglicher Ruhe und Muße umgeben. Aber durch eine genauere Bekanntschaft mit der Bühne und ihren Bedürfnissen läßt sich für die Dichter doch vieles lernen.

Nur wird diese Bekanntschaft allein, bei der Stillosigkeit, die auch auf unsern Theatern herrscht, nicht alles bessern. Denn es scheint, daß auch unsere Schauspieler unsicher werden im Gebrauch der Kunstmittel, denen sie ihre besten Wirkungen verdanken. Deshalb, meine ich, ist die Zeit gekommen, wo ernstes Nachdenken über Gesetz und Regel nottut.

Und noch einen Grund gibt es, der solches Niederschreiben nützlich machen kann. Auch Sie haben sich die schöne Eigenschaft des reifen Alters bewahrt, hoffnungsvoll in die deutsche Zukunft zu blicken. Vielleicht scheint auch Ihnen eine Zeit nicht mehr in unerreichbarer Ferne zu liegen, in welcher der Deutsche mit Selbstgefühl und stolzem Behagen das eigene Leben mustert. Dann mag der Frühling für ein reichliches Blühen des Dramas gekommen sein. Und für diese Periode dem auflebenden Geschlecht die Pfade von einigen Dornen zu säubern, ist immerhin keine erfolglose Arbeit.

Dies Buch handelt nur von dem Drama hohen Stils, das Schauspiel ist nebenbei erwähnt.[6] Die Technik unseres Lustspiels darzustellen ist deshalb bedenklich, weil zwar zwei Arten desselben, Familienstück und Posse, bei uns eine breite und behagliche Ausbildung erhalten haben, die höchste Gattung der Komödie aber überhaupt noch kaum auf der neueren Bühne lebendig geworden ist. Ich meine die launige und humoristische Darstellung des beschränkten Empfindens, Wollens und Tuns, welche über die Anekdote des häuslichen Lebens hinausgeht und weitere Kreise menschlicher Interessen behandelt. Wenn erst Schwäche der Fürsten, politische Spießbürgerei des Städters, Hochmut des Junkertums, die zahlreichen sozialen Verbildungen unserer Zeit ihre heitere und stilvolle Verwertung in der Kunst gefunden haben, dann wird es auch eine ausgebildete Technik des Lustspiels geben.

Daß ich unter den Beispielen die Spanier und die Klassiker der Franzosen nicht aufgeführt habe, werden Sie billigen. Schönheiten und Fehler des Calderon und Racine sind nicht die unseren, wir haben von ihnen nichts mehr zu lernen und nichts zu fürchten.

Leipzig, 1863   *Gustav Freytag*

Einleitung

Daß die Technik des Dramas nichts Feststehendes, Unveränderliches sei, bedarf kaum der Erwähnung. Seit Aristoteles einige der höchsten Gesetze dramatischer Wirkung dargestellt hat,[7] ist die Bildung des Menschengeschlechts um mehr als zweitausend Jahre älter geworden; nicht nur die Formen der Kunst, Bühne und Art der Darstellung haben sich gewaltig verändert, sondern, was wichtiger ist, der geistige und sittliche Inhalt der Menschen, das Verhältnis des einzelnen zu seinem Geschlecht und zu den höchsten Gewalten des Erdenlebens, die Idee der Freiheit und die Vorstellungen von dem Wesen der Gottheit haben große Umwandlungen erfahren; ein weites Gebiet dramatischer Stoffe ist uns verloren, ein neuer, größerer Bereich gewonnen. Mit den sittlichen und politischen Grundsätzen, welche unser Leben beherrschen, haben sich auch die Vorstellungen vom Schönen und künstlerisch Wirksamen fortgebildet. Zwischen den höchsten Kunstwirkungen der griechischen Festspiele, der Autos sakramentales[8] und den Dramen zur Zeit Goethes und Ifflands[9] ist der Unterschied nicht weniger groß als zwischen dem hellenischen Chortheater, dem Mysterienbau und dem geschlossenen Salon der modernen Bühne. Man darf als sicher betrachten, daß einige Grundsetze des dramatischen Schaffens für alle Zeit Geltung behalten werden; im ganzen aber sind sowohl die Lebensbedürfnisse des Dramas in einer beständigen Entwickelung begriffen als auch die Kunstmittel, durch welche Wirkungen ausgeübt werden. Und man meine nicht, daß die Technik der Poesie nur durch die Schöpfungen der größten Dichter gefördert werde, wir dürfen ohne Selbstüberhebung sagen, daß wir gegenwärtig klarer sind über die höchsten Kunstwirkungen im Drama und über den Gebrauch der technischen Zurüstung als Lessing, Schiller und Goethe.
Der Dichter der Gegenwart ist geneigt, mit Verwunderung

auf eine Arbeitsweise hinabzusehen, welche den Bau der
Szenen, die Behandlung der Charaktere, die Reihenfolge der
Wirkungen nach einem überlieferten Lehrgebäude fester
technischer Regeln einrichtete. Leicht dünkt uns solche
Beschränkung der Tod eines freien künstlerischen Schaffens.
Nie war ein Irrtum größer. Gerade ein ausgebildetes System
von Einzelvorschriften, eine sichere, in volkstümlicher
Gewohnheit wurzelnde Beschränkung bei Wahl der Stoffe
und Bau der Stücke sind zu verschiedenen Zeiten die beste
Hülfe der schöpferischen Kraft gewesen. Ja sie sind, so
scheint es, notwendige Vorbedingung jener reichlichen
Fruchtbarkeit, welche uns in einigen Zeiträumen der Vergangenheit rätselhaft und unbegreiflich erscheinen. Noch
erkennen wir, daß die griechische Tragödie eine solche
Technik besaß und daß die größten Dichter nach Handwerksregeln schufen, welche zum Teil allen gemein waren,
zum Teil Eigentum bestimmter Familien und Genossen-
schaften sein mochten. Viele derselben waren der attischen
Kritik wohl bekannt, welche den Wert eines Stückes danach
beurteilte, ob die Peripetieszene an rechter Stelle stand und
die Pathosszene in die wünschenswerte Stärke von Mitgefühl
erregte. Daß das spanische Mantel- und Degendrama[10] die
Fäden seiner Intrige ebenfalls nach festen Regeln kunstvoll
durcheinander schob, darüber belehrt uns freilich keine
Poetik eines Kastilianers, aber wir vermögen mehre dieser
Regeln aus dem gleichförmigen Bau und den immer wiederkehrenden Charakteren sehr wohl zu erkennen, und es
würde nicht schwer sein, ein Lehrgebäude der eigentümlichen Vorschriften aus den Stücken selbst zu errichten.
Natürlich waren diese Regeln und Kunstgriffe auch für die
Zeitgenossen, denen sie nützten, nicht etwas Unveränderliches, auch sie erfuhren durch Genie und kluge Erfindung
der einzelnen so lange Ausbildung und Umformung, bis sie
erstarrten und nach einer Zeit geistloser Verwendung
zugleich mit der Schöpferkraft der Dichter verloren
wurden.

Es ist wahr, eine ausgebildete Technik, welche nicht nur die Form, auch viele ästhetische Wirkungen bestimmt, steckt der dramatischen Poesie einer Zeit auch Ziel und Grenze ab, innerhalb welcher die größten Erfolge erreicht werden, welche zu überschreiten selbst dem Genie selten möglich ist. Leicht wird solche Begrenzung in spätern Jahrhunderten als Hindernis einer vielseitigen Entwickelung aufgefaßt. Aber gerade wir Deutschen könnten uns ein abschätzendes Urteil der Nachwelt recht gern gefallen lassen, wenn wir nur jetzt die Hülfe einer gemeingültigen Technik besäßen. Denn wir leiden an dem Gegenteil einer engen Begrenzung, an übergroßer Zuchtlosigkeit und Formlosigkeit, uns fehlt ein volksmäßiger Stil, ein bestimmtes Gebiet dramatischer Stoffe, jede Sicherheit der Handgriffe; unser Schaffen ist fast nach allen Richtungen zufällig und unsicher geworden, noch heut, achtzig Jahre nach Schiller,[11] wird es dem jungen Dichter sehr schwer, sich auf der Bühne vertraut und heimisch zu bewegen.

Wenn wir aber auch darauf verzichten müssen, mit den Vorteilen der sichern und handwerksmäßigen Überlieferung zu schaffen, welche der dramatischen Kunst gerade so wie den bildenden Künsten früherer Jahrhunderte eigen war, so sollen wir doch nicht verschmähen, die technischen Regeln aus alter und neuer Zeit, welche auf unserer Bühne künstlerische Wirkungen erleichtern, zu suchen und verständig zu gebrauchen. Es versteht sich, daß diese Regeln nicht durch Willkür eines einzelnen, auch nicht durch den Einfluß eines großen Denkers oder Dichters auferlegt sein dürfen, sondern daß sie aus den edelsten Wirkungen unserer Bühne gezogen, nur das für uns Notwendige enthalten müssen, daß sie der Kritik und der schaffenden Kraft nicht als Gewaltherrscher, sondern als ehrliche Helfer zu dienen haben, und daß auch bei ihnen eine Wandlung und Fortbildung nach den Bedürfnissen der Zeit nicht ausgeschlossen wird.

Es ist immerhin auffallend, daß die technischen Hülfsregeln

früherer Zeit, nach denen der Schaffende den kunstvollen Bau des Dramas zusammenzufügen hatte, so selten durch Schrift spätern Geschlechtern überliefert sind. Zweitausendzweihundert Jahre sind vergangen, seit Aristoteles den Hellenen einen Teil dieser Gesetze darstellte. Leider ist die »Poetik« nur unvollständig auf uns gekommen, das Erhaltene ist vielleicht nur Auszug, den ungeschickte Hände gemacht haben, es hat Lücken und verderbten Text, auch scheinen einzelne Kapitel durcheinandergeworfen. Trotz dieser Beschaffenheit ist das Erhaltene für uns von höchstem Wert, die Altertumswissenschaft verdankt ihm einen Einblick in die verschüttete Bühnenwelt der Hellenen, in unsern ästhetischen Lehrbüchern bildet es noch heut die Grundlage für die Theorie der dramatischen Kunst, auch dem arbeitenden Dichter sind einige Kapitel der kleinen Schrift belehrend. Denn das Werk enthält außer einer Theorie der dramatischen Wirkungen, wie sie der größte Denker des Altertums seinen Zeitgenossen zurechtlegte, und außer mehren Grundsätzen einer volkstümlichen Kritik, wie sie der gebildete Athener vor neuen Stücken in Anwendung brachte, auch noch einige feine Handgriffe aus den dramatischen Werkstätten des Altertums, welche wir für unsere Arbeit sehr vorteilhaft verwenden können. Im folgenden wird, soweit der praktische Zweck dieses Buches erlaubt, davon die Rede sein.

Hundertundzwanzig Jahre sind es, seit Lessing den Deutschen die Geheimschrift der alten »Poetik« zu entziffern unternahm. Seine »Hamburgische Dramaturgie«[12] wurde der Ausgangspunkt für eine volksmäßige Auffassung des dramatisch Schönen. Und der siegreiche Kampf, welchen er in diesem Werk gegen die Tyrannei des französischen Geschmacks führte, wird demselben die Achtung und Liebe der Deutschen auf immer erhalten. Für unsere Zeit ist der streitende Teil der wichtigste. Wo Lessing den Aristoteles erklärt, erscheint sein Verständnis des Griechen unserer Gegenwart, welche mit reicheren Hilfsmitteln arbeitet, nicht überall genügend; wo er belehrend die Gesetze des Schaffens darlegt, ist sein Urteil begrenzt durch die enge Auffassung des Schönen und Wirkungsvollen, in welcher er damals noch selbst stand.

Freilich die beste Quelle für den Gewinn technischer Regeln sind die Dramen großer Dichter, welche ihren Zauber auf Leser und Zuschauer noch heut ausüben. Zunächst die griechischen Tragödien. Wer sich gewöhnt, von den Besonderheiten der alten Form abzusehen, der findet mit inniger Freude, daß der kunstvollste tragische Dichter der Athener, Sophokles, die Hauptgesetze des dramatischen Aufbaues mit einer beneidenswerten Sicherheit und Klugheit verwendet. Für Steigerung, Höhenpunkt und Umkehr der Handlung – den zweiten, dritten und vierten Akt unserer Stücke – ist er noch uns ein selten erreichtes Vorbild.

Etwa zweitausend Jahre nach »Ödipus auf Kolonos« schrieb Shakespeare das Trauerspiel »Romeo und Julia«, er die zweite geniale Kraft, welche der dramatischen Kunst unsterblichen Ausdruck gegeben hat. Er schuf das Drama der Germanen, seine Behandlung des Tragischen, Anordnung der Handlung, Art und Weise der Charakterbildung, Darstellung der Seelenvorgänge haben für die Einleitung des Dramas und für die erste Hälfte bis zum Höhenpunkt einige technische Gesetze, welche uns noch leiten, festgestellt.

Auf einem Umwege kamen die Deutschen zur Erkenntnis von der Größe und Bedeutung seiner Arbeit für uns. Die großen Dichter der Deutschen, billig die nächsten Muster, an denen wir uns zu bilden haben, lebten in einer Zeit des geistvollen Anstellens von Versuchen mit dem Erbe alter Vergangenheit, deshalb fehlt der Technik, welche sie erwarben, einiges von der Sicherheit und Folgerichtigkeit der Wirkungen; und gerade weil das Schöne, das sie gefunden, uns in das Blut übergegangen ist, sind wir auch verpflichtet, bei der Arbeit manches von uns abzuwehren, was bei ihnen auf unfertiger oder unsicherer Grundlage ruht.

Die Beispiele, welche in dem folgenden herangezogen werden, sind aus Sophokles, Shakespeare, Lessing, Goethe,
Schiller geholt. Denn es war wünschenswert, die Beispiele
auf allbekannte Werke zu beschränken.

Erstes Kapitel
Die dramatische Handlung

1.

Die Idee

In der Seele des Dichters gestaltet sich das Drama allmählich aus dem rohen Stoff, dem Bericht über irgend etwas Geschehenes. Zuerst treten einzelne Momente: innerer Kampf und Entschluß eines Menschen, eine folgenschwere Tat, Zusammenstoß zweier Charaktere, Gegensatz eines Helden gegen seine Umgebung, so lebhaft aus dem Zusammenhange mit anderen Ereignissen heraus, daß sie Veranlassung zur Umbildung des Stoffes werden. Diese Umbildung geht so vor sich, daß die lebhaft empfundene Hauptsache in ihrer die Menschenseele fesselnden, rührenden oder erschütternden Bedeutung aufgefaßt, von allem zufällig daran Hängenden losgelöst und mit einzelnen ergänzenden Erfindungen in einen einheitlichen Zusammenhang von Ursache und Wirkung gebracht wird. Die neue Einheit, welche dadurch entsteht, ist die Idee des Dramas. Sie wird der Mittelpunkt, an welchen weitere freie Erfindung wie in Strahlen anschießt, sie wirkt mit ähnlicher Gewalt wie die geheimnisvolle Kraft der Kristallbildung, durch sie wird Einheit der Handlung und Bedeutung der Charaktere, zuletzt der gesamte Bau des Dramas hervorgebracht.

Wie der rohe Stoff zu einer poetischen Idee vergeistigt wird, soll das folgende Beispiel zeigen. Ein junger Dichter des vorigen Jahrhunderts liest folgende Zeitungsanzeige: »Stuttgart vom 11. Am gestrigen Tage fand man in der Wohnung des Musikus Kritz dessen älteste Tochter Luise und den herzoglichen Dragoner-Major Blasius von Böller tot auf dem Boden liegen. Der aufgenommene Tatbestand und die ärztliche Untersuchung ergaben, daß beide durch getrunkenes Gift vom Leben gekommen waren. Man spricht von einem Liebesverhältnis, welches der Vater des Majors, der bekannte Präsident von Böller, zu beseitigen versucht habe. Das Schicksal des wegen seiner Sittsamkeit allgemein geachteten Mädchens erregt die Teilnahme aller fühlenden Seelen.«[13]

Über diesen gegebenen Stoff bildet, durch Mitgefühl aufgeregt, die Phantasie des Dichters den Charakter eines feurigen und leidenschaftlichen Jünglings, eines unschuldigen, zartfühlenden Mädchens. Der Gegensatz zwischen der Hofluft, aus welcher der Liebende hervorgetreten ist, und dem engen Kreis eines kleinen bürgerlichen Haushalts wird lebhaft empfunden. Der feindliche Vater wird zu einem herzlosen, ränkevollen Hofmann. Zwingend macht sich das Bedürfnis geltend, den furchtbaren Entschluß eines lebensfrischen Jünglings, der bei solchem Verhältnis von ihm ausgegangen scheint, zu erklären. Diesen innern Zusammenhang findet der schaffende Dichter in einer Täuschung, welche durch den Vater in die Seele des Sohnes geworfen wird, in dem Verdachte von der Untreue der Geliebten. Auf solche Weise macht der Dichter den Bericht sich und andern verständlich, indem er frei erfindend einen innern Zusammenhang hineinträgt. Es sind dem Anschein nach kleine Ergänzungen, aber sie schaffen ein ganz selbständiges Bild, welches der wirklichen Begebenheit als etwas Neues gegenübersteht und etwa folgenden Inhalt hat: Einem jungen Edelmann wird durch den Vater die Eifersucht gegen seine bürgerliche Geliebte so heftig aufgeregt, daß er sie und sich durch Gift tötet. Durch diese Umbildung ist ein Ereignis der Wirklichkeit zu einer dramatischen Idee geworden. Von jetzt ab ist das wirkliche Ereignis dem Dichter unwesentlich, der Ort, die Familiennamen fallen ab, ob in der Tat der Hergang so war, wie der Toten und ihrer Eltern Charakter und Stellung war, kümmert durchaus nicht mehr; warme Empfindung und die erste Regung schöpferischer Kraft haben der Begebenheit einen allgemein verständlichen Inhalt und eine innere Wahrheit gegeben. Die Voraussetzungen des Stückes sind nicht mehr zufällige und in einem einzelnen Fall vorhandene, sie könnten gerade so hundertmal wieder eintreten, und bei den angenommenen Charakteren und dem gefundenen Zusammenhang würde der Ausgang immer wieder derselbe sein.

Hat der Dichter auf solche Weise den Stoff mit seiner Seele erfüllt, dann nimmt er etwa noch aus dem wirklichen Bericht, was ihm paßt, den Titel des Vaters und Sohnes, Vorname der Braut, Geschäft ihrer Eltern, vielleicht noch Einzelzüge, welche sich ihm für Verwertung bequem fügen. Und daneben geht die weitere schöpferische Arbeit; die Hauptcharaktere entwickeln sich bis in ihre Einzelheiten und dazu die Nebenfiguren: ein ränkevoller Helfer des Vaters, ein anderes Weib im Gegensatz zu der Geliebten, die Persönlichkeiten der Eltern. Neue Momente der Handlung treten hinzu, alle diese Erfindungen durch die Idee bestimmt und gerichtet.

Diese Idee, der erste Fund des Dichters, die stille Seele, durch welche er den von außen an ihn tretenden Stoff vergeistigt, tritt ihm selbst nicht leicht als Gedanke gegenüber, sie hat nicht die farblose Klarheit eines abgezogenen Begriffes. Im Gegenteil ist das Eigentümliche bei solcher Arbeit der Dichterseele, daß die Hauptteile der Handlung, das Wesen der Hauptcharaktere, ja auch etwas von der Farbe des Stückes zugleich mit der Idee in der Seele aufleuchten zu einer untrennbaren Einheit verbunden, und daß sie sofort wie ein Lebendes wirken, nach allen Seiten weitere Bildungen erzeugend. So ist allerdings möglich, daß dem Dichter die Idee seines Stückes, die er doch sehr sicher in der Seele trägt, niemals während dem Schaffen zur Ausbildung in Worten gelangt, und daß er sich erst später durch Nachdenken seine innere Habe in das geprägte Metall der Rede umsetzt und als Grundgedanken seines Dramas begreift. Möglich sogar, daß er als Schaffender die Idee richtiger nach den Gesetzen seiner Kunst empfunden hat, als er sich den

Grundgedanken des Werkes in einem Satze zusammenfaßt.

Wenn es für ihn aber auch unbequem, zuweilen schwierig
ist, die Idee des werdenen Stückes in eine Formel abzuzie-
hen und in Worten zu beschreiben, so wird er doch gut tun,
diese Abkühlung seiner warmen Seele schon im Beginn der
Arbeit einmal zuzumuten und scharf prüfend die gefundene
Idee nach den Grundbedingungen des Dramas zu beurteilen. Auch für den Fremden ist es lehrreich, aus dem fertigen
Kunstwerk die verborgene Seele zu suchen und, wie unvollständig das auch immer möglich sei, in eine Formel zu
fassen. Es läßt sich manches daraus erkennen, was für die
einzelnen Dichter charakteristisch ist. Es sei z. B. die
Grundlage »Maria Stuart«: aufgeregte Eifersucht einer
Königin treibt zur Tötung ihrer gefangenen Gegnerin. Und
wieder von »Kabale und Liebe«: aufgeregte Eifersucht eines
jungen Adlichen treibt zur Tötung seiner bürgerlichen
Geliebten, so wird diese nackte Formel zwar der ganzen
Fülle des farbigen Lebens enthoben sein, welches im Gemüt
des Schaffenden an der Idee haftet; trotzdem wird einiges
Eigentümliche an dem Bau beider Stücke schon aus ihr
deutlich werden, z. B. daß der Dichter bei solcher Grundlage in die Notwendigkeit versetzt war, den ersten Teil der
Handlung vorzudichten, welcher das Entstehen der Eifersucht erklärt, daß also die treibende Kraft in den Hauptcharakteren selbst erst von der Mitte des Stückes aus wirksam
wird, und daß die ersten Akte bis zum Höhenpunkt vorzugsweise die Bestrebungen der Nebenfiguren enthalten,
diese tödliche Tätigkeit eines der Hauptcharaktere zu erregen. Er wird ferner bemerken, wie ähnlich im letzten
Grunde Motiv und Bau dieser beiden Dramen Schillers ist
und wie beide eine überraschende Ähnlichkeit mit Idee und
Anlage des gewaltigeren »Othello« haben.

Der Stoff, welcher durch die dramatische Idee umgebildet
wird, ist entweder vom Dichter eigens für sein Drama
erfunden, oder er ist eine Anekdote aus dem Leben, welches

den Dichter umgibt, oder ein Bericht, den die Geschichte
darbietet, oder der Inhalt einer Sage, Novelle, poetischen
Erzählung. In jedem dieser Fälle, wo der Dichter Vorhande-
nes benutzt, ist der Stoff bereits durch das Eindringen einer
Idee mehr oder weniger vermenschlicht. Sogar in der oben
erdachten Zeitungsanzeige ist die beginnende Umbildung
bereits erkennbar. In dem letzten Satze: »Man spricht von
einem Liebesverhältsnis, welches usw.« macht der Berichterstatter den ersten Versuch, die Tatsachen in eine innerlich
zusammenhängende Geschichte zu wandeln, den Unglücks-
fall zu erklären und den Liebenden dadurch erhöhte Teilnahme zu verleihen, daß ihrem Wesen ein anziehender
Inhalt gegeben wird. Dieser Vorgang des Umdeutens, durch
welchen wirklichen Ereignissen ein den Bedürfnissen des
Gemüts entsprechender Inhalt und Zusammenhang verliehen wird, ist kein Vorrecht des Dichters. Neigung und
Fähigkeit dazu sind in allen Menschen und zu allen Zeiten
tätig. Jahrtausende lang hat das Menschengeschlecht alles
Leben des Himmels und der Erde sich so umgedeutet, es hat
seine Vorstellungen von dem göttlichen Wesen mit menschlichen Ideen überreichlich erfüllt. Alle epische Sage ist aus
einer solchen Umwandlung religiöser, naturhistorischer und
zuweilen geschichtlicher Eindrücke in poetische Ideen hervorgegangen. Noch jetzt, seit die historische Bildung uns
beherrscht und die Achtung vor dem tatsächlichen Zusammenhange der Weltbegebenheiten hoch gestiegen ist, erweist
sich im Größten wie im Kleinsten dieser Drang, die Ereignisse zu erklären. Bei jeder Anekdote, ja in dem unliebsa-
men Geklätsch der Gesellschaft ist dieselbe Tätigkeit sichtbar, mag nun das Wirkliche durch den Trieb umgewandelt
werden, irgendeinen Zug des kleinen Lebens heiter und
anmutig darzustellen, oder aus dem Bedürfnis des Erzählers,
sich selbst im Gegensatz zu andern Menschen als sicherer
und besser zu empfinden.
Auch der geschichtliche Stoff ist durch den Historiker
bereits vermittelst einer Idee geordnet, bevor der Dichter

sich seiner bemächtigt. Die Ideen des Geschichtschreibers sind allerdings nicht poetische, aber auch sie wirken bestimmend und bildend auf alle Teile des Werkes, welches durch sie hervorgerufen wird. Wer das Leben eines Mannes beschreibt, wer einen Abschnit der vergangenen Zeit darstellt, auch er muß nach festen Gesichtspunkten die chaotische Stoffmasse ordnen, Unwesentliches ausscheiden, die Hauptsachen hervorheben. Noch mehr: er muß den Inhalt eines Menschenlebens oder einer Zeit zu verstehen suchen, ureigene Grundzüge, einen innern Zusammenhang der Ereignisse zu finden bemüht sein. Aber freilich zunächst einen innern Zusammenhang seines Stoffes mit vielem andern, außerhalb Liegenden, das er nicht darstellt. Ja, er muß sogar in einzelnen Fällen die Überlieferung ergänzen und Unverständliches dadurch deuten, daß er den möglichen und wahrscheinlichen Inhalt desselben findet. Er wird endlich auch bei der Anordnung seines Werkes durch Gesetze des Schaffens bestimmt, welche zahlreiche Übereinstimmungen mit den Kompositionsgesetzen des Dichters haben. Und er vermag durch sein Wissen und seine Kunst aus dem rohen Stoffe ein Bewunderung erregendes Bild zu schaffen, den mächtigsten Eindruck auf die Seele des Lesers hervorzubringen. Aber er unterscheidet sich von dem Dichter dadurch, daß er gewissenhaft das wirklich Geschehene so zu verstehen sucht, wie es tatsächlich in die Erscheinung getreten war, und daß der innere Zusammenhang, den er sucht, durch eine Weltordnung hervorgebracht wird, welche wir als göttlich, unendlich, unfaßlich verehren. Dem Geschichtschreiber ist der Tatbestand selbst und die Bedeutung desselben für den menschlichen Geist der höchste Fund. Dem Dichter ist das Höchste die schöne Wirkung der eigenen Erfindung, ihr zuliebe wandelt er behaglich spielend den wirklichen Tatbestand. Deshalb ist dem Dichter jedes Werk des Geschichtschreibers, wie vollständig dasselbe auch durch die aus dem Inhalte erkannte geschichtliche Idee belebt sein mag, doch nichts als roher Stoff, gleich

einem Tagesereignis, und die kunstvollste Behandlung durch
den Historiker ist ihm nur insoweit brauchbar, als sie ihm
das Verständnis einer Begebenheit erleichtert. Hat der Dichter durch die Geschichte Teilnahme an der Person des
Kriegsfürsten Wallenstein gewonnen, empfindet er aus dem
Bericht lebhaft einen gewissen Zusammenhang zwischen
den Taten und dem Geschick des Mannes, wird er durch
auffallende Einzelzüge des wirklichen Lebens gerührt oder
erschüttert, so beginnt bei ihm der Vorgang des Umbildens
damit, daß er Taten und Untergang des Helden in vollständig begreiflichen und ergreifenden Zusammenhang bringt
und daß er sich das Wesen des Helden so umbildet, wie es
für eine rührende und erschütternde Wirkung der Handlung
wünschenswert ist. Was in dem geschichtlichen Charakter
vielleicht nur eine Nebenursache war, wird zur Grundlage
seines Wesens, der finstere, schreckliche Bandenführer
nimmt etwas von der Natur des Dichters an, er wird ein
hochsinniger, träumerisch nachdenklicher Mann. Diesem
Charakter gemäß werden die Begebenheiten umgedeutet,
alle andern Charaktere bestimmt, Schuld und Schicksale
gerichtet. Durch solches Idealisieren ist Schillers »Wallenstein« entstanden, eine Gestalt, deren fesselnde Züge mit
dem Antlitz des geschichtlichen Wallenstein nur wenig
gemein haben. Freilich wird der Dichter sich zu hüten
haben, daß in seiner Erfindung nicht ein für seine Zeitgenossen empfindlicher Gegensatz zu der historischen Wahrheit
hervortrete. Wie sehr der neuere Dichter durch solche
Rücksicht eingeengt wird, soll später ausgeführt werden.
Es wird dabei von der Persönlichkeit des Dichters abhängen,
ob den ersten Reiz zu seiner poetischen Tätigkeit fesselnde
Charakterzüge der Menschen oder das Schlagende des wirklichen Geschickes oder vielleicht gar die interessante Zeitfarbe abgibt, welche er schon in dem geschichtlichen Bericht
vorfindet. Von dem Augenblick aber, wo ihm der Reiz und
die Wärme gekommen sind, deren er zum Schaffen bedarf,
verfährt er, wie treu er sich auch scheinbar an den geschicht-

lichen Stoff anlehne, doch in der Tat mit unumschränkter Freiheit. Er verwandelt allen für ihn brauchbaren Stoff in dramatische Momente.*

Aber auch, wo der Dichter einen Stoff aufnimmt, der bereits nach Gesetzen des epischen Schaffens mehr oder weniger vollständig geordnet ist als Heldengedicht, Sage, kunstvoll durchgebildete Erzählung, ist ihm das für eine andere Gattung der Poesie Fertige nur Stoff. Und man meine nicht, daß eine Begebenheit und ihre Personen, welche durch so nahe verwandte Kunst bereits verklärt sind, schon deshalb für das Drama bessere Zurichtung haben. Im Gegenteil ist gerade

---

* Schon Aristoteles hat diesen ersten Fund des Dichters, das Herausbilden der poetischen Idee tiefsinnig erfaßt. Wenn er die Poesie der Geschichte als philosophischer und bedeutender gegenüberstellt, weil die Poesie das allen Menschen Gemeinsame darstelle, die Geschichte aber das Zufällige und Einzelne berichte, und weil die Geschichte vorführe, was geschehen ist, die Poesie, wie es hätte geschehen können, so werden wir Modernen, die wir von der Wucht und Größe der geschichtlichen Ideen durchdrungen sind, zwar die vergleichende Schätzung zweier grundverschiedenen Gebiete des Schaffens ablehnen, aber wir werden die Feinheit seiner Begriffsbestimmung zugeben. Gleich darauf deutet er den Vorgang des Idealisierens in einem oft mißverstandenen Satze an. Er sagt (Kap. 9,4): »Jenes menschlich Gemeinsame der Poesie wird dadurch hervorgebracht, daß Reden und Handlungen der Charaktere als wahrscheinlich und notwendig erscheinen, und dies gemein Menschliche arbeitet die Poesie aus dem rohen Stoff heraus, und *sie* (die Poesie) setzt den Personen die zweckmäßigen Namen auf« – οὐ στοχάζεται ἡ ποίησις ὀνόματα ἐπιτιθεμένη –, mag sie nun die in dem Stoff vorhandenen benutzen oder neue erfinden. Schon Aristoteles war nämlich der Ansicht, daß der Dichter beim Beginn seiner Arbeit wohl tue, sich zuvörderst den Stoff, der ihn angezogen hat, auch in einer von allen Zufälligkeiten entkleideten Formel gegenüber zu stellen, und er führt dies an einer andern Stelle (Kap. 17,6. 7) weiter aus. »Die Iphigeneia und der Orestes des Dramas sind durchaus nicht mehr dieselben wie in dem überlieferten Stoff. Es ist für den schaffenden Dichter zunächst fast zufällig, daß sie diese Namen behalten. Erst wenn der Dichter seine Handlungen und Charaktere aus dem Zufälligen, Wirklichen, einmal Geschehenen herausgehoben und an dessen Stelle einen gemeingültigen Inhalt gesetzt hat, der uns als wahrscheinlich und notwendig erscheint, erst dann soll er wieder Farbe und Ton, Namen und Nebenumstände aus dem rohen Stoff verwenden.« (Kap. 18,7.) Deshalb ist auch möglich, daß Dramen, welche aus sehr verschiedenen Stoffkreisen genommen sind, im letzten Grunde denselben Inhalt – oder wie wir das ausdrücken, dieselbe poetische Idee – darstellen. Das ist der Sinn der angezogenen Stellen.

zwischen den großen Gebilden der epischen Poesie, welche Begebenheiten und Helden schildert, wie sie *neben*einander stehen, und zwischen der dramatischen Kunst, welche Handlungen und Charaktere darstellt, wie sie *durch*einander werden, ein tiefer Gegensatz, der für den Schaffenden nicht leicht zu bewältigen ist. Sogar der poetische Reiz, den diese zugerichteten Gebilde auf seine Seele ausüben, mag ihm erschweren, dieselben nach den Lebensbedingungen seiner Kunst umzubilden. Das griechische Drama hat ebenso hart mit seinen Stoffen gerungen, welche dem Epos entnommen waren, als die geschichtlichen Dichter unserer Zeit mit der Umwandlung der geschichtlichen Ideen in dramatische.

Einen Stoff nach einheitlicher Idee künstlerisch umbilden heißt ihn idealisieren. Die Personen des Dichters werden, gegenüber ihren Stoffbildern aus der Wirklichkeit, mit einem bequemen Handwerksausdruck Ideale genannt.

2.
Was ist dramatisch?

Dramatisch sind diejenigen starken Seelenbewegungen, welche sich bis zum Willen und zum Tun verhärten, und diejenigen Seelenbewegungungen, welche durch ein Tun aufgeregt werden; also die innern Vorgänge, welche der Mensch vom Aufleuchten einer Empfindung bis zu leidenschaftlichem Begehren und Handeln durchmacht, sowie die Einwirkungen, welche eigenes und fremdes Handeln in der Seele hervorbringt; also das Ausströmen der Willenskraft aus dem tiefen Gemüt nach der Außenwelt und das Einströmen bestimmender Einflüsse aus der Außenwelt in das Innere des Gemüts; also das *Werden* einer Tat und ihre *Folgen* auf das Gemüt.

Nicht dramatisch ist die Aktion an sich und die leidenschaftliche Bewegung an sich. Nicht die Darstellung einer Leidenschaft an sich, sondern der Leidenschaft, welche zu einem Tun leitet, ist die Aufgabe der dramatischen Kunst; nicht die Darstellung einer Begebenheit an sich, sondern ihrer Einwirkung auf die Menschenseele ist Aufgabe der dramatischen Kunst. Ausführung leidenschaftlicher Seelenbewegungen als solcher ist Sache der Lyrik, Schilderung fesselnder Begebenheiten ist Aufgabe des Epos.

Beide Richtungen, in denen das Dramatische sich äußert, sind allerdings nicht grundverschieden. Auch während der Mensch in der Spannung und Arbeit ist, sein Inneres nach außen zu wenden, wirkt seine Umgebung fördernd oder hemmend auf seine leidenschaftliche Bewegung. Und wieder, auch während das Getane auf ihn zurückwirkt, beharrt er nicht aufnehmend, sondern erhält durch die Aufnahme neue Bewegungen und Wandlungen. Dennoch ist ein Unterschied in der Wirkung beider eng verbundenen Vorgänge. Den höchsten Reiz hat immer der erste Vorgang, der innere Kampf des Menschen bis zur Tat. Der zweite fordert mehr äußerliche Bewegung, ein stärkeres Zusammenwirken verschiedener Kräfte, fast alles, was die Schaulust vergnügt, gehört ihm an; und doch ist er, wie unentbehrlich er dem Drama sei, vornehmlich ein Befriedigen erregter Spannung, und leicht eilt über ihn hinweg die Ungeduld des nachschaffenden Hörers, eine neue leidenschaftliche Spannung im Innern der Helden suchend. Was *wird*, nicht, was als ein Gewordenes Staunen erregt, fesselt am meisten.

Da die dramatische Kunst Menschen darstellt, wie ihr Inneres nach außen wirkt oder durch Einwirkungen von außen ergriffen wird, so muß sie folgerecht die Mittel benützen, durch welche sie den Zuhörern diese Vorgänge der Menschennatur verständlich machen kann. Diese Mittel sind Rede, Ton, Gebärde. Sie muß ihre Menschen vorführen als sprechend, singend, im Gebärdenspiel. Die Poesie gebraucht also zu Gehülfen für ihre Darstellung die Musik und Schauspielkunst.

In engem Verbande mit ihren helfenden Künsten, in kräftiger, geselliger Arbeit, sendet sie ihre Bilder in die Seelen der Aufnehmenden, welche zugleich Hörende und Schauende sind. Die Eindrücke, welche sie hervorbringt, werden *Wirkungen* genannt. Die dramatischen Wirkungen haben eine sehr eigentümliche Beschaffenheit, sie unterscheiden sich nicht nur von den Wirkungen der bildenden Künste durch nachdrücklichere Kraft und die allmähliche gesetzmäßige Steigerung in bestimmtem Zeitmaß, sondern auch von den mächtigen Wirkungen der Musik dadurch, daß sie durch *zwei* Sinne zugleich einströmen und daß sie nicht allein das Empfindungsleben, sondern auch die Denkkraft des Hörers reizvoll spannen.

Schon aus dem Gesagten ist klar, daß die nach den Bedürfnissen dramatischer Kunst zugerichteten Personen einiges Besondere in ihrem Wesen haben müssen, was sie nicht nur von den unendlich mannigfaltigeren und komplizierteren Menschenbildern, welche uns das wirkliche Leben in die Seele drückt, unterscheidet, sondern auch von den poetischen Gebilden, welche durch andere Gattungen der Kunst, das Epos und den Roman oder die Lyrik, wirksam gemacht werden. Die dramatische Person soll menschliche Natur darstellen, nicht wie sie sich tätig und gefühlvoll in ihrer Umgebung regt und spiegelt, sondern ein großartig und leidenschaftlich bewegtes Innere, welches danach ringt, sich in die Tat umzusetzen, Wesen und Tun anderer umgestaltend zu leiten. Der Mensch des Dramas soll in starker Befangenheit, Spannung und Wandlung erscheinen; vorzugsweise die Eigenschaften werden bei ihm in Tätigkeit dargestellt, welche im Kampf mit anderen Menschen zur Geltung kommen, Energie der Empfindung, Wucht der Willenskraft, Beschränktheit durch leidenschaftliches Begehren, gerade die Eigenschaften, welche den Charakter bilden und durch den Charakter verständlich werden. Es geschieht also nicht ohne Grund, daß die Kunstsprache kurzweg die Personen des Dramas *Charaktere* nennt.

Aber die Charaktere, welche durch die Poesie und ihre helfenden Künste vorgeführt werden, vermögen ihr inneres Leben nur zu betätigen an einem Geschehenden, als Teilnehmer an einer Begebenheit, deren Verlauf und innerer Zusammenhang durch die dramatischen Vorgänge in der Seele der Helden dem Zuhörer deutlich wird. Diese Begebenheit, wenn sie nach den Bedürfnissen der Kunst zugerichtet ist, heißt die *Handlung*.*

Jeder Teilnehmer an der dramatischen Handlung hat eine bestimmte Stellung zum Ganzen, für jeden ist eine genau umschriebene Persönlichkeit notwendig, welche so beschaffen sein muß, daß das Zweckvolle derselben vom Zuhörer mit Behagen empfunden, das Menschliche und Eigentümliche von dem Schauspieler durch die Mittel seiner Kunst wirksam dargestellt werden kann.

Jene Seelenvorgänge, welche oben als die dramatischen bezeichnet wurden, werden allerdings nicht an jeder der dargestellten Personen vollständig sichtbar, zumal nicht auf der neuern Bühne, welche liebt, eine größere Anzahl von Menschen als Träger ihrer Handlung aufzuführen. Aber die Hauptpersonen müssen davon erfüllt sein, nur wenn diese ihr Wesen in der angegebenen Weise kräftig, reichlich und bis zu den geheimsten Falten des Innern darlegen, vermag das Drama große Wirkungen hervorzubringen. Wird an den Hauptpersonen dies letzte Dramatische nicht sichtbar und nicht dem Aufnehmenden eindringlich, so fehlt dem Drama das Leben, es wird eine gekünstelte, leere Form ohne den entsprechenden Inhalt, das anspruchsvolle Zusammenwir-

---

* Die wenigen technischen Ausdrücke verlangen vom Leser eine unbefangene Aufnahme. Mehre derselben haben auch im Tagesgebrauch seit den letzten hundert Jahren einige feinere Wandelungen der Bedeutung durchgemacht. Was hier Handlung heißt: der für das Drama bereits zugerichtete Stoff (bei Aristoteles Mythos, bei den Römern Fabula), das heißt bei Lessing noch zuweilen Fabel, während er den rohen Stoff, Praxis oder Pragma des Aristoteles, durch Handlung übersetzt. Aber auch Lessing gebraucht schon zuweilen das Wort Handlung besser, so wie es hier verwendet wird.

ken mehrer verbundener Künste macht diese Leere doppelt peinlich.

Neben den Hauptpersonen erhalten ihre Gehilfen, je nach dem Raum, welchen sie im Stück einnehmen, mehr oder weniger Anteil an diesem dramatischen Leben. Und völlig schwindet es auch in den kleinsten Rollen nicht, selbst bei den Personen, welche nur durch wenige Worte ihre Teilnahme erweisen können; bei dem Begleiter, dem Anmeldenden wird wenigstens der Schauspielkunst die Pflicht, durch Tracht, Sprechweise, Haltung, Gebärde, Aufstellung der eintretenden Person den für das Stück zweckmäßigen Inhalt derselben äußerlich darzustellen, wenn auch knapp und bescheiden.

Da aber die Darstellung derjenigen Seelenvorgänge, welche Vorrecht und Bedürfnis des Dramas sind, Zeit in Anspruch nimmt, und dem Dichter je nach der Gewohnheit seines Volkes auch das Zeitmaß für seine Wirkungen begrenzt ist, so folgt schon hieraus, daß die dargestellte Begebenheit die Hauptpersonen weit stärker hervorheben muß, als bei einem Ereignis der Wirklichkeit, welches durch gemeinsame Tätigkeit mehrer Menschen hervorgebracht wird, notwendig ist.

Die Fähigkeit, dramatische Wirkungen durch die Kunst hervorzubringen, ist dem Menschengeschlecht nicht in jedem Zeitraum seines Daseins verliehen. Die dramatische Poesie erscheint später als Epos und Lyrik;[14] ihre Blüte in einem Volke hängt allerdings von dem glücklichen Zusammentreffen vieler hervortreibender Kräfte ab, zunächst aber davon, daß in dem wirklichen Leben der Volksgenossen die entsprechenden Seelenvorgänge bereits häufig und reichlich sichtbar werden. Und dies ist erst möglich, wenn das Volk eine gewisse Höhe der Entwickelung erreicht hat, wenn die Menschen gewöhnt sind, sich selbst und andere *vor* den Momenten einer Tat scharfsichtig zu beobachten, wenn die Sprache einen hohen Grad von Beweglichkeit und gewandter Dialektik ausgebildet hat, wenn der einzelne nicht mehr

durch den epischen Bann alter Überlieferung und äußerer
Gewalt, durch hergebrachte Formel und volksgemäße
Gewohnheit gefesselt wird, sondern sich freier das eigene
Leben zu formen vermag. Wir unterscheiden zwei Zeit-
räume, in denen das Dramatische dem Geschlecht der Erde
gekommen ist. Zum ersten Mal trat diese Vertiefung der
Menschenseele in die antike Welt etwa um das Jahr
500 v. Chr.,[15] als sich das jugendliche Selbstgefühl der freien
hellenischen Stadtgemeinden mit der Blüte des Handels, der
öffentlichen Reden und der Teilnahme des Bürgers am Staat
erhob. Das zweite Mal trat das Dramatische in die neuere
Völkerfamilie Europas nach der Reformation zugleich mit
der Vertiefung des Gemütes und Geistes, welche durch das
sechzehnte Jahrhundert sowohl bei den Germanen als
bei den Romanen[16] – in sehr verschiedener Weise –
hervorgebracht wurde. Allerdings hatten schon Jahrhunderte vor dem Eintritt dieser kräftigen Seelenarbeit sowohl
die Hellenen als die Stämme der Völkerwanderung sich die
ersten Anfänge einer Redeweise und Kunst des Gebärden-
spiels entwickelt, welche das Dramatische suchte. Dort wie
hier hatten große Götterfeste einen Gesang in feierlicher
Tracht und das Spiel volkstümlicher Masken veranlaßt. Aber
das Eintreten der dramatischen Kraft in diese lyrischen oder
epischen Schaustellungen war doch beide Male ein wunder-
bar schnelles, fast plötzliches. Beide Male entfaltete sich das
Dramatische von dem Augenblick, in dem es lebendig
wurde, mit großer Kraft zu einer Schönheit, welche durch
die spätern Jahrhunderte nicht leicht erreicht wurde. Unmittelbar nach den Perserkriegen kamen Äschylos, Sophokles,
Euripides dicht hintereinander herauf. Kurz nach der Reformation erwuchs in der Völkerfamilie Europas zuerst bei den
Engländern und Spaniern, dann bei den Franzosen, endlich
bei den zurückgebliebenen Deutschen aus unbehilflicher
Schwäche die höchste volksmäßige Blüte der seltenen
Kunst.
Aber darin unterscheidet sich jener ältere Eintritt des Dra-

matischen in die alte Welt, daß das Drama des Altertums aus
lyrischem Chorgesang hervorwuchs, während das neuere
auf der epischen Freude an Vorführung wichtiger Begebenheiten beruht. Dort war im ersten Anfange die leidenschaftliche Aufregung des Gefühls, hier das Schauen eines Ereignisses reizvoll gewesen. Diese Verschiedenheit des Ur-
sprungs hat auch nach der kunstvollen Ausbildung Form
und Inhalt des Dramas mächtig beeinflußt und, wie erhaben
die besten Leistungen der Kunst in beiden Zeiträumen wurden, sie behielten etwas wesentlich Veschiedenes.

Aber selbst nachdem das dramatische Leben in dem Volke
aufgegangen war, blieben die höchsten Kunstwirkungen der
Poesie ein Vorrecht weniger, auch seit dieser Zeit wird die
dramatische Kraft nicht jedem Dichter zuteil; ja sie füllt
nicht jedes Werk, auch der größten Dichter, mit genügender
Gewalt. Wir dürfen schließen, daß schon zur Zeit des
Aristoteles jene prunkvollen Schaustücke mit einfacher
Handlung, ohne charakteristisches Begehren der Hauptfiguren, mit lose eingehängten Chören, wie er sie beschreibt,
vielleicht lyrische Schönheiten hatten, aber keine dramatischen. Und unter den geschichtlichen Dramen, welche jetzt
in Deutschland jährlich geschrieben werden, enthält die
größere Hälfte wenig mehr als dialogisierte und verstüm-
melte Geschichte, etwa epischen Stoff in szenischer Form,
ebenfalls nicht dramatischen Inhalt. Ja auch einzelne Werke
großer Dichter kranken an demselben Mangel. Nur zwei
berühmte Dramen seien hier genannt. Die »Hekabe« des
Euripides[17] zeigt bis gegen das Ende nur kleine, durchaus
ungenügende Fortschritte aus der bewegten Stimmung zu
einem Tun: erst im Schlußkampf gegen Polymestor erweist
Hekabe eine Leidenschaft, die zum Willen wird, erst da
beginnt eine dramatische Spannung, bis dahin floß aus kurz
skizzierten leidenvollen Zuständen der Hauptpersonen nur
lyrische Klage. Und wieder in Shakespeares »Heinrich V.«[18], in dem der Dichter ein vaterländisches Volks-
stück nach den alten epischen Gewohnheiten seiner Bühne

dichten wollte, mit kriegerischen Aufzügen, Gefechten, kleinen Episoden, ist weder an dem Hauptcharakter noch den Nebenfiguren eine tiefe Begründung ihres Tuns aus dramatisch darstellbaren Motiven sichtbar. In kurzen Wellen kräuselt sich Wunsch und Forderung, die Handlungen selbst sind die Hauptsache. Die Vaterlandsliebe muß warme Teilnahme an der Handlung aufregen, was sie allerdings in Shakespeares Zeit und Volk reichlich getan hat. Für uns ist das Drama weniger darstellbar als die Teile »Heinrichs VI.«[19] – Dagegen enthält, um nur einige Stücke desselben Dichters zu nennen, »Macbeth« bis zur Bankettszene, der ganze »Coriolan«, »Othello«, »Romeo und Julia«, »Julius Cäsar«, »Lear« bis zur Hüttenszene, »Richard III.« das machtvollste Dramatische, welches je von einem Germanen geschaffen worden.

Nach der starken Spannung der Hauptpersonen aber schätzt in der Regel schon die Mitwelt, in jedem Fall die Folgezeit die Bedeutung eines Dramas. Wo dies Leben fehlt, vermag keine Kunst der Behandlung, kein günstiger Stoff das Werk lebendig zu erhalten. Wo dies dramatische Leben vorhanden ist, betrachtet auch noch späte Folgezeit ein Dichterwerk mit lebhafter Achtung und übersieht ihm gern große Mängel.

3.

Einheit der Handlung

Die Handlung des Dramas ist die nach einer Idee angeordnete Begebenheit, deren Inhalt durch die Charaktere vorgeführt wird.

Sie ist aus vielen Einzelheiten zusammengesetzt und besteht aus einer Anzahl dramatischer Momente, welche nacheinander in gesetzlicher Gliederung wirksam werden.

Die Handlung des ernsten Dramas muß folgende Eigenschaften haben:

Sie muß eine festgeschlossene Einheit bilden.
Dies berühmte Gesetz hat bei Griechen und Römern, bei
Spaniern und Franzosen, bei Shakespeare und den Deut-
schen sehr verschiedene Anwendung erfahren, welche zum
Teil durch die Kunstgelehrten, zum Teil durch die Beschaf-
fenheit der Bühnen veranlaßt wurde. Das Verengen seiner
Forderung durch die französischen Klassiker und der gegen
die drei Einheiten von Ort, Zeit, Begebenheit geführte
Kampf der Deutschen haben für uns nur noch ein literarhi-
storisches Interesse.*

---

* Bekanntlich wird von Aristoteles die Einheit des Ortes gar nicht gefordert,
über den ununterbrochenen Zusammenhang der Zeit nur gesagt, daß die
Tragödie soviel als möglich versuche, ihre Handlung in einem Sonnenumlauf
zusammenzufassen. – Es war bei den Griechen, wie sich schließen läßt, gerade
die Genossenschaft des Sophokles, welche in der Ausübung ihrer Kunst das
festhielt, was wir Einheit des Ortes und der Zeit nennen. Und mit gutem
Grunde. Die gedrungene Handlung des Sophokles mit höchst regelmäßigem
Aufbau bedarf überhaupt ein sehr kurzes Teilstück der Sage, so daß die
zugrunde liegende Begebenheit häufig in demselben kurzen Zeitraum weniger
Stunden geschehen sein könnte, welchen die Darstellung in Anspruch nimmt.
Wenn Sophokles vermied, die Szene zu wechseln, wie z. B. Äschylos in den
»Eumeniden« tat, so hatte er noch eine besondere Ursache. Wir wissen, daß er
auf Theatermalerei hielt, er hatte eine kunstvolle Ausschmückung des Hin-
tergrundes eingeführt, und er bedurfte an seinem Theatertage für die vier
Stücke nuwarlüssig vier große Dekorationen, welche bei den riesenhaften
Verhältnissen der Szene an der Akropolis ohnedies eine bedeutende Ausgabe
veranlaßten. Ein Wechseln des ganzen Hintergrundes während der Aufführung
war nicht statthaft, und das bloße Umstellen der Periakte[20] – wenn diese
überhaupt schon zur Zeit des Sophokles eingerichtet waren – blieb für das
Herz eines antiken Regisseurs ebenso unvollkommene Einrichtung, wie bei
uns ein Wechsel der Seitenkulissen ohne Veränderung des Hintergrundes wäre.
– Weniger bekannt dürfte sein, daß gerade Shakespeare, der mit Ort und Zeit
so frei umgeht, weil die feste Architektur seiner Bühne ihm ersparte oder leicht
machte, den Wechsel szenisch anzudeuten, doch seine Stücke auf einem
Theater darstellte, welches der schmucklose Nachkomme des attischen Proszeniums war. Dies Proszenium hatte sich allmählich durch kleine Änderungen in
das römische Theater, den Mysterienbau des Mittelalters und das Gerüst des
Hans Sachs umgeformt. Dagegen hat dieselbe klassische Periode des französischen Theaters, welche so steif und ängstlich die griechischen Überlieferungen
wieder zu beleben versuchte, uns den tiefen Guckkastenbau unserer Bühne,
der aus den Bedürfnissen des Balletts und der Oper entstanden war, hinterlassen.

Kein Stoff ist ohne Voraussetzungen, wie vollständig er aus dem Zusammenhange mit andern Ereignissen herausgelöst werde. Diese unentbehrlichen Voraussetzungen müssen dem Hörer in den Eröffnungsszenen so weit dargestellt werden, daß er die Grundlagen des Stückes übersieht, nicht weitläufiger, damit nicht der Raum für die Handlung selbst beengt werde. Also zunächst Zeit, Volk, Ort, Stellung der auftretenden Hauptpersonen zueinander, dabei die unvermeidlichen Fäden, welche von allem, was außerhalb der Handlung geblieben ist, sich in diese selbst hineinziehen. Wenn z. B. in »Kabale und Liebe« ein bestehendes Liebesverhältnis zugrunde liegt, so muß dem Hörer sogleich ein scharf beleuchtender Einblick in diese Beziehung der beiden Hauptpersonen und in das Familienleben gewährt werden, aus welchem sich das Trauerspiel entwickeln soll. Vollends bei geschichtlichem Stoff, der aus dem ungeheuren und unendlichen Zusammenhange der Weltereignisse herausgehoben wird, ist die Darlegung seiner Voraussetzungen keine leichte Sache, und der Dichter hat sehr darauf zu achten, daß er dieselben soviel als möglich vereinfache.

Von dieser unentbehrlichen Einleitung muß sich aber der Anfang der bewegten Handlung kräftig abheben, wie eine beginnende Melodie von einleitenden Akkorden. Dies erste Moment der Bewegung – das aufregende Moment – ist von großer Wichtigkeit für die Wirkung des Dramas; es wird weiter unten davon die Rede sein.

Ebenso muß das Ende der Handlung als allgemein verständliches Ergebnis des Gesamtverlaufs erscheinen, gerade hier muß die innere Notwendigkeit lebhaft empfunden werden; der Ausgang aber muß die vollständige Beendigung des Kampfes und der aufgeregten Konflikte darstellen.

Innerhalb dieser Grenzen soll sich die Handlung in einheitlichem Zusammenhange fortbewegen. Dieser innere Zusammenhang wird im Drama dadurch hervorgebracht, daß jedes Folgende aus dem Vorhergehenden abgeleitet wird als Wirkung einer dargestellten Ursache. Mag das Veranlassende nun der folgerechte Zwang der Begebenheiten sein und das neu Eintretende als wahrscheinliches und allgemein verständliches Ergebnis früherer Handlungen begriffen werden; oder mag das Bewirkende eine allgemein verständliche Eigentümlichkeit des bereits dargelegten Charakters sein. Auch wenn unvermeidlich ist, daß im Verlauf neue Ereignisse hinzutreten, sogar solche, welche dem Hörer unerwartet und überraschend kommen, müssen diese unmerklich, aber vollständig durch Vorhergegangenes erklärt sein. Dies Begründen der Ereignisse im Drama heißt Motivieren. Durch die Motive werden die Einzelheiten der Handlung zu einem künstlerisch wohlgefügten Ganzen verbunden. Das Zusammenfesseln der Ereignisse durch das freie Schaffen einer ursächlichen Verbindung ist die unterscheidende Eigentümlichkeit dieser Kunstgattung, durch dies Zusammenfesseln wird das *dramatische* Idealisieren des Stoffes bewirkt.

Als Beispiel diene die Umwandlung einer Erzählung in eine dramatische Handlung. Die Erzählung berichtet folgendes: Zu Verona lebten zwei edle Familien in alter Feindschaft und Fehde. Da will der Zufall, daß einst der Sohn des einen Geschlechts mit seinen Begleitern den übermütigen Streich ausführt, verkleidet in ein Maskenfest einzudringen, das der Häuptling des anderen Geschlechtes veranstaltet. Auf diesem Maskenfest sieht der Eindringling die Tochter seines Feindes, in beiden entsteht eine rücksichtslose Leidenschaft, sie beschließen heimliche Vermählung und werden von dem Beichtvater des Mädchens getraut. Da will wieder der Zufall, daß der Neuvermählte mit einem Vetter seiner Braut in Streit gerät und, weil er diesen im Zweikampf getötet hat, von dem Fürsten des Landes bei Todesstrafe verbannt wird. Unterdes hat ein vornehmer Freier bei den Eltern der Neuvermählten um sie angehalten, der Vater achtet nicht das verzweifelte Flehen der Tochter und setzt den Tag der Vermählung fest. Die junge Frau erhält in dieser schrecklichen Lage von ihrem Beichtvater einen Schlaftrunk, der ihr den Schein des Todes geben soll, der Beichtvater unternimmt, sie heimlich aus dem Sarge zu lösen und ihren entfernten Gatten von dem Sachverhältnis zu unterrichten. Aber wieder bewirkt ein unglücklicher Zufall, daß der Gatte in der Fremde, bevor ihn der Bote des Paters trifft, die Nachricht erhält, daß seine Geliebte gestorben sei. Er eilt heimlich in die Vaterstadt zurück und dringt bei Nacht in ihr Grabgewölbe; unglücklicherweise trifft er dort mit dem von den Eltern bestimmten Bräutigam zusammen, er tötet ihn und trinkt an dem Sarge der Geliebten Gift. Die Geliebte erwacht, sieht den sterbenden Gemahl und ersticht sich mit seinem Dolche.*

Diese Erzählung ist einfacher Bericht über ein auffallendes Ereignis. *Daß* alles so gekommen, wird gesagt; *wie* und *warum* es so gekommen, kümmert nicht. Die Reihenfolge der berichteten Ereignisse hat sehr lose Verbindung, Zufall, Laune des Schicksals, ein unberechenbares Zusammentreffen unglücklicher Momente veranlaßt Verlauf und Katastrophe. Ja, gerade das auffällige Spiel des Zufalls ist das Reizvolle. Ein solcher Stoff scheint vorzüglich ungünstig für das Drama. Und doch hat ein großer Dichter eines seiner schönsten Dramen daraus geschaffen.

Die Tatsachen sind sämtlich unverändert geblieben, nur ihre Verbindung ist eine andere geworden. Denn die Aufgabe des Dichters war nicht, uns die Tatsachen auf der Bühne vorzuführen, sondern dieselben aus dem Empfinden, Begehren, Handeln seiner Personen herzuleiten, zu erklären, glaublich und vernunftgemäß zu entwickeln. Er hatte im Anfang die Voraussetzungen der Handlung darzulegen: die Händel in einer italienischen Stadt zur Zeit, wo Schwerter getragen wurden und die Rauflust schnell mit der Hand an die Waffen griff, die Führer beider Parteien, die regierende Macht, welche mit Mühe die Unruhigen im Zaum hält. Dann den Entschluß des Capulet, ein Gastmahl zu geben. Darauf

---

* Die Einzelheiten der alten Novelle und was Shakespeare daran änderte, können hier übergangen werden.

mußte die Darstellung des lustigen Einfalls kommen, welcher Romeo und seine Begleiter in das Haus des Capulet bringt. Dies erregende Moment, der Anfang der Handlung durfte aber nicht als ein Zufall auftreten, es mußte aus den Charakteren erklärt werden. Daher war nötig, vorher die Genossenschaft des Romeo einzuführen, übermütig, frisch, in ungebändigter Jugendkraft mit dem Leben spielend. Diesem Bedürfnis der Begründung verdankt Mercutio sein Dasein. Im Gegensatz zu den tollen Genossen wurde der schwermütige Held Romeo geformt, dessen Wesen schon vor seinem Eintritt in die bewegte Handlung die liebesuchende Leidenschaftlichkeit auszudrücken hat. Daher die Träumerei um Rosalinde. Darauf galt es, die entstehende Zuneigung der Liebenden glaublich zu machen. Dafür die Masken- und Balkonszene. Aller Zauber der Poesie ist hier höchst zweckvoll verwendet, um als begreiflich und selbstverständlich zu zeigen, daß die süße Leidenschaft beiden Liebenden fortan das Leben bestimmt.

Die Nebenfigur, welche von da in das Stück eintrat, sollte durch ihren Charakter die Verwickelung und den traurigen Ausgang motivieren helfen. Für die Erzählung war die Tatsache genügend, daß ein Priester traute und die unglückliche Intrige leitete, es haben sich immer solche Helfer gefunden. Sobald er aber selbst auftrat und in die Handlung hineinsprach, mußte er eine Persönlichkeit erhalten, welche alles Folgende erklärte, er mußte gutherzig und teilnehmend sein und durch sein Herz so großes Vertauen verdienen, er mußte unpraktisch und zu stillen Ränken geneigt sein, wie nicht selten die besseren Priester der italienischen Kirche sind, um später für sein Beichtkind das verwegene Spiel mit dem Tode zu wagen. So entstand Lorenzo.

Nach der Vermählung fiel in die Erzählung der unglückliche Zufall mit Tybalt. Hier hatte der dramatische Dichter besondere Veranlassung, dem plötzlich Eintretenden das Zufällige zu nehmen. Ihm konnte nicht genügen, den Tybalt als hitzköpfigen Raufer einzuführen, er mußte, ohne daß der

Zuschauer die Absicht merkte, schon im vorhergehenden den besonderen Haß gegen Romeo und seine Genossen begründen. Daher die kleine Zwischenszene beim Maskenfest, in welcher Tybalts Zorn über das Eindringen des Romeo aufbrennt. Und in der Szene selbst hatte der Dichter die stärksten Motive aufzuspannen, um Romeo zum Zweikampf zu zwingen. Deshalb mußte vorher Mercutio fallen. Auch deshalb, um das Gewicht dieser tragischen Szene zu steigern und den Zorn des Fürsten zu erklären.

Romeo sofort in die Verbannung zu senden, wie die Erzählung tut, war dem Drama unmöglich. Ihm war zwingende Notwendigkeit, der aufgeregten Leidenschaft ihre höchste Steigerung zu geben, dem Zuschauer die Untrennbarkeit der beiden Liebenden zu beweisen. Wie das dem Dichter gelungen, weiß jeder. Die Szene der Brautnacht ist der höchste Punkt der Handlung und auch durch die poetische Ausführung, die uns hier nicht kümmert, in höchster Schönheit herausgehoben. Aber auch aus anderen Gründen war diese Szene notwendig. Der Charakter Julias macht eine Steigerung in das Edle nötig; daß das liebevolle Mädchen auch großartiger Bewegungen, der kräftigsten Leidenschaft fähig ist, das muß gelehrt werden, damit man ihren späteren verzweifelten Entschluß ihrem Wesen angemessen finde. Der wundervolle Kampf in ihr um Tybalts Tod und Romeos Verbannung muß der Brautnacht vorausgehen, um der bräutlichen Sehnsucht die schön pathetische Zugabe zu erteilen, welche die Teilnahme an der immerhin delikaten Szene steigert. Aber auch die Möglichkeit dieser Szene mußte erklärt werden, die kleinen Hilfsmotive derselben, Pater Lorenzo und die Amme als Vermittler, sind wieder bedeutsam. Der Charakter der Amme, eine der unübertrefflichen Erfindungen Shakespeares, ist ebenfalls nicht zufällig so gebildet, gerade wie sie ist, paßt sie als Helferin und macht sie die innere Trennung Julias von ihr und die Katastrophe erklärlich.

Unmittelbar nach der Brautnacht kommt an Julia der Befehl,

sich dem Paris zu vermählen. Daß die schöne Tochter des reichen Capulet einen vornehmen Freier findet und daß der Vater – dessen rauhe Hitze schon vorher genügend motiviert ist – dabei harten Zwang ausübt, würde auch ohne weitere Vorbereitung als wahrscheinlich und selbstverständlich vom Hörer zugegeben werden. Aber dem Dramatiker lag sehr daran, dies wichtige Ereignis schon vorher zu begründen. Schon *vor* der Brautnacht läßt er den Paris das Versprechen des Vaters erhalten, auch diesen dunkeln Schatten wollte er noch über die große Liebesszene werfen, und er wollte das einbrechende Verhängnis recht deutlich und gemeinverständlich erklären.

Jetzt ist das Schicksal der Liebenden in die schwachen Hände des Pater Lorenzo gegeben. Bis dahin hat das Drama sorgfältig jedes Eindringen eines Zufalls ausgeschlossen, bis auf die kleinste Nebensache ist alles aus den Charakteren und Situationen erklärt. Jetzt lastet bereits ein ungeheures Geschick auf zwei Unglücklichen: vergossenes Blut, tödliche Familienfeindschaft, die heimliche Ehe, die Verbannung, die neue Brautwerbung; das alles drängt in der Empfindung den Hörer mit einem gewissen Zwange abwärts. Das Einführen kleiner erklärender Motive ist nicht mehr wirksam und nicht mehr nötig. So darf jetzt die List des kopflosen und unpraktischen Paters durch einen Zufall scheitern. Denn die Empfindung, daß es verzweifelt und höchst vermessen war, eine Lebende den unberechenbaren Zufällen eines Schlaftrunks und Begrabens auszusetzen, ist im Hörer so lebendig geworden, daß derselbe jetzt bereits einen *unglücklichen Fall als das Wahrscheinliche betrachtet.*

So wird die Katastrophe eingeleitet und begründet. Aber damit dem Hörer die Hoffnung auf einen glücklichen Ausgang völlig schwinde und damit die innere Notwendigkeit des Untergangs noch im letzten Augenblick die Bedeutung der unvermeidlichen Zufälle in der Totengruft überwachse, muß Romeo noch vor der Gruft den Paris erschlagen.

Der Tod dieses fremden Mannes ist das letzte Motiv für den traurigen Ausgang der Liebenden. Selbst wenn Julia jetzt im günstigen Augenblick erwachte, der Pfad der Liebenden ist so mit Blut überflossen, daß ihnen ein Glück und Leben sehr unwahrscheinlich geworden ist.

Es war hier nur die Aufgabe, an wenigen Hauptsachen den Gegensatz zwischen innerer dramatischer Verbindung und epischem Bericht zu zeigen. Das Stück enthält noch eine Fülle anderer Motive und ist bis ins Kleinste hinab zweckvoll gefügt und durch feste Klammern verbunden.

Die innere Einheit einer dramatischen Handlung wird aber *nicht* dadurch hervorgebracht, daß irgendeine Reihenfolge von Begebenheiten als Taten und Leiden desselben Helden erscheint. Nie ist gegen ein großes Grundgesetz des dramatischen Schaffens öfter gefehlt worden als gegen dieses, auch von großen Dichtern. Und immer hat diese Mißachtung die Wirkungen auch genialer Kraft beeinträchtigt. Schon die Bühne der Athener litt darunter, und schon Aristoteles suchte diesem Unrecht entgegenzutreten, indem er in seiner festen Weise aussprach: »Die Handlung ist das erste und wichtigste, die Charaktere erst das zweite« – und: »Die Handlung wird nicht dadurch einig, daß sie um einen geht.« – Vollends wir Neueren, welche am häufigsten durch das Reizvolle geschichtlicher Stoffe angezogen werden, haben dringende Veranlassung, an dem Satze festzuhalten, daß die Personalunion allein nicht genüge, die Begebenheiten in eine Einheit zu schließen.

Noch immer geschieht es, daß ein Dichter unternimmt, das Leben eines heldenhaften Fürsten vorzuführen, wie dieser sich mit seinen Vasallen entzweit, mit seinen Nachbarn und der Kirche herumschlägt und versöhnt, zuletzt in einem solchen Kampfe untergeht; der Dichter verteilt die Hauptmomente des historischen Lebens in die fünf Akte und drei Stunden eines Bühnendramas, setzt in Reden und Gegenreden politische Interessen und Parteistandpunkte auseinander, flicht wohl oder übel eine Liebesepisode ein und meint das geschichtliche Bild in ein poetisches verwandelt zu haben. Er ist zuverlässig nur ein mattherziger Verderber der Geschichte, kein Priester seiner stolzen Göttin. Was er geschaffen, ist nicht Geschichte, nicht Drama. Denn er hat allerdings einigen Forderungen seiner Kunst nachgegeben, er hat wichtige Ereignisse weggelassen, die ihm nicht paßten, hat den Charakter des Helden sich einfach und kunstgemäß zugerichtet, ist mit kleiner und großer Zutat nicht sparsam gewesen, hat auch dem verwickelten Zusammenhang der historischen Begebenheiten hier und da einen erfundenen untergeschoben. Aber er hat durch alles dies eine Gesamtwirkung erreicht, welche in gutem Falle ein schwacher Abglanz jener erhabenen Wirkung ist, die das Leben des Helden bei guter Darstellung durch den Historiker hervorgebracht hätte. Und sein Irrtum war, daß er die historische Idee an die Stelle der dramatischen gesetzt hat.

Doch auch der Dichter, welcher würdiger von seiner Kunst denkt, ist vor geschichtlichen Stoffen in der Gefahr, eine *falsche Einheit* zu suchen. Der Geschichtschreiber hat ihn belehrt, daß die wechselnden Ereignisse des geschichtlichen Lebens oft durch Charaktereigentümlichkeiten erklärt werden, welche Erfolge sichern, ein Verhängnis heraufbeschwören. Gewaltig und staunenerregend ist die Wirkung, welche der innere Zusammenhang eines geschichtlichen Lebens hervorbringt. Durch solche Gewalt des Wirklichen bestimmt, sucht der Dichter den innern Zusammenhang der Begebenheiten in dem charakteristischen Grundzuge des Heldenlebens zusammenzufassen. Der Charakter des Helden wird ihm das letzte Motiv zur Begründung der verschiedenen Wechselfälle eines tatenreichen Daseins. Ein deutscher Fürst z. B., der bei großer Kraft und hochsinnigem Wesen durch jähe Heftigkeit in Kämpfe und Niederlagen getrieben wird, der in herzfressenden Demütigungen, in der tiefsten Erniedrigung sein besseres Selbst wiederfindet, sich maßvoll erhebt, seinen hochfahrenden Stolz bändigt usw., ein solcher Charakter mag an sich alle Eigenschaften eines dramatischen Helden haben, das allgemein Verständliche, Bedeutsame dringt vielleicht aus dem Zufälligen seines irdischen Daseins gewaltig hervor, auch das Geschick seines Lebens zeigt ein das menschliche Gemüt ergreifendes Verhältnis von Schuld und Strafe, er erscheint in der Tat als der hämmernde Schmied seines Glücks und Unglücks, Kern und Inhalt seines wirklichen Lebens mag einer poetischen Idee sehr *ähnlich* sein. Aber gerade vor solcher Ähnlichkeit soll der Dichter mißtrauisch anhalten. Er hat sich zunächst zu fragen, ob er denn Gewaltigeres und Wirksameres durch *seine* Kunst geben könne, als die Geschichte selbst bietet. Ja, ob er überhaupt in der Lage sei, durch die Mittel seiner Kunst auch nur einen Teil der Wirkungen herauszubilden, welche er in dem historischen Stoffe vorausfühlend bewundert. Allerdings, er vermag den Charakter seines Helden zu vertiefen. Was in der Seele Heinrichs IV. arbeitete, als er nach Canossa zog und im Büßerhemd an der Schloßmauer stand, ist Geheimnis des Dichters, der Historiker weiß darüber wenig zu erzählen. Und auf solche Momente eines wirklichen Lebens hat der Dichter ein unveräußerliches Recht. Aber Wesen und Wandlungen des historischen Helden vollziehen sich nicht vorzugsweise in Momenten der persönlichen Vereinsamung, und was den Dichter gelockt hat, war gerade ein heldenhaftes Wesen, dessen ureigenes Gefüge an verschiedenen Ereignissen sich darstellte. Nun sind diese Ereignisse, welche der Historiker berichtet, sehr zahlreich. Der Dichter wird sich auf wenige der wichtigsten beschränken müssen. Er wird diese wenigen umformen müssen, um die Bedeutung hineinzulegen, die in Wirklichkeit der Zug des ganzen Lebens hat. Mit Erstaunen wird er sehen, wie schwer das ist und wie sein Held selbst dadurch kleiner und schwächer wird, daß seine historische Idee sich an so wenigem vollendet. Aber auch in der Darstellung dieser ausgewählten Ereignisse ist der Dichter wieder unendlich ärmer als der Geschichtschreiber. Für jedes seiner Momente braucht er eine erklärende Einleitung, er muß die Hannos

und Ottos, die Rudolfe und Heinriche dem Zuhörer vorstellen, er muß ihre Angelegenheiten bis zu gewissem Grade
anziehend machen, er wird zwei-, dreimal im Stück anspan-
nen und abwickeln, die Personen drängen und decken einander auf dem engen Raum, die aufschießende Teilnahme der
Hörer wird immer wieder geknickt. Er wird mit Erstaunen
die Erfahrung machen, *daß Spannung des Hörers überhaupt
nicht durch die Charaktere hervorgebracht wird, wie inter-
essant diese sein mögen, sondern nur durch das Gefüge der
Handlung.* Und er wird im besten Fall nichts weiter erreichen als eine und die andere groß ausgeführte Szene mit
echtem dramatischem Leben, welche einzeln steht in einer
Öde von skizzenhaften, kurzen Andeutungen, von verstüm-
melter Historie, schwungloser Erfindung. Das ist das
gewöhnliche Aussehen moderner historischer Dramen.
Und wahrscheinlich ist der Dichter bei solcher Arbeit über
zahlreiche schöne Stoffe, die in dem geschichtlichen Material
lagen, hinweggefahren, ohne sie zu sehen. Ein ganzes politi-
sches Menschenleben zu idealisieren, ist eine riesige Arbeit.
Auch zyklische Dramen, Trilogie, Tetralogie mögen in den
meisten Fällen dafür schwerlich genügen. Ein einziges historisches Moment vermag dem Dichter überreichen Stoff zu
geben. Denn wie der Glaube da beginnt, wo das Wissen
endet, so fängt die Poesie da an, wo die Geschichte aufhört.
Was die Geschichte zu melden weiß, darf dem Dichter
nichts sein als der Rahmen, in welchen er seine glänzenden
Farben, die geheimsten Offenbarungen der Menschennatur
hineinmalt; wie soll ihm dafür Raum und innere Freiheit
bleiben, wenn er sich mit Darlegung einer Folge von
geschichtlichen Ereignissen zerarbeitet? Schiller hat in seinen beiden größten historischen Stücken[21] nur die
geschichtliche Katastrophe, die letzten Szenen eines wirklichen Menschenlebens verwertet, und er hat für einen so
kleinen historischen Ausschnitt im »Wallenstein« drei Dramen gebraucht. Möge man dies Beispiel beherzigen. Es ist
wahr, »Götz von Berlichingen« wird immer für ein sehr

liebenswertes Gedicht gehalten werden, weil die Reiteranek-
doten, welche mit knappen, kurzen Strichen vortrefflich
dargestellt sind, den Leser fesseln, aber ein auf der Bühne
wirksames Drama ist das Stück nicht, ebensowenig
»Egmont«, obgleich die üble Handlung desselben und die
mangelhafte Charakterzeichnung des Helden durch die größere Ausführung eines bewegten Frauencharakters einigermaßen gutgemacht sind.

Den Deutschen ist die kunstlose Behandlung historischer
Stoffe durch die epischen Überlieferungen unserer alten
Bühne, vor allem durch Shakespeare nahegelegt worden.
Seine historischen Dramen aus der englischen Geschichte,
deren Bau wir, »Richard III.« ausgenommen, nicht nachahmen sollen, hatten doch eine weit andere Berechtigung.
Damals gab es noch keine Geschichtschreibung, wie wir
dieselbe fassen, und als der Dichter die einfachen Berichte
seiner historischen Quellen zu künstlerischer Gestaltung
benutzte, da arbeitete er noch aus dem vollen und schloß
seinem Volke in einer Anzahl von meisterhaften Charakter-
bildern die nächste Vergangenheit auf. Er selbst aber hat für
seine Bühne den großen Fortschritt zu einer geschlossenen
Handlung durchgemacht, und gerade ihm verdanken wir,
seit er an die italienischen Novellenstoffe kam, das Verständnis, wie unersetzlich die edlen Wirkungen sind, welche
eine einheitlich geordnete Handlung hervorbringt. Seine
Römerdramen sind, wenn man einige Gewohnheiten seiner
Bühne und etwa den dritten Akt von »Antonius und Kleopatra« abrechnet, Muster eines festen Baues. Wir tun nicht
gut, nachzuahmen, was er überwunden hat.

Unleugbar ist im modernen Drama die Einwirkung des
Charakters auf das Gefüge der Handlung stärker als auf der
Bühne des Altertums. Wie dem Germanen der erste Anreiz
zum Schaffen häufig durch Charakterzüge eines historischen
Helden kommt, wie die Zeichnung der Charaktere und ihre
Darstellung durch unsere Schauspieler mehr Einzelzutaten
und feinere Ausführung erhalten hat, als bei der griechischen

Maskentragödie möglich war, so wird auch der Charakter
der Helden stärkere Einwirkung auf den Bau der Handlung
ausüben. Aber nur dadurch, daß wir mit größerer Freiheit
die *innerlich zusammenhängende, einheitliche Handlung
durch Charaktereigentümlichkeiten der Helden erklären
dürfen.* Fremd war solche Motivierung auch den Hellenen
nicht. Schon in einem der älteren Stücke des Äschylos, in
den »Hiketiden«[22], ist der schwankende Charakter des
Königs von Argos so stark hervorgehoben, daß man deutlich erkennt, wie der Dichter in dem verlorenen folgenden
Stück die Auslieferung der schutzflehenden Danaiden darauf
gegründet hat. Und Sophokles ist gerade darin Meister,
einen Grundzug seiner Charaktere als bewegendes Motiv
vorzustellen, so bei Antigone, Aias, Odysseus. Ja Euripides
ist sogar darin den Germanen noch ähnlicher als Sophokles,
daß er auch Besonderheiten der Charaktere mit Behagen
hervorhebt. Im ganzen aber war der epische Zwang der
Fabel weit mächtiger als bei uns, die Personen wurden in der
Regel nach dem Bedürfnis eines allbekannten, bereits fertigen Gewebes der Begebenheiten geformt, so Agamemnon,
Klytämnestra, Orestes. Das war dem Griechen ein Vorteil,
uns würde es als Beschränkung erscheinen. Bei uns wird der
Dichter nicht selten in die Lage kommen, daß sein Held sich
eine Handlung sucht, als ein lichtstrahlender Mittelpunkt,
der allem, was an ihn herangezogen wird, Beleuchtung gibt.
Wir werden Tieferes und Geheimeres aus seinem Wesen
erklären können. Aber wie sehr wir die Handlung nach
seinen Bedürfnissen zurichten, sie wird immer nur aus Einzelnheiten zusammengefügt sein dürfen, welche einer und
derselben Begebenheit angehören, die vom Anfang bis zum
Ende des Stückes reicht.

Unter den Griechen ist für uns Sophokles ein Meister in
Handhabung dieser dramatischen Einheit, ganz gewissenlos
dagegen Euripides. Wie Shakespeare in seinen ernsten Stük-
ken sich und uns allmählich gegenüber der Bühne des sech-
zehnten Jahrhunderts dies Gesetz aufschloß, ist gesagt. Von

den Deutschen hält Lessing die Einheit sehr fest, auch Goethe in der kurzen Handlung des »Clavigo« und in den spätern Dramen, bei welchen er an die Bühne gedacht hat, in »Tasso« und »Iphigenie«. Schiller hat von »Kabale und Liebe« an dies Gesetz treu beobachtet; ist es ein Zufall, daß er es in seinen letzten Dramen, im »Tell« und im »Demetrius«, soweit man über diesen aus den erhaltenen Notizen urteilen darf, vernachlässigt? Wo er einmal an die Grenze des Erlaubten kam, geschah es nur wegen seiner Freude an Episoden und an Doppelhelden, wie in »Carlos«, »Maria Stuart«, »Wallenstein«.

Von den Stoffen machen die aus der epischen Sage genommenen nicht schwer, die Einheit der Handlung festzuhalten, aber ihre Handlung verträgt ungern dramatische Ausarbeitung der Charaktere. Die Novellenstoffe bewahren gut die Einheit der Handlung, aber die Charaktere werden leicht durch die verflochtene Handlung zu unfrei umhergeworfen oder durch Situationsschilderungen in der Bewegung gehemmt. Die historischen Stoffe bieten für Charakterzeichnung die schönsten und größten Aufgaben, aber es ist sehr schwer, aus ihnen eine gute Handlung zusammenzufügen.

Leicht steigert sich dem Dichter das Interesse an den Charakteren der Gegenspieler so hoch, daß auch diesen reichliche Einzelschilderung, eine teilnahmvolle Darlegung ihrer Strebungen und ihrer Kampfstimmung und ein besonderes Schicksal gegönnt wird. Dadurch zunächst entsteht für das Drama eine Doppelhandlung. Oder die Handlung des Stückes mag so beschaffen sein, daß zu ihrer Beleuchtung und Ergänzung eine Nebenhandlung wünschenswert wird, welche durch Darstellung gleichlaufender oder gegensätzlicher Verhältnisse die Hauptpersonen und ihr Tun und Leiden stärker abhebt. Verschiedene Einseitigkeiten des Stoffes können derartige Ergänzung wünschenswert machen. Ein Drama soll nicht den ganzen großen Kreis rührender und erschütternder Stimmungen durchlaufen, und es soll von seiner ernsten Grundfarbe aus nicht in alle möglichen andern

Farbentöne spielen; aber eine Abwechselung in den Stimmungen und bescheidene Farbengegensätze sind einem
Drama ebenso nötig wie einem figurenreichen Gemälde
neben den Hauptlinien und Gruppen ein abstechender
Schwung in den Nebenlinien, gegenüber der Hauptfarbe
Verwendung der abhängigen Ergänzungsfarben. Ein vorzugsweise finsterer Stoff macht die Einfügung heller Nebengestalten nötig. Zu den trotzigen Charakteren der Iphigeneia[23] und des Kreon sind die milderen Gegenbilder Ismene
und Hämon erfunden, durch das Eintreten der Tekmessa[24]
erhält die Verzweiflung des Aias eine rührende Nebenfarbe,
deren zauberischen Reiz wir noch heut empfinden. Der
düstere, pathetische Othello heischt ein Gegenspiel, in welchem etwas von der unumschränkten Freiheit des Humors
sichtbar wird. Die finstere Gestalt Wallensteins und seiner
Intriganten fordert gebieterisch die Einfügung des glänzenden Max.
Wenn aus diesem Grunde schon die Griechen ihre Dramen
in einfache und in solche mit Doppelhandlung teilten, so
haben die modernen Stücke die Erweiterung des Gegenoder Nebenspiels zu einer Nebenhandlung noch weniger
vermieden. Die Einflechtung derselben in die Haupthandlung geschah allerdings zuweilen auf Kosten der Gesamtwirkung. Die Germanen namentlich, welche immer geneigt sein
werden, während der Arbeit auch die Bedeutung der
Nebenpersonen mit herzlicher Wärme zu fassen, mögen sich
vor einer zu weiten Ausdehnung der Nebenhandlung hüten.
Schon Shakespeare hat sich einigemal dadurch die Wirkung
des Dramas beeinträchtigt, am auffälligsten im »Lear«, in
welchem die ganze Parallelhandlung des Hauses Gloster,
nur lose mit der Haupthandlung verbunden und ohne
besondere Liebe behandelt, den Fortschritt aufhält, das
Ganze ohne Not herber macht. Daß dem Dichter in den
beiden Dramen »Heinrich IV.« die Episoden zu einer
Nebenhandlung[25] heraufwuchsen, deren unsterblicher
Humor die ernsten Wirkungen des Stückes überglänzt,

macht diese Dramen allerdings zu Lieblingen des Lesers. Daß aber die Gesamtwirkung auf der Bühne trotz dieses Zaubers nicht die entsprechende Gewalt hat, soll jeder Bewunderer Falstaffs zugeben. Nur nebenbei sei bemerkt, daß in den Komödien Shakespeares die Doppelhandlung zum Wesen gehört, er suchte seinen Clowns das Episodische zu nehmen, indem er sie mit einer ernstern Handlung verflocht. Die gute Laune, welche aus ihren Szenen strahlt, muß zuweilen Härten des Stoffes verdecken; so muß z. B. die Bürgerwache über das peinliche Geschick der Hero[26] weghelfen. Unter den deutschen Dichtern war Schiller am meisten in Gefahr, durch Doppelhandlungen sich zu stören; das zu mächtige Heraufwachsen der Nebenhandlung beruht im »Carlos« und in der »Maria Stuart« darauf, daß seine Wärme für den Gegenspieler zu groß wird, im »Wallenstein« hat derselbe Grund das Stück bis zur Trilogie erweitert. Im »Tell« laufen sogar drei Handlungen nebeneinander.*

Die Handlung hat die Aufgabe, uns den innern Zusammenhang einer Begebenheit darzustellen, wie er den Bedürfnissen des Verstandes und Herzens entspricht; was in dem rohen Stoffe nicht dazu dient, wird der Dichter wegzuwerfen verpflichtet sein. Und es ist wünschenswert, daß er streng an diesem Grundsatze halte, nur das für die Einheit Unentbehrliche zu geben. Aber eine Abweichung davon wird er doch nicht vermeiden. Denn ihm werden nicht selten Abschweifungen wünschenswert, welche die Farbe

---

* Es ist ein schlechtes Hilfsmittel unserer Regisseure, die schwächste dieser Gruppen, die Familie Attinghausen, dadurch unschädlich zu machen, daß man soviel als möglich in ihren Rollen streicht und diese durch schwache Schauspieler noch mehr herabdrückt. Der Schaden wird dadurch nur auffälliger. Entweder führe man das Stück Schillers so auf, daß man die von ihm beabsichtigten Wirkungen möglichst vollständig zur Geltung bringt; in diesem Fall besetze man gerade die drei öden Rollen, Freiherr, Rudenz, Bertha, mit guten Kräften. Unsere Schauspieler können dem Dichter, der so viel für sie getan hat, auch einmal ihren Dank zeigen. Oder man behandle den »Tell«, wie er am leichtesten auf unserer Bühne wirkt, dann streiche man die drei Rollen ganz, was mit sehr geringen Änderungen möglich ist.

des Stückes in zweckmäßiger Weise verstärken, den Charakteren tiefern Inhalt verleihen, durch Eintragen einer neuen Farbe oder eines Gegensatzes die Gesamtwirkung steigern. Diese schmückenden Zutaten des Dichters heißen Episoden. Sie sind sehr verschiedener Art. Ein charakterisierendes Moment kann an einer Stelle, wo die Handlung eine kurze Ruhe erträgt, zu einem kleinen Situationsbilde erweitert werden, einem Helden kann Gelegenheit werden, den bedeutungsvollen Grundzug seines Wesens an einer Nebenperson anziehend darzulegen, eine Nebenrolle des Stückes kann durch reichere Ausführung zu einer anziehenden Figur erweitert werden. Bei bescheidener Verwendung, welche nicht Wichtigerem die Zeit wegnimmt, mögen sie ein Schmuck des Dramas werden. Und als Schmuckstücke hat sie der Dichter zu behandeln, durch feine Ausführung, saubere Arbeit dafür zu entschädigen, wenn sie doch einmal den Fortschritt verzögern. Die Episoden haben nach den Teilen des Dramas, in welchen sie erscheinen, verschiedene Aufgaben. Während sie im Anfange in die Rollen der Hauptpersonen eintreten, diese in ihrer Eigenart zu zeichnen, werden sie in dem letzten Teil als Erweiterungen derjenigen neuen Rollen geduldet, welche dem Forttreiben der Handlung eine kleine Hilfe gewähren, an jeder Stelle aber sollen sie als vorteilhafte Zutat empfunden werden. Die Griechen faßten das Wort in etwas weiterer Bedeutung.* Was in den Dramen des Sophokles den Zeitgenossen

---

* Schon bei den Griechen hat das Wort Epeisodion eine kleine Geschichte. Es bezeichnete in der frühesten Zeit des Dramas die Überführung aus einem Chorgesang in den folgenden, also seit Einführung der Schauspieler zuerst die kurzen Reden, Botenszenen, Dialoge usw., welche die Übergänge und Motive für die neuen Stimmungen des Chors enthielten. Auch nach Erweiterung dieser rezitierten Teile blieb dem ausgebildeten Drama das Wort als alte Regiebezeichnung für jeden Teil des Dramas, der zwischen zwei Chorgesängen stand, es entspricht in dieser Bedeutung etwa unserem Akte, genauer unserer ausgeführten Szene. – In der Werkstatt der griechischen Dichter wurde es aber Bezeichnung derjenigen Teile der Handlung, welche der Dichter zur reicheren Gliederung, zur Belebung seines alten Mythenstoffes in freier Erfindung

Episode hieß, werden wir nicht mehr so nennen. Denn die geniale Kunst dieses großen Meisters besteht unter anderm darin, daß er die schmückenden Zutaten sehr innig seiner Handlung verflicht, zumeist um die Charaktere der Haupthelden durch Gegensätze in ein scharfes Licht zu setzen. So ist außer der unten erwähnten Szene der Ismene auch die Chrysothemis in der »Elektra« nach unserer Empfindung für die Hauptheldin unentbehrlich und nicht mehr Episode, sondern Teil der Handlung. Auch wo er eine Situation breiter ausmalt, wie im Anfange des »Ödipus von Kolonos«, entspricht solche Schilderung durchaus den Gewohnheiten unserer Bühnen. Fast ebenso steht Shakespeare zu seinen Episoden. Auch in denjenigen ernsten Dramen Shakespeares, welche kunstvolleren Bau haben, sind fast in jedem Akte teils ausgeweitete Szenen, teils ganze Rollen von episodischer Ausführung; aber es ist soviel Schönes und daneben soviel für die Gesamtwirkung Zweckmäßiges hineingebannt, daß der strengste Regisseur unserer Bühne, der in der Notwendigkeit ist, an den Dramen zu kürzen, gerade diese Stellen fast niemals hinwegwischen wird. Mercutio mit seiner Fee Mab und die Scherze der Amme,[28] die Unterhandlung Hamlets mit den Schauspielern und Hofleuten sowie

---

einfügte, z. B. in der »Antigone« jene Szene zwischen Antigone, Ismene und Kreon, in welcher die unschuldige Ismene sich für eine Mitschuldige der Schwester erklärt. Auch in dieser Bedeutung mochte das Epeisodion vielleicht den ganzen Raum zwischen zwei Chorgesängen füllen, in der Regel war es kürzer. Seine Stellen waren zumeist in der Steigerung, nur zuweilen in der Umkehr der Handlung, unserem zweiten und vierten Akt. – Da es in dieser Bedeutung kleine Stücke der Handlung bezeichnete, welche zwar aus den höchsten Lebensbedürfnissen des Dramas hervorgegangen sein konnten, aber für den Zusammenhang der Begebenheiten nicht unentbehrlich waren, und das seit Euripides die Dichter immer häufiger auf Effektszenen ausgingen, welche mit Idee und Handlung in lockerer Verbindung standen, so hing sich an das Wort allmählich die Nebenbedeutung einer unmotivierten und willkürlichen Einschaltung. In der »Poetik«[27] ist das Wort in jeder der drei Bedeutungen gebraucht, z. B. Kap. XII,5 ist es der Terminus des Regisseurs, Kap. XVII,8–10 technischer Ausdruck des Dichters, Kap. X,3 (der Ausgabe von G. Hermann) schielt es in der Nebenbedeutung.

die Totengräberszene sind Beispiele, wie sie fast in allen Stücken wiederkehren. Fast überreichlich und mit scheinbarer Sorglosigkeit befestigt der große Künstler seine goldenen Zieraten an alle Teile des Stückes; wer aber daran geht, sie abzulösen, der findet sie eisenfest in das Gefüge des Ganzen eingewachsen. Von den Deutschen hat Lessing seine Episoden dem sorgfältigen Bau der Stücke mit einer ehrbaren Regelmäßigkeit eingefügt, nach eigener Methode, die auf seine Nachfolger übergegangen ist. Seine Episoden sind kleine Charakterrollen. Der Maler und die Gräfin Orsina in »Emilia Galotti« (die letzte das bessere Vorbild der Lady Milford), Riccault in »Minna von Barnhelm«, ja auch der Derwisch im »Nathan« wurden Muster für die deutschen Episoden des achtzehnten Jahrhunderts. Goethe hat sie in seinen regelmäßigen Dramen, »Clavigo«, »Tasso«, »Iphigenie«, nicht verwertet. Bei Schiller dagegen drängen sie sich überreich in jeder Form als Schilderungen, ausgeführte Situationen, als Nebencharaktere in die gefügte Handlung. Häufig sind auch sie durch besondere Schönheit gerechtfertigt, kluge Hilfsmittel für die hohe, langweilige Bewegung. Aber nicht immer. Denn einzelne derselben könnten wir gern missen, den Parricida im »Tell«, gerade weil bei ihm die verständige Absicht so auffällig wird, den schwarzen Ritter in der »Jungfrau«, nicht selten die ausgesponnenen Betrachtungen und Schilderungen in seinen Dialogszenen.

4.

Wahrscheinlichkeit der Handlung

Die Handlung des ernsten Dramas soll wahrscheinlich sein.

Die poetische Wahrheit wird einem der Wirklichkeit entnommenen Stoff dadurch zuteil, daß derselbe, dem zufälligen Zusammenhange enthoben, einen allgemeinverständlichen Inhalt und Bedeutung erhält. In der dramatischen Poesie wird dies Umwandeln der Wirklichkeit in poetische Wahrheit dadurch hervorgebracht, daß die Hauptsachen durch eine ursächliche Verbindung zu innerer Einheit verbunden und alle Nebenerfindungen als wahrscheinliche und glaubliche Momente der dargestellten Begebenheiten begriffen werden. Aber nicht diese poetische Wahrheit allein ist im Drama nötig. Der Genießende gibt sich zwar der Erfindung des Dichters willig hin, er läßt sich Voraussetzungen eines Stückes gern gefallen und ist im ganzen sehr geneigt, dem erfundenen menschlichen Zusammenhang in der Welt des schönen Scheins beizustimmen; aber er vermag doch nicht ganz die Wirklichkeit zu vergessen, er hält an das poetische Gebilde, welches reizvoll vor ihm aufsteigt, das Bild der wirklichen Welt, in der er selbst atmet. Er bringt eine gewisse Kenntnis geschichtlicher Verhältnisse, bestimmte ethische und sittliche Forderungen an das Menschenleben, Ahnungen und sicheres Wissen über den Lauf der Welt mit vor die Bühne. Es ist ihm bis zu gewissem Grade unmöglich, auf diesen Inhalt seines eigenen Lebens zu verzichten, zuweilen empfindet er lebhaft, wenn das poetische Bild damit in Widerspruch tritt. Daß Seeschiffe am Ufer von Böhmen landen, daß Karl der Große mit Kanonen schießt, erscheint unsern Zuschauern als eine Unrichtigkeit.

Daß dem Juden Shylock[29] Gnade versprochen wird, wenn er ein Christ werde, verstößt gegen die sittlichen Empfindungen des Zuschauers, und er ist vielleicht nicht geneigt zuzugeben, daß ein gerechter Richter so geurteilt habe. Daß Thoas, der so gebildet und würdig um die Priesterin Iphigenie wirbt, in seinem Lande Menschenopfer duldet, erscheint als ein innerer Widerspruch zwischen dem edlen Inhalt der Charaktere und den Voraussetzungen des Stückes und vermag vielleicht, wie klug der Dichter diesen vernunftwidrigen Bestandteil verdeckt, die Wirkung zu beeinträchtigen. Daß König Ödipus viele Jahre herrscht, ohne sich um den Tod des Laios zu kümmern, erschien vielleicht schon bei der ersten Aufführung des Stückes den Athenern als eine bedenkliche Voraussetzung.

Nun ist wohlbekannt, daß dies Bild der Wirklichkeit, welches der Zuschauer gegen das einzelne Drama hält, nicht in jedem Jahrhundert dasselbe bleibt, sondern durch jeden Fortschritt der menschlichen Bildung verändert wird. Das Verständnis vergangener Zeit, die sittlichen Forderungen, die gesellschaftlichen Verhältnisse sind nichts Feststehendes, jeder Zuhörer aber ist ein Kind seiner Zeit, jedem wird sein Erfassen des Gemeingültigen eingeschränkt durch seine Persönlichkeit und die Zeitbildung.

Und ferner ist klar, daß dies Bild von dem Leben der Wirklichkeit in jedem Menschen anders abgeschattet ist und daß der Dichter, wie völlig und reich er die Bildung seines Geschlechtes in das eigene Leben aufgenommen habe, doch tausend verschieden gefärbten Auffassungen der Wirklichkeit gegenübersteht. Wohl, er hat den großen Beruf, seiner Zeit ein Apostel der freiesten und höchsten Bildung zu sein und, ohne daß er sich lehrhaft gebärde, seine Hörer zu sich heraufzuziehen. Aber dem dramatischen Dichter sind dafür heimliche Schranken abgesteckt, er darf nicht über diese Schranken hinausgehen, er darf in vielen Fällen nichts von dem Raume leer lassen, den sie einschließen. Wo sie sich unsichtbar erheben, das kann in jedem einzelnen Fall nur durch Feingefühl und sichere Empfindung geahnt werden.

Die Wirkungen der dramatischen Kunst sind nämlich gesellige. Wie das dramatische Kunstwerk in einer Verbindung mehrer Künste, durch gemeinsame Tätigkeit zahlreicher Gehilfen dargestellt wird, so ist auch die Zuhörerschaft des Dichters eine Körperschaft aus vielen wechselnden Einzelwesen zusammengesetzt und doch als Ganzes ein einheitliches Wesen, welches, wie jede menschliche Gemeinschaft, die einzelnen Teilnehmer mächtig beeinflußt, eine gewisse Übereinstimmung des Empfindens und der Anschauungen entwickelt, den einen heraufhebt, den andern hinabdrückt, Stimmung und Urteil durch Gemeinsinn in hohem Grade ausgleicht. Dieser Gemeinsinn der Zuhörerschaft äußert sich fortwährend bei Aufnahme der dramatischen Wirkungen, er vermag die Kraft derselben außerordentlich zu steigern, er vermag sie ebensosehr zu schwächen. Schwerlich wird sich der einzelne Hörer dem Einfluß entziehen, welchen ein teilnahmloses Haus, eine begeisterte Menge auf ihn ausüben. Wohl jeder hat empfunden, wie verschieden der Eindruck ist, den dasselbe Stück bei gleich guter Aufführung auf verschiedenen Bühnen vor einem anders zusammengesetzten Publikum macht. Beständig wird auch der Schaffende, vielleicht ohne sich dessen bewußt zu sein, durch die Auffassung bestimmt, welche er von Verständnis, Geschmack, den gemütlichen Bedürfnissen seiner Zuhörerschaft hat. Er weiß, daß er ihr nicht zu viel zumuten, nicht zu wenig bieten darf. Er wird also seine Handlung so einrichten müssen, daß sie einem guten mittleren Durchschnitt seiner Hörer nicht gegen die Voraussetzungen verstoße, welche diese aus dem wirklichen Leben vor die Bühne bringen, das heißt, er wird ihnen den Zusammenhang der Begebenheiten, Motive und Umrisse seiner Helden wahrscheinlich machen müssen. Gelingt ihm das mit dem Grundgewebe des Stücks, der Handlung und den Hauptlinien der Charaktere, so mag er den Hörern im übrigen die höchste Bildung und das feinste Verständnis seiner Ausführung zutrauen.

Diese Rücksicht muß den Dichter zumeist da bestimmen, wo er in Versuchung kommt, Fremdartiges und Wunderbares vorzuführen. Das Fremdartige reizvoll zu machen, ist sehr wohl möglich. Gerade die dramatische Kunst hat die reichsten Mittel, dasselbe zu erklären, seinen auch uns verständlichen Inhalt herauszuheben. Aber es ist dazu ein besonderer Aufwand von Kraft und Zeit nötig, und häufig wird die Frage berechtigt sein, ob die erzielte Wirkung die aufgewandte Zeit und die dadurch hervorgebrachte Einschränkung der Hauptsachen lohne. Namentlich der neuere Dichter, ohne ein fest begrenztes Gebiet der Stoffe, mitten in einer Kulturperiode, der überreiches Aufnehmen fremder Bilder eigen ist, kann verlockt werden, seinen Stoff aus den Bildungsverhältnissen einer dunklen Zeit, eines abgelegenen Volkes zu nehmen. Vielleicht ist ihm gerade das Fremdartige eines solchen Stoffes als besonders lohnend für scharf zeichnende Einzelschilderung erschienen. Schon eine genaue Betrachtung der deutschen Vorzeit oder der alten Welt bietet zahlreiche eigentümliche, dem Leben der Neuzeit fremde Zustände, in denen sich ein ergreifender und bedeutsamer Inhalt kundgibt, dem Kulturhistoriker von höchster Wichtigkeit. Für den Dichter wird dergleichen nur ausnahmsweise, bei sehr geschickter Behandlung, immer nur als ein Hilfsmittel, welches die Farbe verstärkt, zu verwenden sein. Denn nicht aus den Besonderheiten des Menschenlebens, sondern aus dem unsterblichen Inhalt desselben, aus dem, was uns mit der alten Zeit gemeinsam ist, erblühen ihm seine Erfolge. Noch mehr wird er vermeiden, solche fremde Völkerschaften aufzuführen, welche außerhalb der großen Kulturbewegung des Menschengeschlechtes stehen. Schon das Ungewohnte ihrer Sitten und Erscheinung, ihrer Tracht oder gar ihrer Hautfarbe zerstreut und erregt Nebenvorstellungen, welche für ernste Kunstwirkungen ungünstig sind. Denn in roher Weise wird dem Hörer die wahle Welt der Poesie mit einer Schilderung wirklicher Zustände verbunden, welche nur darum ein Interesse beanspruchen dürfen, weil sie wirklich sind. Aber auch das innere Leben solcher Fremden ist für dramatischen Ausdruck besonders ungeeignet, denn ohne Ausnahme fehlt ihnen in Wirklichkeit die Fähigkeit, innere Gemütsvorgänge, wie sie unsere Kunst nötig hat, reichlich darzulegen. Und das Hineintragen einer solchen Bildung in ihre Seelen erregt in dem Hörer mit Recht das Gefühl einer Ungehörigkeit. Wer seine Handlung unter die alten Ägypter oder die heutigen Fellah, zu Japanern oder selbst Hindus verlegen wollte, der würde durch das fremde Volkswesen vielleicht ein ethnographisches

Interesse aufregen, aber dieser neugierige Anteil an dem
Seltsamen würde dem Hörer vor der Bühne die Anteilnahme
an dem etwaigen poetischen Inhalt nicht steigern, sondern
durchkreuzen und beeinträchtigen. Es ist kein Zufall, daß
nur solche Völker eine passende Grundlage für das Drama
werden, welche in der Entwickelung ihres Gemütslebens so
weit gekommen sind, daß sie selbst ein volksgemäßes Kunstdrama hervorbringen konnten, Griechen, Römer, die gebildeten Völker der Neuzeit. Neben ihnen etwa noch solche,
deren Volkstum mit unserer oder der antiken Bildung enge
verwachsen ist, wie die Hebräer, kaum noch die Türken.

Wieweit das Wunderbare für das Drama verwertet werden
dürfe, darf auch uns Deutschen nicht zweifelhaft sein, auf
deren Bühne der geistvollste und liebenswürdigste aller Teufel das Bürgerrecht erhalten hat. Die dramatische Poesie ist
darin ärmer und reicher als ihre Schwestern, Lyrik und
Epos, daß sie nur *Menschen* darzustellen vermag, und wenn
man genauer zusieht, nur gebildete Menschen, diese aber tief
und völlig wie keine andere Kunst. Sie muß sogar geschichtliche Verhältnisse sich dadurch zurichten, daß sie ihnen
einen Zusammenhang erfindet, der menschlicher Vernunft
durchaus begreiflich ist; wie sollte sie Überirdisches verkör-
pern können?

Gesetzt aber, sie unternähme dergleichen, so vermag sie es
nur insofern, als das Nichtmenschliche bereits durch die
Einbildungskraft des Volkes dichterisch zugerichtet, mit
einer dem Menschen entprechenden Persönlichkeit versehen, durch scharf ausgeprägte Züge bis ins einzelne hinein
verbildlicht ist. So gestaltet lebten in der griechischen Welt
die Götter unter ihrem Volke, so schweben noch unter uns
die herzlich zugerichteten Bilder vieler Heiligen der christli-
chen Legende, fast zahllose Schattengestalten aus dem Haus-
glauben der deutschen Urzeit. Nicht wenige unter diesen
Phantasiegebilden haben durch Sage, Dichtkunst, Malerei
und durch das Gemüt unseres Volkes, welches sich noch
heut gläubig oder mißtrauisch mit ihnen beschäftigt, so

reiche Ausbildung erhalten, daß sie auch den Schaffenden wie alte, werte Freunde während seiner Arbeit umgeben. Die Jungfrau Maria, Sankt Peter an der Himmelspforte, mehre Heilige, Erzengel und Engel, nicht zuletzt die ansehnliche Schar der Teufel leben in unserem Volke traulich gesellt zu weißen Frauen und dem wilden Jäger, zu Elfen, Riesen und Zwergen. Doch wie lockend die Farben schimmern, welche sie in ihrem Dämmerlicht tragen, vor der scharfen Beleuchtung der tragischen Bühne verflüchtigen sie sich doch in wesenlose Schatten. Denn es ist wahr, sie haben durch das Volk einen Anteil an menschlicher Empfindung und an den Bedingungen irdischen Lebens erhalten. Aber dieser Anteil ist nur epischer Art; für die dramatischen Gemütsvorgänge sind sie nicht gebildet. Das deutsche Volk läßt in einigen der schönsten Sagen die kleinen Geister beklagen, daß sie nicht selig werden können, d. h. daß sie keine menschliche Seele haben. Derselbe Unterschied, den schon im Mittelalter das Volk ahnte, hält sie der modernen Bühne in noch ganz anderer Weise fern, die inneren Kämpfe fehlen ihnen, die Freiheit fehlt zu prüfen und zu wählen, sie stehen außerhalb Sitte, Gesetz, Recht. Weder völliger Mangel an Wandelbarkeit, weder vollendete Reinheit, noch völlige Schlechtigkeit sind darstellbar, weil sie jede innere Bewegung ausschließen. Auch die Griechen empfanden das. Wenn die Götter auf der Bühne mehr vorstellen sollten, als von der Maschine herab einen Befehl aussprechen, so mußten sie entweder ganz Menschen werden mit allem Schmerz und Zorn, wie Prometheus, oder sie sanken unter den Adel der Menschennatur hinab, ohne daß der Dichter es verhindern konnte, zu starren Verallgemeinerungen in Liebe und Haß, wie Athene im Prolog des »Aias«.

Während Götter und Geister im ernsten Drama üblen Stand haben, gelingt es ihnen in der Komödie weit besser.[30] Und die jetzt abgelebten Zauberpossen geben nur eine sehr blasse Vorstellung von dem, was unsere Geisterwelt bei launiger und humoristischer Darstellung einem Dichter sein könnte. Wenn die Deutschen erst für eine politische Komödie reif sein werden, dann wird man den Wert des unerschöpflichen Schatzes von Motiven und Gegensätzen benutzen lernen, welcher aus dieser Phantasiewelt für drollige Laune, politische Satire und humoristische Einzelschilderung zu heben ist.

Für das Gesagte ist der »Faust« und in ihm die Rolle des Mephistopheles der beste Beweis. Hier hat die Kraft des größten deutschen Dichters ein Bühnen-Problem geschaffen, welches eine Lieblingsaufgabe unserer Charakterspieler geworden ist. Jeder von ihnen sucht sich auf seine Weise mit der unlösbaren Aufgabe abzufinden, der eine holt die Maske des alten Holzschnitt-Teufels heraus, ein anderer den kavaliermäßigen Junker Voland,[31] am besten wird die Sache noch dem Darsteller geraten, der sich begnügt, mit Klugheit und Geist die feine Redekunst der Dialoge verständlich zu machen und in den drolligen Szenen Haltung und gute Laune zu zeigen. Der Dichter freilich hat es dem Schauspieler, an den er beim Schreiben überhaupt nicht dachte, besonders schwer gemacht, denn die Rolle schillert in allen Farben, von der treuherzigen Sprache des Hans Sachs bis zu den feinen Erörterungen eines Spinozisten, vom Grotesken bis in das Furchtbare. Und sieht man näher zu, wie die Darstellung dieses Geistes auf der Bühne doch noch möglich wird, so ist der letzte Grund das Eintreten eines komischen Elements. Mephisto erscheint in einigen ernsten Situationen, aber er ist eine im großen Stil behandelte Lustspielfigur, und soweit er auf der Bühne wirkt, tut er es nach dieser Richtung.

Damit ist nicht gesagt, daß das Geheimnisvolle, menschlicher Vernunft Unergründliche ganz aus dem Gebiet des Dramas verbannt werden soll. Träume, Ahnungen, Prophezeiungen, Gespensterschauer, das Eindringen der Geisterwelt in das Menschenleben, alles, wofür in der Seele der Zuhörer noch eine gewisse Empfänglichkeit vorausgesetzt werden darf, mag der Dichter allerdings zu gelegentlicher Verstärkung *seiner* Wirkungen benutzen. Es versteht sich, daß er dabei zunächst die Empfänglichkeit seiner Zeitgenossen richtig zu schätzen hat, wir sind nicht mehr geneigt, viel darauf zu geben, und nur sehr sparsame Verwendung zu Nebenwirkungen wird dem Schaffenden jetzt gebilligt werden. Shakespeare durfte dergleichen kleine Hilfsmittel mit größerem Behagen gebrauchen, denn in der Empfindung auch seiner gebildeten Zeitgenossen war die volkstümliche Überlieferung noch sehr lebendig, und der Zusammenhang mit der Geisterwelt wurde allgemein weit anders aufgefaßt. Auch die seelischen Vorgänge eines unter schwerer Last ringenden Menschen waren nicht nur im Volke, selbst bei Anspruchsvollen anders beschaffen. Bei aufgeregter Furcht, Gewissenszweifeln, Reue stellte die Einbildungskraft das Bild des Furchtbaren noch als ein äußeres gegenüber, der Mörder sah den Ermordeten als Geist vor sich aufsteigen, er fühlte, in die Luft greifend, die Waffe, womit er die Untat geübt, er hörte die Stimmen toter Opfer in sein Ohr dringen. Shakespeare und seine Zuhörer faßten deshalb auch auf der Bühne den Dolch Macbeths und die Geister Banquos, Cäsars, des alten Hamlet, der Schlachtopfer Richards III. weit anders auf als wir. Ihnen war dergleichen noch nicht ein bloßes herkömmliches Symbolisieren der inneren Kämpfe ihrer Helden, eine zufällige, kluge Erfindung des Dichters, der durch den gespenstigen Trödel seine Wirkungen unterstützt, sondern es war ihnen noch die notwendige, landesübliche Weise, in welcher sie selbst Schauer, Entsetzen, Seelenkämpfe erfuhren. Das Grauen war nicht künstlich aus Ammenerinnerungen aufgeregt, die Bühne stellte nur dar, was in ihrem eigenen Leben furchtbar gewesen war oder sein konnte. Denn wenn auch der junge Protestantismus die schwersten Kämpfe in das Gewissen der Menschen verlegt hatte, und wenn auch die Gedanken und leidenschaftlichen Stimmungen der erregten Seele bereits von jedem einzelnen sorgfältiger und schärfer beobachtet wurden, die mittelalter-

liche Empfindungsweise war deshalb noch nicht ganz
geschwunden. Darum durfte Shakespeare diese Art von
Wirkungen häufiger anwenden und mehr von ihnen erwarten als wir.

Aber er ist zugleich höchstes Muster, wie dergleichen spuk-
hafte Gebilde künstlerisch für das Drama verwertet sein
wollen. Wer Helden vergangener Jahrhunderte innerhalb
der Lebensanschauung ihrer Zeit darzustellen hat, wird eine
Unfreiheit und Abhängigkeit der Menschen von sagenhaften
Gebilden nicht ganz verbergen; aber er wird sie so verwenden wie Shakespeare seine Hexen in den ersten Szenen des
»Macbeth«, als Arabesken, welche Farbe und Stimmung der
Zeit spiegeln und welche nur eine Veranlassung geben, das
aus dem Innern des Helden herauszutreiben, was mit der für
eine dramatische Gestalt notwendigen Freiheit in seiner
eigenen Seele emporwächst.

Für die Arbeit des modernen Dichters ist zu bemerken, daß
solche Hilfsmittel der Handlung vorzugsweise dienen,
Farbe und Stimmung zu geben. Sie gehören also in den
Aufgang des Dramas. Aber auch, wenn sie in die Wirkungen
späterer Teile geflochten sind, wird unvermeidlich ihr
Erscheinen schon im Anfange durch eine damit stimmende
Färbung zu rechtfertigen und außerdem besonders genau zu
begründen sein. So ist das Erscheinen des schwarzen Ritters
in der »Jungfrau«[32] deshalb eine störende Zutat, weil die
gespenstige Gestalt unvorbereitet aufsteigt und zu der glänzenden, gedankenreichen Sprache Schillers, zu Ton und
Farbe des Stückes durchaus nicht paßt. Die Zeit und Handlung an sich hätte eine solche Erscheinung ganz wohl
erlaubt, auch erschien er dem Dichter als ein Gegenbild zu
der kriegerischen Himmelskönigin, welche Fahne und
Schwert in das Drama liefert. Aber Schiller hat auch die
Himmelskönigin nicht selbst vorgeführt, nur in seiner
prächtigen Weise von ihr erzählen lassen. Hätte der Prolog
die entscheidende Unterredung des Hirtenmädchens mit der
Mutter Gottes in der Sprache und treuherzigen Haltung, wie

sie der mittelalterliche Stoff nahelegte, dargestellt, so wäre auch dem späteren Erscheinen des bösen Geistes bessere Berechtigung geworden. Die Rolle ist übrigens auch in Tracht und Rede nicht vorteilhaft ausgestattet. Schiller verfügte mit bewundernswerter Meisterschaft über die verschiedenartigste historische Färbung, aber der Dämmerschein des Sagenhaften steht ihm, der immer in vollen Farben malt und, wenn ein spielender Vergleich erlaubt ist, leuchtendes Goldgelb und dunkles Himmelblau am liebsten verwendet, gar nicht an. Wundervoll hat dagegen Goethe, der unumschränkte Herr lyrischer Stimmungen, die Geisterwelt für die Farben des »Faust« verwendet, allerdings nicht zum Zweck einer Aufführung.

5.

Wichtigkeit und Größe der Handlung

Die Handlung des ernsten Dramas muß Wichtigkeit und Größe haben.

Die Kämpfe der einzelnen Menschen sollen ihr innerstes Leben ergreifen, der Gegenstand des Kampfes soll nach allgemeiner Auffassung ein hoher sein, die Behandlung eine würdige.

Solchem Inhalt der Handlung müssen auch die Charaktere entsprechen, um eine große Wirkung des Dramas hervorzubringen. Ist die Handlung dem angeführten Gesetz gemäß zugerichtet und die Charaktere genügen nicht den dadurch erregten Forderungen, oder haben die Charaktere eine große und leidenschaftliche Bewegung, während der Handlung diese Eigenschaften fehlen, so wird das Mißverhältnis vom Hörer peinlich empfunden. »Iphigeneia in Aulis« hat bei Euripides einen Inhalt, welcher die furchtbarsten menschlichen Seelenkämpfe für die Bühne liefert, aber die Charaktere

sind, allenfalls mit Ausnahme der Klytämnestra, schlecht
erfunden, entweder durch unnötige Niedrigkeit der Gesinnung oder durch Kraftlosigkeit oder durch unbegründete
plötzliche Wandlungen der Empfindung entstellt, so Agamemnon, Menelaos, Achilleus, Iphigeneia. Und wieder im
»Timon von Athen« des Shakespeare hat zwar der Charakter
des Helden von dem Augenblick, wo er in Bewegung gesetzt
wird, eine immer steigende Energie und Kraft, welcher eine
finstere Großartigkeit durchaus nicht fehlt, aber Idee und
Handlung stehen im Mißverhältnis dazu. Daß ein warmher-
ziger, vertrauensvoller Verschwender nach Verlust der
äußern Güter durch Undank und Gemeinheit seiner frühern
Freunde zum Menschenhasser wird, setzt Schwäche des
eigenen Charakters und Erbärmlichkeit seiner Umgebung
voraus, und diese Haltlosigkeit und Kläglichkeit aller dargestellten Verhältnisse verengt trotz großer Dichterkunst das
Mitgefühl des Hörers.
Aber auch die Umgebung, der Lebenskreis des Helden
beeinflußt die Würde und Größe der Handlung. Wir fordern mit Recht, daß der Held, dessen Schicksal uns fesseln
soll, einen starken, über das gewöhnliche Maß menschlicher
Kraft hinausreichenden Inhalt habe. Dieser Inhalt seines
Wesens liegt aber nicht nur in der Energie seines Wollens
und der Wucht seiner Leidenschaft, sondern nicht weniger
in einem reichlichen Anteil an der Bildung, Sitte, der geistigen Tüchtigkeit seiner Zeit. Er hat sich in wichtigen Beziehungen seiner Umgebung als überlegen darzustellen, und
seine Umgebung muß so beschaffen sein, daß dem Hörer an
ihr eine hohe Anteilnahme leicht wird. Es ist daher kein
Zufall, daß eine Handlung, welche in vergangene Zeiten
zurückgeht, immer die Kreise aufsucht, in denen das wichtigste und größte Leben der Zeit enthalten war, die großen
Angelegenheiten eines Volkes, das Leben seiner Führer und
Beherrscher, diejenigen Höhen der Menschheit, welche
nicht nur einen kräftigen geistigen Inhalt, sondern auch eine
bedeutende Willenskraft entwickelten. Sind uns aus alter

Zeit doch fast nur die Taten und Lebensschicksale solcher Herrschenden überliefert.

Bei Stoffen aus neuerer Zeit ändert sich allerdings das Verhältnis. Nicht mehr sind für uns die stärksten Leidenschaften, die höchsten inneren Kämpfe an Höfen, in politischen Herrschern allein zu erkennen. Ja nicht einmal vorzugsweise. Immer aber bleibt solchen Gestalten für das Drama gerade das ein Vorzug, was für ihr und ihrer Zeitgenossen Leben ein Unglück werden mag. Sie stehen auch jetzt noch freier zu dem Zwange, welchen die bürgerliche Gesellschaft auf den Privatmann ausübt. Sie sind nicht ganz in dem Grade wie der Privatmann dem bürgerlichen Gesetz unterworfen, und sie wissen das. In innern und äußern Kämpfen hat ihr eigenes Selbst nicht größeres Recht, aber größere Macht. So erscheinen sie als freier, stärkerer Versuchung ausgesetzt und stärkerer Selbstbestimmung fähig. Dazu kommt, daß die Verhältnisse, in denen sie leben, und die verschiedenen Richtungen, nach denen sie wirken, einen Reichtum an Farben, die bunteste Mannigfaltigkeit an Gestalten darbieten. Endlich ist auch das Gegenspiel gegen ihre Person und gegen ihre Zwecke am tätigsten, und das Gebiet der Interessen, für welche sie leben sollen, umfaßt die höchsten irdischen Angelegenheiten.

Aber auch das Leben von Privatpersonen ist seit Jahrhunderten aus dem äußeren Zwange bestimmender Überlieferung herausgehoben, mit Adel und innerer Freiheit, mit kräftigen Gegensätzen und Kämpfen angefüllt. Überall, wo in der Wirklichkeit ein Kreis weltlicher Ziele und Handlungen von der Zeitbildung durchdrungen ist, vermag aus seiner Lebensluft ein tragischer Held heraufzuwachsen. Es kommt nur darauf an, ob ihm ein Kampf möglich ist, welcher nach der gemeingültigen Empfindung der Zuschauer ein großes Ziel hat und ob das Gegenspiel eine entsprechende, achtungswerte Tätigkeit entwickelt. Da aber die Wichtigkeit und Größe des Kampfes nur dadurch eindringlich gemacht werden kann, daß der Held die Fähigkeit besitzt, sein

Inneres in großartiger Weise mit einer gewissen Reichlichkeit der Worte auszudrücken, und da diese Forderungen bei
solchen Menschen, welche dem Leben der Neuzeit angehören, sich steigern, so wird auch dem modernen Helden auf
der Bühne ein tüchtiges Maß seiner Zeitbildung unentbehrlich sein. Denn nur dadurch erhält er innere Freiheit. Deshalb sind solche Klassen der Gesellschaft, welche bis in
unsere Zeit unter dem Zwang epischer Verhältnisse stehen,
deren Leben vorzugsweise durch die Gewohnheiten ihres
Kreises gerichtet wird, welche noch unter dem Druck solcher Zustände dahinsiechen, die der Hörer übersieht und als
ein Unrecht verurteilt, solche endlich, welche nicht vorzugsweise befähigt sind, Empfindungen und Gedanken schöpferisch in Rede umzusetzen, zu Helden des Dramas nicht gut
verwendbar, wie kräftig auch in diesen Naturen die Leidenschaft arbeite, wie naturwüchsig stark ihr Gefühl in einzelnen Stunden hervorbreche.

Aus dem Gesagten folgt, daß das Trauerspiel darauf verzichten muß, seine Bewegung auf Motive zu gründen, welche
von der Empfindung der Zuschauer als kläglich, gemein
oder als unverständig verurteilt werden. Auch dergleichen
Beweggründe vermögen einen Mann in den heftigsten
Kampf mit seiner Umgebung zu treiben, aber die dramatische Kunst wird im ganzen betrachtet nicht imstande sein,
solche Gegensätze zu verwerten. Wer aus Gewinnsucht
raubt, stiehlt, mordet, fälscht, wer aus Feigheit ehrlos handelt, wer aus Dummheit und Kurzsichtigkeit, aus Leichtsinn
und Gedankenlosigkeit kleiner und schwächer wird, als die
Verhältnisse ihn fordern, der ist als Held eines ernsten
Dramas völlig unbrauchbar.

Wenn vollends ein Dichter die Kunst dazu entwürdigen
wollte, gesellschaftliche Verbildungen des wirklichen
Lebens, Gewaltherrschaft der Reichen, die gequälte Lage
Gedrückter, die Stellung der Armen, welche von der Gesellschaft fast nur Leiden empfangen, streitlustig und tendenz-
voll zur Handlung eines Dramas zu verwerten, so würde er

durch solche Arbeit wahrscheinlich die Teilnahme seiner Zuschauer lebhaft erregen, aber diese Teilnahme würde am Ende des Stückes in einer quälenden Verstimmung untergehen. Die Schilderung der Gemütsvorgänge eines gemeinen Verbrechers gehört in den Saal des Schwurgerichts, die Sorge um Besserung der armen und gedrückten Klassen soll ein wichtiger Teil unserer Arbeit im wirklichen Leben sein, die Muse der Kunst ist keine barmherzige Schwester.

6.

Bewegung und Steigerung der Handlung

Die dramatische Handlung muß alles für das Verständnis Wichtige in starker Bewegung der Charaktere, in fortlaufender Steigerung der Wirkungen darstellen.

Die Handlung soll zunächst der stärksten dramatischen Bewegung fähig sein. Und diese Bewegung soll eine gemeinverständliche werden.

Es gibt große und wichtige Kreise menschlicher Tätigkeit, welche das Herausbilden eines hinreißenden Empfindens, Begehrens, Wollens nicht leicht machen, und wieder heftige Kämpfe, welche zwar die gewaltigsten inneren Vorgänge nach der Außenseite der Menschen treiben, bei denen aber der Gegenstand des Kampfes für Darstellung auf der Bühne wenig geeignet ist, obwohl auch ihm Wichtigkeit und Größe nicht fehlt. Ein staatskluger Fürst z. B., welcher mit den Gewalten seines Landes verhandelt, mit Nachbarn Krieg und Frieden schließt, wird vielleicht dies alles tun, ohne daß einmal eine leidenschaftliche Bewegung in ihm sichtbar wird, und wenn sie zutage kommt, als geheimes Verlangen, als Unwille gegen andere, wird sie nur vorsichtig, wie in kurzen Wellen, bemerkbar werden. Aber auch wenn sie sein ganzes Wesen in dramatischer Spannung darzustellen gestattet, wird

der Gegenstand seines Wollens, ein politischer Erfolg, ein
Sieg, sich in dem Rahmen der Bühne nur sehr unvollständig
und mangelhaft zeigen lassen. Und die Szenen, in welchen
dieser Kreis irdischer Zwecke sich vorzugsweise bewegt,
Staatsaktionen, Reden, Schlachten, sind aus technischen
Gründen nicht der bequemste Teil des Dramas. Auch von
diesem Standpunkt aus muß davor gewarnt werden, den
Stoff der politischen Geschichte auf die Bühne zu tragen.
Allerdings sind die Schwierigkeiten, welche dies Gebiet der
stärksten irdischen Tätigkeit darbietet, nicht unüberwindlich, aber es gehört nicht nur ein gereifter Geist, auch ganz
besondere Kenntnis der Bühne dazu, dergleichen gut zu
machen. Nie aber wird der Dichter seine Handlung
dadurch herabwürdigen, daß er sie zu einer doch nur
unvollständigen und ungenügenden Auseinandersetzung
solcher politischen Taten und Ziele macht, er wird nur eine
einzelne Handlung oder eine geringe Zahl derselben als
Hintergrund benutzen dürfen, vor dem er das aufbaut,
worin er dem Geschichtschreiber unendlich überlegen ist,
die geheimsten Offenbarungen der Menschennatur in wenigen Persönlichkeiten und in den leidenschaftlichsten Beziehungen derselben zueinander. Versäumt er dies, so wird er
auch nach dieser Richtung die Geschichte fälschen, ohne
Poetisches zu schaffen.
Ein ganz ungünstiges Stoffgebiet sind die inneren Kämpfe,
welche der Erfinder, Künstler, Denker mit sich und seiner
Zeit zu bestehen hat. Auch wenn er eine reformatorische
Natur ist, welche tausend anderen das Gepräge des eigenen
Geistes aufzudrücken weiß, ja selbst wenn seine äußeren
Schicksale ungewöhnlichen Anteil in Anspruch nehmen,
wird der Dramatiker sich nicht gern entschließen, ihn als
Helden einer Handlung aufzuführen.[33] Ist die geistige
Arbeit eines solchen Helden dem lebenden Geschlecht nicht
genau bekannt, so wird der Dichter die Berechtigung seines
Mannes erst durch kunstvolle Rede, durch wortreiche Aus-
führung und durch Darstellung eines geistigen Inhalts vor-

zuführen haben. Das mag ebenso schwierig sein, als es undramatisch ist. Setzt der Dichter aber lebendige Anteilnahme an solcher Persönlichkeit, Bekanntschaft mit den Ergebnissen ihres Lebens bei seinen Hörern voraus und benutzt er diesen Anteil, um ein Ereignis aus dem Leben solches Helden wert zu machen, so verfällt er einer andern Gefahr. Auf der Bühne hat das Gute, was man von einem Menschen voraus weiß oder was von ihm berichtet wird, durchaus keinen Wert gegen das, was der Held auf der Bühne selbst tut. Ja gerade die großen Erwartungen, welche der Hörer in diesem Falle mitbringt, mögen die unbefangene Aufnahme der Handlung beeinträchtigen. Und wenn es auch, wie bei volkstümlichen Helden wahrscheinlich ist, dem Dichter gelingt, durch eine bereits vorhandene Wärme für die Person des Helden die szenischen Wirkungen zu fördern, so verdankt er seinen Erfolg dem Anteil, welchen der Hörer mitbringt, nicht dem Anteil, den sich das Drama selbst verdient. Der Dichter wird also, wenn er gewissenhaft ist, nur solche Momente aus dem Leben des Künstlers, Dichters, Denkers verwerten dürfen, in denen der Held sich tätig und leidend ebenso bedeutend gegen andere erweist, als er in seiner Arbeitsstube war. Es ist klar, daß das nur zufällig einmal der Fall sein wird, ebenso klar, daß es in solchem Falle wieder zufällig ist, ob der Held einen berühmten Namen trägt oder nicht. Deshalb ist die Verwertung von Anekdoten aus dem Leben solcher großen Männer, deren Bedeutung sich nicht in der Handlung selbst, sondern in der nicht darstellbaren Tätigkeit ihrer Werkstatt erweist, recht innerlich undramatisch. Das Große in ihnen ist nicht darstellbar, und was dargestellt wird, borgt die Größe des Helden von einem außerhalb des Stückes liegenden Moment seines Lebens. Die Persönlichkeit Shakespeares, Goethes, Schillers ist auf der Bühne noch übler daran als in Roman und Novelle. Um so schlimmer, je genauer ihr Leben bekannt ist.

Allerdings ist die Ansicht darüber, was auf der Bühne

darstellbar und wirksam sei, nicht zu allen Zeiten gleich,
sowohl die nationale Gewohnheit als die Einrichtung des
Theaters bestimmen den Dichter. Wir haben durchaus nicht
mehr die Empfänglichkeit der Griechen für epische
Berichte, welche durch einen Boten auf die Szene getragen
werden, wir sind schaufreudiger und wagen auf unserer
Bühne auch die Nachbildung von Aktionen, welche der
Bühne Athens trotz ihrer Maschinen, Flugwerke und ihrer
perspektivischen Malerei ganz unmöglich erschienen wären:
Volksaufruhr, Kriegführung und dergleichen. Und in der
Regel wird der neuere Dichter geneigt sein, nach dieser
Richtung eher zuviel als zuwenig zu tun.

Eher als dem Griechen mag ihm deshalb begegnen, daß
durch die reiche Ausführung der Aktionen die innere Bewegung der Hauptfiguren übermäßig beschränkt wird, und daß
ein wichtiger Übergang, eine folgenschwere Reihe von Stimmungen verschwiegen bleibt. Ein bekanntes Beispiel solcher
Lücke ist im »Prinzen von Homburg«, gerade dem Stück,
worin der Dichter eine der schwierigsten szenischen Aufgaben, die Disposition zu einer Schlacht und die Schilderung
der Schlacht selbst, vortrefflich gelöst hat. Der Prinz hat
seine Haft leicht genommen; als sein Freund Hohenzollern
ihm die Nachricht bringt, daß sein Todesurteil zur Unterschrift vorliege, wird seine Stimmung allerdings ernst, und
er beschließt die Verwendung der Kurfürstin zu erbitten.
Und in der nächsten Szene stürzt der junge Held kraftlos,
haltungslos zu den Füßen seiner Gönnerin, weil er auf dem
Wege zu ihr, wie er erzählt, beim Fackelschein an seinem
Grabe arbeiten sah; er fleht um sein Leben, wenn er auch
schimpflich abgesetzt werde. Dieser unvermittelte Sprung
zur feigen Todesfurcht verletzt an einem General auf das
peinlichste. Er ist sicher an sich nicht unwahr, wenn wir
auch von einem Feldherrn unter solchen Umständen ungern
Haltlosigkeit ertragen. Und das Drama forderte die stärkste
Niederdrückung des Helden, gerade die Mutlosigkeit ist der
entscheidende Punkt des Stückes, zu dem der Held in seiner

Befangenheit stürzen muß, um sich in dem zweiten Teil der Handlung würdig zu erheben. Es war deshalb eine Hauptaufgabe, die Herabstimmung einer jugendlichen Heldennatur bis zur Todesfurcht vorzuführen, und zwar so, daß die Teilnahme des Hörers nicht durch Verachtung weggeblasen wurde. Das konnte nur durch genauste Darstellung der innern Bewegungen bis zur ausbrechenden Todesangst geschehen, an welche sich der Fußfall anschließen mochte, eine schwierige Aufgabe auch für starke Dichterkraft, aber sie mußte gelöst werden. Und schon hier sei eine kluge Regel erwähnt, die für den Dichter wie für den Schauspieler Geltung hat. Es ist verkehrt, über Teile der Handlung, welche aus irgendeinem Grunde für das Stück notwendig sind, aber nicht die Eigenschaft dankbarer Momente haben, hinwegzuhasten; im Gegenteil muß an solchen Stellen die höchste technische Kunst angewendet werden, um das an sich Unbequeme dichterisch schön herauszuheben. Gerade vor dergleichen Aufgaben muß den Künstler das stolze Gefühl erfüllen, daß es für ihn keine unüberwindliche Schwierigkeit gibt.

Ein anderer Fall, in welchem das versäumte Heraustreiben einer Hauptwirkung auffällt, ist der dritte Akt von »Antonius und Kleopatra«. Freilich rührt ein Versäumnis bei Shakespeare weder von mangelhafter Einsicht noch von Flüchtigkeit her. Das Auffallende liegt hier darin, daß dem Stück der Höhenpunkt fehlt. Antonius hat sich von Kleopatra getrennt, mit Oktavian versöhnt, seine Herrschermacht wieder hergestellt. Der Hörer ahnt aber längst, daß er zur Kleopatra zurückfallen wird. Die innere Notwendigkeit dieses Rückfalls ist vom ersten Akt an reichlich motiviert. Demungeachtet fordert man mit Recht diesen verhängnisvollen Rückfall mit seinen leidenschaftlichen Bewegungen zu sehen, er ist der Punkt, auf welchen alles Vorhergehende gespannt hat, der alles Folgende, die Erniedrigung des Antonius bis zu feiger Flucht und seinen Tod erklären muß. Und doch wird er nur in kurzen Absätzen dargestellt, die Spitze der Handlung ist in viele kleine Szenen zerspalten. Und eine Einfügung in ausgeführter Szene war um so wünschenswerter, da auch die wichtige Begebenheit der Umkehr, jene Flucht des Antonius aus der Seeschlacht, nicht auf der Bühne vorgeführt, sondern nur durch den kurzen Bericht der Unterfeldherren und das darauf folgende erschütternde Ringen des gebrochenen Helden anschaulich gemacht werden konnte. *

Aber der Dichter hat selbstverständlich nicht die Aufgabe, jedes einzelne Moment, welches für den Zusammenhang der Handlung notwendig ist, durch die Aktion der Bühne als geschehend darzustellen. Ein solches Ausführen der Nebensachen würde die Grundzüge mehr verdecken als eindringlich machen, weil es Wichtigerem die Zeit raubte; es würde auch die Handlung in zu viele Teile zersplittern und dadurch die szenische Wirkung beeinträchtigen. Auch auf unserer Bühne sind noch kleine epische Berichte über Ereignisse in lebendiger Darstellung notwendig. Da sie immer Ruhepunkte der Handlung darstellen, wie aufgeregt auch der Verkünder sprechen möge, so gilt für sie das Gesetz, daß sie als Lösung einer kräftig erregten Spannung einzutreten haben. Der Zuschauer muß durch die lebendige Bewegung

---

* Durch diese Unregelmäßigkeit in Anordnung der Handlung, die zugleich wie ein Rückfall in die alten Gewohnheiten des englischen Volkstheaters aussieht, wird der Bau des Dramas gestört. Die durch Stoff und Idee gebotene Handlung war folgende: Erster Akt: Antonius bei Kleopatra und Trennung von ihr. Zweiter Akt: Versöhnung mit Cäsar und Wiederherstellung der Herrschermacht. Dritter Akt: Der Rückfall zur Ägypterin mit Höhenpunkt. Vierter Akt: Innerer Verderb, Flucht und letztes Ringen. Fünfter Akt: Katastrophe des Antonius und der Kleopatra. Aber die Abweichung Shakespeares von dem regelmäßigen Bau hat einen tieferen Grund. Das innere Leben des verwüsteten Antonius hatte keinen großen Reichtum und bot dem Dichter in den Augenblicken der neuen Betörung wenig Anziehendes. Seine Lieblingsgestalt in dem Drama aber, Kleopatra, in deren Ausführung er seine höchste Meisterschaft bewährt hatte, war kein Charakter, der zu *großen* dramatischen Bewegungen geeignet war, die verschiedenen Szenen dieser Frau voll Leidenschaftlichkeit ohne Leidenschaft gleichen glänzenden Variationen desselben Themas. Sie ist in ihrem Verhältnis zu Antonius gerade oft genug von den verschiedensten Seiten geschildert, um das reiche Bild einer dämonischen

der dabei beteiligten Personen vorher angeregt sein. Die Länge der Erzählung ist sorgfältig zu überwachen, eine Zeile zu viel, die kleinste unnötige Ausführung kann Ermüdung verursachen. Die Erzählung ist, wenn sie breitere Einzelnheiten enthält, in Absätze zu teilen, mit kurzen Zwischenreden zu versehen, welche die Stimmung der Beteiligten andeuten, und ist in kräftiger Steigerung des Inhalts und der Sprachweise zu arbeiten. Ein berühmtes Beispiel von vortrefflicher Anordnung ist der Bericht des schwedischen Hauptmanns im »Wallenstein«. Ein ausführlicher Bericht darf nicht an solchen Stellen stehen, wo die Handlung mitten in starker Bewegung abrollt.

Eine Abart der Botenszenen ist die Schilderung eines hinter der Szene gedachten Ereignisses, wenn die Personen auf der Bühne als Beobachter dargestellt werden, also ein Vorführen der Aktion aus den Eindrücken, welche dieselbe in die Charaktere wirft. Diese Art des Berichtes gestattet leichter dramatische Bewegung; sie mag einer ruhigen Erzählung nahestehen, sie mag vielleicht die leidenschaftliche Erregung auf der Bühne hervorrufen oder steigern.

Die Gründe, aus denen der Dichter ein Geschehendes hinter die Szene verlegt, sind verschiedener Art. Zunächst veran-

---

Kokette zu bieten. Die Rückkehr des Antonius gab dem Dichter auch in Beziehung auf sie keine neue Aufgabe. Dagegen war die Erhebung dieses Charakters in verzweifelter Lage, unter den Schrecken des Todes, für ihn ein fesselnder Vorwurf, und insofern mit Recht, weil gerade darin eine höchst eigenartige Steigerung desselben gegeben werden konnte. So opferte Shakespeare diesen Szenen einen Teil der Handlung. Er warf die Momente des Höhenpunktes und der Umkehr zusammen, indem er sie in kleinen Szenen andeutete, und räumte der Katastrophe zwei Akte ein. Für die Gesamtwirkung des Stückes bleibt das ein Übelstand. Wir verdanken ihm freilich die Todesszene Kleopatras im Grabmale, von dem vielen Außerordentlichen, was Shakespeare geschaffen hat, vielleicht das Erstaunlichste. – Daß die Nebenfiguren Oktavian und seine Schwester gerade auf der Spitze der Handlung dem Dichter wichtiger wurden als seine Hauptperson, rührt wohl daher, daß dem bejahrten Dichter überhaupt der einzelne Mensch, sein Glück und Leiden, klein geworden war vor einer ahnenden und ehrfurchtsvollen Betrachtung des geschichtlichen Weltgefüges.

lassen dazu unvermeidliche Vorgänge, welche ihrer Natur
nach überhaupt nicht oder nur durch ein umständliches
Maschinenwesen darstellbar sind, so eine Feuersbrunst, so
die erwähnte Seeschlacht, Volksgewühl, Kämpfe zu Roß
und Wagen, alles, wobei gewaltige Kräfte der Natur oder
große Menschenmassen mit umfangreichen Bewegungen tätig
sind. Die Wirkung solcher widerspiegelnden Eindrücke läßt
sich außerordentlich unterstützen durch kleine szenische
Andeutungen: Rufe von außen her, Signale, grellen Licht-
schein, Donner und Blitz, Geschützdonner und ähnliche
Erfindungen, welche die Phantasie anregen und deren
Zweckmäßigkeit von dem Hörer leicht erkannt wird. Am
besten werden die Andeutungen und klugen Verweise auf
ein Entferntes dann gedeihen, wenn sie menschliches Tun
schildern; nicht so günstig stehen Darstellungen von seltenen Naturereignissen, Beschreibungen der Landschaft, alle
Anschauungen, denen der Hörer vor der Bühne sich hinzugeben nicht gewöhnt ist; leicht mag in solchem Fall die
beabsichtigte Wirkung deshalb verfehlt werden, weil das
Publikum sich gegen Versuche, ungewohnte Täuschungen
hervorzubringen, zu sträuben pflegt.
Diese Darstellung der abspiegelnden Eindrücke und das
Verlegen eines Teils der Handlung hinter die Bühne hat aber
für das Drama besondere Bedeutung in den Augenblicken,
wo Furchtbares, Schreckliches, Entsetzliches dargestellt
werden soll. Wenn freilich von dem Dichter der Gegenwart
verlangt wird, daß er dem Beispiel der Griechen folge, den
entscheidenden Augenblick einer furchtbaren Tat soviel als
möglich züchtig hinter die Szene verlege und nur durch die
Eindrücke sichtbar werden lasse, welche solche Augenblicke
in die Seelen der Beteiligten werfen, so muß gegen diese
Beschränkung zugunsten neuerer Kunst Widerspruch erhoben werden. Denn eine imponierende Aktion ist zuweilen
auf unserer Bühne von größter Wirkung und für die Handlung unentbehrlich. Erstens, wenn die dramatisch darstellbaren Einzelnheiten der Tat Bedeutung für das Folgende

gewinnen, ferner, wenn wir in solcher Tat die plötzlich eintretende Spitze eines zur Vollendung gekommenen inneren Vorganges erkennen, drittens, wenn nur durch das Anschauen der Handlung selbst die vollständige Überzeugung von dem Sachverhältnis beigebracht werden kann. Überfall, Totschlag, Mord, Gefechte, gewalttätiges Zusammenschlagen der Gestalten, an sich durchaus nicht die höchsten Wirkungen des Dramas, haben wir auf der Bühne nicht zu fürchten. Während die griechische Bühne aus der lyrischen Darstellung leidenschaftlicher Empfindungen sich entwickelte, ist die germanische aus der epischen Schilderung der Begebenheiten heraufgekommen. Beide haben einige Überlieferungen ihrer ältesten Zustände bewahrt, die griechische blieb ebenso geneigt, die Augenblicke der Tat in den Hintergrund zu drücken, als die deutsche fröhlich war, Balgerei und Gewalttat abzubilden.

Wenn aber die Griechen heftigen Körperbewegungen, dem Schlagen, Anfassen, Ringen, Niederwerfen aus dem Wege gingen, so war vielleicht nicht die Vorsicht des Dichters, sondern das Bedürfnis des Schauspielers der letzte Grund. Die griechische Theatertracht war für gewaltsame Beugung des Körpers sehr unbequem, das Hinsinken eines Sterbenden im Kothurn mußte sorgfältig und allmählich geschehen, wenn es nicht lächerlich werden sollte. Und die Maske nahm jede Möglichkeit, die in den Augenblicken der höchsten Spannung unentbehrlichen Bewegungen im Antlitz darzustellen. Äschylos scheint auch nach dieser Richtung einiges unternommen zu haben, der kluge Sophokles ging gerade so weit, als er durfte. Er wagte noch die Antigone aus dem Hain von Kolonos durch einen bewaffneten Haufen fortreißen zu lassen, aber er wagte nicht mehr in der »Elektra« den Ägisthos auf der Bühne zu töten, Orestes und Pylades müssen ihn mit gezogenem Schwert hinter die Szene verfolgen. Vielleicht empfand an dieser Stelle Sophokles so gut als wir, daß dies ein Übelstand war, eine Beschränkung, die durch Leder und Watte seiner Schauspieler, dann wohl auch

durch ein religiöses Grauen, welches der Grieche vor dem
Augenblick des Sterbens fühlte, auferlegt wurde. Denn dies
ist eine der dramatischen Stellen, wo der Zuschauer *sehen*
muß, daß sich die Handlung vollendet. Ägisthos könnte,
wenn auch von zwei Männern verfolgt, sich doch ihrer
erwehren oder entfliehen usw.

Wir sind durch die größere Leichtigkeit und Energie unserer
Mimik von solchen Rücksichten befreit, und zahlreich sind
in unseren Stücken große und kleine Wirkungen, welche auf
den höchsten Aktionsmomenten beruhen. Die Szene, in
welcher Coriolan den Aufidius am Hausaltar des Volskers
umarmt, erhält ihre volle Bedeutung erst durch die
Schlachtszene des ersten Aktes, in welcher man die Gegner
erbittert aufeinander losschlagen sieht. Notwendig ist der
Kampf zwischen Percy und Prinz Heinrich.[34] Und wieder
wie unentbehrlich ist nach den Voraussetzungen in »Kabale
und Liebe« der Tod der beiden Liebenden auf der Bühne; in
»Romeo« wie unentbehrlich der Tod des Tybalt, des Paris
und der beiden Liebenden vor den Augen der Zuschauer!
Könnten wir es glauben, wenn Emilia Galotti hinter der
Szene vom Vater erdolcht würde? Und wäre es möglich, die
große Szene zu missen, in welcher Cäsar ermordet wird?

Dagegen gibt es wieder eine ganze Reihe von großen Wirkungen, welche hervorgebracht werden, wenn nicht die Tat
selbst das Auge beschäftigt, sondern so verhüllt wird, daß
die begleitenden Umstände die Einbildungskraft spannen
und das Furchtbare durch jene Eindrücke empfinden lassen,
welche in die Seele der Helden fallen. Überall wo Raum ist,
die vorbereitenden Momente einer Tat eindringlich zu
machen, und wo die Tat nicht in plötzlicher Erregung des
Helden eintritt, endlich überall, wo es nützlicher ist, Grauen
aufzuregen und zu spannen, als aufgeregte Spannung kräftig
zu lösen, wird der Dichter wohltun, die Tat selbst hinter die
Szene zu verlegen. Einige der stärksten dramatischen Wirkungen, welche es überhaupt gibt, verdanken wir solchen
Verhüllungen. Wenn im »Agamemnon« des Äschylos die

gefangene Kassandra die einzelnen Umstände des Mordes, der im Hause geschieht, verkündet; wenn Elektra, während die Todeslaute der Klytämnestra auf die Bühne dringen, dem Bruder in die Szene zuruft: »Triff noch einmal!«, so ist die furchtbare Gewalt dieser Wirkungen allerdings niemals übertroffen worden. Nicht weniger großartig ist die Ermordung des Königs Duncan im »Macbeth«, die Schilderung der Gemütszustände des Mörders vor und nach der Tat.

Für die Bühne der Germanen sind die Spannung, die unbestimmten Schauer, das Unheimliche und Aufregende, welche durch diese Verhüllung verhängnisvoller Taten bei geschickter Behandlung hervorgebracht werden, vorzugsweise in aufsteigender Handlung zu verwerten. In dem rascheren Laufe und der heftigeren Erregung des zweiten Teils werden sie nicht ebenso leicht anwendbar sein. Beim letzten Ausgang der Helden nur in solchen Fällen, wo der Augenblick des Todes selbst auf der Bühne nicht darstellbar ist, wie Hinrichtung durch Schafott und militärische Strafvollstreckung eines Urteils, und wo die Unmöglichkeit einer andern Lösung durch die unzweifelhaft stärkere Gewalt der tötenden Gegner selbstverständlich ist. Ein interessantes Beispiel dafür ist der letzte Akt des »Wallenstein«. Die finstere Gestalt Buttlers, das Werben der Mörder, das Zusammenziehen des Netzes um den Ahnungslosen ist in einer lange und stark aufregenden Steigerung dem Zuschauer in die Seele gedrückt, nach solcher Vorbereitung wäre die Vorführung des Mordes selbst keine Verstärkung mehr; man sieht die Mörder in das Schlafzimmer eindringen, das Krachen der letzten Tür, das Waffengerassel und die darauf eintretende plötzliche Stille erhalten die Einbildungskraft in derselben unheimlichen Spannung, welche den ganzen Akt färbt. Und das langsame Aufregen der Phantasie, die bangsame Erwartung und das letzte Verhüllen der Tat selbst passen wieder vortrefflich zu dem Träumerischen und Geheimnisvollen des inspirierten Helden, wie ihn Schiller gefaßt hat.

Der Dichter hat aber nicht nur darzustellen, auch zu verschweigen; zunächst gewisse unlogische Bestandteile des Stoffes, welche die größte Kunst nicht immer zu bewältigen vermag – es wird bei Besprechung der dramatischen Stoffe davon die Rede sein. Dann Widerwärtiges, Ekelhaftes, Gräßliches, das Schamgefühl Verletzendes, das vielleicht an dem rohen, sonst brauchbaren Stoffe hängt. Was nach dieser Richtung der Kunst widerwärtig sei, muß der Schaffende selbst empfinden, es kann nicht gelehrt werden.

Ferner aber hat der Dichter die Pflicht, seine Wirkungen vom Anfang bis zum Ende des Dramas zu steigern. Der Hörer ist nicht in jedem Teil des Stückes derselbe, er nimmt im Anfange mit Bereitwilligkeit und in der Regel mit geringen Ansprüchen das Gebotene hin, und sobald der Dichter ihm durch irgendeine ansehnliche Wirkung seine Kraft und durch Sprache und sichere Art der Charakterführung ein männliches Urteil gezeigt hat, ist er geneigt, sich vertrauend seiner Leitung hinzugeben. Solche Stimmung hält etwa bis zum Höhenpunkt des Stückes vor. Aber im weiteren Verlauf wird der Empfangende anspruchsvoller, und seine Fähigkeit, Neues aufzunehmen, wird geringer, die genossenen Wirkungen haben stärker erregt, nach mancher Rücksicht gesättigt; mit der steigenden Spannung kommt die Ungeduld, mit der größern Zahl empfangener Eindrücke leichter die Ermattung. Darnach hat der Dichter jeden Teil seiner Handlung einzurichten. Zwar was den Inhalt selbst betrifft, so darf er bei richtiger Anordnung und erträglichem Stoff nicht um die wachsende Teilnahme besorgt sein. Wohl aber hat er dafür zu sorgen, daß die Ausführung allmählich größer und eindrucksvoller werde. Während die ersten Teile im allgemeinen leichte und kürzere Behandlung möglich machen und dem Dichter hier sogar die schwere Zumutung gemacht werden muß, vielleicht einmal eine große Wirkung abzudämpfen, fordern die letzten Akte vom Höhenpunkt an ein Aufgebot aller seiner Mittel. Es ist gar nicht gleichgültig, wo eine Szene steht, ob ein Bote im ersten oder im vierten

Akte seine Erzählung vorträgt, ob ein Effekt den zweiten oder vierten Akt schließt. Mit weiser Vorsicht ist z. B. die Verschwörungsszene in »Cäsar« so kurz gehalten, um den Höhenpunkt des Stückes und die große Zeltszene des vierten Aktes nicht zu beeinträchtigen.

Ein anderes Mittel, die Wirkungen zu steigern, liegt in der Mannigfaltigkeit der Stimmungen, welche aufgeregt werden, sowie der Charaktere, welche die Handlung fortbewegen. Jedes Stück hat, wie gesagt wurde, eine Grundstimmung, welche sich einem Akkord oder einer Farbe vergleichen läßt. Von dieser maßgebenden Farbe aus aber ist ein Reichtum an Abschattungen sowohl als an Gegensätzen notwendig.

In vielen Fällen hat der Dichter allerdings nicht nötig, durch kühles Überlegen sich diese Notwendigkeit deutlich zu machen, denn es ist ein geheimnisvolles Gesetz alles künstlerischen Schaffens, daß ein Gefundenes seinen Gegensatz hervorruft, der Hauptcharakter seinen Gegenspieler, eine Szenenwirkung die abstechende andere. Zumal den Germanen ist es Bedürfnis, in alles, was sie schaffen, eine gewisse Gesamtheit ihres Empfindens liebevoll und sorgfältig hineinzutragen. Dennoch wird während der Arbeit die prüfende Beurteilung der Gebilde, welche mit Naturnotwendigkeit einander gefordert haben, wichtige Lücken ergänzen. Denn bei unsern figurenreichen Dramen ist leicht möglich, durch eine Nebenfigur einen Farbenton einzufügen, welcher dem Ganzen sehr wohltut. Schon bei Sophokles ist die Sicherheit und Zartheit, mit welcher er die Einseitigkeiten seiner Charaktere durch die geforderten Gegensätze ergänzt, in jeder Tragödie zu bewundern; dem Euripides ist dies Harmoniegefühl wieder sehr schwach. Alle großen Dichter der Germanen von Shakespeare bis Schiller schaffen nach dieser Richtung, im ganzen betrachtet, mit schöner Festigkeit, und wir begegnen bei ihnen nur selten einer Figur, welche nicht durch ihre Gegenspieler gefordert, sondern durch kalte Überlegung eingefügt ist, wie Parricida im »Tell«. Es ist eine von den Besonderheiten Kleists, daß die

Ergänzungsbilder ihm undeutlich kommen; hie und da verletzt in den Grundlinien und Farben seiner Gestalten die Willkür.

Aus dem innerlichen Drange szenischer Gegensätze in der Handlung sind den Germanen die Liebesszenen der Tragödie entstanden, der lichtvolle und warme Teil, welcher in der Regel die rührenden Momente im Gegensatz zu den erschütternden der Haupthandlung umschließt. Die szenischen Kontraste werden aber nicht nur durch den verschiedenartigen Inhalt, auch durch den Wechsel von ausgeführten und verbindenden, von Szenen zweier und vieler Personen hervorgebracht. Bei den Griechen, deren Szenen sich nach Form und Inhalt in weit engerm Kreise bewegten, wird die Abwechslung auch dadurch bewirkt, daß die Szenen je nach ihrem Inhalt einen verschiedenen, regelmäßig wiederkehrenden Bau erhalten, Dialogszenen und Botenszenen werden durch Pathosszenen unterbrochen, für jede dieser Arten bestand eine in der Hauptsache feste Form.

Und nicht nur der scharfe Kontrast, auch die Wiederholung desselben szenischen Motivs vermag eine erhöhte Wirkung hervorzubringen, sowohl durch den Parallelismus als durch die feinen Gegensätze zwischen Ähnlichem. Der Dichter hat in diesem Fall mit besonderm Fleiß darauf zu achten, daß er in das wiederkehrende Motiv besondern Reiz lege und vor der Wiederholung die Spannung und Freude daran aufrege. Und er wird dabei ein Gesetz nicht vernachlässigen dürfen, daß auf der Bühne in dem spätern Teil der Handlung auch besonders feine Arbeit nicht leicht ausreicht, eine gesteigerte Wirkung durch Wiederholung bereits gebrauchter Effekte hervorzubringen, falls dieselben eine breitere Ausführung erhalten. Zumal dann ist Gefahr, wenn es besonderer Kunst der Darsteller bedarf, das wiederholte Motiv von einem vorausgegangenen kräftig abzuheben. Shakespeare liebt die Wiederholung desselben Motivs zur Verstärkung der Wirkungen. Ein gutes Beispiel ist die Schlaftrunkenheit des Lucius im »Julius Cäsar«, welche in der Verschwörungsszene den Gegensatz in den Stimmungen des Herrn und Dieners und den milden Sinn des Brutus zeigt und in der großen Zeltszene fast wörtlich wiederholt wird. Der zweite Anschlag desselben Akkords hat hier die Erscheinung einzuleiten, sein weicher Mollklang erinnert den Hörer sehr schön an jene Unglücksnacht und die Schuld des Brutus. Ähnlich wirkt in »Romeo und Julia« sowohl durch Gleichklang als durch abstechende Behandlung die Wiederholung des Zweikampfes mit tödlichem Ausgang. Ferner im »Othello« die wiederkehrenden prächtigen Variationen desselben Themas in den kleinen Szenen zwischen Jago und Roderigo. Aber nicht immer ist es dem großen Dichter mit diesen Wirkungen geglückt. Schon die Wiederholung des Hexenmotivs in der zweiten Hälfte des »Macbeth« ist keine Verstärkung der Wirkung. Das Gespenstige widerstand wohl der breitern Ausführung an der zweiten Stelle. Ein sehr berühmtes Beispiel solcher Wiederholung ist die zweimalige Brautwerbung Richards III., die Szene an der Bahre und die Unterredung mit Elisabeth Rivers.* Daß die Wiederholung hier als bedeutsamer Zug für Richard steht und daß eine starke Wirkung bezweckt ist, wird schon aus der großen Kunst und breiten Ausführung beider Szenen deutlich. Auch ist die zweite Szene mit größter Liebe behandelt, der Dichter hat darin eine für ihn neue und feine Technik angewandt, er hat sie nach antikem Vorbild, Reden und Gegenreden gleich lang Vers gegen Vers gesetzt, gehalten. Und unsere Kritik pflegt wohl eine besondere Schönheit des

---

* Die Szene ist aber durchaus nicht ganz wegzulassen, wie wohl geschieht. Auch die Kürzung muß den Gegensatz zu der ersteren, die befehlende Härte des Tyrannen, die lauernde Feindschaft der Mutter und die Täuschung Richards durch eine von ihm verachtete Frau hervorheben. Wollen unsere Regisseure nicht mehr dulden, so mögen sie etwa folgende Kürzung ertragen. Wenn man die Verse der Schlegel-Tieckschen Ausgabe von den Worten Richards: »Bleibt, gnädge Frau, ich muß ein Wort Euch sagen«, bis zum Ende der Szene, den Worten Richards: »bringt meinen Liebeskuß, lebt wohl« mit fortlaufenden Ziffern von 1–238 bezeichnet, so bleiben folgende Verse stehen: 1–3, 7–9, 54, 59, 60, 97–101, 103, 104, 113, 114, 123–128, 131, 133, 143–160, 210–221, 223, 225–227, 236–238.

großen Dramas aus dieser Szene zu erklären. In der Tat ist
sie auf der Bühne ein Übelstand. Die ungeheure Handlung
drängt bereits mit einer Gewalt zum Ende, welche dem
Zuschauer die volle Empfänglichkeit für das ausgedehnte
und kunstvolle Wortgefecht dieser Unterredung nimmt. –
Ein ähnlicher Übelstand ist im »Kaufmann von Venedig« für
unsere Zuhörer die dreimalige Wiederholung der Wahlszene
am Kästchen; die dramatische Bewegung der beiden ersten
Szenen ist gering und die Zierlichkeit in den Reden der
Wählenden nicht reizvoll genug. Shakespeare durfte sich
dergleichen rhetorische Feinheiten gern erlauben, weil sein
dauerhaftes Publikum an gebildeter, höfischer Rede
besonderes Behagen fand.

7.
Was ist tragisch?

Es ist bekannt, wie emsig seit Lessing der deutsche Dichter
bemüht war, jene geheimnisvolle Eigenschaft des Dramas zu
ergründen, welche man das Tragische nannte. Es sollte der
Niederschlag sein, welchen die sittliche Weltanschauung des
Dichters in dem Stücke absetzt, und der Dichter sollte auch
durch sittliche Wirkungen ein Bildner seiner Zeit werden; es
sollte eine ethische Kraft sein, womit der Dichter Handlung
und Charaktere zu füllen hat, und man war in diesem Fall
nur verschiedener Meinung über das Wesen des dramatischen Ethos. Die Ausdrücke tragische Schuld, innere Reinigung, poetische Gerechtigkeit sind bequeme Schlagwörter
der Kritik geworden, bei denen man so Verschiedenes
denkt. Darin aber war man einig, daß die tragische Wirkung
des Dramas von der Art und Weise abhänge, wie der Dichter
seine Charaktere durch die Handlung führt, ihnen das
Schicksal zuteilt, den Kampf ihres einseitigen Begehrens
gegen die widerstrebenden Kräfte leitet und endigt.

Da der Dichter seine Handlung frei zur Einheit fügt und diese Einheit dadurch hervorbringt, daß er die Einzelnheiten der dargestellten Begebenheiten in vernünftigen innern Zusammenhang setzt, so ist allerdings klar, daß sich auch die Vorstellungen des Dichters von menschlicher Freiheit und Abhängigkeit, sein Verständnis des großen Weltzusammenhanges, seine Ansicht über Vorsehung und Schicksal in einer poetischen Erfindung ausdrücken müssen, welche Tun und Leiden eines bedeutenden Menschen in großen Verhältnissen aus dem Innern desselben herleitet. Es ist ferner deutlich, daß dem Dichter obliegt, diesen Kampf zu einem Schluß zu führen, welcher die Humanität und Vernunft der Hörer nicht verletzt, sondern befriedigt. Und daß es für die gute Wirkung seines Dramas durchaus nicht gleichgültig ist, ob er sich bei Herleitung der Schuld aus dem Innern des Helden und bei Herleitung der Vergeltung aus dem Zwange der Handlung als ein Mann von gutem Urteil und richtiger Empfindung bewährt. Aber ebenso deutlich ist, daß Empfindung und Urteil der Dichter in den verschiedenen Jahrhunderten ungleich und in den einzelnen Dichtern nicht in gleicher Weise abgestuft sein werden. Offenbar wird derjenige nach der Ansicht seiner Zeitgenossen am besten das Schicksal seiner Helden leiten, der in seinem eigenen Leben hohe Bildung, umfassende Menschenkenntnis und einen männlichen Charakter entwickelt hat. Denn was aus dem Drama herausleuchtet, ist nur der Abglanz seiner eigenen Auffassung der größten Weltverhältnisse. Es läßt sich nicht lehren, es läßt sich nicht in das einzelne Drama hineinfügen wie eine Rolle oder Szene.

Deshalb wird hier als Antwort auf die Frage, wie ein Dichter seine Handlung zusammenfügen müsse, damit sie in diesem Sinne tragisch werde, der ernst gemeinte Rat gegeben, daß er darum wenig zu sorgen habe. Er soll sich selbst zu einem tüchtigen Mann machen, dann mit fröhlichem Herzen an einen Stoff gehen, welcher kräftige Charaktere in großem Kampf darbietet, und soll die wohltönenden Worte Schuld und Reinigung, Läuterung und Erhebung andern überlassen. Es ist zuweilen unklarer Most, in ehrwürdige Schläuche gefüllt. Was in Wahrheit dramatisch ist, das wirkt in ernster starkbewegter Handlung tragisch, wenn der ein Mann war, des es schrieb; wo nicht, zuverlässig nicht.

Der eigene Charakter des Dichters bestimmt im Drama hohen Stils weit mehr die höchsten Wirkungen als bei irgendeiner andern Kunstgattung. Aber der Irrtum früherer Kunstanschauungen war, daß sie nur aus Moral oder Ethos des Dramas die eigentümliche Gesamtwirkung desselben zu erklären suchten, an welcher Wortklang, Gebärde, Tracht und noch vieles andere Anteil haben.

Vom Dichter wird das Wort tragisch in zwei verschiedenen Bedeutungen gebraucht; es bezeichnet zuerst die eigentümliche Gesamtwirkung, welche ein gelungenes Drama großen Stils auf die Seelen der Hörer ausübt, und zweitens eine bestimmte Art von dramatischen Wirkungen, welche an gewissen Stellen des Dramas entweder nützlich oder unentbehrlich sind. Die erstere ist die physiologische Bedeutung des Ausdrucks, die zweite eine technische Bezeichnung.

Schon den Griechen war ein Eigentümliches in der Gesamtwirkung des Dramas sehr wohl bekannt. Aristoteles hat die besonderen Einflüsse der dramatischen Wirkungen auf das Leben der Zuschauer scharf beobachtet und so gut als eine charakteristische Eigenschaft des Dramas begriffen, daß er sie in seine berühmte Begriffsbestimmung der Tragödie aufnahm. Diese Erklärung: »Die Tragödie ist die künstlerische Umbildung einer würdigen und einheitlich abgeschlossenen Begebenheit, welche Größe hat« usw., schließt mit den Worten: »und sie bewirkt durch Erregung von Mitleid und Furcht die Katharsis solcher Gemütsbewegungen.« Ausführlich erklärt er an anderer Stelle (»Rhetorik« II,8), was Mitleid sei und wodurch dasselbe erregt werde. Mitleiderregend ist ihm das ganze Gebiet menschlicher Leiden, Zustände und Handlungen, deren Beobachtung das hervorbringt, was wir Rührung und Erschütterung nennen. Das Wort Karharsis aber, welches als ein Ausdruck der alten Heilkunde die Ableitung von Krankheitsstoffen, als Ausdruck des Götterdienstes die durch Sühnung hervorgebrachte Befreiung des Menschen von Befleckendem bezeichnete, ist ein offenbar von ihm geschaffener Kunstausdruck für die eigenartige Wirkung der Tragödie auf die Hörer. Diese besonderen Wirkungen, welche der scharfsinnige Beobachter an seinen Zeitgenossen wahrnahm, sind nicht mehr ganz dieselben, welche die Aufführung eines großen dramatischen Kunstwerks auf unsere Zuschauer ausübt, aber sie sind ihnen nahe verwandt, und es lohnt, den Unterschied zu beachten.

Wer je an sich selbst die Wirkungen einer Tragödie beobachtet hat, der muß mit Erstaunen bemerken, wie die Rührung und Erschütterung, welche durch die Bewegung der Charaktere verursacht wird, verbunden mit der mächtigen Spannung, welche der Zusammenhang der Handlung hervorbringt, das Nervenleben ergreifen. Weit leichter als im wirklichen Leben rollt die Träne, zuckt der Mund; dieser Schmerz ist aber zugleich mit kräftigen Wohlbehagen verbunden: während der Hörer Gedanken, Leiden und Schicksale der Helden mit einer Lebendigkeit nachempfindet, als ob sie seine eigenen wären, hat er mitten in der heftigsten Erregung die Empfindung einer unumschränkten Freiheit, welche ihn zugleich hoch über die Ereignisse heraushebt, durch welche seine Fähigkeit, Eindrücke aufzunehmen, vollständig in Anspruch genommen scheint. Er wird nach dem Fallen des Vorhangs trotz der starken Anstrengung, in welche er durch Stunden versetzt war, eine Steigerung seiner Lebenskraft wahrnehmen, das Auge leuchtet, der Schritt ist elastisch, jede Bewegung fest und frei. Auf die Erschütterung ist ein Gefühl von freudiger Sicherheit gefolgt, in den Empfindungen der nächsten Stunde ist ein edler Aufschwung, in seiner Wortfügung nachdrückliche Kraft, die gesamte eigene Produktion ist ihm gesteigert. Der Glanz großer Anschauungen und starker Gefühle, der in seine Seele gezogen, liegt wie eine Verklärung auf seinem Wesen. Diese merkwürdige Ergriffenheit von Leib und Seele, das Herausheben aus den Stimmungen des Tages, das freie Wohlgefühl nach großen Aufregungen ist genau das, was bei dem modernen Drama der Katharsis des Aristoteles entspricht. Es ist kein Zweifel, daß solche Folge szenischer Aufführungen bei den fein beanlagten Hellenen nach einer zehnstündigen Anspannung durch die stärksten Wirkungen gesteigerter und auffallender zutage kam.

Die erhebende Einwirkung des Schönen auf die Seele ist keiner Kunst ganz fremd, aber das Besondere, welches durch die Verbindung von Schmerz, Schauer und Behagen mit einer starken Anspannung der Phantasie und Urteilskraft und durch die hohe Befriedigung unserer Forderungen an einen vernünftigen Weltzusammenhang hervorgebracht wird, ist der dramatischen Dichtkunst allein eigen. Auch die durchdringende Stärke dieses dramatischen Effekts ist bei der Mehrzahl der Menschen größer als die Stärke der Wirkungen, welche durch andere Künste ausgeübt werden. Nur die Musik vermag noch heftiger das Nervenleben zu beeinflussen, aber die Erschütterungen, welche der Ton hervorruft, fallen vorzugsweise in das Gebiet der unmittelbaren Empfindung, welche sich nicht zum Gedanken verklärt, sie sind mehr verzückt und weniger vergeistigt.

Allerdings sind die Wirkungen des Dramas bei uns nicht mehr ganz dieselben wie zur Zeit des Aristoteles. Und er selbst erklärt uns das. Er, der so gut wußte, daß die Handlung die Hauptsache im Drama sei und daß Euripides seine Handlungen übel zusammenfüge, nennt diesen doch den am meisten tragischen Dichter, d. h. den, welcher die einem Drama eigentümlichen Wirkungen am stärksten hervorzubringen wußte. Uns aber macht kaum ein Stück des Euripides starke Gesamtwirkung, wie sehr die Seelenstürme der Helden in einzelnen seiner bessern Dramen erschüttern. Woher kommt diese Verschiedenheit der Auffassung? Euripides war Meister in Darstellung der leidenschaftlichen Bewegung, mit zu geringer Rücksicht auf die scharfe Ausprägung der Personen und auf den vernünftigen Zusammenhang der Handlung. Den Griechen aber war ihr Drama aus einer Verbindung der Musik und Lyrik heraufgekommen, es bewahrte über Aristoteles hinaus einiges aus seiner ersten Jugend. Der musikalische Bestandteil dauerte nicht nur in den Chören, auch dem Helden steigerte sich auf Höhenpunkten die rhythmisch bewegte Sprache leicht zum Gesange, und die Höhenpunkte waren häufig durch breit ausgeführte Pathosszenen bezeichnet. Der Gesamteindruck der alten Tragödie stand also zwischen dem unserer Oper und unseres Dramas, vielleicht der Oper noch näher, er behielt etwas von dem gewaltig Aufwühlenden der Musik.

Dagegen war in der antiken Tragödie eine andere Wirkung nur unvollständig entwickelt, welche unserem Trauerspiel unentbehrlich ist. Die dramatischen Ideen und Handlungen der Griechen entbehrten eine vernünftige Weltordnung, d. h. eine Fügung der Begebenheiten, welche aus der Anlage und der Einseitigkeit der dargestellten Charaktere vollständig erklärt wird. Wir sind freiere Männer geworden, wir erkennen auf der Bühne kein anderes Schicksal an als ein solches, das aus dem Wesen der Helden selbst hervorgeht. Der moderne Dichter hat dem Zuschauer die stolze Freude zu bereiten, daß die Welt, in welche er ihn einführt, durchaus den idealen Forderungen entspricht, welche Gemüt und Urteil der Hörer gegenüber den Ereignissen der Wirklichkeit erheben. Menschliche Vernunft erscheint in dem neueren Drama als einig und eins mit dem Göttlichen, alles Unbegreifliche der Weltordnung nach den Bedürfnissen unseres Geistes und Gemütes umgebildet. Und diese Eigentümlichkeit der Handlung verstärkt allerdings dem Zuschauer der besten neueren Dramen die schöne Klarheit und fröhliche Gehobenheit, sie hilft, ihn selbst auf Stunden größer, freier, edler zu machen. Dies ist der Punkt, wo der Charakter des modernen Dichters, seine freie Männlichkeit, größeren Einfluß auf die Gesamtwirkung ausübt als im Altertum.

Diese Einheit des Göttlichen und Vernünftigen suchte auch der attische Dichter, aber ihm wurde schwer, sie zu finden. Allerdings leuchtet dies freie Tragische auch in einzelnen Dramen des Altertums auf. Und das ist erklärlich. Denn die Lebensgesetze des poetischen Schaffens bestimmen den Schaffenden, lange bevor die Kunstbetrachtung Formeln dafür gefunden hat, und in seinen besten Stunden mag der Dichter eine innere Freiheit und Größe erhalten, welche ihn weit über die Beschränktheiten seiner Zeit hinaushebt. Sophokles leitet einige Male in fast germanischer Weise Charakter und Schicksal seiner Helden. Im ganzen aber kamen die Griechen nicht über eine Gebundenheit hinaus, welche uns auch bei der stärksten Kunstwirkung als ein Mangel erscheint. Schon das epische Gebiet ihrer Stoffe war für eine freie Leitung der Heldengeschicke durchaus ungünstig. Von außen greift ein unverständliches Schicksal in die Handlung ein, Weissagungen und Orakelsprüche wirken auf den Entschluß, zufälliges Unglück schlägt auf die Helden, Untaten der Eltern bestimmen auch das Schicksal der späten Nachkommen, die Personifikationen der Gottheit treten als Freunde und Feinde in die Handlung ein, zwischen dem, was ihren Zorn aufregt, und den Strafen, welche sie verhängen, ist nach menschlichem Urteil nicht immer ein Zusammenhang, noch weniger ein vernünftiges Verhältnis. Die Einseitigkeit und Willkür, mit welcher sie herrschen, ist furchtbar und beängstigend, auch wo sie sich einmal mild versöhnen, bleiben sie ein Fremdes. Solcher kalten Übermacht gegenüber ist demütige Bescheidenheit des Menschen die höchste Weisheit. Wer fest auf sich selbst zu stehen meint, der verfällt am ersten einer unheimlichen Gewalt, welche den Schuldigen wie den Unschuldigen vernichtet. Bei dieser Auffassung, welche im letzten Grunde traurig, finster, zermalmend war, blieb dem griechischen Dichter nur das Mittel, auch in die Charaktere seiner unfreien Helden etwas zu legen, was einigermaßen das Furchtbare, das sie zu leiden hatten, erklärte. Und die große Kunst des Sophokles zeigt sich unter anderem auch in dieser Färbung seiner Personen. Aber nicht immer reicht die weise Fügung seiner Charaktere hin, um den Verlauf ihres Schicksals zu begründen: sie bleibt nicht selten ein unzureichendes Motiv. Die Größe, welche die antiken Dichter hervorbrachten, lag zunächst in der Stärke der Leidenschaften, dann in dem Ungeheuern der Kämpfe, durch welche ihre Helden niedergeworfen wurden, endlich in der Strenge, Härte und Schonungslosigkeit, mit welcher sie die Charaktere handeln und leiden machten.

Die Griechen aber fühlten sehr gut, daß es nicht ratsam sei, den Zuschauer nach solchen Wirkungen von den Gebilden der schönen Kunst zu entlassen. Sie schlossen deshalb die Aufführung des Tages mit einer Parodie, in welcher sie die ernsten Helden der Tragödie mit übermütigem Scherz behandelten und die Kämpfe derselben launig nachbildeten. Die Satyrspiele waren ein äußerliches Mittel, um die Erfrischung hervorzubringen, welche für uns in den Wirkungen der Tragödie selbst liegt.

Aus diesen Gründen gilt von jener Begriffsbestimmung des Aristoteles der letzte Satz nicht ohne Einschränkungen für unser Drama. Ihm wie uns ist Hauptwirkung des Dramas die Entladung von den trüben und beengenden Stimmungen des Tages, welche uns durch den Jammer und das Fürchterliche in der Welt kommen. Aber wenn er diese Befreiung – an anderer Stelle – dadurch zu erklären weiß, daß der Mensch das Bedürfnis habe, sich gerührt und erschüttert zu sehen, und daß die gewaltige Befriedigung und Sättigung dieses Bedürfnisses ihm innere Freiheit gebe, so ist diese Erklärung zwar auch für uns nicht unverständlich, aber sie nimmt als den letzten innern Grund dieses Bedürfnisses pathologische Zustände an, wo wir fröhliche Rührigkeit der Hörer erkennen.

Denn der letzte Grund jeder großen Wirkung des Dramas

liegt nicht in dem Bedürfnis des Hörers, leidend Eindrücke aufzunehmen, sondern in seinem unablässigen Drange zu schaffen und zu bilden. Der dramatische Dichter zwingt den Hörer zum Nachschaffen. Die ganze Welt von Charakteren, von Leid und Schicksal muß der Hörende in sich selbst lebendig machen; während er mit höchster Spannung aufnimmt, ist er zugleich in stärkster und schnellster schöpferischer Tätigkeit. Eine ähnliche Wärme und beglückende Heiterkeit, wie sie der Dichter im Schaffen empfand, erfüllt auch den nachschaffenden Hörer: daher der Schmerz mit Wohlgefühl, daher die Erhebung, welche den Schluß des Werkes überdauert. Und diese Aufregung der schaffenden Kräfte wird bei dem Drama der Neuzeit allerdings noch von einem milderen Licht durchstrahlt. Denn eng damit verbunden ist uns die erhebende Empfindung von der ewigen Vernunft in den schwersten Schicksalen und Leiden des Menschen. Der Hörer fühlt und erkennt, daß die Gottheit, welche sein Leben leitet, auch wo sie das einzelne menschliche Dasein zerbricht, in liebevollem Bündnis mit dem Menschengeschlecht handelt, und er selbst fühlt sich schöpferisch gehoben, als einig mit der großen, weltlenkenden Gewalt.

So ist die Gesamtwirkung des Dramas, das Tragische, bei uns jener griechischen verwandt, nicht mehr ganz dieselbe. Der Grieche lauschte in der grünen Jugendzeit des Menschengeschlechts nach den Tönen des Proszeniums, erfüllt von dem heiligen Rausch des Dionysos, der Germane schaut in die Welt des Scheins, nicht weniger bewegt, aber als ein Herr der Erde; das Menschengeschlecht hat seitdem eine lange Geschichte durchlebt, wir alle sind durch historische Wissenschaft erzogen.

Aber nicht nur die Gesamtwirkung des Dramas bezeichnet man durch das Wort tragisch. Der Dichter der Gegenwart und zuweilen auch das Volk gebrauchen das Wort in engerer Bedeutung. Wir verstehen darunter auch eine besondere Art der dramatischen Wirkungen.

Wenn an einem Punkte der Handlung plötzlich, unerwartet, im Gegensatz zu dem Vorhergehenden etwas Trauriges, Finsteres, Schreckliches eintritt, das wir doch sofort als aus der ursächlichen Verbindung der Ereignisse hervorgegangen und aus den Voraussetzungen des Stückes als vollständig begreiflich empfinden, so ist dies Neue ein tragisches Moment. Das tragische Moment muß also folgende drei Eigenschaften haben: 1. Es muß wichtig und folgenschwer für den Helden sein, 2. es muß unerwartet aufspringen, 3. es muß durch eine dem Zuschauer sichtbare Kette von Nebenvorstellungen in vernünftigem Zusammenhang mit früheren Teilen der Handlung stehen. Nachdem die Verschworenen den Cäsar getötet und sich, wie sie meinen, den Antonius verbündet haben, wiegelt Antonius durch seine Rede dieselben Römer, für deren Freiheit Brutus den Mord begangen hat, gegen die Mörder auf. Als Romeo sich mit Julia vermählt hat, ist er in die Notwendigkeit versetzt, ihren Vetter Tybalt im Zweikampf zu töten, und wird verbannt. Als Maria Stuart der Elisabeth so weit genähert ist, daß eine versöhnende Zusammenkunft der beiden Königinnen möglich wird, entbrennt zwischen beiden ein Zank, der tödlich für Maria wird. Hier sind die Rede des Antonius, der Tod des Tybalt, der Zank der Königinnen die tragischen Momente. Ihre Wirkung beruht darauf, daß der Zuschauer das Bedeutungsvolle als überraschend und doch in festem Zusammenhange mit dem Vorhergehenden begreift. Die Rede des Antonius empfindet der Hörer lebhaft als eine Folge des Unrechts, welches die Verschworenen gegen Cäsar geübt haben; durch die Stellung des Antonius zu Cäsar und sein Verhalten in der vorausgegangenen Dialogszene mit den Verschworenen wird sie zugleich als notwendige Folge der Schonung und des kopflosen und vorschnellen Vertrauens, welches die Mörder ihm schenken, begriffen. Daß Romeo den Tybalt töten muß, wird augenblicklich als unvermeidliche Folge des tödlichen Familienzwistes und des Zweikampfes mit Mercutio verstanden; den Streit der beiden

Königinnen faßt der Hörer sogleich als natürliche Folge des Stolzes, Hasses und der alten Eifersucht.

In derselben technischen Bedeutung wird das Wort tragisch zuweilen auch auf Ereignisse des wirklichen Lebens angewandt. Die Tatsache z. B., daß Luther, der starke Kämpfer für die Freiheit der Gewissen, in der letzten Hälfte seines Lebens selbst ein unduldsamer Beherrscher der Gewissen wurde, enthält, so hingestellt, nichts Tragisches. In Luther mag sich übergroße Herrschsucht entwickelt haben, er mag altersschwach geworden sein usw. Von dem Augenblick aber, wo uns durch eine Reihe von Nebenvorstellungen klar wird, daß diese Unduldsamkeit die notwendige Folge desselben ehrlichen, rücksichtslosen Ringens nach Wahrheit war, welches die Reformation durchgesetzt hat, daß dieselbe fromme Festigkeit, mit welcher Luther seine Auffassung der Bibel der römischen Kirche gegenüberhielt, ihn dazu brachte, diese Auffassung gegen abweichendes Urteil zu vertreten, daß ihm, wenn er in seiner Stellung außerhalb der Kirche nicht verzweifeln wollte, nur übrig blieb, stierköpfig den Buchstaben seiner Schrift festzuhalten – von dem Augenblicke also, wo wir den innerlichen Zusammenhang seiner Unduldsamkeit mit allem Guten und Großen seiner Natur begreifen, macht diese Verdüsterung seines späteren Lebens den Eindruck des Tragischen. Ebenso bei Cromwell. Daß der Volksführer als Tyrann herrschte, wirkt an sich nicht tragisch. Daß er es aber wider seinen Willen tat und tun mußte, weil die Parteistellung, durch welche er heraufgekommen war, und sein Anteil an der Hinrichtung des Königs die Herzen der Gemäßigten gegen ihn empört hatte, daß der starke Held aus dem Zwange, den ihm sein früheres Leben auflegte, sich nicht loszuringen vermochte, das macht die Schatten, welche durch die ungesetzliche Herrschaft in sein Leben fielen, für uns tragisch. Daß Konradin, das Hohenstaufenkind, einen Haufen zusammenrafft und in Italien von seinem Gegner erschlagen wird, das ist an sich nicht dramatisch und in keiner Bedeutung des Wortes tragisch. Ein schwacher Jüngling mit geringen Hilfsmitteln – es war in der Ordnung, daß er unterlag. Wenn uns aber in die Seele fällt, daß der Jüngling nur dem alten Zuge seines Geschlechtes nach Italien folgt, daß demselben Zuge fast alle großen Fürsten seines Hauses unterlegen sind und daß dieser Zug eines Kaisergeschlechts nichts Zufälliges ist, sondern auf der uralten, geschichtlichen Verbindung Deutschlands mit Italien ruht, so erscheint uns der Tod Konradins allerdings tragisch, nicht für ihn selbst, sondern als letzter Ausgang des größten Herrengeschlechts jener Zeit.

Mit besonderem Nachdruck muß noch einmal hervorgehoben werden, daß das tragische Moment in seinem vernünftigen, ursächlichen Zusammenhange mit den Grundbedingungen der Handlung verstanden werden muß. Für unser Drama haben solche Ereignisse, welche unbegreiflich eintreten, Zwischenfälle, deren Beziehung zur Handlung sich geheimnisvoll verhüllt, Einflüsse, deren Bedeutung auf abergläubischen Vorstellungen beruht, Motive, die aus dem Traumleben genommen sind, Prophezeiungen, Ahnungen nur untergeordnete Bedeutung. Wenn ein Familienbild, welches vom Nagel fällt, Tod und Verderben vorbedeutsam anzeigen soll; wenn ein Dolch, der zu einer Untat verwendet wurde, mit einem geheimnisvoll fortwirkenden Fluch behaftet erscheint, bis er auch dem Mörder den Tod bringt, so sind dergleichen Versuche, die tragische Wirkung auf einen innern Zusammenhang zu begründen, der uns unverständlich ist oder unvernünftig erscheint, für das freie Geschlecht der Gegenwart schwächlich oder gar unleidlich. Was uns als Zufall, selbst als überraschender, entgegentritt, ziemt nicht für große Wirkungen der Bühne. Es ist erst einige Jahrzehnte her, daß in Deutschland neben vielem andern auch die Verwertung solcher Motive versucht wurde.[35]

Die Hellenen waren, nebenbei bemerkt, in Benutzung dieser vernunftwidrigen Momente zu tragischer Wirkung etwas weniger wählerisch. Sie mochten sich auch einmal damit begnügen, wenn der innere Zusammenhang eines plötzlich eintretenden tragischen Moments mit Vorhergehendem nur in ahnungsvollem Schauer empfunden wurde. Wenn Aristoteles als ein in dieser Richtung wirksames Beispiel anführt, daß die einem Manne errichtete Bildsäule im Umfallen den erschlug, der an dem Tode des Mannes schuld war,[36] so würden wir zwar im Leben des Tages solchen Zufall als bedeutsam empfinden, für die Kunst würden wir ihn nicht mit Erfolg verwerten. Sophokles weiß auch bei solchen Momenten einen natürlichen und verständlichen Zusammenhang zwischen Ursache und Wirkung hervorzuheben, soweit seine Mythen das irgend gestatteten. Sehr merkwürdig ist z. B. die Art und Weise, wie er die giftige Wirkung des Nessoskleides, welches Deianeira dem Herakles sendet,[37] mit realistischer Ausführlichkeit erklärt.

Das tragische Moment ist aber im Drama eine einzelne von vielen Wirkungen. Sie kann éinmal eintreten, wie gewöhnlich geschieht, sie kann in demselben Stück öfter angewandt werden. So hat »Romeo und Julia« drei tragische Momente: den Tod des Tybalt nach der Vermählung, die Verlobung der Julia mit Paris nach der Brautnacht, den Tod des Paris vor der Katastrophe. Die Stellung, welche dies Moment im Stücke einnimmt, ist nicht immer dieselbe, *ein* Punkt aber ist vorzugsweise dafür geeignet, so daß die Fälle, in denen es einen andern Platz fordert, als Ausnahme betrachtet werden können. Und es ist zweckmäßig, im Zusammenhange mit dem Vorhergehenden darüber zu reden, obgleich die Teile des Dramas erst im folgenden Kapitel besprochen werden.

Der Punkt, von welchem ab die Tat des Helden auf denselben zurückwirkt, ist einer der wichtigsten im Drama. Dieser Beginn der Reaktion, mit dem Höhenpunkt zuweilen in einer Szene verbunden, ist, so lange es eine dramatische Kunst gibt, besonders ausgezeichnet worden. Die Befangenheit des Helden und die verhängnisvolle Lage, in welche er sich gebracht hat, soll dadurch eindringlich dargestellt werden; zugleich aber hat dieses Moment die Aufgabe, für den zweiten Teil des Stückes neue Spannung hervorzubringen, um so mehr, je glänzender der äußere Erfolg des Helden bis dahin gewesen ist und je großartiger die Szene des Höhenpunktes denselben dargestellt hat. Was jetzt in das Stück tritt, muß alle die Eigenschaften haben, welche oben auseinandergesetzt wurden, es muß ein scharfer Gegensatz, es muß nicht zufällig, es muß folgenschwer sein. Deshalb wird es Wichtigkeit und eine gewisse Größe haben müssen. Diese Szene des tragischen Momentes folgt entweder der Szene des Höhenpunktes unmittelbar, wie die Verzweiflung der Julia auf den Abschied Romeos, oder durch eine Zwischenszene verbunden, wie die Rede des Antonius auf die Ermordung des Cäsar; oder sie ist mit der Szene des Höhenpunktes zu einer szenischen Einheit zusammengekoppelt, wie in »Maria Stuart«, oder sie ist gar durch einen Aktschluß davon getrennt, wie in »Kabale und Liebe«, wo das Briefschreiben Luisens den Höhenpunkt bezeichnet, die Überzeugung Ferdinands von der Untreue der Geliebten das tragische Moment.

Solche Szenen stehen fast immer noch im dritten Akt unserer Stücke, weniger wirksam im Beginn des vierten.

Sie sind allerdings dem Trauerspiel nicht unbedingt notwendig, es ist sehr wohl möglich, die wachsende Rückwirkung durch mehre Schläge in allmählicher Verstärkung zu leiten. Dies wird zumeist da der Fall sein, wo die Katastrophe durch Gemütsvorgänge des Helden bewirkt wird, wie im »Othello«.

Es ist für uns Moderne von Wert, zu erkennen, wie wichtig den Griechen dieses Eintreten des tragischen Momentes in die Handlung war. Es war unter anderem Namen genau dieselbe Wirkung, und sie wurde durch die attischen Kunstrichter noch bedeutsamer hervorgehoben, als uns nötig ist. Auch ihren Tragödien war dies Moment nicht unentbehrlich, aber es galt für eine der schönsten und wirkungsvollsten Erfindungen. Ja sie unterschieden diese Wirkung danach, ob sie in der Handlung selbst oder in der Stellung der Hauptcharaktere zueinander eine Wendung hervorbrachte,

und hatten für jeden dieser Fälle besondere Benennungen, offenbar Ausdrücke der alten Dichterwerkstatt, welche uns ein Zufall in der »Poetik« des Aristoteles erhalten hat.*
Peripetie heißt den Griechen das tragische Moment, welches das Wollen des Helden und damit die Handlung durch das plötzliche Einbrechen eines zwar unvorhergesehenen und überraschenden, aber in der Anlage der Handlung bereits gegründeten Ereignisses in einer Richtung forttreibt, welche von der des Anfanges sehr verschieden ist. Solche Peripetieszenen sind im »Philoktet« die Wandlung in den Ansichten des Neoptolemos, im »König Ödipus« die Berichte des Boten und des Hirten an Jokaste und den König, in den »Trachinierinnen« der Bericht des Hyllos an Deianeira über die Wirkung des Nessoskleides.[39] Vorzugsweise durch dieses Moment wurde eine kräftige Bewegung des zweiten Teils hervorgebracht, und die Athener unterschieden sorgfältig Tragödien mit und ohne Peripetie. Die mit Peripetie galten im ganzen betrachtet für die besseren. Nur darin unterscheidet sich dies Moment der antiken Handlung von dem entsprechenden neueren, daß es nicht notwendig eine unheilvolle Wendung bezeichnete, weil die Tragödie des Altertums nicht immer traurigen Ausgang hatte, sondern auch den plötzlichen Umschwung zum Besseren.
Kaum geringere Bedeutung beanspruchten die Szenen, in denen die Stellung der handelnden Personen zueinander dadurch geändert wurde, daß sich eine alte wichtige Beziehung zwischen ihnen unerwartet offenbarte. Diese Szenen der Anagnorisis, Erkennungsszenen, waren es vorzugsweise, in denen die gemütlichen Beziehungen der Helden

---

* Beide Fachausdrücke werden noch jetzt nicht immer richtig verstanden. *Peripetie* bezeichnet durchaus nicht den letzten Teil der Handlung vom Höhenpunkte abwärts, welcher bei Aristoteles Katabasis heißt, sondern es ist nur, was hier tragisches Moment genannt wird, eine einzelne Szenenwirkung, zuweilen nur Teil einer Szene. – Das Kapitel über die *Anagnorisis*[38] aber, eins der lehrreichsten in der »Poetik«, weil es Einblick in die handwerksmäßige Methode der Dichterarbeit gewährt, schien gar einmal den Herausgebern unecht.

zueinander in großartiger Ausführung sichtbar wurden. Und da die griechische Bühne unsere Liebesszenen nicht kannte, so nahmen sie eine ähnliche Stellung ein, obgleich nicht immer Zuneigung, auch Haß in ihnen aufbrannte. Gelegenheit zu solchen Szenen aber boten die Stoffe der Hellenen sehr reichlich. Die Helden der griechischen Sage sind fast ohne Ausnahme ein umherschweifendes Geschlecht. Ausziehen und wiederkehren, Freunde und Feinde unerwartet finden, gehörte zu den häufigsten Zügen der Sage. Fast jeder Sagenkreis enthält Kinder, welche ihre Eltern nicht kannten, Gatten, welche nach längerer Trennung einander unter bedenklichen Umständen wiedersahen, Gastfreunde und Feinde, welche Namen und Absicht klug zu verhüllen suchten. Deshalb wurden bei vielen Stoffen Szenen der Begegnung, des Wiederfindens, der Erinnerung an bedeutungsvolle Ereignisse der Vergangenheit von entscheidender Wichtigkeit. Und nicht nur das Wiedererkennen von Menschen, auch das Erkennen einer Gegend, einer beziehungsvollen Sache konnte Motiv für eine starke Bewegung werden. Solche Szenen gaben dem antiken Dichter eine willkommene Gelegenheit zur Darstellung von Gegensätzen der Empfindung und zu den beliebten pathetischen Ausführungen, in welchen das heftig erregte Gefühl in langen Wellen ausströmte. Die Frau, welche einen Feind töten will und vor oder nach der Tat den eigenen Sohn erkennt; der Sohn, welcher in der Todfeindin seine Mutter wiederfindet, wie Ion;[40] die Priesterin, welche den fremden Mann opfern soll und in ihm den Bruder errät, wie Iphigeneia; die Schwester, welche den toten Bruder betrauert und im Überbringer des Aschenkruges den lebenden zurückerhält, wie Elektra; die Amme des Odysseus, welche in einem Bettler den heimkehrenden Herrn an der Narbe des Fußes herausfindet, sind einige von den zahlreichen Beispielen. Häufig wurden solche Erkennungsszenen zu Peripetiemomenten, wie die oben erwähnten Berichte des Boten und des Hirten für das Königspaar von Theben. Bei Aristoteles mag man nachlesen,[41] wie wichtig den Griechen die Umstände waren, durch welche die Erkennung veranlaßt wurde, sie werden von dem großen Philosophen genau nach ihrem inneren Werte abgewogen und geschätzt. Und es macht fröhlich zu sehen, daß auch schon dem Griechen nicht zufällige äußere Merkmale für kunstgemäße Motive galten, sondern innere Bezüge zwischen den Erkennenden, welche sich ungezwungen und charakteristisch für beide in der Gesprächszene offenbarten. Gerade hier wird uns ein Einblick, wie fein und ausgebildet die Theaterkritik der Griechen war und wie peinlich gewissenhaft sie vor einem neuen Drama auf das achteten, was ihrer Kunstanschauung für schöne Wirkung galt.

Zweites Kapitel
Der Bau des Dramas

1.
Spiel und Gegenspiel

Das Drama stellt in einer Handlung durch Charaktere,
vermittelst Wort, Stimme, Gebärde diejenigen Seelenvorgänge dar, welche der Mensch vom Aufleuchten eines Ein-
drucks bis zu leidenschaftlichem Begehren und zur Tat
durchmacht, sowie die inneren Bewegungen, welche durch
eigene und fremde Tat aufgeregt werden.

Der Bau des Dramas soll diese beiden Gegensätze des Dramatischen zu einer Einheit verbunden zeigen, Ausströmen
und Einströmen der Willenskraft, das Werden der Tat und
ihre Reflexe auf die Seele, Satz und Gegensatz, Kampf und
Gegenkampf, Steigen und Sinken, Binden und Lösen.

In jeder Stelle des Dramas kommen beide Richtungen des
dramatischen Lebens, von denen die eine die andere unablässig fordert, in Spiel und Gegenspiel zur Geltung; aber
auch im Ganzen wird die Handlung des Dramas und die
Gruppierung seiner Charaktere dadurch zweiteilig. Der
Inhalt des Dramas ist immer ein Kampf mit starken Seelenbewegungen, welchen der Held gegen widerstrebende
Gewalten führt. Und wie der Held ein starkes Leben in
gewisser Einseitigkeit und Befangenheit enthalten muß, so
muß auch die gegenspielende Gewalt durch menschliche
Vertreter sichtbar gemacht werden.

Es ist zunächst gleichgültig, auf welcher Seite der Kämpfenden die höhere Berechtigung liegt, ob Spieler oder Gegenspieler mehr von Sitte, Gesetz, Überlieferung ihrer Zeit und
dem Ethos des Dichters enthalten, in beiden Parteien mag
Gutes und Schlechtes, Kraft und Schwäche verschieden
gemischt sein. Beide aber müssen einen allgemein verständli-

chen menschlichen Inhalt haben. Und immer muß der Hauptheld sich vor den Gegenspielern kräftig abheben, der Anteil, welchen er für sich gewinnt, muß der größere sein, um so größer, je vollständiger das letzte Ergebnis des Kampfes ihn als Unterliegenden zeigt.

Diese zwei Hauptteile des Dramas sind durch einen Punkt der Handlung, welcher in der Mitte derselben liegt, fest verbunden. Diese Mitte, der Höhenpunkt des Dramas, ist die wichtigste Stelle des Aufbaues, bis zu ihm steigt, von ihm ab fällt die Handlung. Es ist nun entscheidend für die Beschaffenheit des Dramas, welche von den beiden Brechungen des dramatischen Lichtes in den ersten und welche in den zweiten Teil als die vorherrschende gesetzt wird, ob das Ausströmen oder Einströmen, das Spiel oder das Gegenspiel den ersten Teil erhält. Beides ist erlaubt, beide Fügungen des Baues vermögen ihre Berechtigung an Dramen von höchstem Wert nachzuweisen. Und diese beiden Arten, ein Drama zu bilden, sind charakteristisch geworden für die einzelnen Dichter und die Zeit, in welcher sie lebten.

Entweder nämlich wird die Hauptperson, der Held des Stücks, so eingeführt, daß sich Wesen und Eigentümlichkeit desselben noch unbefangen ausspricht, und zwar bis zu den Momenten, wo als Folge äußerer Anregung oder innerer Gedankenverbindung in ihm der Beginn eines gewaltigen Gefühls oder Wollens wahrnehmbar wird. Die innere Bewegung, die leidenschaftliche Spannung, das Begehren des Helden steigert sich, neue Umstände, fördernd oder hemmend, verstärken seine Befangenheit und den Kampf, siegreich schreitet der Hauptcharakter vor bis zu einer Lebensäußerung, in welcher die volle Kraft eines Gefühls und Wollens sich zu einer »Tat« zusammendrängt, durch welche die hohe Spannung des Helden für den Augenblick gelöst wird. Von da beginnt eine Umkehr der Handlung; der Held erschien bis dahin in einseitigem, aber erfolgreichem Begehren, von innen nach außen wirkend, die Lebensverhältnisse, in denen er auftrat, mit sich verändernd. Von dem Höhenpunkt wirkt das, was er getan hat, auf ihn selbst zurück und gewinnt Macht über ihn; die Außenwelt, welche im Aufsteigen des leidenschaftlichen Kampfes durch den Helden besiegt wurde, erhebt sich im Kampfe über ihn. Immer stärker und siegreicher wird diese Gegenwirkung, bis sie zuletzt in der Schlußkatastrophe mit unwiderstehlicher Gewalt den Helden unterliegen macht. Auf solche Katastrophe folgt schnell das Ende des Stückes, der Zustand, wo die Wiederherstellung der Ruhe nach dem Kampfe sichtbar wird.

Bei dieser Anordnung sieht man zuerst das Werden der Aktion, dann die Wirkungen der Reaktion; der erste Teil wird bestimmt durch die aus der Tiefe des Helden herausbrechenden Forderungen, der zweite durch die Gegenforderungen, welche die heftig aufgeregte Umgebung erhebt. Dies ist der Bau der »Antigone«, des »Aias«, aller großen Tragödien Shakespeares mit Ausnahme des »Othello« und »Lear«, dann der »Jungfrau« und, weniger sicher, der Doppeltragödie »Wallenstein«.

Die andere Anordnung des Dramas dagegen stellt den Helden beim Beginn in verhältnismäßiger Ruhe unter Lebensbedingungen dar, welche fremden Gewalten einen Einfluß auf sein Inneres nahelegen. Diese Gewalten, die Gegenspieler, arbeiten mit gesteigerter Tätigkeit so lange in die Seele des Helden, bis sie denselben auf dem Höhenpunkt in eine verhängnisvolle Befangenheit versetzt haben, von welcher ab der Held in leidenschaftlichem Drange, begehrend, handelnd abwärts bis zur Katastrophe stürzt.

Dieser Bau benutzt die Gegenspieler, um die starke Bewegung der Hauptspieler zu motivieren; das Verhältnis der Hauptfiguren zu der Idee des Dramas ist ein durchaus anderes, sie treiben in der aufsteigenden Handlung nicht, sondern werden getrieben.

Beispiele für diese Art des Baues sind »König Ödipus«, »Othello«, »Lear«, »Emilia Galotti«, »Clavigo«, »Kabale und Liebe«.

Es könnte scheinen, daß diese zweite Methode der Dramen-
bildung die wirksamere sein müsse. Allmählich, in besonders genauer Ausführung sieht man die Konflikte, durch
welche das Leben der Helden gestört wird, das Innere
derselben bestimmen. Gerade da, wo der Zuschauer kräftige
Steigerung der Wirkungen fordert, tritt die vorbereitete
Herrschaft der Hauptcharaktere ein, Spannung und Teilnahme, die in der zweiten Hälfte des Dramas schwerer zu
erhalten sind, bleiben auf die Hauptpersonen festgebannt,
der stürmische und unaufhaltsame Fortschritt nach abwärts
ist gewaltigen und erschütternden Wirkungen besonders
günstig. Und in der Tat sind Stoffe, in denen das allmähliche
Entstehen einer verhängnisvollen Leidenschaft enthalten ist,
die den Helden zuletzt dem Untergange zuführt, für solche
Behandlung vorzugsweise günstig.

Aber das beste dramatische Recht hat diese Art und Weise
des Baues dennoch nicht, und es ist kein Zufall, daß die
größten Stücke von solcher Beschaffenheit bei tragischem
Ausgang dem Hörer in die Bewegung und Erschütterung
leicht eine quälende Empfindung mischen, welche Freude
und Erfrischung verringert. Denn sie zeigen den Helden
nicht vorzugsweise als tatlustige, angreifende Natur, sondern als einen Empfangenden, Leidenden, der übermächtig
bestimmt wird durch das Gegenspiel, das von außen in ihn
schlägt. Die höchste Gewalt einer Menschenkraft, das, was
am unwiderstehlichsten die Herzen der Zuhörer fortreißt,
ist zu allen Zeiten der kühne Sinn, der rücksichtslos sein
eigenes Innere den Gewalten, welche ihn umgeben, gegenüberstellt. Das Wesen des Dramas ist Kampf und Spannung;
je früher diese durch den Haupthelden selbst hervorgerufen
und geleitet werden, desto besser.

Es ist wahr, jene erste Bauweise des Dramas birgt eine
Gefahr, welche auch durch das Genie nicht in jedem Falle
siegreich überwunden wird. Bei ihr ist in der Regel der erste
Teil des Dramas, der den Helden in gesteigerter Spannung
bis zum Höhenpunkt hinauftreibt, in seinem Erfolge gesi-

chert; aber der zweite Teil, welcher doch die größeren Wirkungen fordert, hängt zumeist von dem Gegenspiel ab, und dies Gegenspiel muß hier in heftigerer Bewegung und in verhältnismäßig größerer Berechtigung motiviert werden. Das mag die Aufmerksamkeit zerstreuen, anstatt sie zu steigern. Dazu kommt, daß der Held vom Höhenpunkt seines Handelns schwächer erscheinen muß als die gegenwirkenden Gestalten. Auch dadurch mag das Interesse an ihm verringert werden. Doch trotz dieser Schwierigkeit darf der Dichter nicht in Zweifel sein, welcher Anordnung er den Vorzug zu geben hat. Seine Arbeit wird schwerer, es gehört bei solcher Anlage große Kunst dazu, die letzten Akte gut zu machen. Aber Begabung und gutes Glück sollen das überwinden. Und die schönsten Kränze, welche die dramatische Kunst zu geben vermag, sinken auf das gelungene Werk. Allerdings ist der Dichtr hierbei von seinem Stoff abhängig, der zuweilen keine Wahl läßt. Deshalb ist eine der ersten Fragen, welche der Dichter an einen lockenden Stoff zu stellen hat, *ob derselbe im Spiel oder Gegenspiel aufsteigt.*

Es ist belehrend, in dieser Beziehung die großen Dichter zu vergleichen. Von den wenigen Dramen des Sophokles, die uns erhalten sind, gehört die Mehrzahl (4) denen an, wo der Hauptspieler die Führung hat,[42] wie ungünstig auch das Gebiet epischer Stoffe für die freie Selbstbestimmung der Helden war. – Die höchste Kraft und Kunst aber bewährt hier Shakespeare. Er vorzugsweise ist der Dichter der schnell entschlossenen Charaktere, Lebensfeuer und Mark, gedrungene Energie und hochgespannte männliche Kraft seiner Helden treiben gleich nach der Eröffnungsszene die Stücke in schneller Steigerung aufwärts.

In schneidendem Gegensatz zu ihm steht die Neigung der großen deutschen Dichter des vorigen Jahrhunderts. Sie lieben breites Motivieren, sorgfältiges Begründen des Ungewöhnlichen. In mehren ihrer Dramen sieht es aus, als würden ihre Helden ruhig in gemäßigter Stimmung, in unsichern Verhältnissen beharren, wenn man sie nur ließe. Und wie den meisten Heldencharakteren der Deutschen fröhliche Kraft, hartes Selbstvertrauen und schneller Entschluß zur Tat fehlen, so stehen sie auch in der Handlung unsicher, grübelnd, zweifelnd, mehr durch äußere Verhältnisse als durch rücksichtsloses Fordern fortbewegt. Das ist bedeutungsvoll für die Bildung des vorigen Jahrhunderts, für Kultur und Seelenleben eines Volkes, dem das fröhliche Gedeihen, ein öffentliches Leben, Selbstregierung so sehr fehlten. Sogar Schiller, welcher doch heftige Leidenschaften aufzuregen weiß, liebt es, den Gegenspielern im ersten Teil, den Haupthelden erst im zweiten vom Höhenpunkt abwärts die Führung zu geben. So werden in »Kabale und Liebe« Ferdinand und Luise durch die Intriganten fortgestoßen, erst von der Szene zwischen Ferdinand und dem Präsidenten, nach dem tragischen Moment, übernimmt Ferdinand die Führung bis zum Ende. Noch schlechter steht der Held »Don Carlos« zu der Handlung seines Stückes, er wird sowohl in der steigenden als in der fallenden Hälfte bevormundet. In »Maria Stuart« hat die Heldin allerdings die verhängnisvolle Leitung ihres Schicksals bis zum Höhenpunkt, der Gartenszene, insofern sie die Stimmungen ihrer Gegenspieler beherrscht; der vorwärts treibende Teil sind aber, wie durch den Stoff geboten war, die Intriganten und Elisabeth.

Weit bekannter und doch von geringerer Bedeutung für den Bau des Dramas ist die Unterscheidung der Dramen, welche von der letzten Wendung im Geschick des Helden und von dem Inhalt der Katastrophe hergenommen wird. Die neue Bühne der Deutschen unterscheidet zwei Arten des ernsten Dramas, Trauerspiel und Schauspiel.[43] Die strenge Unterscheidung in diesem Sinne ist auch bei uns nicht alt, sie ist auf den Repertoiren erst seit Iffland durchgeführt. Und wenn man jetzt auf der Bühne zuweilen Lustspiel, Schauspiel und Trauerspiel als drei verschiedene Arten der rezitierenden Darstellung einander gegenüberstellt, so ist doch das

Schauspiel seinem Wesen nach keine dritte gleichstehende
Art des dramatischen Schaffens, sondern eine Unterabtei-
lung des ernsten Dramas. Die attische Bühne hatte nicht den
Namen, aber die Sache. Schon zur Zeit des Äschylos und
Sophokles war ein finsterer Ausgang keineswegs der Tragödie unentbehrlich, von sieben erhaltenen Tragödien des
letzteren haben zwei, »Aias« und »Philoktetes«, ja in den
Augen der Athener auch »Ödipus auf Kolonos«, einen
milden Schluß, welcher das Schicksal des Helden zum Bessern wendet. Selbst bei Euripides, dem die »Poetik« nach-
rühmt, daß er düstern Ausgang liebe, sind unter siebzehn
erhaltenen Tragödien außer der »Alkestis« noch vier:
»Helena«, »Iphigeneia in Tauris«, »Andromache«, »Ion«,
deren Ende dem unserer Schauspiele entspricht; bei mehre-
ren anderen ist der traurige Ausgang zufällig und unmotiviert. Und es scheint, daß die Athener bereits denselben
Geschmack hatten, den wir an unsern Zuschauern kennen,
sie sahen am liebsten solche Tragödien, welche in unserem
Sinn Schauspiele waren, in denen der Held arg durch das
Schicksal gezaust wurde, aber zuletzt Haut und Haar gerettet davontrug.

Auf der modernen Bühne ist unleugbar die Berechtigung des
Schauspiels noch größer geworden. Edler und freier fassen
wir die Menschennatur, wir vermögen reizvoller, wirksamer
und genauer innere Kämpfe des Gewissens, entgegenste-
hende Überzeugungen zu schildern. In einer Zeit, in welcher man sogar über Abschaffung der Todesstrafe verhandelt hat, sind die Toten am Ende eines Stückes, so scheint es,
leichter zu entbehren; wir trauen in der Wirklichkeit einer
starken Menschenkraft zu, daß sie die Pflicht des Lebens
sehr hoch halte, auch schwere Missetat nicht durch den Tod,
sondern durch ein reineres Leben büße. Aber diese veränderte Auffassung des irdischen Daseins kommt dem Drama
nicht nach jeder Richtung zugute. Es ist wahr, der tödliche
Ausgang ist zumal bei modernen Stoffen weniger Bedürfnis
als bei dramatischer Behandlung epischer Sagen oder älterer

geschichtlicher Begebenheiten. Aber nicht daß der Held zuletzt am Leben bleibt, macht ein Stück zum Schauspiel, sondern daß er aus den Kämpfen als Sieger oder durch einen Ausgleich mit seinem Gegensatze versöhnt hervorgeht. Ist er am Ende der Unterliegende, muß er gebrochen werden, so behält das Stück nicht nur den Charakter, sondern auch den Namen eines Trauerspiels. Der »Prinz von Homburg« ist Schauspiel, »Tasso« eine Tragödie.

Das Drama der Neuzeit hat in den Kreis seiner Stoffe ein weites Gebiet aufgenommen, welches der ältern Tragödie der Griechen, ja in der Hauptsache noch der Kunst Shakespeares fremd war: das bürgerliche Leben der Gegenwart, die Konflikte unserer Gesellschaft. Kein Zweifel, daß die Kämpfe und Leiden moderner Menschen eine tragische Behandlung möglich machen und daß diese ihnen noch viel zuwenig zuteil geworden ist; aber das Genrehafte, Zahme und Rücksichtsvolle, welches dieser Gattung von Stoffen in der Regel anhängt, gibt auch der künstlerischen Auffassung völlige Berechtigung, welche gerade hier gern solche Kämpfe vorführt, denen wir im wirklichen Leben eine milde Ausgleichung zutrauen und wünschen. Bei der breiten und volkstümlichen Ausdehnung, welche diese Behandlung gewonnen hat, gilt es zweierlei hervorzuheben. Erstens, daß die Gesetze für Bau des Schauspiels und Leben der Charaktere in der Hauptsache dieselben sind wie für das Trauerspiel und daß es für den Schaffenden nützlich ist, diese Gesetze aus dem Drama hohen Stils zu erkennen, wo jeder Verstoß dagegen dem Erfolg des Stückes verhängnisvoll werden mag.

Zweitens aber, daß das Schauspiel, bei welchem eine weichere Ausgleichung der Konflikte im zweiten Teil notwenig ist, doppelt Ursache hat, in der ersten Hälfte herzhaftes und frisches Begehren seines Helden durch feine Charakterschilderung zu motivieren. Es kommt sonst in Gefahr, zu einem Situationsstück oder Intrigenstück zu werden, im ersten Fall einer behaglichen Schilderung von Zuständen und charakteristischen Eigentümlichkeiten die kräftige Bewegung einer einheitlichen Handlung zu opfern, im andern Fall über den schnellen Schachzügen einer unruhigen Handlung die Ausbildung der Charaktere zu vernachlässigen. Das erstere ist Neigung der Deutschen, das andere der Romanen; beide Arten der Zurichtung eines Stoffes sind einer würdigen Behandlung ernster Kämpfe ungünstig, sie gehören ihrem Wesen nach der Komödie, nicht dem ernsten Drama an.

2.
Fünf Teile und drei Stellen des Dramas

Durch die beiden Hälften der Handlung, welche in einem Punkt zusammenschließen, erhält das Drama – wenn man die Anordnung durch Linien verbildlicht – einen pyramidalen Bau. Es steigt von der Einleitung mit dem Zutritt des erregenden Moments bis zu dem Höhenpunkt und fällt von da bis zur Katastrophe. Zwischen diesen drei Teilen liegen die Teile der Steigerung und des Falles. Jeder dieser fünf Teile kann aus einer Szene oder aus einer gegliederten Folge von Szenen bestehen, nur der Höhenpunkt ist gewöhnlich in einer Hauptszene zusammengefaßt.

Diese Teile des Dramas, a) Einleitung, b) Steigerung, c) Höhenpunkt, d) Fall oder Umkehr, e) Katastrophe, haben jeder Besonderes in Zweck und Baueinrichtung. Zwischen ihnen stehen drei wichtige szenische Wirkungen, durch welche die fünf Teile sowohl geschieden als verbunden werden. Von diesen drei dramatischen. Momenten steht eines, welches den Beginn der bewegten Handlung bezeichnet, zwischen Einleitung und Steigerung, das zweite, Beginn der Gegenwirkung, zwischen Höhenpunkt und Umkehr, das dritte, welches vor Eintritt der Katastrophe noch einmal zu steigern hat, zwischen Umkehr und Katastrophe. Sie heißen hier: das erregende Moment, das tragische Moment, das Moment der letzten Spannung. Die erste Wirkung ist jedem Drama nötig, die zweite und dritte sind gute, aber nicht unentbehrliche Hilfsmittel. – Es werden deshalb im Folgenden acht Bestandteile des Dramas in ihrer Reihenfolge aufgeführt.

Die Einleitung. Der Brauch des Altertums war, die Vorbedingungen der Handlung in einem Prolog mitzuteilen. Der Prolog des Sophokles, ja schon des Äschylos ist ein durchaus notwendiger und wesentlicher Teil der Handlung, dramatisch belebt und gegliedert, welcher genau unserer Eröffnungsszene entspricht und in der alten Regiebedeutung des Wortes den Teil der Handlung umfaßt, welcher vor dem Einzugsgesang des Chors lag. Bei Euripides ist er in nachlässiger Rückkehr zu der älteren Gewohnheit ein epischer Botenbericht, den eine Maske den Zuhörern abstattet, die nicht einmal immer in dem Stück selbst auftritt, wie Aphrodite im »Hippolytos«, der Geist des getöteten Polydoros in der »Hekabe«. – Bei Shakespeare ist der Prolog ganz von der Handlung abgelöst, er ist nur Anrede des Dichters, enthält Artigkeit, Entschuldigung, die Bitte aufzumerken. Die deutsche Bühne hat, seit ihr nicht mehr nötig ist, Ruhe und Aufmerksamkeit zu erbitten, diesen Prolog zweckmäßig aufgegeben, sie läßt ihn als Festgruß, welcher einmal eine einzelne Vorstellung auszeichnet, oder als zufällige Laune des Dichters zu. Bei Shakespeare sowohl als bei uns ist die Einleitung wieder in die rechte Stelle getreten, sie ist mit dramatischer Bewegung erfüllt und ein organischer Teil im Bau des Dramas geworden. Doch hat in einzelnen Fällen die neuere Bühne einer anderen Versuchung nicht widerstanden, die Einleitung zu einem Situationsbilde auszuweiten und als besonderes Vorspiel dem Drama vorauszusenden. Berühmte Beispiele sind die »Jungfrau von Orleans« und das

»Käthchen von Heilbronn«, »Wallensteins Lager« und die schönsten aller Prologe, die zu »Faust«.

Daß solche Ablösung der Eröffnungsszene bedenklich ist, wird leicht zugegeben werden. Der Dichter, welcher sie als ein getrenntes Stück behandelt, ist gezwungen, ihr eine Ausdehnung und Gliederung zu geben, welche ihrer innern Bedeutung nicht entspricht. Was als ein Besonderes durch starken Einschnitt abgesetzt erscheint, verfällt den Gesetzen jeder größeren dramatischen Einheit, es muß wieder eine Einleitung, Steigerung, eine mäßige Höhe, einen Abschluß erhalten. Solche Voraussetzungen eines Dramas aber, die Zustände vor dem Eintritt der bewegenden Kraft, sind einer kräftig gegliederten Bewegung nicht günstig, und der Dichter wird deshalb seine Personen in ausgeschmückten und verhältnismäßig breit ausgeführten Situationen vorzuführen haben. Er wird diese Situationen in einiger Fülle und Reichlichkeit geben *müssen*, weil jeder abgeschlossene Bau auch eine selbständige Teilnahme erwecken und befriedigen soll, was nur bei gewisser Zeitdauer möglich ist. Dadurch aber entstehen zwei Übelstände, einmal, daß der Haupthandlung die auf unserer Bühne ohnedies nicht reichlich zugemessene Zeit beschränkt wird, und ferner, daß das Vorspiel durch die breite Behandlung und den ruhigen Inhalt wahrscheinlich eine Farbe erhält, welche von der des Dramas abweicht und den Hörer zerstreut und befriedigt, anstatt ihn vorzubereiten.

Es ist fast immer Bequemlichkeit des Dichters und mangelhafte Anordnung des Stoffes, welche bei einem Bühnenstück den Aufbau des Vorspiels veranlaßt. Kein Stoff darf weitere Voraussetzungen behalten als solche, welche sich in wenigen kurzen Strichen wiedergeben lassen.

Da die Darstellung von Ort, Zeit, Volkstum und Lebensverhältnissen des Helden[44] der Einleitung des Dramas zukommt, so wird diese zunächst das Umgebende kurz charakterisieren. Außerdem wird dem Dichter hier Gelegenheit, sowohl die eigentümliche Stimmung des Stückes wie in

kurzer Ouvertüre anzudeuten als auch das Tempo desselben, die größere Leidenschaftlichkeit oder Ruhe, mit welcher die Handlung forteilt. Der gemäßigte Gang, das milde
Licht im »Tasso« wird durch den heitern Glanz des fürstli-
chen Gartens, die ruhige Unterhaltung der geschmückten
Frauen, die Kränze, das Schmücken der Dichterbilder eingeführt. In »Maria Stuart« gibt das Erbrechen der Schränke,
der Streit Paulets mit der Kennedy ein gutes Bild der Lage.
Im »Nathan« ist die erregte Unterhaltung des heimkehrenden Nathan mit Daja eine vortreffliche Einführung in den
würdigen Gang der Handlung und in die Gegensätze der
innerlich bewegten Charaktere. In den »Piccolomini« gibt
die Begrüßung der Generäle und Questenbergs eine besonders schöne Vorbereitung in die allmählich steigende Bewegung. Der größte Meister in guten Anfängen ist aber Shakespeare. In »Romeo«: Tag, offene Straße, Händel und
Schwerterklirren der feindlichen Parteien, in »Hamlet«:
Nacht, der spannende Kommandoruf, Aufziehen der
Wache, das Erscheinen des Geistes, unruhige, düstere,
zweifelvolle Erregtheit; in »Macbeth«: Sturm, Donner, die
unheimlichen Hexen auf wüster Heide. Und wieder in
»Richard III.«: keine auffallende Umgebung, ein einzelner
Mann auf der Bühne, der alle beherrschende Bösewicht, der
das ganze dramatische Leben des Stückes regiert, sich selbst
den Prolog sprechend. So in jedem seiner kunstvolleren
Dramen.

Als Regel gelte, daß es nützlich ist, den ersten Akkord nach
Eröffnung der Bühne so stark und nachdrücklich anzuschla-
gen, als der Charakter des Stückes erlaubt. Es versteht sich,
daß man den »Clavigo« nicht mit Trommelwirbel und den
»Tell« nicht mit Kindergezänk in häuslichem Stilleben eröff-
net; eine dem Stücke angemessene kurze Bewegung führe
zwanglos zu der ruhigeren Exposition über. Zuweilen ist
dieser erste anspannende Akkord bei Shakespeare, dem seine
Bühne größere Freiheit gestattete, von der folgenden Exposition durch einen szenischen Einschnitt geschieden; so folgt

ihm im »Hamlet« eine Hofszene, im »Macbeth« das Auftreten Duncans und der Schlachtbericht. Ebenso im »Julius Cäsar«, wo Unterredung und Streit der Tribunen und Plebejer den ersten stärkeren Anschlag bilden, welchem sich die Exposition: Unterredung des Cassius und Brutus und festlicher Einzug des Cäsar, anschließt. Auch in »Maria Stuart« folgt dem Streit mit Paulet die Expositionsszene: Maria und Kennedy; so im »Tell« dem reizvollen, nur zu melodramatischen Eröffnungsbilde die Unterredung der Landleute.

Nun ist allerdings dieser Akkord des Anfangs nicht notwendig ein lautes Zusammentönen verschiedener Personen, sehr gut mögen auch kurze Seelenbewegungen der Hauptpersonen das erste Kräuseln kleiner Wellen andeuten, welches die Stürme des Dramas einzuleiten hat. So geht in »Emilia Galotti« die Exposition von der unruhigen Bewegung des Prinzen am Arbeitstisch durch die in größerem Wellenschlage gehaltene Unterredung mit Conti bis in die Szene mit Marinelli, welche das aufregende Moment: Nachricht von der bevorstehenden Vermählung Emilias, enthält. Ähnlich, aber weniger bequem im »Clavigo« von der Unterredung am Schreibtische des Clavigo durch die Wohnung der Marie bis zum Beginn der Handlung selbst, dem Besuch des Beaumarchais bei Clavigo. Ja die Handlung kann sich allmählich so erheben, daß die gehaltene Ruhe des Anfangs eine wirksame Unterlage bildet, wie in Goethes »Iphigenie«.

Wenn Shakespeare und die Deutschen der frühern Zeit – »Sara Sampson«, »Clavigo« – in der Einleitung den Szenenwechsel nicht vermieden haben, so ist das für unsere Bühne nicht nachzuahmen. Die Exposition soll jedes Zerstreuende von sich fernhalten; ihre Aufgabe, vorzubereiten, erfüllt sie am besten, wenn sie so fortläuft, daß dem kurzen einleitenden Akkorde eine ausgeführte Szene folgt, welche durch schnellen Übergang mit der folgenden Szene des erregenden Momentes verbunden ist. »Julius Cäsar«, »Maria Stuart«, »Wallenstein« sind nach dieser Richtung treffliche Vorbilder.

Die Schwierigkeit, auch den Vertretern des Gegenspiels eine Stelle in der Einleitung zu geben, ist nicht unüberwindlich. In der szenischen Anordnung wenigstens muß der Dichter seine volle Herrschaft über den Stoff empfinden, und es ist gewöhnlich nur eine Befangenheit seiner Einbildungskraft, wenn ihm dergleichen unmöglich scheint. Sollte aber die Einfügung der Gegenpartei in die Exposition untunlich werden, so ist immer noch Zeit, dieselbe in den ersten Szenen der bewegten Handlung vorzuführen.

Ohne sich deshalb die möglichen Fälle in eine Schablone zu zwängen, darf der Dichter festhalten, daß ein regelmäßiger Bau der Einleitung folgender ist: scharf bezeichnender Akkord, ausgeführte Szene, kurzer Übergang in das erste Moment der Bewegung.

Das erregende Moment. Der Eintritt der bewegten Handlung findet an der Stelle des Dramas statt, wo in der Seele des Helden ein Gefühl oder Wollen aufsteigt, welches die Veranlassung zu der folgenden Handlung wird, oder wo das Gegenspiel den Entschluß faßt, durch seine Hebel den Helden in Bewegung zu setzen. Offenbar wird dieses Treibende bedeutsamer in solchen Stücken hervortreten, bei denen der Hauptspieler die erste Hälfte willenskräftig beherrscht, aber es bleibt bei jeder Anordnung ein wichtiges Moment der Handlung. Im »Julius Cäsar« ist dies Treibende der Gedanke, den Cäsar zu töten, welcher durch das Gespräch mit Cassius allmählich in die Seele des Brutus gelegt wird. Im »Othello« tritt es nach den stürmischen Nachtszenen, der Exposition, durch die zweite Unterredung zwischen Jago und Rodrigo hervor mit der Verabredung, Desdemona und den Mohren zu entzweien. In »Richard III.« dagegen steigt es im ersten Anfange des Stückes zugleich mit der Exposition aus der Seele des Helden als fertiger Plan herauf. Beidemal ist seine Stellung bezeichnend für den Charakter der Stücke, im »Othello«, wo das Gegenspiel führt, am Schluß einer längeren Einleitung, im »Richard«, wo der Bösewicht allein herrscht, im ersten Auftritt. Im »Romeo«

kommt dies veranlassende Motiv an die Seele des Helden in
der Unterredung mit Benvolio als Entschluß, das Maskenfest zu besuchen, und unmittelbar vor dieser kleinen Szene
läuft als Parallelszene die erste Unterredung zwischen Paris
und Capulet, durch welche das Schicksal Julias bestimmt
wird; beide szenischen Momente, so bedeutsam nebeneinandergestellt, bilden zusammen das Treibende dieses Dramas, welches *zwei* Helden hat, die beiden Liebenden. In
»Emilia Galotti« sinkt es als Nachricht von der bevorstehenden Vermählung der Heldin in die Seele des Prinzen, im
»Clavigo« ist es die Ankunft des Beaumarchais bei seiner
Schwester, in »Maria Stuart« ist es das Bekenntnis, welches
Mortimer der Maria ablegt.

Schwerlich wird jemand die Ansicht hegen, daß der »Faust«
besser ein regelmäßiges Bühnendrama geworden wäre; aber
es ist gerade belehrend, an diesem größten Gedicht der
Deutschen zu begreifen, wie die Gesetze des Schaffens noch
bei der freiesten Erfindung in dramatischer Form Gehorsam
forderten. Auch dieses Stück hat ein erregendes Moment,
den Eintritt des Mephisto in die Stube des Faust. Was
vorhergeht, ist Exposition, die dramatisch bewegte Handlung umfaßt das Verhältnis zwischen Faust und Gretchen;
sie hat ihre steigende und fallende Hälfte, von dem Erscheinen des Mephisto steigt sie bis zum Höhenpunkt, der Szene,
welche die Hingabe Gretchens an Faust andeutet, von da
fällt sie bis zur Katastrophe. Das Ungewöhnliche des Baues
liegt, abgesehen von den späteren Episoden, nur darin, daß
die Szenen der Einleitung und des erregenden Momentes das
halbe Stück füllen, und etwa, daß der Höhenpunkt nicht
stark herausgetrieben ist. Im übrigen aber hat das Stück,
dessen Szenen wie an einem Faden zusammengereiht scheinen, eine kleine vollständig geordnete Handlung von einfacher und sogar regelmäßiger Beschaffenheit. Man hat nur
nötig, die Begegnung mit Gretchen als an das Ende eines
ersten Aktes gestellt zu denken.

Shakespeare behandelt dies Eintreten der Bewegung mit

besonderer Sorgfalt. Ist ihm das erregende Moment einmal zu klein und leicht, wie in »Romeo und Julia«, so weiß er es zu verstärken. Deshalb muß Romeo, nachdem das Eindringen bei den Capulet beschlossen ist, vor dem Hause seine finsteren Ahnungen aussprechen. In drei Stücken hat er dabei seiner Neigung, ein Motiv zu wiederholen, nachgegeben. Jedesmal mit großer Wirkung. Wie die Szene im »Othello«: »Schaff einen Beutel mit Geld«, eine Variation des einleitenden Akkordes ist, so auch die Hexen, welche dem Macbeth die blutigen Gedanken aufregen, so der Geist, welcher dem Hamlet den Mord verkündet. Was im ersten Aufgange des Stückes Ton und Farbe andeutete, wird auch die aufstachelnde Gewalt für die Seele der Helden.

Aus den angeführten Beispielen ist ersichtlich, daß dies Moment der Handlung in sehr verschiedener Gestalt auftreten könne. Es mag eine ausgeführte Szene füllen, es mag in wenigen Worten zusammengefaßt werden: Es muß durchaus nicht immer von außen in die Seele des Helden oder seines Gegenspielers dringen, es darf ebenso ein Gedanke, ein Wunsch, ein Entschluß sein, welcher durch eine Reihe von Vorstellungen aus dem Innern des Helden selbst gelockt wird. Immer aber bildet es den Übergang von der Einleitung zur aufsteigenden Handlung, entweder als plötzlich eintretend, wie Mortimers Erklärung in »Maria Stuart« und die Rettung Baumgartens im »Tell«, oder allmählich durch Gespräch und innere Vorgänge herausgebildet, wie der Entschluß des Mordes bei Brutus, wo an keiner Stelle des erwähnten Zwiegesprächs die furchtbaren Worte ausgesprochen sind, die Bedeutung der Szene dagegen durch den Argwohn, welchen der dazwischentretende Cäsar ausdrückt, bedeutsam herausgehoben wird.

Doch ist für die Arbeit zu beachten, daß dies Moment eine große Ausführung nur selten verträgt. Es steht im Anfange des Stückes, wo mächtiges Eindringen auf die Hörenden weder nötig noch ratsam ist. Es hat den Charakter eines Motivs, welches Richtung gibt und vorbereitet, nicht selbst einen Ruhepunkt darbietet. Es darf nicht unbedeutend sein, aber auch nicht so stark hervortreten, daß es nach der Empfindung der Zuschauer dem Folgenden zuviel vorwegnimmt, also die Spannung, die es erregen soll, verringert oder bereits über das Schicksal des Helden entscheidet. Hamlets Verdacht darf durch die Offenbarungen des Geistes nicht zu unbedingter Gewißheit erhoben werden, sonst müßte der Verlauf des Stückes ein anderer werden. Des Cassius und Brutus Entschluß darf nicht, in klare Worte gefaßt, als fertig heraustreten, damit die folgende Überlegung des Brutus und die Verschwörung als Fortschritt erscheinen. Der Dichter wird also die Wichtigkeit, womit er dasselbe hervorhebt, wohl abzudämpfen haben.

Immer aber wird er dasselbe so früh als möglich bringen, denn erst von ihm ab beginnt ernste dramatische Arbeit.

Eine bequeme Einrichtung für unsere Bühnen ist: nach der Einleitung das erregende Moment in mäßiger Szene zu geben und die erste folgende Steigerung in größerer Ausführung anzuschließen. Von solchem regelrechten Bau ist z. B. der erste Akt der »Maria Stuart«.

Die Steigerung. Die Handlung ist in Bewegung gesetzt, die Hauptpersonen haben ihr Wesen dargelegt, die Teilnahme ist angeregt. In einer gegebenen Richtung hebt sich Stimmung, Leidenschaft, Verwicklung. Es ist in modernen Stücken kein unbedeutender Teil des dreistündigen Dramas, welcher dieser Steigerung gehört. Seine Einrichtung hat verhältnismäßig geringe Schwierigkeit. Folgendes sind die gemeingültigen Regeln dafür.

War es nicht möglich, die wichtigsten Personen des Gegenspiels oder der Hauptgruppe im vorhergehenden darzustellen, so muß ihnen jetzt ein Raum geschaffen und Gelegenheit zu bedeutsamer Tätigkeit gegeben werden. Auch solche, welche erst in der zweiten Hälfte des Dramas wirksam sind, müssen dringend wünschen, sich schon jetzt dem Hörer bekannt zu machen. – Ob die Steigerung in einer oder in mehren Stufen bis zum Höhenpunkt laufe, hängt von Stoff und Behandlung ab. In jedem Fall ist ein Absatz in der Handlung auch in der Szenenbildung so auszudrücken, daß die dramatischen Momente, Auftritte und Szenen, welche demselben Abschnitt der Handlung angehören, auch untereinander zur Einheit geordnet werden, als Hauptszene, Nebenszenen, Zwischenglieder. Im »Julius Cäsar« z. B. besteht die Steigerung vom Moment der Erregung bis zum Höhenpunkt nur aus einer Stufe, der Verschwörung. Diese bildet mit den vorbereitenden und der dazugehörigen Szene des Gegensatzes – Brutus und Portia – eine ansehnliche, auch nach den Bedürfnissen unserer Bühne sehr schön gebaute Szenengruppe, an welche sich sogleich das Szenenbündel schließt, welches um die Mordszene, den Höhenpunkt, geordnet ist.

Dagegen läuft in »Romeo und Julia« die Steigerung in vier Absätzen bis zum Höhenpunkte. Der Bau dieser steigernden Szenengruppen ist hier folgender: Erste Stufe: *der Maskenball*. Dreiteilig: zwei Vorszenen (Julia mit Mutter und Amme. Romeo und seine Genossen) und eine Hauptszene: der Ball selbst (bestehend aus einem Vorschlag: Unterredung der Diener, und aus vier Momenten: Capulet ermunternd, Tybalts Zorn und Zurechtweisung, Gespräch der Liebenden, Julia und die Amme als Schluß). – Zweite Stufe: *die Gartenszene*. Kurze Vorszene (Benvolio und Mercutio den Romeo suchend) und große Hauptszene (die Liebenden beschließen Vermählung). – Dritte Stufe: *die Trauung*. Vierteilig: erste Szene: Lorenzo mit Romeo. Zweite Szene: Romeo und Genossen und Amme als Botenläuferin. Dritte Szene: Julia und Amme als Botenläuferin. Vierte Szene: Lorenzo und die Liebenden, die Trauung. – Vierte Stufe: *Tybalts Tod*. Eine Aktionsszene. Es folgt die Szenengruppe des Höhenpunktes, welche von den Worten Julias: »Hinab du flammenhufiges Gespann«, beginnt und bis zu Romeos Abschied: »Der Schmerz trinkt unser Blut, leb wohl!« reicht.

Man beachte in den vier Stufen der Steigerung den verschiedenen Bau der einzelnen Szenen. Im Maskenball sind kleine Szenen in rascher Folge bis zum Schluß zusammengefügt, die Gartenszene ist ausgeführte große Szene der Liebenden, im schönen Abstich dazu sind in der Szenengruppe der Trauung die Vermittler Lorenzo und die Amme tätig und im Vordergrund gehalten, die Liebenden gedeckt; Tybalts Tod ist der starke Absatz, welcher die gesamte Steigerung vom Höhenpunkte scheidet, dessen Szenen höheren Schwung, leidenschaftlichere Bewegung haben. Die Anordnung des Stückes ist sehr sorgfältig, die Fortschritte der beiden Helden und die Motive dafür sind in je zwei nebeneinanderlaufenden Szenen für jeden besonders dargelegt.

Dieselbe Art der Steigerung, langsamer, mit weniger häufigem Szenenwechsel, ist bei den Deutschen. In »Kabale und Liebe« z. B. ist das aufregende Moment des Stückes der Bericht des Wurm an den Vater, daß sein Ferdinand die Tochter des Musikus liebe. Von da steigt das Stück im Gegenspiel durch vier Stufen. *Erste Stufe* (der Vater fordert die Heirat mit der Milford) in zwei Szenen: Vorszene (er läßt durch Kalb die Verlobung bekannt machen), Hauptszene (er zwingt den Sohn, die Milford zu besuchen). – *Zweite Stufe* (Ferdinand und die Milford): zwei Vorszenen, große Hauptszene (die Lady besteht darauf, ihn zu heiraten). – *Dritte Stufe:* zwei Vorszenen, große Hauptszene (der Präsident will Luise in Haft nehmen, Ferdinand widersteht). – *Vierte Stufe:* zwei Szenen (Plan des Präsidenten mit dem Briefe und die Verschwörung der Schurken). Darauf folgt der Höhenpunkt. Hauptszene: die Abfassung des Briefes. Auch dieses Stück hat die Eigentümlichkeit, zwei Haupthelden zu haben, die beiden Liebenden.

Der Inhalt des Dramas ist allerdings peinlich, aber der Bau ist bei einiger Unbehilflichkeit in der Szenenführung doch im Ganzen regelmäßig und besonderer Beachtung wert, weil er weit mehr durch richtige Empfindung des jungen Dichters als durch sichere Technik hervorgebracht ist.

Für die Szenen der Steigerung gilt der Satz, daß sie eine

fortlaufende Verstärkung der Teilnahme hervorzubringen haben; sie müssen deshalb nicht nur durch ihren Inhalt den Fortschritt darstellen, auch in Form und Behandlung eine Vergrößerung zeigen, und zwar mit Wechsel und Schattierungen in der Ausführung; sind mehre Stufen nötig, so muß die vorletzte oder letzte den Charakter einer Hauptszene erhalten.

Der Höhenpunkt des Dramas ist die Stelle des Stückes, in welcher das Ergebnis des aufsteigenden Kampfes stark und entschieden heraustritt, er ist fast immer die Spitze einer groß ausgeführten Szene, an welche sich die kleineren Verbindungsszenen von der Steigerung und der fallenden Handlung heranlegen. Allen Glanz der Poesie, alle dramatische Kraft wird der Dichter anzuwenden haben, um diesen Mittelpunkt seines Kunstwerks lebendig herauszuheben. Die höchste Bedeutung hat er freilich nur in den Stücken, in denen der Held die aufsteigende Handlung durch seine innern Seelenvorgänge treibt; bei den Dramen, welche durch das Gegenspiel steigen, bezeichnet er die allerdings wichtige Stelle, wo dies Spiel den Haupthelden gefangen und in die Richtung des Falles verlockt hat. Prachtvolle Beispiele sind fast in jedem Stück Shakespeares und der Deutschen zu finden. So ist die Hüttenszene im »Lear«, das Spiel der drei Gestörten und die Verurteilung des Sessels vielleicht das Wirkungsreichste, was je auf der Bühne dargestellt wurde, wie auch die Steigerung Lears bis zu dieser Szene des ausbrechenden Wahnsinns von furchtbarer Großartigkeit ist. Die Szene ist auch deshalb merkwürdig, weil der große Dichter hier den Humor zur Verstärkung der schauerlichen Wirkung benutzt hat und weil dies eine von den sehr seltenen Stellen ist, wo der Hörer trotz der ungeheuren Erregtheit mit einem gewissen Befremden wahrnimmt, daß Shakespeare zum Heraustreiben der Wirkung Kunstgriffe anwendet. Edgar ist keine glückliche Zugabe der Szene.– In anderer Weise lehrreich ist die Bankettszene im »Macbeth«. In diesem Trauerspiel war eine vorausgegangene Szene, die

Mordnacht, so gewaltig herausgetrieben und durch höchste dramatische Poesie so reich ausgestattet worden, daß man an der Möglichkeit einer Steigerung verzweifeln möchte. Und sie ist doch erreicht. Das Ringen mit dem Geist und die fürchterlichen Gewissenskämpfe des Mörders sind in der unruhigen Szene, zu welcher die festliche Gesellschaft und der Königsglanz den wirksamsten Gegensatz bilden, mit einer Wahrheit und wilden Poesie geschildert, bei welcher das Herz des Hörers erbebt. – Im »Othello« dagegen liegt der Höhenpunkt in der großen Szene, in welcher Jago dem Othello die Eifersucht aufregt; sie ist langsam vorbereitet und der Beginn des erschütternden Seelenkampfes, in welchem der Held untergeht. – Im »Clavigo« ist er die Versöhnung Clavigos mit Marie, in »Emilia Galotti« der Fußfall Emilias, in beiden Stücken von dem vorherrschenden Gegenspiel gedeckt. Dagegen ist er bei Schiller wieder in allen Stücken kräftig entwickelt.

Dies Herausbrechen der Tat aus der Seele des Helden oder das Einströmen der verhängnisvollen Eindrücke in dieselbe, das erste große Resultat des hochgesteigerten Kampfes oder der Beginn des tödlichen innern Konfliktes, muß in fester Verbindung sowohl mit dem Vorhergehenden als dem Folgenden erscheinen, es wird sich durch größere Behandlung und Wirkung abheben, aber es wird in der Regel in seiner Entwicklung aus der Steigerung und in seiner Wirkung auf die Umgebung dargestellt werden; deshalb bildet die Hauptszene des Höhenpunktes gern den Mittelpunkt einer Gruppe von Momenten, welche nach beiden Seiten anschießend auf- und abwärts laufen.

In dem Fall, wo der Höhenpunkt durch ein *tragisches Moment* mit der sinkenden Handlung verbunden ist, erhält der Bau des Dramas durch das Zusammentreten zweier wichtiger Stellen, welche sich in scharfem Gegensatz gegeneinander abheben, einiges Besondere. Über das tragische Moment selbst mußte früher gesprochen werden. Dieser Anfang der sinkenden Handlung wird am besten mit dem

Höhenpunkt verbunden und von den folgenden Momenten
des Gegenspiels, zu denen er doch gehört, durch einen
Einschnitt – unsern Aktschluß – abgesetzt, der wieder am
besten nicht unmittelbar nach dem Eintritt dieses Tragischen, sondern durch ein allmähliches Austönen seines
scharfen Klanges bewirkt wird. Es ist dabei gleichgültig, ob
die Verbindung dieser beiden großen abstechenden Szenen
durch die Verkopplung in einer Szene oder durch das
Zusammenfügen vermittelst eines Zwischengliedes geschieht. Ein glänzendes Beispiel des ersten Falls ist im
»Coriolan«.

In diesem Stück steigt die Handlung von dem erregenden
Moment (Nachricht, daß der Krieg mit den Volskern unvermeidlich sei) durch die erste Steigerung (Kampf zwischen
Coriolanus und Aufidius) bis zum Höhenpunkt, der Ernen-
nung des Coriolan zum Konsul. An diese Stelle schließt sich
das tragische Moment, die Verbannung. Was die höchste
Erhebung des Helden zu werden schien, das wird durch
seinen unbezähmbaren Stolz in das Gegenteil umschlagen.
Der Umschlag geschieht nicht plötzlich, man sieht ihn – was
Shakespeare überhaupt liebt – sich allmählich auf der Bühne
vollziehen, das Überraschende des Ergebnisses wird erst am
Ende der Szene empfunden. Die beiden hier durch fortlaufende Handlung verbundenen Punkte bilden zusammen eine
mächtige Szenengruppe von heftigster Bewegung, das Ganze
von breit ausgeführter Wirkung. – Aber auch nach dem
Schluß dieser Doppelszene wird die Handlung nicht plötzlich
eingeschnitten, denn unmittelbar daran fügt sich als Gegensatz die schöne, würdig gehaltene Trauerszene des Abschiedes, welche auf das Folgende hinüberleitet, und noch nachdem der Held geschieden, sind die Stimmungen der Zurückgebliebenen wie ein zitternder Nachklang der heftigen Bewegung dargestellt, bevor der Ruhepunkt eintritt.

Noch enger verbunden ist Höhenpunkt und tragisches
Moment in »Maria Stuart«. Auch hier ist der Eintritt des
Höhenpunktes durch den Monolog und die gehobene lyri-

sche Stimmung der Maria nach Art einer antiken Pathosszene scharf bezeichnet und die Stimmungsszene durch ein
kleines Verbindungsglied mit der großen Dialogszene zwischen Maria und Elisabeth verbunden; aber der dramatische
Höhenpunkt reicht noch in diese große Szene hinein, und in
ihr selbst liegt der Übergang zu dem verhängnisvollen Streit,
der wieder in seiner Entwicklung bis ins einzelne genau
dargestellt ist.

Etwas schärfer ist durch eine ausgeführte Zwischenszene
Höhenpunkt und tragisches Moment im »Julius Cäsar«
voneinander getrennt. Auf die Gruppe der Mordszene folgt
die ausgeführte Unterredung der Verschworenen mit Antonius – dies eingeschobene Glied von sehr schöner Arbeit –,
darauf erst die Redeszene des Brutus und Antonius; auch
nach dieser Szene folgen kleine Übergänge zu den Teilen der
Umkehr.

Diese enge Verbindung der beiden wichtigen Teile gibt dem
Drama mit tragischem Moment eine Größe und Ausdehnung der Mitte, welche, wenn man den spielenden Vergleich
mit Linien fortsetzt, die pyramidale Form in eine Doppel-
spitze verwandelt.

Der schwierigste Teil des Dramas ist die Szenenfolge der
fallenden Handlung oder, wie sie wohl genannt wird, der
Umkehr; allerdings treten die Gefahren zumeist bei den
kraftvollen Stücken ein, in denen die Helden die Führung
haben. Bis zum Höhenpunkt war die Teilnahme an die
eingeschlagene Richtung der Hauptcharaktere gefesselt.
Nach der Tat entsteht eine Pause. Die Spannung muß auf
das neue erregt werden, dazu müssen neue Kräfte, vielleicht
neue Rollen vorgeführt werden, an denen der Hörer erst
Anteil gewinnen soll. Schon deshalb droht Zerstreuung und
Zersplitterung der szenischen Wirkungen. Dazu kommt,
daß die Angriffe der Gegenpartei auf den Helden sich nicht
immer leicht in einer Person und einer Situation vereinigen
lassen, häufig ist es nötig zu zeigen, wie nach und nach, von
verschiedenen Seiten an die Seele des Helden geschlagen

wird; auch dadurch mag, gegenüber der Einheit und dem festen Fortschritt der ersten Hälfte, die zweite zerrissen, vielteilig, unruhig werden. Zumal bei geschichtlichen Stoffen, wo das Zusammenfassen der Gegenpartei in wenige Charaktere am schwierigsten ist.

Und doch fordert die Umkehr eine starke Hebung und Verstärkung der szenischen Effekte wegen der Sättigung des Hörers, der größeren Bedeutung des Kampfes. Deshalb ist das erste Gesetz für den Bau dieses Teils, daß die Zahl der Personen soweit nur möglich beschränkt, die Wirkungen in großen Szenen zusammengeschlossen werden. Alle Kunst der Technik, alle Kraft der Erfindung sind nötig, um hier einen Fortschritt der Teilnahme zu sichern.

Außerdem noch ein anderes. Vorzüglich dieser Teil des Dramas ist es, welcher den Charakter des Dichters in Anspruch nimmt. Denn das Schicksal gewinnt Macht über den Helden, seine Kämpfe wachsen einem verhängnisvollen Ausgang zu, der sein ganzes Leben ergreift. Es ist jetzt keine Zeit mehr, durch kleine Kunstmittel, sorgfältige Ausführung, hübsche Einzelheiten, saubere Motive zu wirken. Der Kern des Ganzen, Idee und Führung der Handlung treten mächtig hervor, der Zuschauer versteht den Zusammenhang der Begebenheiten, sieht die letzte Absicht des Dichters, er soll sich den höchsten Wirkungen hingeben, und er beginnt mitten in seiner Teilnahme prüfend das Maß seines Wissens, seiner gemütlichen Neigungen und Bedürfnisse an das Kunstwerk zu legen. Jeder Fehler im Bau, jeder Mangel in der Charakterzeichnung wird jetzt lebhaft empfunden. Deshalb gilt für diesen Teil die zweite Regel: nur große Züge, große Wirkungen; auch die Episoden, welche jetzt gewagt werden, müssen eine gewisse Bedeutung und Energie haben.

Wie groß die Zahl der Absätze sein müsse, in denen der Sturz des Helden geschieht, darüber ist keine Vorschrift zu geben als etwa, daß die Umkehr eine geringere Zahl wünschenswert macht, als im allgemeinen die aufsteigende

Handlung verstattet. Für das Steigern dieser Wirkungen
wird vor dem Eintritt der Katastrophe eine ausgeführte
Szene nützlich, welche entweder die widerstrebenden
Gewalten im Streit mit dem Helden in stärkster Bewegung
zeigt oder einen tiefen Einblick in das innere Leben des
Helden gestattet. Die große Szene: Coriolanus und seine
Mutter, ist Beispiel des einen Falles, der Monolog Julias vor
dem Schlaftrunk, das Nachtwandeln der Lady Macbeth
Beispiel des andern Falles.

Das Moment der letzten Spannung. Daß die Katastrophe
dem Hörer im ganzen nicht überraschend kommen dürfe,
versteht sich von selbst. Je mächtiger der Höhenpunkt herausgehoben, je heftiger der Absturz des Helden war, desto
lebhafter muß das Ende vorausempfunden werden; je geringer die dramatische Kraft des Dichters in der Mitte des
Stückes ist, desto mehr wird er am Ende künsteln und
schlagende Wirkungen hervorsuchen. Shakespeare tut das
letztere in seinen regelmäßig gebauten Stücken gar nicht.
Leicht, kurz, wie nachlässig wirft er die Katastrophe hin,
ohne dabei durch neue Wirkungen zu überraschen, sie ist
ihm so notwendige Folge des gesamten Stückes, und der
Meister ist so sicher, seine Hörer mit sich fortzureißen, daß
er über die Notwendigkeiten des Schlusses fast eilt. Der
geniale Mann empfand sehr richtig, daß es nötig sei, bei
guter Zeit die Stimmung für die Katastrophe vorzubereiten;
deshalb erscheint dem Brutus Cäsars Geist; deshalb sagt
Edmund dem Soldaten, er solle unter gewissen Verhältnissen Lear und Cordelia töten; so muß Romeo vor der Gruft
Juliens noch den Paris erschlagen, damit die Zuschauer,
welche in diesem Augenblick nicht mehr an Tybalts Tod
denken, ja nicht die Hoffnung aufkommen lassen, das Stück
könne noch gut endigen; deshalb muß der tödliche Neid des
Aufidius gegen Coriolan sich schon vor der großen Szene
der Umkehr wiederholt äußern und Coriolan die berühmten
Worte sagen: »Du hast deinen Sohn verloren«; deshalb hat
der König mit Laertes die Ermordung Hamlets durch ein

vergiftetes Rapier vorher zu besprechen. Demungeachtet ist
es zuweilen mißlich, ohne Unterbrechung bis zum Ende zu
eilen. Gerade dann, wenn das Gewicht des unglücklichen
Geschicks bereits lange und schwer auf einem Helden lastet,
welchem die gerührte Empfindung des Hörers Rettung
wünscht, obgleich vernünftige Erwägung die innere Notwendigkeit des Untergangs recht wohl deutlich macht. In
solchem Fall ist ein altes anspruchsloses Mittel des Dichters,
dem Gemüt des Hörers für einige Augenblicke Aussicht auf
Erleichterung zu gönnen. Dies geschieht durch eine neue
kleine Spannung, dadurch, daß ein leichtes Hindernis, eine
entfernte Möglichkeit glücklicher Lösung, der bereits ange-
deuteten Richtung auf das Ende noch in den Weg geworfen
wird. Brutus muß erklären, daß er sich selbst zu töten für
feig halte; der sterbende Edmund muß den Mordbefehl
gegen Lear widerrufen; Pater Lorenzo kann vor dem
Augenblick, wo Romeo sich tötet, eintreten; auch Coriolan
kann von den Richtern noch freigesprochen werden; Macbeth ist noch unverwundbar durch jeden, den ein Weib
geboren, als schon der grüne Wald gegen seine Burg heran-
zieht. Sogar Richard III. erhält noch die Nachricht, daß die
Flotte des Richmond durch Stürme zerschlagen ist.
Die Anwendung dieses Kunstmittels ist alt, schon Sophokles
benutzte dasselbe in der »Antigone« zu guter Wirkung.
Kreon wird erweicht und widerruft den Todesbefehl über
Antigone; ist mit ihr so verfahren, wie er befahl, so mag sie
noch gerettet werden. Es ist bemerkenswert, daß die Griechen diesen feinen Zug im Stück anders betrachteten als
wir.
Doch gehört Feingefühl dazu, dies Moment gut zu gebrauchen. Es darf nicht zu unbedeutend werden, sonst verfehlt
es die beabsichtigte Wirkung; es muß aus der Handlung und
dem Grundzug der Charaktere herausgearbeitet sein; es darf
aber auch nicht so bedeutend hervorspringen, daß es in der
Tat die Stellung der Parteien wesentlich ändert. Über der
aufsteigenden Möglichkeit muß der Zuschauer immer die

abwärts drängende Gewalt des Vorausgegangenen empfinden.

Katastrophe des Dramas ist uns die Schlußhandlung, welche
der Bühne des Altertums Exodus hieß. In ihr wird die
Befangenheit der Hauptcharaktere durch eine kräftige Tat
aufgehoben. Je tiefer der Kampf aus ihrem innersten Leben
hervorgegangen und je größer das Ziel desselben war, desto
folgerichtiger wird die Vernichtung des unterliegenden Helden sein.

Und es muß hier davor gewarnt werden, daß man sich nicht
durch moderne Weichherzigkeit verleiten lasse, auf der
Bühne das Leben seiner Helden zu schonen. Das Drama soll
eine in sich abgeschlossene, gänzlich vollendete Handlung
darstellen; hat der Kampf eines Helden in der Tat sein
ganzes Leben ergriffen, so ist es nicht alte Überlieferung,
sondern innere Notwendigkeit, daß man auch die vollständige Verwüstung des Lebens eindringlich mache. Daß in der
Wirklichkeit dem Menschen der Neuzeit unter Umständen
noch ein nicht unkräftiges Leben auch nach tödlichen
Kämpfen möglich ist, ändert für das Drama nichts in der
Sache. Denn die Gewalt und Kraft eines Daseins, welches
nach der Handlung des Stückes liegt, die zahllosen versöhnenden und erhebenden Umstände, welche ein neues Leben
zu weihen vermögen, die soll und kann das Drama nicht
mehr darstellen, und eine Hinweisung darauf wird niemals
dem Hörer die Befriedigung eines sichern Abschlusses gewähren.

Über dem Ende der Helden aber muß versöhnend und
erhebend im Zuschauer die Empfindung von dem Vernünftigen und Notwendigen solches Untergangs lebendig werden. Dies ist nur möglich, wenn durch das Geschick der
Helden eine wirkliche Ausgleichung der kämpfenden
Gegensätze hervorgebracht wird. Die Schlußworte des Dramas haben die Aufgabe, zu erinnern, daß nichts Zufälliges,
einmal Geschehenes dargestellt worden sei, sondern ein
Poetisches, das allgemeinverständliche Bedeutung habe.

Den neueren Dichtern pflegt die Katastrophe Schwierigkeit
zu machen. Das ist kein gutes Zeichen. Wohl gehört unbe-
fangenes Urteil dazu, die Versöhnung zu finden, welche
dem Gefühl des Schauenden nicht widerstrebt und doch die
notwendigen Ergebnisse des Stückes sämtlich umschließt.
Roheit und weichliche Empfindsamkeit verletzen da am
meisten, wo das ganze Bühnenwerk seine Rechtfertigung
und Bestätigung finden soll. Aber die Katastrophe enthält
doch nur die notwendigen Folgen der Handlung und der
Charaktere; wer beide fest in der Seele trug, dem kann von
dem Schluß seines Dramas nur sehr wenig zweifelhaft sein.
Ja, weil der ganze Bau auf das Ende gerichtet ist, mag eine
kräftige Begabung eher in die entgegengesetzte Gefahr kommen, das Ende zu früh auszuarbeiten und fertig mit sich
herumzutragen; dann mag das Ende mit den feinen Abstufungen, welche das Vorausgegangene während der Ausarbeitung erhält, leicht einmal in Widerspruch kommen. Man
empfindet so etwas im »Prinzen von Homburg«, wo das
dem Anfang entsprechende Traumwandeln am Schlusse,
welches offenbar dem Dichter sehr fest in der Seele saß, mit
dem schönen klaren Ton und der breiten Ausführung des
vierten und fünften Aktes durchaus nicht stimmt. Ähnlich
im »Egmont«, wo man den Schluß – Klärchen als befreites
Holland in Verklärung – auch für eher geschrieben halten
möchte als die letzte Szene Klärchens im Stück selbst, zu
welcher dieser Schluß nicht recht paßt. –
Für den Bau der Katastrophe gelten folgende Regeln.
Erstens man vermeide jetzt jedes unnütze Wort und lasse
kein Wort, das die Idee des Stückes aus dem Wesen der
Charaktere zwanglos erklären kann, ungesagt.
Ferner versage man sich breite szenische Ausführung, man
halte das dramatisch Darzustellende kurz, einfach,
schmucklos, gebe in Wort und Handlung das Beste und
Gedrungenste, fasse die Szenen mit ihren unentbehrlichen
Verbindungen in einen kleinen Körper mit rasch pulsieren-
dem Leben zusammen, vermeide, solange die Handlung

läuft, neue oder schwierige Bühneneffekte, zumal Massenwirkungen.

Es sind verschiedene Eigenschaften einer Dichternatur, welche bei diesen acht Teilen des Dramas, auf denen sein kunstgerechter Bau ruht, gefordert werden. Eine gute Einleitung und ein reizvolles Moment zu finden, welches die Seele des Helden in Spannung versetzt, ist Sache des Scharfsinns und der Erfahrung. Den Höhenpunkt mächtig herauszutreiben, ist vorzugsweise Sache der dichterischen Kraft; die Schlußkatastrophe gut zu machen, dazu gehört ein männliches Herz und ein hoch überlegener Sinn; die Umkehr aber wirksam zu schaffen, ist am schwersten. Hier kann weder Erfahrung noch poetischer Reichtum, noch weise Klarheit des Dichtergeistes das Gelingen verbürgen, es gehört dazu eine Vereinigung von allen diesen Eigenschaften. Und außerdem ein guter Stoff und einige gute Einfälle, das heißt gutes Glück.

Aus den angeführten Bestandteilen – entweder allen oder den notwendigen – ist jedes Kunstdrama alter und neuer Zeit zusammengefügt.

3.

Der Bau des Dramas bei Sophokles

Noch immer übt die Tragödie der Athener ihre Macht auf die Schaffenden der Gegenwart, nicht nur die unvergängliche Schönheit ihres Inhalts, auch die antike Form beeinflußt unsere Dichterarbeiten; die Tragödie des Altertums hat wesentlich dazu beigetragen, unser Drama von der Bühne des Mittelalters zu scheiden und demselben kunstvolleren Bau und tieferen Inhalt zu geben.

Bevor deshalb die technische Einrichtung in den Tragödien des Sophokles berichtet wird, sollen kurz diejenigen Besonderheiten der antiken Bühne in Erinnerung gebracht werden, welche den Athener – soweit wir darüber ein Urteil haben – fördernd und einengend bestimmten. Was anderswo bequem zu finden ist, wird hier nur kurz erwähnt.

Die Tragödie der alten Welt erwuchs aus den dithyrambischen Sologesängen mit Chören, welche an den attischen Dionysosfesten des Frühjahrs aufgeführt wurden; allmählich traten die Reden einzelner zwischen Dithyrambos und Chorgesang und erweiterten sich zu einer Handlung. Die Tragödie behielt von diesen Anfängen den Chor, den Gesang einzelner Hauptrollen in den Augenblicken höchster Bewegung, Wechselgesänge der Schauspieler und des Chors. Es war ein naturgemäßer Verlauf, daß der dramatische Teil der Tragödie größere Herrschaft gewann und den Chor zurückdrängte. In den ältesten Stücken des Äschylos, den »Persern« und »Hiketiden«, sind die Chorgesänge noch bei weitem die Hauptsache. Sie haben eine Schönheit, Größe und eine so mächtige dramatische Bewegung, daß sich ihnen weder in unsern Oratorien noch Opern vieles an die Seite setzen läßt. Die kurzen Zwischensätze einzelner Personen, welche nicht lyrisch-musikalisch sind, dienen fast nur als Motive, um neue Stimmungen der Solosänger und des Chors hervorzubringen. Aber schon zur Zeit des Euripides trat der Chor in den Hintergrund, sein Zusammenhang mit der ausgebildeten Handlung wurde locker, er sank vom Begleiter und Vertrauten der Hauptpersonen zu einem unwesentlichen Teil des Dramas herab. Chorlieder des einen Dramas wurden für das andere verwendet, sie stellten zuletzt, wie es scheint, nichts weiter vor als Gesang, der die Zwischenakte ausfüllte. Aber das lyrische Element haftete in der Handlung selbst. Großangelegte, breitausgeführte Gefühlsszenen der Darsteller, gesungen und gesprochen, blieben an wichtigen Stellen der Handlung ein unentbehrlicher Bestandteil der Tragödie. Diese Pathosszenen, der Ruhm des ersten Schauspielers, die Glanzpunkte der antiken Darstellung, enthalten die lyrischen Elemente der Situation in einer Ausführlichkeit, welche wir nicht mehr nachahmen dürften. In ihnen fassen sich die rührenden Wirkungen der Tragödie zusammen. Das langatmige Ausströmen innerer Empfindung hatte für die Zuschauer so großen Reiz, daß diesen Szenen von den schwächeren Dichtern Einheit und Wahrscheinlichkeit der Handlung geopfert wurde. Aber wie schön und voll auch das Gefühl in ihnen tönt, die dramatische Bewegung ist doch nicht groß. Es sind poetische Betrachtungen über die eigene Lage, Flehen zu den Göttern, gefühlvolle Schilderung der eigentümlichen Verhältnisse. Sie lassen sich am ersten mit den Monologen der Neuzeit vergleichen, obwohl bei ihnen der Chor den teilnehmenden, zuweilen einredenden Hörer darstellt.

Jene Erweiterung der alten dithyrambischen Gesänge, zuerst zu Oratorien, deren Solosänger in der Festkleidung mit einfachem Gebärdenspiel auftraten, dann zu Dramen mit ausgebildeter Kunst der Darstellung, wurde durch das Eintreten einer Handlung bewirkt, welche fast ausschließlich aus dem Gebiet der hellenischen Heldensage und des Epos genommen war. Einzelne Versuche der Dichter, dies Stoffgebiet zu erweitern, blieben im ganzen ohne Erfolg. Schon vor Äschylos hatte vielleicht einmal ein Oratoriendichter versucht, einen historischen Stoff zu verwerten, die älteste Tragödie des Äschylos,[45] welche auf uns gekommen ist, hat ebenfalls einen geschichtlichen Stoff seiner nächsten Vergangenheit benutzt; aber die Griechen hatten damals überhaupt noch keine Geschichtschreibung in unserem Sinne. Auch ein gelungener Versuch, frei erfundene Stoffe auf die Bühne zu führen, hat in der Blütezeit der griechischen Tragödie nur selten Nachahmung gefunden.

Solche Beschränkung auf ein bestimmtes Stoffgebiet war sowohl ein Segen als ein Verhängnis für die attische Bühne. Sie verengte die dramatischen Situationen und Wirkungen auf einen ziemlich engen Kreis, in welchem die älteren Dichter mit frischer Kraft die höchsten Erfolge erreichten, der die späteren sehr bald veranlaßte, neue Wirkungen auf

Seitenpfaden zu suchen, welche den Verfall des Dramas
unvermeidlich machten. In der Tat war zwischen der Welt,
aus welcher diese Stoffe genommen waren, und den Lebensbedingungen des Dramas ein innerer Gegensatz, den die
höchste Kraft zu besiegen wußte, an dem schon die Begabung des Euripides erkrankte.

Die Gattung der Poesie, welche den Sagenstoff vor Ausbildung des Dramas dem Volke liebgemacht hatte, behauptete
eine Stelle in gewissen Szenen des Dramas. Den Griechen
war eine volkstümliche Freude, öffentliche Vorträge, später
Vorlesungen epischer Gedichte zu hören. Diese Gewohnheit gab auch der Tragödie längere Berichte über Ereignisse,
welche der Handlung wesentlich waren. Und diese nahmen
einen größeren Raum ein, als in dem neueren Drama gestattet wäre. Die Erzählung wird für die Bühne mit dramatischer Lebendigkeit ausgestattet. Herolde, Boten, Wahrsager
sind stehende Rollen für solche Berichte. Und die Szenen, in
denen sie auftreten, haben in der Mehrzahl dieselbe Fügung.
Nach kurzer Einführung erzählen die Berichterstatter, dann
folgen mehr oder weniger lange, gleich gemessene Schlagverse, schnell wechselnde Frage und Antwort, zuletzt wird
das Ergebnis ihres Berichtes in kurzen Worten zusammengefaßt. Die Erzählung tritt auch da ein, wo sie uns am
auffälligsten ist, in der Katastrophe. Der letzte Ausgang der
Helden wird zuweilen nur verkündet.

In anderer Weise wurde die Führung der Szenen beeinflußt
durch die große Angelegenheit des attischen Marktes, die
Gerichtsverhandlungen. Den Reden der Ankläger und Ver-
teidiger zu lauschen, war Leidenschaft des Volkes. Die
höchst kunstvolle Ausbildung der griechischen Gerichtsre-
den, aber auch die gekünstelte Weise, mit welcher man
Wirkungen hervorzubringen suchte, die feine sophistische
Redekunst drang in die attische Bühne ein und bestimmte
den Inhalt der Gesprächsszenen. Auch diese Szenen sind im
ganzen betrachtet nach feststehender Vorschrift gebildet.
Der erste Schauspieler hält eine kleine Rede, der andere

antwortet in Gegenrede von ähnlicher, zuweilen von genau derselben Länge. Dann folgen Schlagverse, etwa vier gegen vier, je zwei gegen zwei, je einer gegen einen, dann fassen vielleicht noch beide Teile ihre Stellung in einer zweiten Rede und Gegenrede zusammen, dann klirren wieder die Schlagverse gegeneinander, bis der, welcher Sieger sein soll, seinen Standpunkt kurz noch einmal darlegt. Das letzte Wort, ein geringes Übergewicht an Versen gibt den Ausschlag. Dieser Bau, zuweilen durch kurze Zwischenreden des Chors gebrochen und gegliedert, hat trotz dem Wechsel von ausgeführter Rede und trotz äußerlicher stark gesteigerter Lebhaftigkeit nicht die höchste dramatische Bewegung, es ist eine rednerische Darlegung des Standpunktes, ein Streit mit spitzfindigen Beweisgründen, für unsere Empfindung zu rednermäßig, berechnet, gekünstelt. Selten wird eine Partei durch die andere überzeugt. Freilich hatte dies noch anderen Grund, denn dem Helden der attischen Bühne wird nicht leicht erlaubt, nach fremder Rede seine Meinung zu ändern. Auch wenn eine dritte Rolle auf der Bühne war, behielten die Dialoge den Charakter eines Zwiegesprächs, rasches und wiederholtes Eingreifen der drei Rollen ineinander war selten und vorübergehend; trat die dritte in das Gespräch ein, so zog sich die zweite zurück, dann wurde wohl der Abstich durch eine eingeworfene Chorzeile hervorgehoben. Massenszenen in unserem Sinne kannte die antike Bühne nicht.

In diesen Pathosszenen, Botenszenen, Dialogszenen, den Reden und Verkündigungen amtlicher Personen an den Chor verläuft die Handlung. Rechnet man dazu noch die Peripetien und Erkennungsszenen, so findet man fast den gesamten Inhalt des Stückes nach stehenden, handwerksmäßigen Formen geordnet. Und die Begabung der Dichter bewährt sich darin, wie sie diese Formen zu vergeistigen wissen. Am größten ist Sophokles auch deshalb, weil das Feststehende bei ihm am meisten variiert und wie versteckt ist.

In andrer Weise wurde der Bau der Dramen gerichtet durch die eigentümlichen Verhältnisse, unter denen die Aufführung stattfand. Die attischen Tragödien wurden in der großen Zeit Athens an den Tagen der Dionysosfeste aufgeführt. An diesen Festen kämpfte der Dichter gegen seine Mitbewerber, nicht als Verfasser der Dramen, sondern, wenn er nicht außerdem selbst als Schauspieler auftrat, als Regisseur, Didaskalos. Er war als solcher mit seinen Schauspielern und dem Leiter des Chors zu einer Genossenschaft verbunden. Jedem Dichter gehörte ein Tag, er hatte an diesem Tage vier Stücke, von denen das letzte in der Regel ein Satyrspiel war, vorzuführen. Man kann zweifeln, was erstaunlicher war, die Schöpferkraft der Dichter oder die Ausdauer der Zuschauer. Wenn wir zu der erhaltenen Trilogie des Äschylos ein Satyrspiel hinzudenken und nach den Erfahrungen unserer Bühne die Dauer einer solchen Aufführung abschätzen, dazu das langsame Zeitmaß des Vortrags einrechnen, welches durch die langen Schallwellen des großen Raumes und durch die scharf markierende Deklamation notwendig wurde, so muß diese Aufführung bei kurzen Unterbrechungen zwischen den Stücken wenigstens neun Stunden gedauert haben; drei Tragödien des Sophokles müssen mit dem Satyrspiel wenigstens zehn Stunden beansprucht haben.*
Die drei ernsten Dramen verband in der früheren Zeit eine zusammenhängende Handlung, welche demselben Sagenstoff entnommen war; sie hatten, so lange diese alte trilogische Form bestand, das Wesen riesenhafter Akte, deren jeder einen Teil der Handlung zum Abschluß brachte. Auch als

---

* Daß die Chöre in der Regel nicht flüchtig dahinrauschten und ein gutes Teil Zeit in Anspruch nahmen, können wir daraus schließen, daß bei Sophokles einigemal ein kurzer Chor die Zeit ausfüllt, welche der Schauspieler bedurfte, sich hinter der Szene umzukleiden und den Weg von seiner Tür bis zu dem Seiteneingang zu durchmessen, aus welchem er in der neuen Rolle auftreten mußte. Dreizehn Zeilen und zwei Strophen eines kleinen Chors genügen, um den Deuteragonisten,[46] der als Jokaste durch seine Hintertür abgegangen ist, umzukleiden und als Hirten von der Feldseite wieder auf die Bühne zu senden. Es war auf dem Theater der Akropolis kein kurzer Weg.

Sophokles dies Herkommen durchbrochen hatte und drei selbständige, abgeschlossene Dramen hintereinander zum Wettkampf stellte, standen die Stücke zuverlässig in innerer Beziehung. Wieweit durch bedeutsame Zusammenstellung der Ideen und Handlungen, durch Parallelismus und Abstich der Situationen eine Verstärkung der Gesamtwirkung erreicht wurde, vermögen wir nicht mehr zu übersehen; aber aus dem Wesen aller dramatischen Darstellung folgt, daß der Dichter eine Steigerung und eine gewisse Gesamtheit der damals möglichen Wirkungen erstrebt haben muß.*

Und wie die Zuschauer in der gehobenen Stimmung des heiligen Frühlingsfestes vor der Bühne saßen, so waren auch die Hauptdarsteller in eine Festtracht gekleidet. Die Tracht der einzelnen Rollen war herkömmlich nach dem Festbrauch genau vorgeschrieben, die Schauspieler trugen die Maske mit Schalloch am Munde, den hohen Kothurn am Fuß, den Leib gepolstert und durch lange Gewänder staffiert. Ebenso waren die beiden Seiten der Bühne und die drei

---

* Daß eine beliebte Reihenfolge der Übergang aus dem Düsteren, Schrecklichen ins Hellere gewesen sei, möchten wir schon aus dem Umstand schließen, daß »Antigone« und »Elektra« erste Stücke des Tages waren. Bei der Antigone geht das nicht nur aus dem ersten Chorgesang hervor, dessen erste schöne Strophe ein Morgenlied ist, sondern auch aus der Beschaffenheit der Handlung, welche der großen Rolle des Pathosspielers nur die erste Hälfte des Stückes gibt und dadurch den Schwerpunkt des Dramas nach vorn legt. Es wäre bei dem schönsten Gedicht unratsam gewesen, dem wenig geachteten dritten Schauspieler, der übrigens von Sophokles einigemal besonders bevorzugt wird, die für das Urteil der Richter so wichtigen Schlußwirkungen des letzten Stückes zu überlassen. In der »Elektra« wird im Prolog ebenfalls die aufgehende Sonne und das bacchische Festkleid erwähnt. Ebenso scheint die schöne, breit ausgeführte Situation im Prolog des »Königs Ödipus« und der Bau des »Aias«, dessen Schwerpunkt in der ersten Hälfte liegt und der deutlich die Morgenfrühe verrät, auf erste Stücke zu deuten. Die »Trachinierinnen« kämpften wahrscheinlich als Mittelstück, »Ödipus auf Kolonos« mit seinem großartigen Schluß und »Philoktetes« mit ausgezeichneter Pathosrolle und versöhnendem Ende als letzte. Die Vermutungen, welche aus der technischen Beschaffenheit der Stücke hergeleitet werden, haben wenigstens mehr Wahrscheinlichkeit als solche, welche aus einer Zusammenstellung der vorhandenen Dramen mit nicht erhaltenen hervorgehen.

Türen des Hintergrundes, aus denen die Schauspieler auftraten und durch welche sie abgingen, bedeutsam für die
Geltung derselben im Stück.

Der Dichter kämpfte aber an seinem Theatertage durch vier
Dramen mit denselben Schauspielern, welche Preiskämpfer
hießen. Die älteren attischen Oratorien hatten nur einen
Schauspieler, der in verschiedenen Rollen mit wechselnder
Tracht auftrat, Äschylos hatte den zweiten, Sophokles den
dritten zugefügt. Über die Dreizahl der Solospieler kam das
attische Theater in seiner Blütezeit nicht hinaus. Diese
Beschränkung in der Zahl der Darsteller hat mehr als irgend-
ein anderer Umstand die Technik der griechischen Tragödien bestimmt. Es war aber keine Beschränkung, welche
entschlossener Wille hätte beseitigen können. Nicht nur
äußere Gründe hinderten ein Weitergehen: alte Überlieferung, der Anteil, welchen der Staat bei den Aufführungen
beanspruchte, sondern vielleicht nicht weniger der
Umstand, daß der ungeheure offene Raum des Theaters an
der Akropolis, welcher dreißigtausend Menschen faßte, ein
Metall der Stimme und eine Zucht der Sprache forderte,
welche sicher sehr selten waren. Dazu kam noch, daß
wenigstens zwei der Schauspieler, der erste und zweite, auch
fertige Sänger sein mußten, und zwar vor einem feinohrigen
und verwöhnten Publikum.

Der erste Schauspieler des Sophokles hatte dann in etwa
zehnstündiger Anspannung an 1600 Verse auszugeben,
darunter wengistens sechs größere und kleinere Gesang-
stücke.* Diese Aufgabe wäre groß, aber sie ist uns nicht

* Sechs Stücke des Sophokles enthalten, wenn man die Reden und Gesänge des
Chors abzieht, im Durchschnitt jedes ungefähr 1118 Verse. Nur »Ödipus auf
Kolonos« ist länger. Rechnet man die Verszahl eines jeden der drei Schauspieler wieder im Durchschnitt als gleich groß, so geben die Tragödien des Tages
mit Zurechnung eines Satyrspiels von der Länge des »Kyklops« (etwa 500
Verse für drei Solospieler) dem einzelnen Schauspieler die Gesamtzahl von
1300 Versen. Aber die Aufgabe des ersten Schauspielers wurde schon durch die
angreifenden Pathosszenen und durch die Gesänge ungleich größer. Außerdem
mußte ihm wohl auch mehr zugemutet werden. Wenn man in den drei Stücken
des Sophokles, in welchen der Held an einer von den Göttern auferlegten

unbegreiflich. Eine der stärksten Rollen unserer Bühne ist Richard III.; diese umfaßt im gedruckten Text an 1128 Verse, von denen freilich mehr als 200 gestrichen werden. Unsere Verse sind etwas kürzer, kein Gesang, die Kleidung weit bequemer, die Anstrengung der Stimme von anderer Art, im Vergleich beträchtlich geringer; die Anspannung durch das Gebärdenspiel dagegen unvergleichlich größer, im ganzen die schöpferische Arbeit des Augenblicks bedeutender, es ist eine sehr verschiedene Art der Nervenspannung. Unseren Schauspielern würde nicht der Umfang der antiken Aufgabe als unbesiegbar erscheinen, sondern gerade das, was sich dem Unkundigen als eine Erleichterung darstellt, das Hinziehen der Arbeit durch zehn Stunden. Und wenn sie gegenüber der Schauspielkunst des Altertums mit Recht geltend machen dürfen, daß ihre heutige Aufgabe eine höhere ist, weil sie nicht nur mit der Stimme, auch mit Antlitz und Gebärde frei zu schaffen haben, so mögen sie auch nicht vergessen, daß die Dürftigkeit der griechischen Mimik, welche durch Masken und herkömmliche Bewegungen und Stellungen beschränkt blieb, wieder Ergänzung fand in einer merkwürdig feinen Ausbildung der dramatischen Sprechweise. Alte Zeugnisse belehren uns, daß *ein* falscher Ton, *ein* unrichtiger Akzent, *ein* Hiatus im Verse dem Schauspieler allgemeinen Unwillen der Hörer aufregen und den Sieg entreißen konnte, daß der große Schauspieler leidenschaftlich bewundert wurde und daß die Athener über

---

Krankheit leidet (»Aias«, »Trachinierinnen«, »Philoktetes«), die Partien des ersten Schauspielers zusammenzählt (Aias, Teukros; Lichas, Herakles; Philoktetes), so ergeben sich etwa 1440 Verse, also mit der Rolle eines Satyrspiels mehr als 1600 Verse, und zwar eine Anspannung durch etwa sechs verschiedene Rollen und durch etwa sechs Gesänge. – Daß Sophokles bei Zusammensetzung seiner Tetralogien auf die Erholungspausen seiner drei Schauspieler Rücksicht nehmen mußte, ist unzweifelhaft. Jede letzte Tragödie erforderte die stärkste Wirkung, sie wird also in der Regel dem ersten Schauspieler am meisten zugemutet haben. Daß die »Trachinierinnen« ein drittes Stück waren, möchte man auch deshalb annehmen, weil darin der zweite Schauspieler die Hauptrolle hat.

seiner Kunst wohl einmal Politik und Kriegführung vernach-
lässigten. Man darf also die selbständige Arbeit des hellenischen Künstlers durchaus nicht niedrig anschlagen, wenn wir
auch nicht wissen, wie seine Seele in dem herkömmlichen
Tonfall der dramatischen Rede schöpferisch arbeitete.

Unter diese drei Schauspieler wurden sämtliche Rollen der
drei Tragödien und des Satyrspiels verteilt. In jedem Stück
hatte der Schauspieler außer seiner Hauptrolle, in der er –
der Regel nach – das Festkleid trug, noch die Nebenpartien,
welche seinem Charakter entsprachen oder für die er gerade
entbehrt werden konnte. Aber auch nicht einmal dabei war
dem Dichter jede Freiheit gelassen.

Die Persönlichkeit des Schauspielers wurde auf der Bühne
von den Zuschauern nicht so sehr über seinen Rollen vergessen, als bei uns der Fall ist. Er blieb in der Empfindung der
Athener trotz seinen verschiedenen Masken und Anzügen
immer mehr der gemütvoll Vortragende als der Spieler,
welcher sein Wesen in dem Charakter seiner Rollen völlig zu
bergen sucht. Und nach dieser Richtung stand die antike
Aufführung auch zur Zeit des Sophokles einem Oratorium
oder der Vorlesung eines Stückes mit verteilten Rollen fast
näher als unseren Aufführungen. Das ist ein wichtiger
Umstand. Die Wirkungen der Tragödien wurden dadurch
nicht beeinträchtigt, aber doch anders gefärbt.

Der erste Schauspieler wurde deshalb auch auf der Bühne
bedeutsam hervorgehoben, ihm gehörte für Eintritt und
Abgang die Mitteltür des Hintergrundes, die »königliche«.
Er spielte die vornehmsten Personen und die stärksten Charaktere; es wäre gegen die Würde seines Rollenfachs gewesen, jemanden auf der Bühne darzustellen, der sich von einer
anderen Person des Stückes – die Götter ausgenommen –
beeinflussen und leiten ließ; er vorzugsweise war der
Pathosspieler, der Sänger und Held, natürlich für Männer-
und Frauenrollen, nur seine Rolle gab dem Stück den Namen,
im Fall sie die Handlung beherrschte, sonst wurde der Name
des Stückes von Tracht und Charakter des Chors geholt.

Neben ihn trat der »zweite Kämpfer« als sein Begleiter und Genosse, ihm gegenüber stand der dritte, weniger geachtete Schauspieler als Charakterspieler, Intrigant, Vertreter des Gegenspiels.

Diese Stellung der drei Darsteller wurde bei Verfertigung und Verteilung der Rollen von Sophokles festgehalten. Sie waren für seine Stücke der Hauptheld, der Genosse, der Gegenspieler. Aber auch die Nebenrollen, welche jeder von ihnen neben der seiner Stellung entprechenden Hauptrolle im Stück übernehmen mußte, wurden, soweit das irgend möglich war, nach den Beziehungen verteilt, die sie zu der Rolle des Haupthelden hatten. Die Vertreter und Gesinnungsgenossen des ersten Helden erhielt er selbst, die Freunde, Zugehörigen soviel möglich der zweite Schauspieler, die fremden, feindlichen, widerstrebenden Partien der Gegenspieler, außerdem freilich mit dem zweiten zuweilen Aushilfsrollen.

Daraus ergab sich eine merkwürdige Art von Bühnenwirkungen, welche wir unkünstlerisch nennen möchten, die aber für den Dichter der attischen Bühne nicht geringe Bedeutung hatten. Die nächste Aufgabe der Schauspieler war nämlich allerdings, jede ihrer Rollen in demselben Stück durch verschiedene Masken zu bezeichnen und durch veränderte Stimmlage, durch Verschiedenheit in Vortrag und Gebärden auszuzeichnen. Und wir erkennen, daß auch hier viel Gewohnheitsmäßiges und Festgesetztes war, z. B. im Aufzug und Vortrag der Boten, in Schritt, Haltung, Gebärde der jungen und älteren Frauen. Aber eine zweite Eigentümlichkeit dieser feststehenden Rollenverteilung war, daß die Stetigkeit des Darstellers bei seinen einzelnen Partien durchschien und als etwas Gehöriges und Wirksames auch vom Hörer empfunden ward. Der Darsteller wurde auf der attischen Bühne zu einer idealen Einheit, welche ihre Rollen zusammenhielt; über der Täuschung, daß verschiedene Menschen sprächen, blieb dem Hörer die Empfindung, daß sie im Grunde ein und derselbe waren. Und diesen Umstand

benutzte der Dichter zu besondern dramatischen Wirkungen. Wenn die Antigone zum Tode abgeführt war, klang aus
den Drohworten des Teiresias an Kreon hinter der veränderten Tonlage dieselbe bewegte Menschenseele heraus, und
derselbe Klang, dasselbe geistige Wesen rührte in den Worten des Exangelos, welcher das traurige Ende der Antigone
und des Hämon berichtete, wieder das Gemüt der Hörer.
Antigone kehrte, auch als sie zum Tode abgegangen war,
immer wieder auf die Bühne zurück. Dadurch entstand bei
der Aufführung zuweilen eine Steigerung der tragischen
Wirkungen, wo wir beim Lesen einen Abfall bemerken.
Wenn in der »Elektra« derselbe Schauspieler den Orest und
die Klytämnestra, Sohn und Mutter, den Mörder und die zu
Mordende darstellte, so mahnte der Gleichklang der Stimme
den Hörer an das gemeinsame Blut, dieselbe kalte Ent-
schlossenheit und schneidende Schärfe des Tons (es waren
Rollen des dritten Schauspielers) an die innere Verwandt-
schaft der beiden Naturen; aber diese Einheit mäßigte vielleicht auch den Schauder, den die furchtbare Handlung
hervorbrachte. Wenn im »Aias« der Held des Stückes sich
schon auf dem Höhenpunkte tötete, so war das unzweifelhaft auch in den Augen der Griechen eine Gefahr des
Stoffes, weil dieser Umstand ihnen in diesem Fall nicht die
Einheit der Handlung verringerte, wohl aber das Gewicht
zu sehr nach dem Anfang verlegte. Wenn nun aber unmittelbar darauf aus der Maske des Teukros dasselbe ehrliche,
treuherzige Wesen heraustönte, nur jugendlicher, frischer,
ungebrochen, so fühlte der Athener nicht nur mit Behagen
die Blutsverwandtschaft heraus, auch die Seele des Aias
nahm lebendig teil an dem fortgesetzten Kampf um sein
Grab. Besonders liebenswürdig ist die Weise, wie Sophokles
– allerdings nicht er allein – diese Wirkung benutzt, um den
Untergang einer Hauptperson, welcher nur berichtet werden kann, in der Katastrophe ergreifend darzustellen. In
jedem der vier Stücke, welche die sehr ausgezeichnete Rolle
eines Boten der Katastrophe (in den »Trachinierinnen« die

Amme) enthalten, ist der Darsteller desjenigen Helden, dessen Untergang berichtet wird, selbst wieder der Bote, welcher die rührenden Umstände des Todes erzählt, zuweilen in wundervoll belebter Rede; dem Athener tönte in solchem Fall die Stimme des Geschiedenen noch aus dem Hades herauf in die Seele; so die Stimme der Jokaste, des Ödipus auf Kolonos, der Antigone, der Deianeira. Am eigentümlichsten aber ist im »Philoktetes« die Wiederkehr desselben Schauspielers in verschiedenen Rollen für die dramatische Wirkung verwertet, es wird später davon die Rede sein.*

* Die Rollenverteilung unter die Schauspieler ist in den erhaltenen Stücken des Sophokles folgende, Protagonist, Deuteragonist, Tritagonist mit 1., 2., 3. bezeichnet:

»König Ödipus«: 1. *Ödipus*. 2. Priester. *Jokaste*. Hirte. *Bote der Katastrophe*. 3. *Kreon*. Teiresias. Bote.
»Ödipus auf Kolonos«: 1. *Ödipus*. *Bote der Katastrophe*. 2. *Antigone*. * Theseus (die Szene des Höhenpunktes). 3. Koloner. Ismene. Theseus (die übrigen Szenen). Kreon. Polyneikes.
»Antigone«: 1. *Antigone*. Teiresias. *Bote der Katastrophe*. 2. *Ismene*. Wächter. Hämon. * Eurydike. Diener. 3. *Kreon*.
»Trachinierinnen«: 1. * Dienerin. Lichas. *Herakles*. 2. *Deianeira*. Amme (als *Bote der Katastrophe*). Greis. 3. *Hyllos*. Bote.
»Aias«: 1. *Aias*. Teukros. 2. *Odysseus* Tekmessa. 3. *Athene*. Bote. Menelaos. Agamemnon.
»Philoktetes«: 1. *Philoktetes*. 2. *Neoptolemos*. 3. *Odysseus*. Kaufmann. Herakles.
»Elektra«: 1. *Elektra*. 2. Pfleger. *Chrysothemis*. Ägisthos. 3. *Orestes*. Klytämnestra.

Die mit * bezeichneten Rollen sind unsicher. Außer den drei Schauspielern hatte die attische Bühne allerdings mehre Nebenspieler für stumme Rollen, so in der »Elektra« den Pylades, in den »Trachinierinnen« die besonders ausgezeichnete Rolle der Jole, in der vielleicht Sophokles einen jungen Schauspieler, der ihm wert war, dem Volke vorführen wollte. Es ist wahrscheinlich, daß diese Nebenspieler zuweilen den Schauspielern kleine Nebenrollen abgenommen haben, z. B. die Eurydike in der »Antigone«, welche sehr kurz behandelt ist, die Dienerin des Prologs in den »Trachinierinnen«; wie hätten sie sonst ihre Stimme und Kraft versuchen können? Solche Aushilfe, die vielleicht doch einmal der Zuhörerschaft durch die Maske verdeckt blieb, wurde nicht als Mitspielen gerechnet. – Die Nebenspieler waren auch als Vertreter der drei Schauspieler auf der Bühne nötig, wenn in einer Szene die Gegenwart einer

Solche Verstärkung des Effekts durch eine Verminderung
der szenischen Täuschung ist uns fremdartig, aber nicht
unerhört. An dem Darstellen der Frauenrollen durch Männer – welches Goethe in Rom sah – hängt eine ähnliche
Wirkung.

Diese Eigentümlichkeit der attischen Bühne gab dem Dichter einige Rechte im Aufbau der Handlung, die wir nicht
mehr gestatten. Der erste Held konnte in seiner Hauptrolle
für längere Teile des Stückes entbehrt werden wie Antigone
und Aias. Wenn in den »Trachinierinnen« der Hauptheld
Herakles gar erst in der letzten Szene auftritt, so ist er doch
in seinen Vertretern von Anfang an wirksam gewesen. Die
Dienerin des Prologs, welche auf den abwesenden Herakles
hinweist, sein Herold Lichas, der von ihm erzählt, sprechen
mit der gedämpften Stimme des Helden.

Und dieses Zurücktreten des Haupthelden war den alten
Dichtern häufig als kluge Aushilfe nötig, um die Schonung
zu verdecken, welche vor andern der erste Schauspieler für
sich fordern mußte. Die fast übermenschliche Anstrengung
einer dramatischen Tagesleistung konnte nur dann ertragen
werden, wenn nicht derselbe Darsteller in jeder der drei

Maske wünschenswert war, der Schauspieler derselben aber zu derselben Zeit
in einer andern Rolle auftreten mußte; dann figurierten die Nebenspieler in
gleicher Kleidung und der betreffenden Maske, in der Regel ohne zu sprechen;
zuweilen freilich mußten ihnen auch einzelne Zeilen gegeben werden; so wird
die Ismene in der zweiten Hälfte des »Ödipus auf Kolonos« von einem
Nebenspieler dargestellt, während der Schauspieler selbst den Theseus und
Polyneikes spielt. Dieses Stück hat die Eigentümlichkeit, daß wenigstens auf
dem Höhenpunkt eine Szene des Theseus von dem Schauspieler der Antigone,
dem zweiten, gegeben wird, während der dritte die übrigen Szenen dieser
Partie besorgt; für eine einzelne Szene war diese Stellvertretung, wenn der
Schauspieler Stimme usw. dazu eingeübt hatte, ohne besondere Schwierigkeit.
Es ist aber möglich, daß der Darsteller der Antigone auch die erste Theseus-
szene gab. Antigone ist nämlich in das Gebüsch des Hintergrundes gegangen,
um den Vater zu bewachen, sie kann sehr wohl als Theseus wieder auftreten,
während ein Statist in ihrer Maske ab und zu sichtbar wird. Wenn gerade in
diesem Stück ein vierter Schauspieler durch namhafte Rolle eingegriffen hätte,
würde uns doch wohl eine Nachricht von der damals noch auffallenden
Neuerung geblieben sein.

Tagestragödien die längste und angreifendste Rollengruppe
hatte. Hauptrolle blieb den Griechen zwar immer die des
Protagonisten, der die Würde und das Pathos hatte, auch
wenn vielleicht dieser anstrengenden Partie nur eine Szene
gegeben war. Aber der Dichter war gezwungen, das, was
wir Hauptrolle nennen, die umfangreichste Partie, in einzelnen Stücken des Festtages dem zweiten oder dritten Schauspieler zu geben*; denn er mußte bedacht sein, die Verszahl
der drei Tragödien möglichst gleichmäßig unter seine drei
Kämpfer zu verteilen.

Die erhaltenen Tragödien des Sophokles unterscheiden sich
aber durch die Beschaffenheit ihrer Handlung noch mehr als
durch ihren Bau von dem Drama der Germanen. Das Teilstück der Sage, welches Sophokles für seine Handlung verwendet, hat eigentümliche Voraussetzungen. Sein Drama
stellt, im ganzen betrachtet, die Wiederherstellung einer
bereits gestörten Ordnung dar, Rache, Sühne, Ausgleichung; die Voraussetzung desselben ist also die ärgste Störung, Verwirrung, Missetat. Das Drama der Germanen hat
zu seiner Voraussetzung, im ganzen betrachtet, eine gewisse,
wenn auch ungenügende Ordnung und Ruhe, gegen welche
sich die Person des Helden erhebt, Störung, Verwirrung,
Missetat hervorbringend, bis er durch die gegenstrebenden
Gewalten gebändigt und eine neue Ordnung hergestellt
wird. Die Handlung des Sophokles beginnt also etwa nach
dem Höhenpunkte unserer Stücke. Einer hat in Unwissen-
heit den Vater erschlagen, die Mutter geheiratet, das ist
Voraussetzung; wie dies vorausgegangene Unheil an ihm
zutage kommt, ist das Stück.[47] Eine hofft auf den jungen
Bruder in der Fremde, daß er den getöteten Vater an der
bösen Mutter räche; wie sie trauert und hofft, durch falsche
Nachricht von seinem Tode erschreckt, durch seine Ankunft
beglückt wird und die Tat der Rache empfindet, das ist das

---

* Auf unserer Bühne hat zwar jedes Stück einen ersten Helden, aber mehre
Hauptrollen. Nicht häufig ist eine derselben umfangreicher als die des ersten
Helden, z. B. die des Falstaff in »Heinrich IV.«.

Stück.[48] Alles, was von Unglück, Frevel, Schuld der ungeheuren Rache vorausging, ja die Rachetat selbst wird dargestellt durch die Reflexe, welche in die Seele einer Frau fallen,
der Schwester des Rächers, Tochter des Gemordeten und
der Mörderin. Ein unglücklicher Fürst, aus seiner Heimat
vertrieben, teilt der gastfreien Stadt, welche ihn aufnimmt,
dankbar den geheimnisvollen Segen zu, welcher nach Götterspruch an seiner Grabstätte hängt.[49] Eine Jungfrau beerdigt gegen den Befehl des Fürsten den Bruder, der im Felde
erschlagen liegt, sie wird deshalb zum Tode verurteilt und
zieht Sohn und Gattin des harten Richters mit sich in den
Tod.[50] Einem umherschweifenden Helden wird von der
Gattin, welche von seiner Treulosigkeit hört und seine Liebe
wiedergewinnen will, ein Zaubergewand in die Fremde
gesendet, das ihm den Leib verbrennt. Aus Schmerz darüber
tötet sich die Frau, er läßt sich durch Feuer verzehren.*[51]
Ein Held, der im Wahnsinn erbeutete Herden statt der
gehaßten Fürsten seines Volkes erschlagen hat, tötet sich aus
Scham, seine Genossen setzen ihm ein ehrliches Begräbnis
durch.[52] Ein Held, der wegen widerwärtiger Krankheit von
seinem Heere auf eine menschenleere Insel ausgesetzt ist,
wird, weil ein Götterspruch zum Heil des Heeres seine
Rückkehr fordert, durch die Verhaßten, welche ihn aussetz-
ten, zurückgeholt.[53] – Immer ist, was dem Stücke voraus-
geht, ein großer Teil dessen, was wir in die Handlung
einschließen müßten.**
Aber wenn uns von sieben erhaltenen Stücken des Sophokles
auf mehr als hundert verlorene ein vorsichtiges Urteil
erlaubt ist, scheint diese Behandlung der Mythen auch bei den

---

* Die Voraussetzungen der »Trachinierinnen« sind allerdings, was Deianeira
selbst betrifft, ziemlich einfach, aber Herakles ist der erste Held, und seine
Vorbereitung zur Aufnahme unter die Götter war die große Schlagwirkung des
Stückes.
** Es ist gerade bei Sophokles unmöglich, aus den erhaltenen Namen und
Versen verlorener Stücke einen Schluß auf den Inhalt zu machen. Was man sich
nach der Sage als Inhalt des Dramas denken möchte, mag oft nur Inhalt des
Prologs sein.

Griechen nicht allgemein, sondern für Sophokles bezeichnend zu sein. Daß Äschylos in seinen Trilogien größere
Teilstücke der Sage: Unrecht, Verwicklung, Lösung, ver-
wertete, erkennen wir deutlich. Bei Euripides wenigstens,
daß er zuweilen über die abschließenden Endstücke der Sage
hinausging oder das Vorausgegangene mit mehr Behagen als
Kunst in epischem Prologe berichtete. In seinen beiden
besten Stücken, dem »Hippolytos« und der »Medea«, ist die
Handlung auf Voraussetzungen gebaut, die auch bei neueren
Stücken möglich wären.

Diese Anordnung der Handlung bei Sophokles gestattete
nicht nur die größte Aufregung leidenschaftlicher Empfindung, auch eine feste Charakterfügung; aber sie schloß
dennoch zahlreiche innere Wandlungen aus, welche unseren
Stücken unentbehrlich sind. Wie die ungeheuren Voraussetzungen auf die Helden wirken, das vermochte er mit uner-
reichter Meisterschaft darzustellen, aber es waren gegebene,
höchst ungewöhnliche Zustände, durch welche die Helden
beeinflußt wurden. Die geheimen und reizvollen Kämpfe
des Innern, welche von einer verhältnismäßigen Ruhe bis
zur Leidenschaft und zu einem Tun treiben, Zweifel und
Regungen des Gewissens, und wieder die Umänderungen,
welche in Empfindung und Charakter durch ein ungeheures
Tun an dem Helden selbst hervorgebracht werden, erlaubt
die Bühne des Sophokles nicht darzustellen. Wie jemand
nach und nach etwas Fürchterliches erfuhr, wie er sich
benahm, nachdem er einen verhängnisvollen Entschluß
gefaßt hatte, das lockte zur Schilderung; wie er aber um
den Entschluß kämpfte, wie das ungeheure Schicksal, das
auf ihn eindrang, durch sein eigenes Tun bereitet wurde, das
war, so scheint es, für die Bühne des Sophokles nicht
dramatisch. Euripides ist darin beweglicher und uns ähnlicher, aber in den Augen seiner Zeitgenossen war das kein
unbedingter Vorzug. – Einer der entschlossensten Charaktere unserer Bühne ist Macbeth; aber man kann wohl sagen,
er wäre den Athenern vor der Szene durchaus unerträglich,

schwächlich, unheldenhaft gewesen. Was uns als das Menschlichste in ihm erscheint und was wir als die größte Kunst des Dichters bewundern, sein gewaltiges Ringen um die Tat, der Zweifel, die Gewissensbisse, das war dem tragischen Helden der Griechen gar nicht gestattet. Die Griechen waren sehr empfindlich gegen Schwankungen des Willens; die Größe ihrer Helden bestand vor allem in Festigkeit. Der erste Schauspieler hätte schwerlich einen Charakter dargestellt, der sich durch andere Personen des Stückes in irgendeiner Hauptsache leiten läßt. Jedes Umstimmen der Hauptpersonen auch in Nebensachen mußte vorsichtig motiviert und entschuldigt werden. Ödipus weigert sich, seinen Sohn zu sehen, Theseus macht ihm vergebens ernste Vorstellungen über seine Hartnäckigkeit, Antigone muß erst den Zuschauern erklären: Anhören ist ja nicht Nachgeben. Wäre Philoktetes dem verständigen Zureden des zweiten Schauspielers gewichen, er wäre gänzlich in der Achtung der Hörer gesunken, er wäre nicht mehr der starke Held gewesen; Neoptolemos ändert allerdings seine Stellung zum Philoktetes, und das Publikum war höchlich dafür erwärmt worden, daß er es doch tat, aber das war nur Rückkehr zu seinem eigentlichen Wesen, und er war auch nur zweiter Schauspieler. Wir sind geneigt, den Kreon der »Antigone« als eine dankbare Rolle zu betrachten, den Griechen war er nur eine Rolle dritten Ranges; dem Charakter fehlt die Berechtigung zum Pathos. Gerade der Zug, welcher ihn unserer Empfindung nahestellt, daß er durch den Teiresias gründlich erschüttert und umgestimmt wird – jenes Kunstmittel des Dichters, eine neue Spannung in die Handlung zu bringen –, das verminderte den Griechen die Teilnahme an dem Charakter. Und daß derselbe Zug in der Familie und dem Stücke noch einmal vorkommt, daß auch Hämon nach dem Berichte des Boten zuerst den Vater töten will, dann aber sich selbst ermordet – für uns ebenfalls ein sehr bezeichnender und menschlicher Zug –, das scheint der attischen Kritik sogar einen Vorwurf gegen den Dichter begründet zu haben, der so unwürdiges Schwanken zweimal in der Tragödie vorführte. – Wo einmal eine Überführung des einen Charakters zu der Ansicht des andern durchgesetzt wird, da geht sie – außer in der Katastrophe des Aias – kaum während der Szene selbst vor sich, in welcher die Parteien gegeneinander mit langen und kurzen Versreihen fechten, sondern die Umwandlung wird gern hinter die Szene verlegt, der Beeinflußte tritt dann umgestimmt in die neue Situation.

Der Kampf des griechischen Helden war ein egoistischer, seine Zwecke mit seinem Leben beendigt. Dem Helden der Germanen ist die Stellung zum Schicksal auch deshalb eine andere, weil ihm der Zweck seines Daseins, der sittliche Inhalt, sein ideales Empfinden weit über das Leben selbst hinausreicht: Liebe, Ehre, Patriotismus. Der Zuhörer bei den Germanen bringt die Vorstellung mit, daß die Helden der Bühne nicht nur um ihrer selbst willen da sind, ja nicht einmal vorzugsweise, sondern daß gerade sie mit ihrer freien Selbstbestimmung höheren Zwecken zu dienen haben, mag man dies Höhere, über ihnen Stehende als Vorsehung und Weltordnung, als bürgerliche Gesellschaft, als Staat auffassen. Die Vernichtung ihres Lebens ist nicht mehr in der Weise Untergang wie in der alten Tragödie. Im »Ödipus auf Kolonos« ergriff die Athener die Größe des Inhalts mächtig; sie empfanden hier einmal lebhaft die Humanität eines Lebens, welches über das Dasein hinaus, und zwar durch seinen Tod, dem Gemeinwesen einen hohen Dienst erwies. Eben daher stammt die große Schlußwirkung der »Eumeniden«[54]. Auch hier wurde Schicksal und Leiden des Einzelnen zum Segen für das Allgemeine gewendet. Daß die größten Unglücklichen der Sage, Ödipus und Orestes, für ihre Untat eine so hohe Sühne geben, das erschien den Griechen als eine neue und höchst edle Verwertung des Menschen auf der Bühne, die nicht ihrem Leben, aber ihrer Kunst fremd war. Uns Moderne läßt die undramatische Steigerung des Mitgefühls durch praktische, dem Vaterland nutzbringende Schlußergebnisse kalt. Aber es ist immerhin lehrreich, daß die beiden größten dramatischen Dichter der Hellenen einmal das Leben ihrer Helden in die Weltanschauung erhoben, in welcher wir selbst zu atmen und die Helden unserer Bühne zu sehen gewohnt sind.

Wie Sophokles seine Charaktere und Situationen unter solchem Zwange bildete, ist sehr merkwürdig. Sein Gefühl für die Kontraste wirkte mit der Stärke einer Naturkraft, welcher er selbst fast nicht Widerstand leisten konnte. Man betrachte noch einmal die harte, schadenfrohe Athene im »Aias«. Sie ist durch den Gegensatz zu dem menschlichen Odysseus hervorgerufen und zeigt die geforderte Gegenfarbe mit einer rücksichtslosen Schärfe, bei welcher die Göttin allerdings zu kurz kommt, weil sie die dem Menelaos ähnliche Schattierung ihres Wesens mit ihrer Göttlichkeit verständig erklären will. Dasselbe Stück gibt in jeder Szene guten Einblick in die Art und Weise seines Schaffens, welche so naturwüchsig und dabei doch so aller Wirkungen mächtig und so mühelos souverän ist, daß wir wohl begreifen, wenn die Griechen etwas Göttliches darin empfanden. Eine Stimmung fordert hier überall die andere, ein Charakter den andern, genau, rein, sicher treibt jede Farbe, jede Melodie die entprechende andere hervor. Mittelpunkt des Stückes ist die Stimmung des Aias nach dem Erwachen. Wie edel und menschlich empfindet der Dichter das Wesen des Mannes unter den abenteuerlichen Voraussetzungen des Stückes! Der warmherzige, ehrliche, heißköpfige Held, der veredelte Berlichingen des Hellenenheers, ist einigemal knorrig gegen die Götter gewesen, da ist das Unglück über ihn gekommen. Die erschütternde Verzweiflung einer großartigen Natur, welche durch Schmach und Scham gebrochen wird, die rührende Verhüllung seines Entschlusses zu sterben und das gehaltene Pathos eines Kriegers, der aus freiem Entschluß seine letzte Tat tut, das waren die drei Bewegungen im Charakter des ersten Helden, die dem Dichter die drei großen Szenen und die Forderungen für das ganze Stück

gaben. Zuerst als Gegensatz im Prolog das Bild des Aias
selbst. Hier ist er noch Unmensch unter den getöteten Tieren,
starr wie im Halbschlaf. Es ist der gegebene Gegensatz zu
dem erwachten Helden, zugleich die höchste Klugheit. Die
Situation war auf der Bühne ebenso lächerlich als unheimlich,
der Dichter hütete sich wohl, etwas anderes aus ihr machen
zu wollen. Beide Gegenspieler mußten sich ihrem herabzie-
henden Zwange fügen. Odysseus erhielt einen leisen Anflug
von diesem Lächerlichen und Athene die kalte höhnende
Härte. Es ist genau die richtige Farbe, welche das Dargestellte
forderte, ein Gegensatz mit der rücksichtslosen Strenge
ausgebildet, die nicht durch kalte Berechnung, nicht durch
unbewußtes Gefühl, sondern geschaffen war, wie ein großer
Dichter schafft, mit einer gewissen Naturnotwendigkeit und
doch mit freiem Bewußtsein.

In derselben Abhängigkeit vom Haupthelden sind die sämtlichen Rollen des Stückes gebildet nach den Bedingungen,
unter denen der Grieche für die drei Schauspieler schuf: als
Mitspieler, Nebenspieler, Gegenspieler. Zunächst das
andere Ich des Aias, der treue, pflichtvolle Bruder Teukros,
dann die zweiten Rollen, sein Weib, die Beute seines Spee-
res, Tekmessa, liebend, besorgt, die aber wohl versteht, dem
Helden entgegenzutreten, und sein freundlicher Gegner
Odysseus; endlich die Feinde, wieder drei Abstufungen des
Hasses: die Göttin, der feindliche Parteimann und der klü-
gere Bruder desselben, dem der Haß durch Rücksichten der
Staatsklugheit gebändigt wird. Wenn in der letzten Szene
der Gegenspieler und der feindliche Freund des Helden sich
über das Grab vertrugen, so erkannte der Athener aus dem
Vertrag, den sie schlossen, sehr bestimmt den Gegensatz zu
der Eröffnungsszene, wo dieselben Stimmen gegen den
Wahnsinnigen Partei genommen hatten.

Auch innerhalb der einzelnen Charaktere des Sophokles ist
die ungewöhnliche Reinheit und Kraft seines Harmoniege-
fühls und dieselbe Art des Schaffens in Gegensätzen bewundernswert. Er empfand hier wieder sicher und ohne fehlzu-

greifen, was an ihnen wirksam sein konnte und was ihm nicht gestattet war. Die Helden des Epos und der Sage sträuben sich heftig gegen die Verwandlung in dramatische Charaktere, sie vertragen nur ein gewisses Maß von innerem Leben und menschlicher Freiheit; wer ihnen mehr verleihen will, dem zerreißen sie das lockere Gewebe ihrer – auf der Bühne barbarischen – Mythe in unbrauchbare Fetzen. Der weise Dichter der Athener erkennt sehr wohl die innere Härte und Unbildsamkeit der Gestalten, welche er in Charaktere umzuformen hat. Deshalb nimmt er sowenig als möglich von der Sage selbst in sein Drama auf. Er findet aber einen sehr einfachen und sehr verständlichen Grundzug ihres Wesens, wie ihn seine Handlung braucht, und läßt sie diese eine Charaktereigenschaft mit einer ausgezeichneten Strenge und Folgerichtigkeit immer wieder geltend machen. Dieser bestimmende Zug ist stets ein zum Tun treibender: Stolz, Haß, Gattenliebe, Pflichtgefühl, Amtseifer. Und der Dichter führt seine Charaktere keineswegs als ein milder Gebieter, er mutet ihnen nach ihrer Richtung das Kühnste und Äußerste zu, ja er ist so schneidend hart und erbarmungslos, daß uns weicheren Menschen über die furchtbare Einseitigkeit, in welcher er sie dahinschreiten läßt, vielleicht einmal Entsetzen ankommt, und daß auch die Athener solche Wirkungen mit dem Anpacken des Molosserhundes verglichen. Die trotzige Geschwisterliebe der Antigone, der tödlich gekränkte Stolz des Aias, die Verbitterung des gequälten Philoktetes, der Haß der Elektra werden in herber und gesteigerter Größe herausgetrieben und in den tödlichen Kampf gestellt.

Aber gegenüber dieser Grundlage der Charaktere empfindet er wieder mit wundervoller Schönheit und Sicherheit gerade die entsprechende milde und freundliche Eigenschaft, welche seinen Charakteren bei ihrer besonderen Härte möglich ist. Wieder tritt dieser Gegensatz mit der Kraft einer geforderten Gegenfarbe in den Helden heraus, und diese zweite und entgegengesetzte Eigenschaft seiner Personen –

fast immer die weiche, herzliche, rührende Seite ihres
Wesens: Liebe neben Haß, Freundestreue neben Feind-
seligkeit, ehrliche Biederkeit neben jähem Zornmut – ist mit
der höchsten Poesie und dem schönsten Farbenglanz
geschmückt. Aias, der seine Feinde mit wahnsinnigem
Hasse schlachten wollte, zeigt eine ungewöhnliche Stärke
des Familiengefühls, treuherzige, tief innige Liebe zu seinen
Genossen, dem entfernten Bruder, dem Kinde, der Gattin;
Elektra, welche fast nur von dem Haß gegen ihre Mutter
lebt, hängt sich mit den weichsten Lauten der Zärtlichkeit an
den Hals des ersehnten Bruders; der gequälte, in greulichem
Schmerz schreiende Philoktetes, der das Schwert verlangt,
sich selbst die Knochen zu zerhauen, blickt so hilflos,
dankbar und ergeben zu dem menschenfreundlichen Jüngling auf, der das widerwärtige Leiden ansehen kann, ohne
sein Grauen zu offenbaren. – Nur die Hauptcharaktere
zeigen diese Entfaltung ihrer kräftig empfundenen Einheit in
zwei entgegengesetzten Richtungen, die Nebenpersonen
weisen in der Regel nur die geforderte Ergänzungsfarbe auf:
Kreon dreimal, Odysseus zweimal, beide in jedem ihrer
Stücke anders abgeschattet, Ismene, Theseus, Orestes.

Solche Vereinigung zweier Kontrastfarben in einem Hauptcharakter war dem Griechen nur möglich, weil er ein großer
Dichter und Menschenkenner war, das heißt, weil seine
schaffende Seele deutlich die tiefsten Wurzeln eines menschlichen Daseins empfand, aus welchen die beiden gegenüberste-
henden Blätter seiner Charaktere herauswuchsen. Und diese
sichere Anschauung von dem Kern jedes Menschenlebens,
die höchste Dichtereigenschaft ist es, welche bewirkt, daß das
einfache Heraustreiben zweier entgegengesetzter Farben in
dem Charakter den schönen Schein des Reichtums, der Fülle
und Rundung hervorbringt. Es ist eine bezaubernde Täuschung, in welcher er seine Zuhörer zu erhalten weiß, sie gibt
seinen Bildern genau die Art von Leben, welche in seinen
Stoffen auf der Bühne möglich war. Bei uns zeigen die
Charaktere großer Dichter weit kunstvollere Bildung als

jene antiken, welche so einfach Blatt gegen Blatt aus der
Wurzel heraufgeschossen sind; Romeo, Hamlet, Faust und
Wallenstein können nicht auf so einfache Urform zurückge-
führt werden. Und sie sind allerdings die Erzeugnisse einer
höheren Entwicklungsstufe der Menschheit. Aber deshalb
sind die Gestalten des Sophokles durchaus nicht weniger
bewundernswert und fesselnd. Denn er weiß ihre einfache
Anlage mit einem Adel der Gesinnung und in einer Schönheit und Größe der Umrisse zu bilden, die schon im Altertum Staunen erregten. Nirgend fehlt an Hauptcharakteren
und Nebenfiguren Hoheit und Gewalt, überall empfindet
man aus ihrer Haltung die Einsicht und unumschränkte
Herrschermacht einer großen Dichternatur.
Äschylos setzte in die Charaktere der Bühne *einen* charakteristischen Zug, der ihre Eigenart verständlich macht, in
Prometheus, Klytämnestra, Agamemnon;[55] Sophokles ver-
tiefte seine großen Rollen, indem er ihnen zwei scheinbar
entgegengesetzte, in Wahrheit einander fordernde und
ergänzende Eigenschaften zuteilte; als Euripides weiterging
und die Wirklichkeit nachahmend Bilder schuf, welche
lebenden Menschen glichen, zerfuhr und verkrauste sich
ihm die Faser des alten Stoffes, wie im Sonnenlicht das
gefärbte Zeug der Deianeira.
Dieselbe Freudigkeit und das sichere Empfinden der Gegensätze läßt den Dichter Sophokles auch die Schwierigkeit
überwinden, welche gerade seine Auswahl der Mythen
bereitete. Die zahlreichen und ungeheuren Voraussetzungen, welche seine Handlung hat, scheinen einer kräftigen
Aktion, die von dem Helden selbst ausgeht, besonders
ungünstig. In den letzten Stunden ihres Schicksals sind, so
scheint es, die Helden fast immer leidende, nicht frei wal-
tende. Aber je größeren Druck von außen ihnen der Dichter
auflegt, desto höher wird die Kraft, mit welcher er sie
dagegen stemmt. Auch wo bereits in der ersten aufsteigenden Hälfte des Stückes Schicksal oder fremde Gewalt an dem
Helden handelt, steht dieser nicht aufnehmend, sondern

stößt mit größtem Nachdruck sein Wesen dagegen; er wird im Grunde allerdings getrieben, aber er scheint in ausgezeichneter Weise der Treibende, so König Ödipus, Elektra, selbst Philoktetes, sämtlich tatkräftige Naturen, welche zürnen, drängen, steigern. Wenn jemand in einer dem Drama gefährlichen Verteidigungsstellung stand, so war es der arme König Ödipus. Man sehe zu, wie Sophokles ihn bis zum Höhenpunkt in wachsender Aufregung als gegenkämpfend darstellt; je unheimlicher dem König selbst seine Sache wird, desto heftiger schlägt er auf seine Umgebung.

Dies sind einige der Bedingungen, unter denen der Dichter seine Handlung schuf. Wenn auch die Stücke des Sophokles mit den Chören ungefähr dieselbe Zeit in Anpruch nahmen, welche in mittlerem Durchschnitt unsere Dramen fordern, so ist doch die Handlung weit kürzer als die unsere. Denn ganz abgesehen von dem Chor, von den lyrischen und epischen Einsätzen, ist die ganze Anlage der Szenen größer und im ganzen breiter; die Handlung würde nach unserer Art zu arbeiten kaum die Hälfte eines Theaterabends füllen. Die Übergänge zur folgenden Szene sind kurz, aber genau motiviert, Abgehen und Auftreten neuer Rollen wird erklärt, kleine Verbindungsglieder zwischen ausgeführten Szenen sind selten. Die Zahl der Einschnitte stand nicht fest, erst in der spätern Zeit der antiken Tragödie wurde die Fünfzahl der Akte festgehalten. Die einzelnen Glieder der Handlung waren durch Chorgesänge geschieden, jeder solche Teil, der in der Regel einer unserer ausgeführten Szenen entspricht, setzte sich in seinem Inhalt von dem Vorhergehenden ab, nicht so scharf als unsere Akte. Es scheint fast, daß die einzelnen Stücke des Tages – nicht die Teile eines Stückes – durch einen heraufgezogenen Vorhang bereits getrennt wurden. Zwar läßt sich das Situationsbild im Anfang des König Ödipus auch anders erklären, aber da die Dekoration des Sophokles bereits im Stück mitspielt – und er liebt es ebensosehr darauf hinzuweisen, wie Äschylos auf seine Wagen und Flugmaschinen –, so muß ihre Befestigung vor Beginn eines neuen Stückes doch den Augen der Zuschauer entzogen worden sein.

Eine andere Eigentümlichkeit des Sophokles, soweit sie für uns erkennbar ist, liegt in dem schönen, ebenmäßigen Bau seiner Stücke.

Stärker als bei uns geschieht, waren Einleitung und Schluß des alten Dramas von dem übrigen Bau abgesetzt. Die Einleitung hieß Prologus, umfaßte einen oder mehre Auftritte von Solospielern vor dem ersten Einzug des Chors, enthielt alle Hauptsachen der Exposition und wurde durch Chorgesang von der aufsteigenden Handlung getrennt. Der Schluß, Exodus, in gleicher Weise durch Chorgesang von der sinkenden Handlung geschieden, war aus einer sorgfältig gearbeiteten Szenengruppe zusammengesetzt und umschloß den Teil der dramatischen Handlung, welchen wir Neuern Katastrophe nennen. Der Prolog des Sophokles ist in allen erhaltenen Stücken eine kunstvoll aufgebaute Dialogszene mit nicht unbedeutender Bewegung, in welcher zwei, zuweilen sämtliche drei Schauspieler auftreten und ihre Parteistellung zueinander darlegen. Er enthält aber zweierlei, erstens: die allgemeinen Voraussetzungen des Stückes; zweitens: was dem Sophokles eigentümlich zu sein scheint, eine besonders eindrucksvolle Vorführung des erregenden Momentes, das nach dem Chorgesange die Handlung bewegen soll.

Auf den Prolog folgt der erste Chorgesang, nach diesem die Handlung mit dem Eintreten der ersten Erregung; von da steigert sich die Handlung in zwei oder mehr Absätzen bis zum Höhenpunkt. Es sind bei Sophokles zuweilen sehr feine, an sich unbedeutende Motive, welche diese Steigerung verursachen. Mächtig aber erhebt sich die Spitze der Handlung, allen Farbenglanz, die höchste Poesie verwendet er zum Heraustreiben dieses Momentes. Und wo die Handlung einen starken Umschwung gestattet, folgt die Szene des Umschwungs, Peripetie oder Erkennung, nicht plötzlich und unerwartet, sondern mit feinem Übergange, immer in kunstvoller Ausführung. Von da stürzt die Handlung rasch zum Ende, nur zuweilen ist noch vor dem Exodus eine Stufe eingefügt. Die Katastrophe selbst aber ist wie eine besondere Handlung gebildet, sie besteht nicht aus einer Szene, sondern aus einem Bündel derselben, der glänzende Botenbericht, die dramatische Aktion und zuweilen lyrische Pathosszene liegen darin durch kurze Übergänge verbunden. Nicht in allen Stücken ist die Katastrophe gleich kräftig und mit hochgesteigerten Wirkungen behandelt. Es mag auch die Stellung des Stückes zu den andern desselben Tages die Arbeit des Schlusses bestimmt haben.

Die Tragödie »*Antigone*« enthält – außer Prolog und Katastrophe – fünf Teile, von denen die drei ersten die Steigerung, der vierte den Höhenpunkt, der fünfte die Umkehr bilden. Jeder dieser Teile, durch einen Chorgesang von den übrigen getrennt, umfaßt eine zweiteilige Szene. Die Idee des Stückes ist: Eine Jungfrau, die wider den Befehl des Königs ihren im Kampfe gegen die Vaterstadt gefallenen Bruder beerdigt, wird von dem Könige zum Tode verurteilt; dem Könige gehn deshalb Sohn und Gattin durch Selbstmord verloren. Der Prolog bringt in einer Dialogszene, welche den Gegensatz der Heldin zu ihren befreundeten Helfern ausspricht, die Grundlage der Handlung und die Erklärung des aufregenden Momentes: den Entschluß der Antigone, ihren Bruder zu bestatten. Die erste Stufe der Steigerung ist nach Einführung des Königs Kreon der Botenbericht, daß Polyneikes heimlich beerdigt sei, Zorn des Kreon und sein Befehl an die Wächter, den Täter zu finden. Die zweite Stufe ist die Einführung der ergriffenen Antigone, das Aussprechen ihres Gegensatzes zu Kreon und das Eindringen der Ismene, welche sich für eine Mitschuldige der Schwester erklärt und mit ihr sterben will. Die dritte Stufe der Steigerung: das Flehen Hämons und, da Kreon unerbittlich bleibt, die Verzweiflung des Liebenden. Auf die Botenszene waren bis dahin immer größere bewegte Dialogszenen gefolgt. Den Höhenpunkt bildet die Pathosszene der Antigone, Gesang und Rezitation; an diese schließt sich der Befehl des Kreon, sie zum Tode abzuführen. Von da sinkt die Handlung schnell hinab. Der Seher Teiresias verkündet dem Kreon Unheil und straft seinen Trotz; Kreon wird erweicht und gibt Befehl, die Antigone aus dem Grabgewölbe, in dem sie eingeschlossen ist, zu befreien. Und jetzt beginnt die Katastrophe in einer großen Szenengruppe: Botenbericht über den Tod der Antigone und des Hämon und verzweifelter Abgang der Eurydike, Klagescene des Kreon und neuer Botenbericht über den Tod der Eurydike, Schlußklage des Kreon. Die Fortsetzung der Antigone selbst ist der Seher Teiresias und der Exangelos der Katastrophe, der befreundete Nebenspieler ist Ismene und Hämon, Gegenspieler mit geringerer Kraft und ohne Pathos ist Kreon. Eurydike ist nur Aushilfsrolle.

Das kunstvollste Stück des Sophokles ist »König Ödipus«, es besitzt alle feinen Erfindungen der attischen Bühne, außer den Variationen in Gesängen und Chor, Peripetie-, Erkennungs-, Pathosszenen, geschmückten Bericht des Endboten. Die Handlung wird durch das Gegenspiel beherrscht, hat kurzes Steigen, verhältnismäßig schwachen Höhenpunkt und längeres Sinken der Handlung. Der Prolog führt sämtliche drei Schauspieler auf und berichtet außer den Voraussetzungen: Theben unter Ödipus in Pestzeit, auch das aufregende Moment, den Orakelspruch: der Mord des Laios solle bestraft werden, damit die Stadt Befreiung von der Seuche finde. Von da steigt die Handlung in zwei Stufen. Erste: Teiresias, von Ödipus gerufen, weigert sich den Orakelspruch zu deuten; hart von dem heftigen Ödipus verdächtigt, weist er in doppeldeutigem Rätselwort auf den geheimnisvollen Mörder und scheidet im Zorne. Zweite Stufe: Streit des Ödipus mit Kreon durch Jokaste geschieden. Darauf Höhenpunkt: Unterredung des Ödipus und der Jokaste; die Erzählung der Jokaste von dem Tod des Laios und die Worte des Ödipus: »O Weib, wie faßt es plötzlich mich bei deinem Wort« sind die höchste Stelle der Handlung. Bis dahin hat Ödipus den eindringenden Vermutungen heftigen Widerstand entgegengestellt, ob ihm auch allmählich bange geworden, jetzt fällt die Empfindung einer unendlichen Gefahr in die Seele. Seine Rolle ist der Kampf zwischen trotzigem Selbstgefühl und bodenloser Selbstverachtung, in dieser Stelle endet das erste, beginnt die zweite. Von da geht die Handlung wieder in zwei Stufen mit prachtvoller Ausführung abwärts, die Spannung wird durch das Gegenspiel der Jokaste vermehrt, denn was ihr die furchtbare Gewißheit gibt, täuscht noch einmal den Ödipus, die Effekte der Erkennungen sind hier meisterhaft behandelt. – Die Katastrophe ist dreigliedrig: Botenszene, Pathosszene, Schluß mit einem weichen und versöhnenden Akkord.

Einfach dagegen ist der Bau der *»Elektra«*. Er besteht außer Prolog und Katastrophe aus zwei Stufen der Steigerung und zwei Stufen des Falles, von denen aber die beiden dem Höhenpunkt zunächst stehenden mit diesem zu einer großen Szenengruppe verbunden sind, welche in dieser Tragödie den Mittelpunkt mächtig heraushebt. Das Stück enthält nicht nur die stärkste dramatische Wirkung, welche uns von Sophokles erhalten ist, es ist auch nach anderer Rücksicht sehr lehrreich, weil wir im Vergleich mit den »Choëphoren« des Äschylos und der »Elektra« des Euripides, welche denselben Stoff behandeln, deutlich erkennen, wie die Dichter sich einer nach dem andern die berühmte Sage zurichteten. Bei Sophokles ist Orestes, der Mittelpunkt zweier Stücke der Äschyleischen Trilogie,[56] durchaus als Nebenfigur behandelt, er verübt die ungeheure Tat der Rache auf Befehl und als Werkzeug Apollos, überlegt, gefaßt, ohne jede Spur von Zweifel und Schwanken, wie ein Krieger, der auf eine gefährliche Unternehmung ausgezogen ist, und nur die Katastrophe stellt diesen Hauptteil des alten Stoffes dramatisch dar. Der Inhalt des Stückes sind die Gemütsbewegungen eines höchst energischen und großartigen Frauencharakters, aber in ausgezeichneter Weise durch Wandlungen des Gefühls, durch Willen und Tat für die Bedürfnisse der

Bühne geformt. Auf den Prolog, in welchem Orestes und
sein Pfleger die Einleitung und die Darlegung des aufregenden Momentes geben: Ankunft der Rächer, welches in der
Handlung aber zuerst als Traum und Vorahnung Klytämne-
stras wirkt – folgt die erste Stufe der steigenden Handlung:
Elektra erhält von Chrysothemis die Nachricht, daß sie, die
endlos Klagende, ins Gefängnis gesetzt werden solle; sie
beredet Chrysothemis, den sühnenden Weiheguß, welchen
die Mutter dem Grabe des gemordeten Vaters sendet, nicht
darüber zu schütten. Zweite Stufe: Kampf der Elektra und
Klytämnestra, dann Höhenpunkt: der Pfleger bringt die
täuschende Nachricht vom Tode des Orestes. Verschiedene
Wirkung der Nachricht auf die beiden Frauen. Pathosszene
der Elektra. Daran geschlossen die erste Stufe der Umkehr:
Chrysothemis kehrt freudig vom Grabe des Vaters zurück,
verkündet, daß sie eine fremde Haarlocke als fromme Weihe
darauf gefunden, ein Freund sei nahe; Elektra glaubt der
guten Botschaft nicht mehr, fordert die Schwester auf, mit
ihr vereint den Ägisthos zu töten, zürnt der widerstehenden
Chrysothemis, Entschluß, allein die Tat zu tun. Zweite
Stufe: Orestes als Fremder, mit dem Aschenkruge des Orestes. Trauer Elektras und Erkennungsszene, von hinreißen-
der Schönheit. Der Exodus enthält die Darstellung der
Rachetat zuerst in den fürchterlichen Gemütsbewegungen
der Elektra, dann Auftreten und Tötung des Ägisthos.
Der Inhalt des »*Ödipus auf Kolonos*« sieht, wenn man die
Idee des Stückes betrachtet, höchst ungünstig für dramatische Behandlung aus. Daß ein umherirrender Greis den
Segen, welcher nach Götterspruch an seinem Grabe hängen
soll, nicht der undankbaren Vaterstadt, sondern gastfreien
Fremdlingen zuwendet, ein solcher Stoff scheint nur zufälliger patriotischer Empfindung der Hörer leidlich. Und doch
hat Sophokles auch hier Spannung, Steigerung, leidenschaftlichen Kampf von Haß und Liebe einzusetzen gewußt. Das
Stück hat aber eine Besonderheit im Aufbau. Der Prolog ist
zu einem größeren Ganzen erweitert, welches auch im

äußern Umfange der Katastrophe entspricht; er besteht aus zwei Teilen, jeder aus drei kleinen Szenen, zusammenge-fügt durch ein pathetisches Moment: Wechselgesang zwi-schen den Solospielern und dem bereits hier auftretenden Chor. Der erste Teil des Prologs enthält die Exposition, der zweite das aufregende Moment, die Nachricht, welche Ismene dem greisen Ödipus bringt, daß er von seiner Vaterstadt Theben verfolgt werde. Von da steigert sich die Handlung in einem einzigen Absatz: Theseus, Herr des Landes, erscheint, verspricht seinen Schutz – bis zum Höhenpunkte, einer großen Streitszene mit kräftiger Aktion: Kreon tritt auf, die Töchter mit Gewalt fortrei-ßend, den Ödipus selbst mit Zwang bedrohend, damit er heimkehre, aber Theseus bewährt seine schützende Gewalt und entfernt den Kreon. Darauf folgt die Umkehr in zwei Stufen, die Töchter werden dem Greise durch Theseus gerettet zurückgebracht; Polyneikes erfleht in eigennützi-gem Sinne Versöhnung mit dem Vater und Rückkehr des-selben. Unversöhnt entsendet ihn Ödipus, nur Antigone spricht mit rührenden Worten die Treue der Schwester aus. Darauf die Katastrophe: die geheimnisvolle Entrückung des Ödipus, kurze Redeszene und Chor, dann große Boten-szene und Schlußgesang. Das Stück wird durch die Erwei-terung des Prologs und der Katastrophe um etwa dreihun-dert Verse länger als die übrigen erhaltenen Dramen des Sophokles. Die freiere Behandlung der feststehenden Sze-nenform läßt ebenso wie der Inhalt erkennen, was wir auch aus alten Berichten wissen, daß die Tragödie eines der letzten Werke des greisen Dichters war.

Vielleicht das früheste der erhaltenen Dramen ist »*Die Tra-chinierinnen*«. Auch hier ist einiges Auffällige im Bau: der Prolog enthält nur die Einleitung, Sorge der Gattin Dei-aneira um den in der Ferne weilenden Herakles und Entsen-dung des Sohnes Hyllos, den Vater aufzusuchen. Das aufre-gende Moment liegt im Stücke selbst und bildet die erste Hälfte der zweiteiligen Steigerung: Nachricht von der

Ankunft des Herakles. Zweite Stufe: Deianeira erfährt, daß die gefangene Sklavin, welche der Gatte vorausgesendet hat, seine Geliebte ist. Höhenpunkt: im ehrlichen Herzen faßt Deianeira den Entschluß, dem geliebten Manne einen Liebeszauber zu senden, den ihr ein von ihm erschlagener Feind hinterlassen. Sie übergibt das Zaubergewand dem Herold. Die fallende Handlung in einer Stufe berichtet ihre Sorge und Reue über die Sendung, sie hat durch eine Probe erkannt, daß etwas Unheimliches in dem Zauber sei. Der rückkehrende Sohn verkündet ihr mit harten Worten, daß dem Gemahl das Geschenk tödliche Krankheit bereitet habe. Darauf die zweiteilige Katastrophe, zuerst Botenszene, welche den Tod der Deianeira verkündet, dann wird Herakles selbst, der Haupthseld des Stückes, in der Pein tödlicher Schmerzen vorgeführt, wie er nach großer Pathosszene von seinem Sohne die Verbrennung auf dem Berge Öta fordert.

Die Tragödie »*Aias*« enthält nach dem dreiteiligen Prolog eine Steigerung in drei Stufen, zuerst Klage und Familiengefühl des Aias und seinen Entschluß zu sterben; dann das Verhüllen seines Planes aus Rücksicht auf die Trauer der Befreundeten; endlich (ohne daß ein Szenenwechsel anzunehmen ist) einen Botenbericht, daß Aias sich an diesem Tage nicht aus dem Zelt entfernen solle, und den Abgang der Gattin und des Chors, den Entfernten zu suchen. Darauf den Höhenpunkt, die Pathosszene des Aias und seinen Selbstmord, besonders dadurch ausgezeichnet, daß der Chor vorher aus der Orchestra abgetreten ist, die Szene erhält dadurch den Charakter eines Monologs. Darauf folgt die Umkehr in zwei Teilen, zuerst das Auffinden des Toten, Klage der Tekmessa und des eintretenden Bruders Teukros; dann der Streit zwischen Teukros und Menelaos, welcher die Beerdigung verbieten will. Die Katastrophe endlich, eine Steigerung dieses Streites in einer Dialogszene zwischen Teukros und Agamemnon, die Vermittelung durch Odysseus und die Versöhnung.

»*Philoktetes*« ist durch besonders regelmäßigen Bau ausgezeichnet; die Handlung steigt und fällt in schönem Ebenmaße. Nachdem im Prolog eine Dialogszene zwischen Odysseus und Neoptolemos die Voraussetzungen und das erregende Moment erklärt hat, folgt der erste Teil, die Steigerung, in einer Gruppe von drei verbundenen Szenen, darauf der Höhenpunkt und das tragische Moment in zwei Szenen, von denen die erste eine prachtvoll ausgeführte, zweiteilige Pathosszene ist, dann der dritte Teil, die Umkehr, genau dem ersten entsprechend, wieder in einer Gruppe von drei verbundenen Szenen. Ebenso genau entsprechen einander die Chöre. Der erste Gesang ist Wechselgesang des zweiten Schauspielers mit dem Chor, der dritte ebenso ein Wechselgesang des ersten Schauspielers mit dem Chor. Nur in der Mitte steht ein voller Chorgesang. Die Auflösung des eintretenden Chors in ein dramatisch bewegteres Zusammenspiel – sowohl im »*Philoktetes*« als im »*Ödipus auf Kolonos*« – ist wohl nicht zufällig. Man möchte aus der sicheren Beherrschung der Formen und aus der meisterhaften Szenenführung schließen, daß dies Drama der späteren Zeit des Sophokles angehört.*

*	Prolog	Neoptolemos, Odysseus
	Chor und Neoptolemos im Wechselgesang	
Steigerung der Handlung	1. Botenszene mit Erkennung	Philoktetes, Neoptolemos
	2. Botenszene	Vorige, Kaufmann
	3. Erkennungsszene (des Bogens)	Philoktetes, Neoptolemos
	Chorgesang	
Höhenpunkt, das tragische Moment	1. Doppelpathosszene	Philoktetes, Neoptolemos
	2. Dialogszene	Vorige, Odysseus
	Chor und Philoktetes im Wechselgesang	
sinkende Handlung und Katastrophe	1. Dialogszene	Neoptolemos, Odysseus
	2. Dialogszene	Philoktetes, Neoptolemos, dazu Odysseus
	3. Verkündigung und Schluß	Philoktetes, Neoptolemos, Herakles

Auch hier hat der erste Schauspieler Philoktetes die pathetische Rolle; die heftigen Bewegungen desselben, mit wunderbarer Schönheit und reichen Einzelzügen dargestellt, gehen durch einen großen Kreis von Stimmungen und erheben sich in dem Höhenpunkt, der großen Pathosszene des Stückes, mit markerschütternder Gewalt; nie ist wohl kühner und großartiger der für das Drama so bedenkliche Zustand entsetzlicher Körperschmerzen und gleich darauf der nagenden Seelenleiden geschildert worden. Aber der ehrliche, verbitterte, hartnäckige Mann gab für die Handlung selbst nicht Gelegenheit zu dramatischem Fortschritt. So ist dieser in die Seele des zweiten Schauspielers gelegt und Neoptolemos Träger der Handlung. Nachdem er sich im Prolog den schlauen Ratschlägen des Odysseus nicht ohne Widerwillen gefügt hat, versucht er im ersten Teil der Handlung den Philoktetes durch Täuschung fortzuführen, Philoktetes stützt sich vertrauend auf ihn als den Helfer, der ihn in die Heimat zu bringen verheißt, und übergibt ihm den heiligen Bogen. Aber der Anblick der schweren Leiden des Kranken, der rührende Dank des Philoktetes für die Menschlichkeit, welche ihm bewiesen wird, erregen dem Sohne Achills das edle Herz, und im innern Kampfe gesteht er dem Kranken seine Absicht, ihn mit seinem Bogen zum Griechenheer zu bringen. Die Vorwürfe des enttäuschten Philoktetes vermehren seine Gewissensbisse; daß der herbeieilende Odysseus den Kranken mit Gewalt festhalten läßt, steigert dem Neoptolemos die Aufregung. Beim Beginn der Katastrophe stellt sich des Neoptolemos Ehrlichkeit gegen Odysseus selbst zum Streit, er gibt dem Philoktetes den tötenden Bogen zurück, fordert ihn noch einmal auf, zum Heere zu folgen, und als dieser sich weigert, verspricht er ihm hochgesinnt, das Wort, das er im ersten Teil der Handlung trügerisch gab, jetzt wahr zu machen, dem Haß des ganzen Griechenheeres zu trotzen und den armen Leidenden mit seinem Schiff in die Heimat zu führen. So ist durch die Charakterbewegung des treibenden Helden die Handlung dramatisch geschlossen, aber allerdings in geradem Gegensatz zu der überlieferten Sage, und Sophokles hat, um das Unveränderliche des Stoffes mit dem dramatischen Leben seines Stückes in Einklang zu bringen, zu einem Aushilfsmittel gegriffen, das in keinem anderen seiner erhaltenen Stücke benutzt wird: er läßt in der Schlußszene das Bild des Herakles erscheinen und den Entschluß des Philoktetes umstimmen.

Dieser Schluß, für unsere Empfindung unorganisch, ist doch nach doppelter Richtung belehrend, er zeigt, wie schon Sophokles durch die epische Härte des überlieferten Mythos eingeengt wurde und wie seine hohe Begabung gegen Gefahren kämpfte, an denen kurz nach ihm die alte Tragödie untergehen sollte. Ferner aber belehrt er über das Mittel, wodurch der weise Dichter den Übelstand einer umstimmenden Erscheinung zwar nicht für unser Gefühl, aber für die Empfindung seiner Zuschauer zu bewältigen wußte. Zunächst beruhigte er sein künstlerisches Gewissen dadurch, daß er die innere dramatische Bewegung vorher vollständig abschloß. Das Stück, soweit es zwischen Neoptolemos und Philoktetes spielt, ist zu Ende. Nach stürmischem Kampfe haben sich beide Helden in ein edles Einvernehmen gestellt. Aber sie sind auf einem Standpunkt angelangt, gegen welchen Götterspruch und der Vorteil des Hellenenheeres Widerspruch einlegen. Dieses höchste Interesse nun vertritt der dritte Schauspieler, der listenfrohe, rücksichtslose Staatsmann Odysseus. Mit der Vorliebe, welche Sophokles auch sonst noch für seinen dritten Mann zeigt, hat er hier die Persönlichkeit desselben besonders fein verwertet. Nachdem der Gegenspieler im Prolog den wohlbekannten Charakter des Odysseus behaglich ausgesprochen hat, erscheint er gleich darauf in einer Verkleidung, bei welcher der Zuhörer nicht nur im voraus weiß, daß die fremde Gestalt eine listige Göttererfindung des Odysseus ist, sondern auch die Stimme des Odysseus und sein schlaues Gebaren erkennt. Und noch dreimal tritt er als Odysseus in die Handlung, um auf den Vorteil des Ganzen, die Notwendigkeit des Zugreifens hinzuweisen, immer höher und nachdrücklicher wird sein Widerspruch. Zuletzt in der Katastrophe, kurz bevor der göttliche Heros in der Höhe sichtbar wird, tönt die Stimme und erscheint die Gestalt des warnenden Odysseus, wahrscheinlich im Schutz des Felsens, um nochmals Widerspruch zu erheben, und diesmal ist sein drohender Zuruf streng und siegbewußt. Wenn nun kurze Zeit darauf vielleicht über derselben Stelle, wo sich Odysseus auf Augenblicke gezeigt, die verklärte Gestalt des Herakles sichtbar wird und wieder mit der Stimme des dritten Schauspielers dasselbe fordert, mild und versöhnend, so erschien dem Zuschauer Herakles selbst wie eine Steigerung des Odysseus, und bei dieser letzten Wiederholung desselben Befehls empfand er nicht nur ein von außen hereintretendes Neues, sondern noch lebhafter die unwiderstehliche Kraft des klugen Menschenverstandes, der durch das ganze Stück gegen die leidenschaftliche Befangenheit der andern Darsteller gekämpft hatte. Das Kluge und Absichtliche dieser Steigerung, die geistige Einheit der drei Rollen des dritten Schauspielers wurde von den Hörern zuverlässig als eine Schönheit des Stückes empfunden.

4.

Das Drama der Germanen

Daß die Freude am Schauen, die Abbildung ungewöhnlicher Ereignisse durch menschliches Spiel dem Drama der Germanen die Anfänge beherrscht hat, erkennt man noch heut an den Werken hoher Kunst wie an den Neigungen des Publikums, vor allem an den Erstlingsversuchen unserer Dichter.

Shakespeare füllte die alten Gewohnheiten eines schaulusti-

gen Volkes mit dramatischem Leben, er schuf aus locker
zusammengewebter Erzählung ein kunstvolles Drama. Aber
bis auf ihn und seine romantischen Zeitgenossen reichten
über fast zwei Jahrtausende hinüber einige Glanzstrahlen
aus der großen Zeit des attischen Theaters.

Auch ihm war die Einrichtung der Stücke abhängig von
dem Bau seiner Bühne. Sein Bühnenraum hatte, selbst in
der letzten Zeit, schwerlich Seitenkulissen und eine einfache stehende Architektur des Hintergrundes. Dieser enthielt eine erhöhte kleinere Bühne, zur Seite Pfeiler, darüber
einen Balkon, von welchem Treppen zur Vorderbühne
herab führten. Der vordere Spielraum hatte keinen Vorhang, die Einschnitte im Stück konnten nur durch Pausen
bezeichnet werden und trennten deshalb weit weniger als
bei uns. Es war deshalb nicht ebenso wie auf unserem
Theater möglich, in die Mitte einer Situation einzuführen
oder dieselbe unvollendet zu lassen; in Shakespeares Dramen mußten alle Personen auftreten, bevor sie zu dem
Publikum sprechen konnten, und alle vor den Augen der
Zuschauer abgehen, sogar die Toten mußten in angemesse-
ner Weise hinausgetragen werden. Nur die innere Bühne
war durch einen Behang verdeckt, welcher im Stück ohne
Mühe auf- und zugezogen wurde und einen bequemen
Wechsel der Szene bezeichnete. Erst war der Vorderraum
Straße, auf welchem Romeo und seine Begleiter in Maske
auftraten; waren sie abgezogen, dann öffnete sich der Vorhang, man war in den Gastzimmern des Capulet, welche
durch aufwartende Diener angedeutet wurden. Capulet trat
aus dem Hintergrund der Mitte hervor und begrüßte die
Fremden, seine Gesellschaft quoll auf die Bühne und verteilte sich im Vordergrund; hatten sich die Gäste entfernt,
so schloß sich der Mittelvorhang hinter Julia und der
Amme; dann war die Bühne wieder Straße, von welcher
Romeo hinter den Vorhang schlüpfte, um den lustigen
Gefährten, welche nach ihm riefen, unsichtbar zu werden; waren diese abgegangen, so erschien Julia auf dem

Balkon, die Bühne war Garten, Romeo trat hervor usw.*
Alles beweglicher und leichter, wechselnde Gruppen, ein
rascheres Kommen und Gehen, behenderes Spiel, engerer
Zusammenschluß des Gesamteindrucks. An diese oft
besprochene Einrichtung der Bühne wird deshalb erinnert,
weil die Entbehrlichkeit des Szenenwechsels und die alte
Gewöhnung der Zuschauer, mit rüstiger Phantasie jeden
Sprung durch Ort und Zeit zu machen, auch auf die Eintei-
lungen Shakespeares entscheidenden Einfluß übte. Die Zahl
der kleinen Einschnitte konnte größer sein als bei uns, weil
sie weniger störten, zumal kleine Szenen waren mühelos
einzuschieben; was uns Zersplitterung der Handlung
erscheint, wurde durch die technische Einrichtung weniger
empfindlich.

Dazu kam, daß das Publikum Shakespeares, gewöhnt zu
schauen, seit alter Zeit Vorliebe für Handlungen hatte,
welche zahlreiche Menschen in heftiger Bewegung zeigten.
Aufzüge, Gefechte, figurenreiche Szenen wurden gern gese-
hen und gehörten trotz der ärmlichen Ausstattung, welche
im ganzen das Schauspiel jener Zeit hatte, doch zu den
beliebten Zutaten eines Stückes. Wie die Engländer jener
Zeit sind auch die Helden Shakespeares gesellige Menschen.
Gern erscheinen sie mit einem Gefolge von Genossen, ver-
traulich sprechen sie sich über wichtige Beziehungen ihres
Lebens auf dem Markt, der Straße, in zwangloser Unterhaltung aus.

Noch mußte zu Shakespeares Zeit der Schauspieler mehre
Rollen übernehmen, aber seine Aufgabe war bereits, das
eigene Ich ganz zu verhüllen und die schöne Wahrheit mit
dem Schein der Wirklichkeit zu umkleiden. Nur die Frauenrollen, welche noch von Männern gespielt wurden, bewahr-

---

* Die Balkonszene gehört für unsere Bühne an das Ende des ersten Aktes,
nicht in den zweiten, aber der erste Akt wird dadurch unverhältnismäßig lang.
Es ist ein Übelstand, daß unsere Einteilung der Stücke die Handlung Shakespeares zuweilen da zerschneidet, wo ein rascher Fortgang oder eine sehr kurze
Unterbrechung geboten sind.

ten etwas von der antiken Weise des Bühnenspiels, welche
den Zuschauer zum Vertrauten der hervorzubringenden
Täuschung machte.

Auf solcher Bühne trat die dramatische Kunst der Germanen
in ihre erste und schönste Blüte. Die Technik Shakespeares
ist in vielen Hauptsachen dieselbe, welche noch wir zu
erwerben suchen. Und er hat, im ganzen betrachtet, die
Form und den Bau auch unserer Stücke festgestellt. Auch in
den folgenden Blättern muß immer wieder von ihm die Rede
sein, deshalb werden hier nur einige Besonderheiten seiner
Zeit und seines Wesens erwähnt, welche wir nicht mehr
nachahmen dürfen.

Zunächst ist für unsere Bühne der Wechsel seiner Szenen zu
häufig, vor allem sind die kleinen Zwischenszenen störend.
Wo er ein Bündel von Szenen zusammenschnürt, werden
wir den entprechenden Teil der Handlung in eine einzige
umbilden müssen. Wenn z. B. im »Coriolanus« die dunkle
Gestalt des Aufidius oder ein anderer Volsker vom ersten
Akt an in kleinen Szenen auftreten, um das Gegenspiel
anzudeuten, bis zur zweiten Hälfte des Stückes, wo dasselbe
kräftig hervordringt, so sind wir gänzlich außerstande, diese
flüchtigen Momente – mit Ausnahme der Kampfszene im
Anfang der Steigerung – auf unserer Bühne wirksam zu
machen. Wir werden aber auch den Haupthelden selbst ihre
Szenen straffer zusammenfassen und ihre Bewegungen in
einer geringern Zahl von Situationen und deshalb in runde-
rer Ausführung darstellen müssen.

Wir bewundern an Shakepeare die mächtige Kraft, mit
welcher er seinen Helden nach kurzer Einleitung die Aufregung in den Weg wirft und sie in schneller Steigerung bis zur
verhängnisvollen Höhe hinauftreibt. Wie er Handlung und
die Charaktere in der ersten Hälfte des Dramas bis über den
Höhenpunkt hinaus leitet, ist auch uns mustergültig. Und in
der zweiten Hälfte seiner Dramen ist die Katastrophe selbst
mit einer genialen Sicherheit und Größe angelegt, ohne jedes
Streben nach überraschendem Eindruck, scheinbar sorglos,

in gedrungener Ausführung, eine selbstverständliche Folge
des Stückes. Aber nicht immer gelingen dem großen Dichter
die Momente der sinkenden Handlung zwischen Höhenpunkt und Katastrophe, der Teil, welcher etwa den vierten
Akt unserer Stücke füllt. An diesem verhängnisvollen Teil
scheint er noch zu sehr eingeengt durch die Gewohnheiten
seiner Bühne. In mehren der größten Dramen aus seiner
kunstvollen Zeit zersplittert an diesem Teil die Handlung in
kleine Szenen, welche episodischen Charakter haben und
nur eingesetzt sind, den Zusammenhang zu erklären. Die
inneren Zustände des Helden sind verdeckt, die Erhöhung
der Wirkungen und die hier so notwendige Zusammenfas-
sung fehlen. So ist es im »Lear«, im »Macbeth«, im »Hamlet«, ähnlich in »Antonius und Kleopatra«. Selbst im »Julius
Cäsar« enthält zwar die Umkehr jene prachtvolle Szene des
Streites und der Versöhnung zwischen Brutus und Cassius
und die Erscheinung des Geistes, aber was darauf folgt, ist
wieder vielgeteilt und zerrissen. In »Richard III.« ist die
sinkende Handlung zwar in mehre große Momente zusam-
mengezogen, aber diese entsprechen in ihrer Bühnenwirkung doch nicht vollständig der ungeheuren Macht des
ersten Teils.

Wir erklären diese Eigentümlichkeit Shakespeares aus einem
Überrest der alten Gewohnheit, auf der Bühne durch Rede
und Gegenrede die Geschichte zu erzählen. Wie in Hamlet
der finstere Verdacht gegen den König arbeitet, wie Macbeth
mit dem Mordgedanken kämpft, wie Lear immer tiefer in
das Elend hinabgestoßen wird, wie Richard von einem
Verbrechen zum anderen fortschreitet, das soll in der ersten
Hälfte dieser Dramen dargestellt werden. Das Ich des Helden, welches sich durchzusetzen ringt, vereinigt hier fast die
ganze Teilnahme in sich. Aber von dem Punkte ab, wo das
Wollen Tat geworden ist oder wo die leidenschaftliche
Befangenheit des Helden ihre höchste Stufe erreicht hat, wo
die Folgen des Geschehenen wirken und die Siege des
Gegenspiels beginnen, wird selbstverständlich die Bedeu-

tung der Gegner größer. Sobald Macbeth König und Banquo ermordet ist, muß der Dichter an neuen Menschen und Ereignissen den würgenden Gewaltherrscher erweisen, müssen andere Gegenspieler den Kampf gegen ihn zum Ende führen. Wenn Coriolan aus Rom verbannt ist, muß er in neuen Verhältnissen und mit neuen Zielpunkten vorgeführt werden; wenn Lear als wahnsinniger Bettler umherhüpft, muß das Stück entweder schließen, was doch nicht ohne weiteres möglich ist, oder die übrigen Personen müssen neue Wendungen seines Schicksals herbeiführen.

Es ist also natürlich, daß vom Höhenpunkt ab eine größere Zahl von neuen Motiven, vielleicht von neuen Personen in das Stück hineingezogen wird; es ist ferner natürlich, daß dieses Spiel der Gegenpartei vorzugsweise die Einwirkungen zu schildern hat, welche von außen her auf den Helden ausgeübt werden, und deshalb mehr äußerliche Handlung und eine breitere Vorführung der fesselnden Momente nötig macht. Und es ist also gar nicht auffallend, daß Shakespeare gerade hier der Schaulust und der sehr bequemen Szenenfügung seiner Zeit mehr nachgab, als unserer Bühne erlaubt ist.

Aber das allein ist es nicht. Zuweilen vermag man die Empfindung nicht abzuwehren, daß die Wärme des Dichters für seine Helden in der zweiten Hälfte geringer geworden ist. Durchaus nicht in »Romeo und Julia«. Hier ist in der Umkehr zwar Romeo gedeckt, aber des Dichters Liebling Julia um so mächtiger herausgebildet. Auch nicht im »Coriolan«, wo die beiden schönsten Szenen des Stückes, die im Hause des Aufidius und die große Szene mit der Mutter, in der Umkehr liegen.

Auffällig aber im »Lear«. Was auf die Hüttenszene folgt, ist fast nur Episode oder in Rede und Gegenrede verteilte Erzählung von ungenügender Wirkung, auch die zweite Wahnsinnsszene Lears ist keine Steigerung der ersten. Ähnlich im »Macbeth«. Nach der furchtbaren Bankettszene ist der Dichter mit dem innern Leben seines Helden fertig. Die ausgeführte Hexenszene, die Prophezeiung, die herbe Episode in dem Hause Macduffs, wenig anziehende Figuren des Gegenspieles füllen diesen Teil, in einer szenischen Anordnung, die wir nicht nachahmen dürften, und nur zuweilen blitzt die große Kraft des Dichters auf; wie in der Katastrophe der Lady Macbeth.

Offenbar ist ihm die größte Freude, aus den geheimsten Tiefen der Menschennatur ein Wollen und Tun herauszubilden; darin ist er unerschöpflich reich, tief und gewaltig, wie kein anderer Dichter. Hat er an seinen Helden diese große Aufgabe gelöst, sind die seelischen Vorgänge bis zu einer verhängnisvollen Tat dargestellt, dann erfüllt ihn die Gegenwirkung der Welt, das spätere Schicksal des Helden nicht immer mit demselben Anteil.

Sogar im »Hamlet« ist eine Schwäche der Umkehr zu merken. Das Trauerspiel ist wahrscheinlich mehremale von dem Dichter überarbeitet, es war zuverlässig für ihn ein Lieblingsstoff; die tiefsinnigste Poesie hat er hineingeheimnist; aber diese Überarbeitungen in längeren Zwischenräumen haben dem Drama auch das schöne Ebenmaß genommen, welches bei gleichzeitigem Guß aller Teile möglich ist. »Hamlet« ist allerdings kein Niederschlag poetischer Stimmungen aus einem halben Menschenleben wie der »Faust«, aber Risse, Lücken, kleine Widersprüche in Ton und Sprache, zwischen Charakteren und Handlung blieben dem Dichter unvertilgbar. Daß Shakespeare den Charakter Hamlets bis über den Höhepunkt so liebevoll durchgearbeitet und vertieft hat, machte den Gegensatz zur zweiten Hälfte um so größer; ja der Charakter selbst erhielt etwas Schillerndes und Vieldeutiges dadurch, daß tiefere und geistvollere Motive in das Gefüge der aufsteigenden Handlung eingesetzt wurden. Etwas von der alten Art und Weise, Geschichte auf die Bühne zu bringen, blieb auch in der letzten Bearbeitung des Dichters hängen, einige Stellen in Ophelias Ausgang und die Totengräberszene scheinen neugeschliffene Edelsteine zu sein, die der Dichter, den früheren Zusammenhang überarbeitend, eingesetzt hat.

Demungeachtet ist es lehrreich, sich die kunstvolle Zusammenfügung des Dramas aus den früher besprochenen Bestandteilen in einem Schema deutlich zu machen. Das Planmäßige und Zweckvolle des Baues ist von dem Dichter nicht ganz durch dieselbe verständige Überlegung gefunden, welche beim Aufstellen des Überblickes dem Leser nötig wird. Vieles ist offenbar ohne lange Erwägung, wie mit Naturnotwendigkeit durch die schöpferische Kraft geworden, an anderen Stellen wird der Dichter bedächtig erwogen, geschwankt und sich entschieden haben. Aber die Gesetze für sein Schaffen, mögen sie nun geheim und ihm selbst unbewußt seine Erfindung gerichtet oder mögen sie ihm als erkannte Regeln die schöpferische Kraft für gewisse Wirkungen angeregt haben, sie sind für uns Leser an dem fertigen Werke überall deutlich erkennbar. Diese gesetzmäßig sich entwickelnde Gliederung des Dramas wird hier ohne Rücksicht auf die herkömmliche Teilung in Akte kurz dargestellt.

Einleitung. 1. Der stimmende Akkord: Auf der Terrasse erscheint der Geist; die Wachen und Horatio. 2. Die Exposition selbst: Hamlet im Staatszimmer, vor dem Eintritt des aufregenden Momentes. 3. Verbindungsszene zum Folgenden: Horatio und die Wachen unterrichten den Hamlet vom Erscheinen des Geistes.

Eingeschobene Expositionsszene der Nebenhandlung. Die Familie Polonius bei der Abreise des Laertes.

Das aufregende Moment. 1. Einleitender Akkord: Erwartung des Geistes. 2. Der Geist erscheint Hamlet. 3. Hauptteil: Er offenbart ihm den Mord. 4. Übergang zum Folgenden: Hamlet und die Vertrauten.

Durch die beiden Geisterszenen, zwischen denen die Einführung der Hauptpersonen stattfindet, werden die Szenen der Einleitung und ersten Aufregung zu einer Gruppe zusammengeschlossen, deren Gipfelpunkt nahe am Ende liegt.

Steigerung in vier Stufen. *Erste Stufe:* Die Gegenspieler. Polonius macht geltend, daß Hamlet aus Liebe zu Ophelia wahnsinnig geworden. Zwei kleine Szenen: Polonius in seinem Hause und vor dem König. Übergang zum Folgenden.

Zweite Stufe: Hamlet beschließt, den König durch ein Schauspiel auf die Probe zu stellen. Eine große Szene mit episodischen Ausführungen: Hamlet gegen Polonius, die Hofleute, die Schauspieler. Das Selbstgespräch Hamlets leitet zu dem Folgenden über.

Dritte Stufe: Prüfung Hamlets durch die Gegenspieler. 1. Der König und die Intriganten. 2. Hamlets berühmter Monolog. 3. Hamlet warnt Ophelia. 4. Schluß: Der König schöpft Verdacht.

Diese drei Stufen der Steigerung sind jede mit Rückicht auf die Wirkung der beiden andern gearbeitet: die erste Stufe wird zur Einleitung, die breite und behagliche Ausführung der zweiten bildet den steigernden Hauptteil, die dritte, durch die Fortsetzung des Monologs schön mit der zweiten verbunden, den Gipfelpunkt dieser Gruppe mit schnellem Abfall.

Vierte Stufe, welche zum Höhenpunkt hinüberleitet: Das Schauspiel. Bestätigung des Verdachtes. 1. Einleitung: Hamlet, die Schauspieler und Hofleute. 2. Hauptteil: Die Aufführung und der König. 3. Übergang: Hamlet, Horatio und die Hofleute.

Höhenpunkt. Eine Szene mit Vorszene: der König betend, Hamlet zaudernd. Eng daran schließt sich

das tragische Moment. Eine Szene: Hamlet ersticht in der Unterredung mit seiner Mutter den Polonius. Zwei kleine Szenen als Übergang zum Folgenden: Der König beschließt, den Hamlet zu versenden.

Auch diese drei Szenengruppen sind zu einem Ganzen verbunden, in dessen Mitte der Höhenpunkt steht. Zu beiden

Seiten in großer Ausführung die letzte Stufe der Steigerung und das tragische Moment.

Die Umkehr. Einleitende Zwischenszene. Fortinbras und Hamlet auf dem Wege.

Erste Stufe. Eine Szene: Ophelias Wahnsinn und der Rache fordernde Laertes.

Zwischenszene: Brief Hamlets an Horatio.

Zweite Stufe. Eine Szene: Laertes und der König bereden den Tod Hamlets. Schluß und Übergang zum Folgenden bildet der Bericht der Königin über den Tod der Ophelia.

Dritte Stufe. Begräbnis der Ophelia. Die Einleitungsszene mit großer episodischer Ausführung: Hamlet und die Totengräber. Die kurz gehaltene Hauptszene: scheinbare Versöhnung des Hamlet mit Laertes.

Katastrophe. Einleitende Szene: Hamlet und Horatio, Haß gegen den König; als Übergang zum Folgenden: die Meldung Osricks, darauf Hauptszene: die Entscheidung. Schluß: Ankunft des Fortinbras.

Die drei Stufen der sinkenden Handlung sind weniger regelmäßig gebildet als die der ersten Hälfte; die kleinen Zwischenszenen ohne Handlung, durch welche Hamlets Reise und Rückkehr berichtet wird, sowie die Episode mit dem Totengräber zerstückeln das szenische Gefüge. Die Arbeit des dramatischen Ausgangs ist von altertümlicher Kürze und Strenge.

5.

Die fünf Akte

Das Drama der Hellenen war in regelmäßiger Gliederung so aufgebaut, daß zwischen einer abgeschlossenen Einleitung und Katastrophe der Höhenpunkt stark hervortrat, durch wenige Szenen der Steigerung und des Falles mit Anfang und Ende verbunden, darin eine kurze Handlung mit hefti-

ger Leidenschaft gefüllt, in breiter Ausführung. Das Drama
des Shakespeare führte eine umfangreiche Handlung in einer
bunten Reihe dramatischer Momente, in häufigem Wechsel
von ausgeführten Szenen und Nebenszenen zu steiler Höhe
empor und vom Gipfel in ähnlicher Stufenfolge abwärts; das
Ganze zog geräuschvoll, heftig bewegt, figurenreich, mit
starkem Herausheben der hohen Wirkungen vorüber. Die
deutsche Bühne, auf welcher seit Lessing unsere Kunst
erblühte, faßte die szenischen Wirkungen in größere Gruppen zusammen, welche durch stärkere Einschnitte voneinander getrennt waren. Bedächtig werden die Effekte vorbereitet, langsam ist die Steigerung, der Aufschwung, welcher
erreicht wird, längere Zeit von mäßiger Höhe, allmählich,
wie sie gestiegen, senkt sich die Handlung zum Schluß.
Der Vorhang unserer Bühne hat einen wesentlichen Einfluß
auf den Bau unserer Dramen gehabt. Die Teile des Dramas,
welche oben angeführt wurden, mußten jetzt in fünf
getrennten Abschnitten untergebracht werden; sie erhielten,
weil sie weiter auseinandergezogen wurden, größere Selbständigkeit. Dieser Übergang der alten geteilten Handlung
in unsere fünf Akte war allerdings seit sehr langer Zeit
vorbereitet. Die wertvolle Verbindung der Stimmungen,
welche der antike Chor zwischen den einzelnen Teilen der
Handlung dargestellt hatte, fehlte schon bei Shakespeare,
aber die offene Bühne und die zuverlässig kürzeren Pausen
machten, wie wir häufig aus seinen Dramen erkennen, nicht
jedesmal so tiefe Schnitte in den Zusammenhang als bei uns
der Verschluß durch die Gardine und die Zwischenakte mit
und ohne Musik. Mit dem Vorhange aber kam auch das
Bestreben, die Umgebung der auftretenden Personen nicht
nur anzudeuten, sondern in anspruchsvoller Ausführung
durch Malerei und Gerät darzustellen. Dadurch wurde die
Wirkung des Spiels wesentlich gefärbt, nur zuweilen unterstützt. Auch dadurch wurden die einzelnen Teile der Handlung mehr voneinander getrennt, als noch zu Shakespeares
Zeit der Fall war. Denn durch den Wechsel der – oft

glänzenden – Dekorationen werden nicht nur die Akte, auch kleinere Teile der Handlung zu besonderen Bildern, welche sich in Farbe und Stimmung voneinander abheben. Jeder solche Wechsel zerstreut, jeder macht eine neue Spannung und Steigerung nötig.

Dadurch wurden kleine, aber wichtige Änderungen im Bau der Stücke hervorgebracht. Jeder Akt erhielt den Charakter einer geschlossenen Handlung. Für jeden wurde ein kleiner Stimmung gebender Vorschlag, eine kurze Einleitung, ein stärker hervortretender Höhenpunkt, ein wirksamer Abschluß wünschenswert. Die reiche Ausstattung der szenischen Umgebung zwang dazu, den Wechsel des Orts, der zu Shakespeares Zeit so leicht gewesen war, mehr zu beschränken, erläuternde Zwischenszenen wegzulassen, längere Teile der Handlung in demselben Raum und auf unmittelbar einander folgende Zeitabschnitte zu verlegen. So wurde die Zahl der Szenen geringer, der dramatische Fluß des Ganzen ruhiger, die Zusammenfügung großer und kleiner Momente kunstvoller.

Doch *einen* großen Vorteil bot der Verschluß der Bühne. Es wurde jetzt möglich, mitten in eine Situation einzuführen und mitten in einer Situation zu schließen. Der Zuschauer konnte schneller in die Handlung eingeweiht, schneller daraus entlassen werden, ohne die Vorbereitung und die Auflösung dessen, was ihn fesselte, mit in den Kauf zu nehmen. Und das war kein geringer Gewinn, der fünfmal im Stück für Beginn und Ende der Wirkungen möglich wurde. Aber dieser Vorteil bereitete auch eine Gefahr. Die Situationsschilderung, das Vorführen von Zuständen mit geringer dramatischer Bewegung wurde jetzt leichter, das längere Zusammenhalten der Charaktere in demselben geschlossenen Raum begünstigte zumal den ruhigen Deutschen diese Malerei.

Auf so veränderter Bühne führten die deutschen Dichter des vorigen Jahrhunderts ihre Akte auf, bis auf Schiller vorsichtig begründend, sorgfältig einleitend; in einem getragenen

Tempo der Szenen und Wirkungen, welches der gemessenen und umständlichen Geselligkeit ihrer Zeit entsprach.

In dem modernen Drama umschließt, im ganzen betrachtet, jeder Akt einen der fünf Teile des Dramas, der erste enthält die Einleitung, der zweite die Steigerung, der dritte den Höhenpunkt, der vierte die Umkehr, der fünfte die Katastrophe. Aber die Notwendigkeit, die großen Teile des Stückes auch in dem äußern Umfange einander gleichartig zu bilden, bewirkte, daß die einzelnen Akte nicht ganz den fünf Hauptteilen der Handlung entprechen konnten. Von der steigenden Handlung wurde gewöhnlich die erste Stufe noch in den ersten Akt, die letzte zuweilen in den dritten, von der sinkenden Handlung ebenso Beginn und Ende bisweilen in den dritten und fünften Akt genommen und mit den übrigen Bestandteilen dieser Akte zu einem Ganzen gegliedert. – Allerdings hat bereits Shakespeare seine Abteilungen in der Regel so gebildet.

Die Fünfzahl der Akte ist also kein Zufall. Schon die römische Bühne hielt auf sie. Aber erst seit Ausbildung der neueren Bühne bei Franzosen und Deutschen ist ihr gegenwärtiger Bau festgestellt.

Nur nebenbei sei bemerkt, daß die fünf Teile der Handlung bei kleineren Stoffen und kurzer Behandlung sehr wohl ein Zusammenziehen in eine geringere Zahl von Akten vertragen. Immer müssen die drei Momente: Beginn des Kampfes, Höhenpunkt und Katastrophe, sich stark voneinander abheben, die Handlung läßt sich dann in drei Akten zusammenfassen. Auch bei der kleinsten Handlung, welche in einem Akte verlaufen kann, sind innerhalb desselben die fünf oder drei Teile erkennbar.

Wie aber jeder Akt seine besondere Bedeutung für das Drama hat, so hat er auch Eigentümlichkeiten im Bau. Sehr groß ist die Zahl der Abänderungen, welche hier möglich sind. Jeder Stoff, jede Dichterpersönlichkeit fordern ihr eigenes Recht. Dennoch lassen sich aus der Mehrzahl der vorhandenen Kunstwerke einige häufig wiederkehrende Gesetze erkennen.

Der Akt der Einleitung erhält in der Regel noch den Anfang der Steigerung, also im ganzen folgende Momente: den einleitenden Akkord, die Szene der *Exposition*, das aufregende Moment, die erste *Szene* der Steigerung. Er wird deshalb gern zweiteilig werden und seine Wirkungen auf zwei kleine Höhenpunkte sammeln, von denen der letztere der stärker hervorgehobene sein mag. – So ist in »Emilia Galotti« die Szene des Prinzen am Arbeitstisch der stimmende Akkord, die Unterredung des Prinzen mit dem Maler Exposition; in der Szene mit Marinelli liegt das erregende Moment: die bevorstehende Vermählung der Emilia. Die erste Steigerung aber liegt in der folgenden kleinen Szene des Prinzen, in seinem Entschluß, Emilia bei den Dominikanern zu treffen. – Im »Tasso« gibt das Bekränzen der Hermen durch die beiden Frauen die andeutende Stimmung des Stückes, ihre folgende Unterhaltung und das Gespräch mit Alphons die Exposition. Darauf ist das Bekränzen Tassos durch die Prinzessin das erregende Moment, der Eintritt des Antonio und seine kühle Nichtachtung Tassos die erste Stufe der Steigerung. – Ebenso folgen in »Maria Stuart« das Erbrechen der Schränke, die Bekenntnisse gegen die Kennedy, der Eintritt Mortimers und die große Szene Marias mit den Kommissarien aufeinander. – Im »Tell«, wo die drei Handlungen verflochten sind, steht nach der stimmenden Situation des Anfangs und kurzer einleitender Unterredung der Landleute das erste aufregende Moment für die Handlung Tells: Baumgartens Flucht und Rettung. Dann folgt als Einleitung für die Handlung des Schweizerbundes die Szene vor Stauffachers Haus. Darauf die erste Steigerung für Tell: die Unterredung mit Stauffacher vor dem Hut auf der Stange. Endlich für die zweite Handlung das aufregende Moment in der Unterredung Walter Fürsts und Melchtals: die Blendung von Melchtals Vater; und als Finale die erste

Steigerung: Beschluß der drei Schweizer, auf dem Rütli zu
tagen.

Der Akt der Steigerung hat in unseren Dramen die Aufgabe,
die Handlung mit vermehrter Spannung heraufzuführen,
dabei die Personen des Gegenspiels, welche im ersten Akt
keinen Raum gefunden haben, vorzustellen. Ob er nun eine
oder mehre Stufen der fortschreitenden Bewegung enthalte,
der Hörer hat bereits eine Anzahl Eindrücke aufgenommen,
deshalb müssen hierin die Kämpfe größer werden, eine
Sammlung derselben in ausgeführter Szene, ein guter Aktschluß wird nützlich. In »Emilia Galotti« z. B. beginnt der
Akt, wie fast jeder Akt bei Lessing, wieder mit einer einleitenden Szene, in welcher kurz die Familie Galotti vorgeführt
wird, dann die Intriganten des Marinelli ihren Plan darlegen.
Dann folgt in zwei Absätzen die Handlung, von denen der
erste die Aufregung Emilias nach der Begegnung mit dem
Prinzen, der zweite den Besuch Marinellis und seinen
Antrag an Appiani enthält. Beide große Szenen sind durch
eine kleinere Situationsszene, welche den Appiani in seinem
Verhältnis zu Emilia darstellt, verbunden. Der schön gearbeiteten Szene Marinellis folgt als guter Schluß die empörte
Stimmung der Familie. – Der regelmäßige Bau des »Tasso«
zeigt im zweiten Akt ebenfalls zwei Stufen der Steigerung:
die Annäherung des Tasso an die Prinzessin und im scharfen
Gegensatz dazu seinen Streit mit Antonio. – Der zweite Akt
von »Maria Stuart« führt in einer Einleitung Elisabeth und
die übrigen Gegenspieler vor, er enthält die steigende Handlung: Annäherung Elisabeths an Maria in drei Stufen. Zuerst
den Kampf der Höflinge für und gegen Maria und die
Wirkung des Briefes von Maria auf Elisabeth, ferner die
Unterredung des Mortimer mit Leicester, eingeleitet durch
das Gespräch der Königin mit Mortimer, endlich die Verlockung Elisabeths durch Leicester, Maria zu sehen. – »Tell«
endlich umfaßt in diesem Akt die Exposition seiner dritten
Handlung, der Familie Attinghausen, dann für den Schwei-

zerbund einen in großer Szene ausgeführten Höhenpunkt: das Rütli.

Der Akt des Höhenpunktes hat das Bestreben, seine Momente um eine stark hervortretende Mittelszene zusammenzufassen. Diese wichtigste Szene desselben wird aber, wenn das tragische Moment dazutritt, mit einer zweiten großen Szene verbunden; in diesem Falle rückt die Gipfelszene wohl in den Anfang des dritten Aktes. In »Emilia Galotti« ist nach einer einleitenden Szene, in welcher der Prinz die gespannte Situation erklärt, und nach dem erläuternden Bericht über den Überfall der Eintritt Emilias Beginn der Gipfelszene; der Fußfall Emilias und die Erklärung des Prinzen sind der höchste Punkt des Stückes. Daran schließt sich der ausbrechende Zorn der Claudia gegen Marinelli als Übergang zu der sinkenden Handlung. – Im »Tasso« beginnt der Akt mit dem Höhenpunkt, dem Bekenntnis, welches die Prinzessin gegen Leonore von ihrer Neigung zu Tasso ablegt; darauf folgt als erste Stufe der absteigenden Handlung die Unterredung zwischen Leonore und Antonio, worin dieser dem Tasso genähert wird und beschließt, den Dichter am Hofe festzuhalten. – In »Maria Stuart« liegen Höhenpunkt und tragisches Moment in der großen zweiteiligen Gartenszene. Auf sie folgt, durch kleine Zwischenszenen verbunden, der Ausbruch von Mortimers Leidenschaft zu Maria als Beginn der fallenden Handlung, das Übergangsglied zu dem folgenden Akt bildet die Zerstreuung der Verschworenen. – Der *dritte* Akt des »Tell« besteht aus drei Szenen, von denen die erste eine kurze vorbereitende Situationsszene in Tells Hause: Aufbruch Tells, ist, die zweite den Höhenpunkt zwischen Rudenz und Bertha, die dritte, groß ausgeführte den Höhenpunkt der Tellhandlung, den Apfelschuß, enthält.

Der Akt der Umkehr ist von den großen deutschen Dichtern seit Lessing mit besonderer Sorgfalt behandelt worden, und die Wirkungen desselben sind fast immer regelmäßig und in bedeutender Szene zusammengeschlossen. Dagegen ist bei

uns Deutschen die Einführung von neuen Rollen im vierten
Akt häufiger als bei Shakespeare, welcher den löblichen
Brauch hat, seine Gegenspieler schon vorher der Handlung
zu verflechten. Ist dies untunlich, so möge man sich doch
hüten, durch eine Situationsszene, die das Stück an dieser
Stelle schwer erträgt, die Aufmerksamkeit zu zerstreuen.
Die Gäste des vierten Aktes müssen rasch und stark in die
Handlung eingreifen und durch kräftige Wirksamkeit
ihr Erscheinen rechtfertigen. – Der vierte Akt in »Emilia
Galotti« ist zweiteilig. Auf die vorbereitende Unterredung
zwischen Marinelli und dem Prinzen tritt der neue Charakter der Orsina als Gehilfin in das Gegenspiel ein. Den
Übelstand der neuen Rolle weiß Lessing sehr gut dadurch zu
überwinden, daß er der leidenschaftlichen Bewegung dieses
bedeutsamen Charakters die Leitung in den folgenden Szenen bis zum Schluß des Aktes übergibt. Auf ihre große
Szene mit Marinelli folgt als zweite Stufe des Aktes der
Eintritt Odoardos; die hohe Spannung, welche die Handlung dadurch erhält, schließt den Akt wirksam ab. – Im
»Tasso« läuft die Umkehr ebenfalls in zwei Szenen, Tasso
mit Leonore und Tasso mit Antonio, beide durch Monologe
Tassos geschlossen.
Von dem regelmäßigen vierten Akt der »Maria Stuart« wird
später die Rede sein. – Im »Tell« enthält der Akt für Tell
selbst zwei Stufen der sinkenden Handlung, seine Rettung
aus dem Schiff und den Tod Geßlers; dazwischen steht die
Szene der Umkehr für die Familie Attinghausen, welche an
dieser Stelle mit der Handlung des Schweizerbundes verflochten ist.
Der Akt der Katastrophe enthält fast immer noch außer der
Schlußhandlung die letzte Stufe der sinkenden Handlung. In
»Emilia Galotti« beginnt wieder ein einleitendes Duett zwischen dem Prinzen und Marinelli die letzte Stufe der sinkenden Handlung, jene große Unterredung zwischen dem Prinzen, Odoardo und Marinelli: Weigerung, dem Vater die
Tochter zurückzugeben, dann die Katastrophe: Ermordung

der Emilia. – Ebenso im »Tasso«. Nach der einleitenden Unterredung des Alphons mit Antonio als Hauptszene: die Bitte Tassos, ihm sein Gedicht zurückzugeben, dann die Katastrophe: Tasso und die Prinzessin. – »Maria Stuart«, sonst in den einzelnen Akten von musterhaftem Bau, zeigt in diesem Akt die Folgen eines Stoffes, welcher die Heldin seit der Mitte in den Hintergrund stellte und die Gegenspielerin Elisabeth zur Hauptperson machte. Die erste Szenengruppe: Marias Erhebung und Tod, enthält ihre Katastrophe mit einem episodischen Situationsbild, ihrer Beichte, welches dem Dichter notwendig schien, um für Maria noch eine kleine Steigerung zu gewinnen. An ihre Katastrophe schließt sich die Katastrophe Leicesters als Verbindungsglied zu der Hauptkatastrophe des Stückes, der Vergeltung an Elisabeth. – Der letzte zweiteilige Akt »Tells« ist nur Situationsbild mit der Episode des Parricida.

Von allen deutschen Dramen hat die Doppeltragödie »Wallenstein« den verschlungensten Bau. Dieser ist trotz seiner Verflechtung im ganzen regelmäßig und schließt sowohl in den »Piccolomini« als in »Wallensteins Tod« die Handlung fest zusammen. Wäre die Idee des Stückes vom Dichter so empfunden worden, wie sie der geschichtliche Stoff entgegentrug: Ein ehrgeiziger Feldherr sucht das Heer zum Abfall von seinem Kriegsherrn zu verleiten, wird aber von der Mehrzahl seiner Offiziere und Soldaten verlassen und getötet, so hätte solche Idee allerdings ein regelmäßiges Drama gegeben für auf- und niedersteigende Handlung, nicht unbedeutende Bewegung, die Möglichkeit getreuer Nachbildung des historischen Helden.

Aber bei dieser Fassung der Idee fehlte der Handlung das Beste. Denn ein geplanter Verrat, welcher dem Helden vom Anfang innerlich feststand, schloß die höchste dramatische Aufgabe aus: das Herausarbeiten des Entschlusses aus der leidenschaftlich bewegten Seele des Helden. Wallenstein mußte dargestellt werden, wie er zum Verräter *wird*, allmählich, durch sein eigenes Wesen und den Zwang der

Verhältnisse. So wurde andere Fassung der Idee und Erweiterung der Handlung nötig: Ein Feldherr wird durch übergroße Macht, Ränke der Gegner und sein eigenes stolzes Herz bis zum Verrat an seinem Kriegsherrn gebracht, er versucht das Heer zum Abfall zu verleiten, wird aber von der Mehrzahl seiner Offiziere und Soldaten verlassen und getötet.

Bei dieser Fassung der Idee mußte die aufsteigende Hälfte der Handlung eine fortschreitende Betörung des Helden bis zum Höhenpunkt: dem Entschluß des Verrates, zeigen, dann kam ein Teil: die Verleitung des Heeres zum Abfall, wo die Handlung fast auf derselben Höhe dahinschwebte; endlich in wuchtigem Absturz: Mißglücken und Untergang. Der Kampf des Feldherrn mit seinem Heer war zweiter Teil des Dramas geworden. Die Verteilung dieser Handlung in die fünf Akte eines Trauerspiels würde etwa folgende sein. 1. Akt. Einleitung: die Sammlung des Wallensteinischen Heeres bei Pilsen. Erregendes Moment: Abfertigung des kaiserlichen Gesandten Questenberg. 2. Akt. Steigerung: Wallenstein sucht sich für alle Fälle die Mitwirkung des Heeres durch die Unterschriften der Generäle zu sichern, Bankettszene. 3. Akt. Wallenstein wird durch böse Einflüsterungen, empörten Stolz und Herrschergelüst bis zu Verhandlungen mit den Schweden getrieben. Höhenpunkt: Szene mit Wrangel, an welche sich sogleich als tragisches Moment der erste Sieg des Gegenspielers Octavio schließt: Gewinn des Generals Buttler für den Kaiser. 4. Akt. Umkehr, Abfall der Generäle und der Mehrzahl des Heeres. Aktschluß, Kürassierszene. 5. Akt. Wallenstein in Eger und sein Tod. Bei der breiten und großen Ausführung aber, welche Schiller sich nicht versagt, wurde ihm unmöglich, den an Gestalten und bedeutenden Momenten so reichen Stoff in den Rahmen von fünf Akten einzuzwängen.

Außerdem war ihm sehr bald aus zwingenden Gründen der Charakter des Max wichtig geworden. Ihn schuf das Bedürfnis einer hellen Gestalt in den düsteren Gruppen und der

Wunsch, das Verhältnis zwischen Wallenstein und dessen Gegenspieler Octavio bedeutsamer zu machen.

Mit Max eng verbunden erwuchs die Tochter Friedlands. Und diese Liebenden, eigentümliche Gebilde Schillers, gewannen in der schaffenden Seele schnell Bedeutung, welche über das Episodische hinausging. Max, zwischen Octavio und Wallenstein gestellt, bildete dem Dichter einen wirkungsvollen Gegensatz zu beiden, er trat als ein zweiter erster Held in das Drama ein, die episodischen Liebesszenen und der Kampf zwischen Vater und Sohn, zwischen dem jungen Helden und Wallenstein erweiterten sich zu einer besonderen Handlung.

Die Idee dieser zweiten Handlung wurde: Ein hochgesinnter, argloser Jüngling, der die Tochter seines Feldherrn liebt, erkennt, daß sein Vater die politische Intrige gegen seinen Feldherrn leitet, und trennt sich von ihm; er erkennt, daß sein Feldherr zum Verräter geworden ist, und trennt sich von ihm, zu seinem und der Geliebten Untergang. Diese Handlung stellt in ihrem aufsteigenden Teile die Befangenheit der Liebenden und ihre leidenschaftliche Annäherung bis zu dem Höhenpunkte dar, welcher durch die Worte Theklas eingeleitet wird: »Trau ihnen nicht, sie meinen's falsch«. Das Verhältnis der Liebenden zueinander wird bis zur Szene des Höhenpunktes nur dargestellt durch die gehobene Stimmung, mit welcher im ersten Akte Max, im zweiten Thekla sich von ihrer Umgebung abheben. Nach dem Höhenpunkte folgt die Umkehr in zwei großen Stufen, jede von zwei Szenen, Trennung des Max von seinem Vater und Trennung des Max von Wallenstein, darauf die Katastrophe: Thekla empfängt die Botschaft vom Tode des Geliebten, wieder in zwei Szenen. – Bei solchem Aufleuchten zweier dramatischer Ideen entschloß sich der Dichter, die beiden Handlungen in zwei Dramen zu verschlingen, die zusammen eine dramatische Einheit von zehn Akten und einem Vorspiel bildeten.

In den »Piccolomini« ist das erregende Moment des ersten

Aktes ein doppeltes, die Zusammenkunft der Generäle mit
Questenberg und die Ankunft der Liebenden im Lager.
Hauptpersonen des Stückes sind Max und Thekla, der
Höhenpunkt des Dramas liegt in der Unterredung beider,
durch welche die Trennung des arglosen Max von seiner
Umgebung eingeleitet wird; Katastrophe ist die vollständige
Lösung des Max von seinem Vater. Die aus der Handlung
von »Wallensteins Tod« hineingetragenen Stücke sind die
Szenen mit Questenberg, Unterredung Wallensteins mit den
Getreuen und die Bankettszene, also der größte Teil des
ersten Aktes, der zweite und der vierte Akt.
In »Wallensteins Tod« ist das erregende Moment, die nur
berichtete Gefangennahme Sesinas, eng mit der großen
Unterredung zwischen Wallenstein und Wrangel verbun-
den, Höhenpunkt ist der Abfall der Truppen – Abschied der
Kürassiere – von Wallenstein. Die Katastrophe aber ist eine
doppelte, Bericht über den Tod des Max nebst Flucht The-
klas, und die Ermordung Wallensteins. Die aus der Hand-
lung der »Piccolomini« eingeflochtenen Szenen sind die
Unterredungen des Max mit Wallenstein und mit Octavio,
Thekla gegenüber ihren Verwandten und die Trennung des
Max von Wallenstein, die Botenszene des schwedischen
Hauptmanns und der Fluchtentschluß Theklas, also eine
Szene und Schluß des zweiten Aktes, der Höhenpunkt des
dritten, der Schluß des vierten Aktes.
Nun aber wäre eine solche Verflechtung zweier Handlungen
und zweier Stücke ineinander schwer zu rechtfertigen, wenn
nicht die dadurch hervorgebrachte Verbindung, das Doppeldrama, selbst wieder eine dramatische Einheit bildete. Dies
ist in ausgezeichneter Weise der Fall, die verflochtene Handlung der ganzen Tragödie steigt und fällt in einer gewissen
majestätischen Größe. Deshalb sind in den »Piccolomini«
zwei aufregende Momente eng verkoppelt, das erste gehört
der Gesamthandlung an, das zweite den »Piccolomini«.
Ebenso hat das Doppeldrama zwei dicht beieinander liegende Höhenpunkte, von denen der eine die Katastrophe

der »Piccolomini« und der andere die Eröffnung von »Wallensteins Tod« ist. Und wieder am Schluß des letzten Dramas zwei Katastrophen, eine für die Liebenden, die zweite für Wallenstein und das Doppeldrama.

Es ist bekannt, daß Schiller während der Ausarbeitung die Grenze zwischen den »Piccolomini« und »Wallensteins Tod« verlegt hat. Die »Piccolomini« umfaßten ursprünglich noch die beiden ersten Akte von »Wallensteins Tod«, also auch noch die innere Lösung des Max von Wallenstein. Und dies war allerdings für die Handlung des Max ein Vorteil. Aber bei dieser Einrichtung fiel auch die Szene mit Wrangel, d. h. die verhängnisvolle Tat Wallensteins, und außerdem der Abfall Buttlers zu Octavio – d. h. die erste Steigerung zu »Wallensteins Tod« und die erste Stufe der Umkehr für das Gesamtdrama – in das erste der beiden Stücke, und dies wäre ein bedenklicher Übelstand gewesen, denn das zweite Drama hätte bei solcher Einrichtung nur den letzten Teil der Umkehr und die Katastrophe für beide Helden, Wallenstein und Max, enthalten, und trotz der großartigsten Ausführung hätte diesem zweiten Stück die Spannung zu sehr gefehlt. Schiller entschloß sich daher mit Recht, die Teilung weiter nach vorn zu verlegen und das erste Stück mit der großen Kampfszene zwischen Vater und Sohn zu enden. Die »Piccolomini« verloren dadurch an Geschlossenheit, aber »Wallensteins Tod« gewann die unentbehrliche Ordnung im Bau. Man beachte wohl, daß Schiller diese Änderung erst in der letzten Stunde machte und daß ihn wahrscheinlich weniger die Rücksicht auf den Bau der Teile als auf den ungleichen Zeitraum, welchen nach der ursprünglichen Einteilung die Aufführung der beiden Stücke gefordert hätte, bestimmte. In der Seele des Dichters formte sich die große Handlung nicht ebenso, wie wir uns dieselbe ihm nachsinnend aus dem fertigen Stück bilden. Er empfand mit überlegener Sicherheit den Verlauf und die poetische Wirkung des Ganzen, die einzelnen Teile des kunstvollen Baues ordneten sich ihm in der Hauptsache mit einer gewissen Naturnotwendigkeit; das

Gesetzmäßige der Gliederung machte er sich keineswegs überall durch verständige Überlegung so deutlich, wie wir vor dem fertigen Kunstwerk nachschaffend zu tun genötigt sind. Demungeachtet haben wir ein gutes Recht, dies Gesetzmäßige nachzuweisen, auch da, wo er es nicht, nachdenkend wie wir, in einer Formel erfaßt hat. Denn das gesamte Drama »Wallenstein« ist in der Einteilung, welche der Dichter zum Teil als selbstverständlich bei dem ersten Entwurf und wieder für einzelne Stücke erst spät, vielleicht aus äußerer Veranlassung gefunden hat, ein fest geschlossenes und regelmäßiges Kunstwerk.*

Es ist sehr zu bedauern, daß unsere Theaterverhältnisse unmöglich machen, das ganze Kunstwerk in *einer* Aufführung darzustellen; erst dadurch würde man die schöne und große Wirkung erhalten, welche in der kunstvollen Anordnung liegt. Wie die Stücke jetzt gegeben werden, bleibt für das erstere immer der Übelstand, daß seiner Handlung der völlige Abschluß fehlt; für das zweite, daß seine Vorausset-

---

* Es sei erlaubt, diesen Bau durch Linien anzudeuten.

1. Ein Drama, wie es nicht in Schillers Plan lag.

Idee: Ein treuloser Feldherr sucht das Heer zum Abfall von seinem Kriegsherrn zu verleiten, wird aber von seinen Soldaten verlassen und getötet.

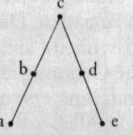

a Erregendes Moment: Verlockung zum Verrat. b Steigerung: etwa Verhandlung mit den Feinden. c Höhenpunkt: scheinbarer Erfolg, etwa die listig erlangte Unterschrift der Generäle. d Umkehr: etwa das Gewissen des Heeres empört sich. e Katastrophe: Tod des Feldherrn.

2. *Schillers Wallenstein* ohne die »Piccolomini«.

Idee: Ein Feldherr wird durch übergroße Macht, Intrigen der Gegner und sein eigenes stolzes Herz bis zum Verrat gegen seinen Kriegsherrn verleitet, er sucht das Heer usw.

Darin a b c steigende Handlung bis zum Höhenpunkt: die inneren Kämpfe

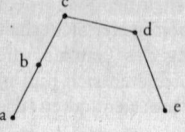

und Versuchungen, a Questenberg im Lager und Trennung vom Kaiser. b Prüfung der Generäle, Bankettszene. c Höhenpunkt: die erste Tat des Verrats, z. B. die Verhandlungen mit Wrangel. c d Versuche, das Heer zu verführen. d Umkehr: das Gewissen der Soldaten empört sich. e Katastrophe: Tod Wallensteins.

zungen zahlreich sind und daß die Katastrophe einen über-
großen Raum (zwei Akte) beansprucht. Das würde bei einer
zusammenhängenden Darstellung in das richtige Verhältnis
treten. Der prachtvolle Prolog, »das Lager«, dessen schöne
Bilder man nur durch einheitliche Handlung kräftiger
zusammengefaßt wünscht, wäre als Einleitung nicht zu entbehren. Es ist denkbar, daß eine Zeit kommt, wo dem
Deutschen die Freude wird, sein größtes Drama im Zusammenhange zu genießen. Untunlich ist es nicht, wie groß die
Forderung an die Darsteller sei. Denn keine der Rollen
mutet, auch wenn beide Stücke hintereinander gegeben werden, einer starken Menschenkraft Unüberwindliches zu.
Auch die Zuschauer der Gegenwart sind in ihrer großen
Mehrzahl keineswegs unfähig, in besonderen Fällen eine
längere Reihe von dramatischen Wirkungen aufzunehmen,
als ein Theaterabend unserer Bühnen bietet. Aber freilich
wäre eine solche Aufführung nur ausnahmsweise, etwa als

3. *Das Doppeldrama.*
A die »Piccolomini« (durch
Punkte bezeichnet). B Wallensteins Tod (durch Linien bezeichnet). a a die beiden erregenden Momente: a^1 die Generäle und Questenberg für das
Gesamtstück, a^2 Max' und
Theklas Ankunft für die »Piccolomini«. c c die beiden Höhenpunkte: c^1 Lösung des Max
von Octavio, zugleich Katastrophe der »Piccolomini«. c^2 Wallenstein und Wrangel, zugleich
Ausführung des erregenden
Momentes von »Wallensteins Tod«. e e die beiden Schlußkatastrophen, e^1
der Liebenden und e^2 Wallensteins. Ferner ist b, Liebesszene zwischen Max
und Thekla, der Höhenpunkt der »Piccolomini«. f und g sind die aus »Wallensteins Tod« eingeflochtenen Szenen: Audienz Questenbergs und Bankett, der
2. und 4. Akt der »Piccolomini«. h, d und e^1 sind die aus den »Piccolomini« in
»Wallensteins Tod« geflochtenen Szenen: Octavios Ränkespiel, Aufbruch des
Max, Bericht seines Todes nebst Theklas Flucht: der 2., 3. und 4. Akt, d, die
Kürassierszene, zugleich Höhenpunkt des zweiten Dramas.

große Festvorstellung, möglich, und nur in einem anderen Raume als dem unserer Abendtheater. Denn was in den anspruchsvollen Prachtbauten die Körperkraft der Darsteller und Zuschauer in weniger als drei Stunden erschöpft, ist das unheimlich grelle Gaslicht, die dadurch hervorgebrachte übergroße Anstrengung der Augen und der trotz aller Ventilationsversuche schnell eintretende Verderb der Lebensluft.

Drittes Kapitel
Bau der Szenen

1.

Gliederung

Die Akte – das kürzere Fremdwort hat die deutschen Benennungen: Aufzug, Abteilung, Handlung usw., in den Hintergrund gedrängt – werden für den Gebrauch der Bühne in Auftritte abgeteilt. Der Ab- und Zugang einer Person, Diener und ähnliche unwesentliche Rollen ausgenommen, beginnt und endet den Auftritt. Der Regie ist solche Teilung der Akte nötig, um das Eingreifen jeder einzelnen Rolle leicht zu übersehen, und für die Aufführung stellen die Auftritte die kleinen Einheiten dar, durch deren Zusammensetzung die Akte gebildet werden. Aber die dramatischen Teilstücke, aus denen der Dichter seine Handlung zusammenfügt, umfassen zuweilen mehr als einen Auftritt oder werden in größerer Zahl durch denselben Auftritt zusammengebunden. Das Teilstück des Dichters, das einzelne dramatische Moment, wird durch die Absätze gebildet, in denen seine schöpferische Kraft arbeitet.

Denn wie an einer Kette schließen sich während der Arbeit die nahe verwandten Anschauungen und Vorstellungen zusammen, in logischem Zwange eine die andere fordernd. In solchen einzelnen kleinen Teilen ordnen sich die Einzelzüge der Handlung, deren große Umrisse der Dichter in der Seele trägt. Wie verschieden die Arbeit der schöpferischen Kraft in den verschiedenen Geistern sei, diese logischen und poetischen Einheiten bilden sich in jeder Dichterarbeit mit Notwendigkeit, und wer recht genau zusieht, vermag sie aus dem fertigen Gedicht sehr wohl herauszuerkennen und an einzelnen derselben die größere oder geringere Kraft,

Wärme, dichterische Fülle und sichere, saubere Arbeitsweise zu ersehen.

Ein solches Teilstück schließt soviel von einem Monologe, von Rede und Gegenrede, von ab- und zugehenden Personen zusammen, als nötig ist, um eine engverbundene Reihe von poetischen Vorstellungen und Anschauungen darzulegen, welche sich von dem Vorhergehenden und Nachfolgenden stärker absetzt. Diese Teilstücke der Handlung sind an Länge sehr ungleich, sie mögen aus wenigen Sätzen bestehen, sie mögen mehre Seiten eines Textbuches umfassen, sie mögen allein eine kurze Szene bilden, sie mögen, nebeneinandergestellt und mit einleitenden Worten und mit einem auf das Folgende hinüberleitenden Schluß versehen, größere Einheiten innerhalb des Aktes formen. Sie sind für den Dichter die Glieder, aus denen er die lange Kette der Handlung schmiedet, er ist sich ihrer Eigenart und Besonderheit auch da bewußt, wo er in kräftigem Schaffen mehre unmittelbar hintereinander zusammenarbeitet.

Aus den dramatischen Momenten fügt er die *Szenen* zusammen. Dieses Fremdwort wird bei uns in verschiedener Bedeutung gebraucht. Es bezeichnet dem Regisseur zuerst den Bühnenraum selbst, dann den Teil der Handlung, welcher durch dieselbe Dekoration umschlossen wird. Dem Dichter aber heißt Szene die Verbindung mehrer dramatischer Momente, welche einen durch dieselben Hauptpersonen getragenen Teil der Handlung bildet, vielleicht einmal eine ganze Szene des Regisseurs, jedenfalls ein ansehnliches Stück derselben. Da nicht immer bei dem Abgange der Hauptpersonen ein Wechsel der Dekorationen nötig und wünschenswert ist, so fällt die Szene des Dichters durchaus nicht immer mit der Szene des Regisseurs zusammen.* Es sei

---

* Bei dem Druck unserer Dramen werden jetzt häufig innerhalb der Akte nur diejenigen Szenen stark abgesetzt und mit Zahlen bezeichnet, bei denen ein Wechsel der Dekorationen nötig wird. Das Richtige aber wäre, die *dramatischen* Szenen innerhalb des Aktes der Reihe nach zu zählen und zu bezeichnen,

erlaubt, hier ein Beispiel anzuführen. Der vierte Akt von
»Maria Stuart« ist vom Dichter in zwölf Auftritte geteilt,
durch *einen* Kulissenwechsel innerhalb des Aktes in zwei
Regieszenen getrennt. Er besteht aber aus zwei kleineren
und einer großen, also drei dramatischen Szenen. Die erste
Szene, die Intriganten des Hofes, ist aus zwei dramatischen
Momenten zusammengesetzt, 1. nach einem kurzen
Akkord, welcher die Tonart des Aktes angibt, die Verwei-
sung Aubespines, 2. der Streit zwischen Leicester und Burleigh. Die zweite Szene, Mortimers Ende, mit der vorhergehenden durch die Person Leicesters, welche auf der Bühne
bleibt, eng verkoppelt, umfaßt drei dramatische Momente,
1. den verbindenden Monolog Leicesters, 2. Unterredung
zwischen Leicester und Mortimer, 3. Mortimers Tod. Die
dritte große Szene, der Kampf um das Todesurteil, ist
künstlicher gebildet. Es ist eine, ähnlich wie die erste und
zweite, nur enger verbundene, Doppelszene und besteht aus
zehn Momenten, von denen die ersten vier: der Streit Elisabeths mit Leicester, zu einer Gruppe verbunden, den sechs
letzten: die Unterschrift des Urteils, gegenüberstehen. Die
sechs Momente der zweiten Szenenhälfte entsprechen den
sechs letzten Auftritten des Textes, das letzte derselben:
Davison und Burleigh, ist der Abschluß dieser bewegten
Szene und die Hinüberleitung zum fünften Akt.
Es ist nicht immer bequem, aus einem fertigen Drama diese
logischen Einheiten des schaffenden Geistes zu erkennen.
Und es wird hier und da das schätzende Urteil unsicher sein.
Aber sie verdienen größere Aufmerksamkeit, als man ihnen
wohl bis jetzt gegönnt hat.
Im letzten Abschnitt wurde gesagt, daß jeder Akt ein geglie-
derter Bau sein muß, welcher seinen Teil der Handlung in
zweckmäßiger und wirksamer Anordnung zusammenfaßt.
Auch in ihm muß die Teilnahme des Zuschauers mit sicherer

und da, wo ein Wechsel der Dekorationen zu bemerken ist, der laufenden
Szenennummer das Wort »Verwandlung« und die Beschreibung der neuen
Bühnenausstattung beizufügen.

Hand geführt und gesteigert werden, auch er muß seinen Höhenpunkt haben, eine große, kräftige, ausgeführte Szene. Enthält er mehre solche ausgeführte Höhenpunkte, so werden dieselben durch kleinere Szenen wie durch Verbindungsglieder verbunden sein, in der Art, daß die stärkere Anteilnahme immer auf der späteren ausgeführten Szene ruht.

Wie der Akt muß auch jede einzelne Szene, sowohl Übergangsszene als ausgeführte, eine Anordnung haben, welche geeignet ist, ihren Inhalt in höchster Wirkung auszudrükken. Ein spannendes Moment muß die ausgeführte Szene einleiten, die Seelenvorgänge in ihr müssen mit einiger Reichlichkeit in wirksamer Steigerung dargestellt werden, das Ergebnis derselben in treffenden Schlägen angedeutet sein; von ihrem Höhenpunkte aus, auf welchem sie reichlich ausgeführt schwebt, muß schnell und kurz der Schluß folgen; denn ist einmal ihr Zweck erreicht, die Spannung gelöst, dann wird jedes unnütze Wort zuviel. Und wie sie mit einer gewissen Aufregung der Erwartung einzuleiten ist, so braucht auch ihr Ende eine kleine Erhebung, besonders kräftigen Ausdruck der wichtigen Persönlichkeiten dann, wenn diese die Bühne verlassen. Die sogenannten Abgänge sind kein unbegründetes Begehren der Darsteller, wie sehr sie von roher Effektsucherei gemißbraucht werden. Der tiefe Einschnitt am Ende der Szene und die Notwendigkeit, die Spannung auf das Folgende herüberzutragen, machen sie vielmehr zu einem berechtigten Kunstmittel, zumeist am Schluß der Akte, natürlich nur bei maßvoller Anwendung.

Der Dichter hat häufig Ursache, während der Aufführungen unserer Bühne den langen Zwischenakten zu zürnen, welche sowohl durch die szenischen Veränderungen als durch den zuweilen unnützen Kleiderwechsel der Darsteller veranlaßt werden. Es muß dem Dichter daran liegen, den Schauspielern die Gelegenheit zu solchem Wechsel soviel als möglich zu beschränken, und wo das Umkleiden notwendig ist, schon beim Einrichten der Handlung darauf Rücksicht zu nehmen. Ein längerer Zwischenakt – der niemals fünf Minuten überdauern soll – wird nach Beschaffenheit des Stückes dem zweiten oder dritten Akt folgen können. Die Akte, welche in näherem Zusammenhange stehen, dürfen nicht durch ihn auseinandergerissen werden; was ihm folgt, muß noch imstande sein, von neuem zu sammeln und zu spannen. Deshalb sind Pausen zwischen dem vierten und fünften Akt am allernachteiligsten. Diese beiden letzten Teile der Handlung sollten selten durch größern Einschnitt getrennt sein, als zwischen den einzelnen Szenen eines Aktes geduldet wird. Der Dichter hat sich zu hüten, daß er nicht in diesem Teile des Stückes selbst Schlußeffekte erfinde, welche durch schwer herzustellende Szenerie und Einführung neuer Massen die Zögerung verschulden.

Aber auch ein Wechsel der Dekorationen innerhalb des Aktes ist keine gleichgültige Sache. Denn jede Verwandlung der Bühne während des Aktes macht einen neuen starken Einschnitt, und die Zerstreuung der Zuschauer wird noch vermehrt, seit in der Neuzeit der schlechte Brauch aufgekommen ist, die Vornahme des Szenenwechsels durch Herablassen einer Gardine den Augen des Zuschauers zu entziehen. Denn seitdem ist fast nur aus der Farbe des Vorhangs zu entnehmen, ob eine Regieszene oder ein Akt beendet sei. Gegenüber solchem Unfug muß das eifrige Bemühen des Dichters sein, jeden Dekorationswechsel im Akte entbehrlich zu finden; und es wird gut sein, wenn er während der Arbeit sich auch nach dieser Richtung die Kraft zutraut, alles zu vermögen; denn häufig erscheint seiner befangenen Seele ein Wechsel der Szenerie als ganz unvermeidlich, während er doch in den meisten Fällen durch geringe Änderungen an der Handlung beseitigt werden kann. Ist aber Kulissenwechsel während der Akte nicht ganz zu vermeiden, so hüte man sich wenigstens, ihn in den Akten eintreten zu lassen, welche die größte Ausführung verlangen, namentlich im vierten, wo ohnehin die volle Kraft des Dichters

nötig ist, zu steigern. Am leichtesten überwindet man solche
störende Einschnitte in der ersten Hälfte.

In dem Wechsel zwischen ausgeführten und verbindenden
Szenen liegt eine große Wirkung. Durch ihn wird jeder Teil
des Ganzen von seiner Umgebung kunstvoll abgehoben, die
Hauptsache in stärkeres Licht gesetzt, in dem Nebeneinander von Licht und Schatten der innere Zusammenhang der
Handlung verständlich. Der Dichter muß deshalb sein warmes Empfinden wohl überwachen und bedächtig prüfen,
welche dramatischen Momente für seine Handlung Hauptsache, welche Beiwerk sind. Er wird seine Neigung zu
Ausführung bestimmter Arten von Charakteren oder Situationen beschränken, falls diese für das Ganze nicht von
Gewicht sind; wenn er aber dem Reiz nicht widerstehen
kann, von diesem Gesetze abzuweichen und einem unwesentlichen Moment breitere Ausführung zu gönnen, so wird
er es mit der Empfindung tun, daß er die Störung des Baues
durch besondere Schönheit der Ausführung zu sühnen
habe.

Die Nebenszenen aber, mögen sie die Nachklänge einer
Hauptszene oder die Vorbereitung zu einer neuen oder ein
selbständiges, verbindendes Zwischenglied sein, werden
dem Dichter immer noch Gelegenheit geben, bei der größten Kürze seine Begabung an den Rollen zu erweisen; hier
ist der Raum für knappe, andeutende Zeichnung, welche mit
wenigen Worten einen erfreuenden Einblick in das innerste
Leben der Figuren des Hintergrundes zu gewähren weiß.

2.

Die Szenen nach der Personenzahl

Die freie Szenenbildung unserer Bühne und die größere Zahl der Darsteller machen es dem Dichter scheinbar so bequem, seine Handlung durch eine Szene zu führen, daß man bei neueren Dramen nicht selten die gewöhnlichen Folgen übergroßer Zwanglosigkeit zu bedauern hat. Die Szene wird ein Durcheinander von Reden und Gegenreden ohne genügende Ordnung, sie hat ermüdende Längen, nachgleitende Sätze, weder Höhe noch Kontraste kräftig entwickelt. Zwar fehlt das szenische Gefüge auch der unbehilflichsten Arbeit des Anfängers nicht ganz. Denn die Formen sind so sehr Ausdruck des Wesens, daß auch ungeschulte dramatische Empfindung in vielen Hauptsachen Richtiges zu treffen pflegt. Aber nicht immer und nicht jedes. Möge deshalb der Dichter während seiner Arbeit einige bekannte Regeln prüfend anlegen.

Da die Szene ein von anderen Szenen abgesetzter Teil des Dramas ist, welcher auf seinen Inhalt vorbereiten, spannen, ein Schlußergebnis ins Licht stellen und dann zum Folgenden überführen soll, so hat jede Szene, genau betrachtet, fünf Teile, welche den Teilen des Dramas entsprechen. Und bei ausgeführten Szenen sind diese Teile auch sämtlich wirksam. Denn dann ist es untunlich, die Handlung in gerader Linie zum Schlußergebnis zu führen. A fühlt, will, fordert etwas, B tritt ihm entgegen, mitwollend, anderswollend, widerstehend; in jedem Fall wird die Richtung des einen durch den andern aufgehalten und wenigstens für einige Zeit abgelenkt. Bei solchen Szenen, mögen sie eine Tat oder ein Wortgefecht oder eine Darlegung der Gefühle enthalten, ist wünschenswert, daß nicht der Höhenpunkt in einer geraden Linie liegt, welche von den Voraussetzungen der Szene zu den Schlußergebnissen führt, sondern den letzten Punkt einer abweichenden Richtung bezeichne, von welchem ab die Umkehr zu der geraden Linie stattfindet. Aufgabe einer Szene sei, B durch A unschädlich zu machen, ihr gebotenes Ergebnis sei das Versprechen des B, unschädlich zu werden. Beginn der Szene: A ersucht den B, ferner nicht mehr Störenfried zu sein; wenn B sofort bereit ist, diesen Wunsch zu erfüllen, wird keine längere Szene nötig; wenn er die Gründe des A leidend aufnimmt, läuft die Szene in gerader Linie fort, aber sie ist in größter Gefahr zu ermüden; wenn B sich aber zur Wehr setzt und sich entweder auf seinen Störenfried steift oder ihn leugnet, so läuft der Dialog zu einem Punkte, an welchem B soweit als möglich von den Wünschen des A entfernt ist. Von da findet eine Annäherung der Ansichten statt, die Gründe des A erweisen sich als stärker, bis B sich ergibt.

Da aber jede Szene eine Richtung auf das Folgende hat, wird dieser pyramidale Bau häufig in den Durchschnitt einer anschlagenden Welle umgeändert, mit lang aufsteigender Linie und schnellem Absturz: Beginn, Steigerung, Schlußergebnis.

Je nach der Zahl der auftretenden Personen erhalten die Szenen verschiedene Bestimmung und verschiedene Einrichtung.

Die Monologe geben dem Helden der modernen Bühne Gelegenheit, in vollkommener Unabhängigkeit von einem beobachtenden Chor sein geheimes Empfinden und Wollen dem Publikum bekannt zu machen. Man sollte meinen, daß solche Vertrautenstellung dem Hörer sehr willkommen sein müßte, und doch ist dies oft nicht der Fall. So sehr ist der Kampf und die Einwirkung des einen Menschen auf den andern Zweck des Dramas, daß jede Isolierung des einzelnen einer gewissen Entschuldigung bedarf. Nur wo ein reiches inneres Leben im Zusammenspiel längere Zeit gedeckt war, erträgt der Hörer die geheimen Offenbarungen desselben. Aber schon da, wo kunstvolles Intrigenspiel das Publikum zum Vertrauten machen will, liegt diesem wenig an dem stillen Aussprechen eines einzelnen, es holt sich lieber selbst den Zusammenhang und die Gegensätze der Charaktere aus einem Dialoge heraus. Die Monologe haben Ähnlichkeit mit den antiken Pathosszenen, sind aber bei den zahlreichen Gelegenheiten, welche unsere Bühne den Charakteren darbietet, ihr Inneres darzulegen, und bei der veränderten Ausgabe dramatischer Wirkungen durch die Schauspielkunst keine notwendige Zugabe neuerer Dramen.

Da die Monologe einen Ruhepunkt in der laufenden Handlung darstellen und den Sprechenden in bedeutsamer Weise dem Hörer gegenüberstellen, so bedürfen sie vor sich eine bereits erregte Spannung, einen Einschnitt der Handlung auf einer oder beiden Seiten. Aber ob sie einen Akt eröffnen oder schließen oder zwischen zwei bewegte Szenen gestellt sind, immer müssen sie dramatischen Bau haben. Satz, Gegensatz, Ergebnis; und zwar ein Schlußergebnis, das für die Handlung selbst Bedeutung gewinnt. Man vergleiche die beiden Monologe Hamlets in der steigenden Handlung. Der zweite berühmte Monolog »Sein oder Nichtsein« ist eine tiefsinnige Offenbarung der Seele Hamlets, aber für die Handlung selbst insofern keine Förderung, als er kein neues Wollen des Helden einleitet, sondern durch Darlegung der innern Kämpfe eine Erklärung des Zauderns gibt. Der vorhergehende Monolog dagegen, ein Meisterstück von dramatischer Bewegung, auch er der Ausklang einer Szene, hat zur Grundlage einen einfachen Beschluß. Hamlet sagt: 1. Der Schauspieler beweist so großen Ernst bei bloßem Spiel. 2. Ich aber schleiche tatlos bei dem furchtbarsten Ernst. 3. Ans Werk! auch ich will ein Spiel veranstalten, um für ernste Tat Entscheidung zu gewinnen. – In diesem letzten Satze ist zugleich das Ergebnis der ganzen vorhergehenden Szene zusammengefaßt, die Folgen, welche die Unterhaltung mit den Schauspielern auf den Charakter des Helden und den Verlauf des Stückes ausübt.

Gelungene Monologe sind allerdings Lieblinge des Publikums geworden. In den Dramen Schillers und Goethes

werden sie von dem heranwachsenden Geschlecht gern vor-
getragen. Lessing hätte, auch wenn er mehr als den
»Nathan« in unsern Jamben geschrieben hätte, schwerlich
diese Art von dramatischen Wirkungen gesucht.
Am nächsten den Monologen stehen die Botenberichte
unserer Bühne; wie jene das lyrische, so vertreten sie das
epische Element. Von ihnen ist bereits früher gesprochen.
Da sie die Aufgabe haben, eine zugunsten ihrer Aufnahme
bereits erregte Spannung zu lösen, so muß die Wirkung,
welche sie in den Gegenspielern des Vortragenden oder
vielleicht gar in ihm selbst hervorbringen, sehr sichtbar
werden; einen längeren Vortrag muß gesteigertes Gegenspiel
begleiten und unterbrechen, allerdings ohne ihn zu über-
wachsen. Schiller, der Botenberichte sehr liebt, gibt Beispiele in Menge, sowohl zur Lehre als zur Warnung. Der
»Wallenstein« allein enthält eine ganze Auswahl derselben.
In den schönen Musterstücken: »Es gibt im Menschenleben«
und »Wir standen keines Überfalls gewärtig« hat der Dichter
zugleich die höchste dramatische Spannung an die epischen
Stellen geknüpft. Das Inspirierte und Seherhafte Wallensteins kommt an keiner Stelle so mächtig zutage als in seiner
Erzählung. Im Botenberichte des Schweden aber steht das
stumme Spiel der todwunden Thekla in den stärksten
Gegensatz zu Haltung und Vortrag des teilnehmenden
Fremdlings. Daneben hat dies Drama aber andere Beschreibungen, z. B. den böhmischen Becher, das Zimmer des
Sterndeuters, deren starke Kürzung oder Entfernung bei der
Aufführung wohltut.
Der wichtigste Teil der dramatischen Handlung verläuft in
den Dialogszenen, zunächst im Zwiegespräch. Der Inhalt
dieser Szenen: Satz und Gegensatz, Empfindung gegen
Empfindung, Wille gegen Wille, hat bei uns, abweichend
von der einförmigen, antiken Weise, die mannigfaltigste
Ausbildung gefunden. Der Zweck aller Dialogszenen ist
wieder, aus dem Satz und Gegensatz ein Ergebnis herauszuheben, welches die Handlung weitertreibt. Während das

antike Zwiegespräch ein Streit war, der gewöhnlich keine unmittelbare Einwirkung auf die Seelen der Handelnden ausübte, versteht der moderne Dialog zu bereden, zu beweisen, hinüberzuführen. Die Argumente des Helden und Gegenspielers sind nicht, wie häufig in der griechischen Tragödie, rhetorische Wortgefechte, sondern sie sind aus Charakter und Gemüt der Personen hergeleitet, und genau wird der Hörer unterrichtet, wieweit dieselben wahrhafte Empfindung und Überzeugung aussprechen oder täuschen sollen.

Der Angreifende wird also seine Gründe genau nach der Persönlichkeit des Gegenspielers einrichten oder tief und wahr aus seinem eigenen Wesen heraus schöpfen müssen. Damit aber das Zweckvolle oder Wahre derselben von dem Hörer auch vollständig erfaßt wird, ist auf der Bühne eine bestimmte Richtung von Rede und Antwort notwendig, nicht mit so gewohnheitsmäßigem Verlauf wie auf der antiken oder altspanischen Bühne, aber doch wesentlich von dem Wege verschieden, welchen wir im wirklichen Leben einschlagen, um jemand zu überzeugen. Dem Charakter auf der Bühne ist die Zeit beschränkt, er hat seine Argumente in einer fortlaufenden Steigerung der Wirkungen vorzutragen, er hat das für seine Stellung Wirksamste auch dem Hörer eindringlich auseinanderzusetzen. In Wirklichkeit mag ein solcher Kampf der Ansichten vielgeteilt, mit zahlreichen Gründen und Gegengründen ausgemacht werden, lange mag der Sieg schwanken, vielleicht ein unbedeutender Nebengrund mag zuletzt den Ausschlag geben; dies ist auf der Bühne in der Regel nicht möglich, weil es nicht wirksam wäre.

Deshalb ist Aufgabe des Dichters, die Gegensätze in wenigen Äußerungen zusammenzufassen, diese mit fortgesetzter Steigerung ihrer inneren Bedeutung auszudrücken. In unseren Dramen schlagen die Gründe des einen gleich Wellen gegen die Seele des andern, zuerst durch den Widerstand gebrochen, dann höher, bis sie vielleicht am Ende über die

Widerstandskraft reichen. Es geschieht nach einem uralten Kompositionsgesetz, daß häufig der dritte solcher Wellenschläge die Entscheidung gibt; dann ist zweimal Satz und Gegensatz vorausgegangen, durch die beiden Stufen ist der Hörer genügend auf die Entscheidung vorbereitet, er hat eine kräftige Einwirkung erhalten und hat mit Behagen das Gewicht der Gründe mit dem Inhalt des Charakters, auf den sie wirken sollen, vergleichen können. Solche Gesprächsszenen sind auf unserer Bühne seit Lessing mit besonderer Liebe und Schönheit ausgebildet worden. Sie entsprechen sehr der Freude der Deutschen an gründlicher Erörterung einer Angelegenheit. Berühmte Rollen unserer Bühne verdanken ihnen allein ihren Erfolg: Marinelli, Carlos im »Clavigo«, Wrangel im »Wallenstein«.

Da der Dichter die Dialogszene so zu arbeiten hat, daß dem Hörer der Fortschritt, den dieselbe für die Handlung bewirkt, eindringlich wird, muß auch die Technik dieser Szenen, je nach der Stellung, in welcher sie die Beteiligten finden und verlassen, verschieden sein.

Am einfachsten wird die Sache, wenn der Eindringende den Angegriffenen überwindet; dann findet ein- oder zweimalige Annäherung und Trennung statt bis zum Siege des einen oder, wenn der Angegriffene biegsamer ist, ein allmähliches Herüberziehen.

Eine Szene solcher Beredung von einfachem Bau ist der Dialog im Anfang des Brutus und Cassius.[57] Cassius drängt, Brutus gibt seiner Forderung nach; der Dialog hat eine kurze Einleitung, drei Teile und Schluß, der mittlere Teil ist von besonderer Schönheit und großer Ausführung. Einleitung, *Cassius*: Ihr seid unfreundlich gegen mich. *Brutus*: Nicht aus Kälte. Die Teile, *Cassius*: 1. Man hofft auf euch (lebendig unterbrochen durch die Versicherung, daß Brutus ihm trauen könne, und durch Rufe von außen, welche die Aufmerksamkeit auf Cäsar leiten). – 2. Was ist Cäsar mehr als wir? – 3. Unser Wille kann uns befreien. – Schluß, *Brutus*: Ich will's überlegen.

Wenn aber die Sprechenden voneinander scheiden, ohne sich zu vereinigen, so darf doch die Stellung derselben zueinander während der Szene nicht unverändert bleiben. Es ist den Zuhörern unerträglich, solchen Mangel an Fortschritt in der Handlung zu empfinden. Auch in solchem Fall muß die Richtung des einen oder beider gebogen werden, etwa so, daß sie an einer Stelle der Verhandlung scheinbar übereinkommen und nach diesem Punkte der Annäherung sich wieder energisch voneinander abwenden. Die inneren Bewegungen, durch welche diese Veränderung der Stellung bewirkt wird, müssen allerdings sowohl wahr als für das Folgende zweckmäßig sein, nicht unnütze Querzüge, welche einer szenischen Wirkung zuliebe, ohne Nutzen für Handlung und Charaktere, eingerichtet werden.

Bei ungebundener Rede ist es möglich, zahlreichere Gründe und Gegengründe in das Feld zu führen, die Linien schärfer zu wenden; im ganzen bleibt der Bau, wie er oben mit einer brandenden Welle verglichen wurde: ein allmähliches Hinauftreiben auf den Höhenpunkt, Ergebnis, kurzer Abschluß. So ist die große Streitszene zwischen Egmont und Oranien – wohl der am besten gearbeitete Teil des Dramas – aus vier Teilen zusammengesetzt, vor denen eine Einleitung, nach denen der Schluß steht. – Einleitung: Oranien. Die Regentin geht ab. Egmont. Sie geht nicht. Teil 1: Or. Und wenn ein anderer kommt? Eg. So treibt er's wie der vorige. 2. Or. Er wird diesmal unsere Häupter fassen. Eg. Das ist unmöglich. 3. Or. Alba ist unterwegs. Gehen wir in unsere Provinz. Eg. Dann sind wir Rebellen. – Hier der Umschwung, von jetzt wird Egmont der Angreifende. – 4. Eg. Du handelst unverantwortlich. Or. Nur vorsichtig. Schluß: Or. Ich gehe und betraure dich als verloren. – Die letzte Vereinigung der Streitenden in einer gemütlichen Stimmung bildet einen guten Gegensatz zu der vorausgegangenen Heftigkeit Egmonts.

Besondere Bedeutung haben in dem neueren Drama die Szenen zwischen zwei Menschen erhalten, in denen die

Charaktere sehr entschieden *einer* Meinung zu sein pflegen, die Liebesszenen. Sie sind nicht durch Tagesgeschmack oder vorübergehende Weichlichkeit der Dichter und Hörer entstanden, sondern durch einen uralten Gemütszug der Germanen. Seit frühester Zeit ist der deutschen Dichtung die Liebeswerbung, die Annäherung des jungen Helden an die Jungfrau, besonders reizvoll gewesen. Es war die herrschende poetische Neigung des Volkes, die Beziehungen der Liebenden vor der Vermählung mit einer Würde und einem Adel zu umgeben, von welchen die antike Welt nichts wußte. Nach keiner Richtung hat sich der Gegensatz der Deutschen zu den Völkern des Altertums schärfer ausgeprägt, durch die gesamte Kunst des Mittelalters bis zur Gegenwart geht dieser bedeutsame Zug. Auch in dem ernsten Drama macht er sich mit hoher Berechtigung geltend. Das holdeste und lieblichste Verhältnis der Erde wird mit dem Finstern und Schrecklichen in Verbindung gebracht, als ergänzender Gegensatz, zur höchsten Steigerung der tragischen Wirkungen.

Für den arbeitenden Dichter freilich sind diese Szenen nicht der bequemste Teil seines Schaffens, und nicht jedem will es damit gelingen. Es ist nicht ohne Nutzen, die größten Liebesszenen, welche wir haben, miteinander zu vergleichen, die drei Szenen des Romeo auf dem Maskenfeste und beim Balkon vor und nach der Brautnacht und die Szene Gretchens im Garten. In der ersten Romeoszene hat der Dichter der Kunst des Darstellers die höchste Aufgabe gestellt, in ihr ist die Sprache der beginnenden Leidenschaft wundervoll abgebrochen und kurz, hinter dem artigen Redespiel, das zu Shakespeares Zeit der guten Gesellschaft geläufig war, scheint das aufglühende Gefühl nur wie in Blitzen durch. Wohl empfand der Dichter, wie sehr darauf ein vollerer Ausdruck not tue. Die erste Balkonszene ist immer für ein Meisterstück der Dichtkunst gehalten worden, aber wenn man die hohen Schönheiten ihrer Verse zergliedert, wird man vielleicht überrascht sein, wie wortreich und unumschränkt genießend die Seelen der Liebenden schon mit ihrem leidenschaftlichen Gefühl zu spielen wissen. Schöne Worte, zierliche Vergleiche sind so gehäuft, daß wir zuweilen die Kunst als künstlich empfinden. Für die dritte, die Morgenszene, ist die Idee alter Minne- und Volkslieder – »der Wächterlieder«[58] – in reizender Weise verwertet.

Auch Goethe hat in seiner schönsten Liebesszene volkstümliche Erinnerungen poetisch verwertet: er hat die Liebeserklärung in seiner Weise aus kleinen epischen und lyrischen Momenten zusammengefaßt, die er – doch nicht ganz günstig für eine große Wirkung – durch den schneidenden Gegensatz Martha und Mephisto unterbricht. Auch der Umstand erinnert an den großen lyrischen Dichter, daß Faust darin zurücktritt und die Szenen nicht viel anderes sind als Selbstgespräche Gretchens. Aber jedes der drei kleinen Stücke, aus denen sich das Bild zusammensetzt, ist von wunderbarer Schönheit.

Dem schwungvollen Schiller wollte es dagegen in seiner Jambenzeit mit diesen Szenen nicht mehr recht gelingen. Am besten noch in der »Braut von Messina«. Aber im »Tell« ist die Szene zwischen Rudenz und Bertha ohne Leben, und selbst im »Wallenstein«, wo sie durchaus notwendig war, hat er ihr durch die Anwesenheit der Gräfin Terzky einen Dämpfer aufgesetzt, Thekla muß den Geliebten vom Heerlager und von dem Astrologenzimmer unterhalten, bis sie endlich in kurzem Alleinsein die bedeutsame Warnung aussprechen kann.

Die glänzenden Beispiele Shakespeares und Goethes zeigen auch die Gefahr dieser Szenen, es wird noch davon gesprochen. Da das Austönen lyrischer Empfindungen auf der Bühne trotz aller Dichterkunst bei längerer Ausdehnung den Hörer zuverlässig ermüdet, so wird die lohnende Aufgabe des dramatischen Dichters, ein kleines Ereignis zu erfinden, in welchem das heiße Gefühl des liebenden Paares sich bei gemeinsamer Teilnahme an einem Moment der Handlung ausdrücken kann, er erhält dadurch die dramatische Schnur, an welcher er seine Perlen aufreiht. Das süße Liebesgeplauder, welches sich Selbstzweck ist, wird er mit Recht scheuen, und wo es unvermeidlich wird, durch Schönheit der Poesie ersetzen, was er solchen Szenen als gewissenhafter Mann an Ausdehnung nehmen muß.

Der Eintritt einer dritten Person in den Dialog gibt demselben einen anderen Charakter. Wie das Bühnenbild durch den dritten Mann einen Mittelpunkt und eine Gruppenaufstellung bekommt, so wird auch für den Inhalt der dritte oft der Vermittler oder Richter, welchem zwei Parteien ihre Gründe an das Herz legen. Die Gründe beider Parteien werden in solchem Falle zugleich für ihn nach seinem Wesen eingerichtet und erhalten schon dadurch etwas Bewußtes, weniger Unmittelbares. Der Lauf der Szene wird langsamer, zwischen Rede und Gegenrede tritt ein Urteil ein, welches sich ebenfalls dem Hörer bedeutsam darstellen muß.

Oder der dritte Schauspieler ist selbst Partei und Bundesgenosse einer Seite. In diesem Fall werden die Äußerungen der einen Partei schneller, bewegter herausbrechen müssen, weil dem aufnehmenden Hörer größere Anspannung der Aufmerksamkeit zugemutet wird, indem er Wesen und Inhalt zweier Persönlichkeiten in die eine Waagschale zu stellen hat.

Der dritte, seltnere Fall endlich ist, daß jeder der drei Charaktere seinen Willen gegen den der beiden andern stellen will. Solche Szenen werden als ein Ausklingen einer gelösten Spannung zuweilen verwendbar, sie haben nur ein kurzes Resultat zu ziehen, denn die drei Sprechenden halten dann in der Tat Monologe. So die Szenen mit Margaretha in »Richard III.«, wo der eine Charakter die Melodie, die beiden andern Parteien in Kontrasten die Begleitung geben. Szenen solches Dreispiels werden aber in größerer Ausführung fast nur dann Bedeutung gewinnen, wenn wenigstens der eine in verstelltem Spiel auf den Standpunkt eines anderen übergeht.

Szenen, welche mehr als drei Personen zu tätiger Teilnahme an der Handlung versammeln, die sogenannten Ensembleszenen, sind ein unentbehrlicher Bestandteil unseres Dramas geworden. Sie waren der alten Tragödie unbekannt, ein Teil ihrer Leistungen wurde durch die Verbindung der Solospieler mit dem Chor ersetzt. Sie umschließen in dem Drama der Neuzeit nicht vorzugsweise die höchsten tragischen Wirkungen, obgleich ein großer Teil der lebendigsten Aktionen in ihnen ausgeführt wird. Denn es ist eine nicht genug beachtete Wahrheit, *daß weniger spannt und fesselt, was aus vielen entsteht, als was aus der Seele der Hauptgestalten lebendig wird.* Die Teilnahme an dem dramatischen Leben der Nebenpersonen ist geringer und das Verweilen mehrer Beteiligten auf der Bühne mag leicht das Auge zerstreuen, die Schaulust mehr als nützlich erregen. Im ganzen ist das Wesen dieser Szenen, daß sie bei guter Führung durch den Dichter lebhaft beschäftigen und eine durch die Haupthelden erregte Spannung lösen, oder daß sie helfen, eine solche Spannung in der Seele der Hauptgestalten hervorzurufen. Sie haben deshalb vorzugsweise den Charakter vorbereitender oder abschließender Szenen.

Es bedarf kaum der Erwähnung, daß ihre Eigentümlichkeit nicht jederzeit hervortritt, wenn mehr als drei Spieler auf der Bühne sind. Denn auch, wo wenige Hauptrollen allein oder fast ausschließlich die Handlung darstellen, mögen Nebenfiguren in ziemlicher Anzahl wünschenswert sein. Leicht mag eine Ratsversammlung, eine Prunkszene viele Schauspieler auf der Bühne versammeln, ohne daß diese sich bis zu tätigem Anteil erheben.

Die erste Vorschrift für den Bau der Ensembleszenen ist: sämtliche Personen charakteristisch und förderlich für die Handlung zu beschäftigen. Sie sind wie eine geladene Gesellschaft, für deren geistige Tätigkeit der Dichter als unsichtbarer Wirt unablässig besorgt sein muß. Er muß beim Fortführen der Handlung genau die Wirkung empfinden, welche die einzelnen Vorgänge, Reden und Gegenreden auf jeden der Beteiligten ausüben.

Es ist klar, daß eine Person in Gegenwart anderer auf der Bühne nicht aussprechen darf, was diese nicht hören sollen, die herkömmliche Aushilfe des Beiseitesprechens darf nur in dringenden Fällen und für wenige Worte benutzt werden. Aber eine größere Schwierigkeit liegt darin, daß auch nicht leicht eine Rolle etwas aussprechen darf, worauf eine andere der anwesenden Personen eine Antwort geben müßte, welche ihrem Charakter nach notwendig, für die Handlung aber unnütz und verzögernd wäre. Es gehört eine unumschränkte Herrschaft des Dichters über seine Helden dazu und lebhafte Anschauung des Bühnenbildes, um allen Mitspielern einer menschenreichen Szene gerecht zu werden. Denn jede einzelne Rolle wirkt auf Stimmung und Haltung der übrigen und trägt ihrerseits dazu bei, das unbefangene Aussprechen der anderen zu beschränken. Es wird daher in solchen Szenen sich die Kunst des Dichters vorzugsweise darin zeigen, durch scharfe, kleine Striche die Charaktere voneinander abzuheben. Und es ist wohl zu beachten, daß die angemessene Beschäftigung der versammelten Personen durch die Beschaffenheit unserer Bühne erschwert wird, welche in ihren Kulissen die Darsteller wie in einem Saale zusammenschließt und, wenn der Dichter nicht, was zuweilen unmöglich ist, bestimmte Vorkehrung trifft, die Abtrennung einzelner schwierig macht.

Ferner aber: Je zahlreicher die Mitspieler in die Szene geladen sind, desto weniger Raum wird gewöhnlich der einzelne behalten, sich in seiner Eigenart zu äußern. Der Dichter wird also zu vermeiden haben, daß der betreffende Teil der Handlung nicht durch die größere Anzahl der Teilnehmer zerstückt wird und in kurzen Wellen eintönig dahinläuft; und wie er die Personen in Gruppen ordnet, wird er auch die Handlung der Szene so einrichten, daß die Bewegung der Nebenspieler nicht die Bewegung der Hauptpersonen übermäßig beengt. Deshalb gilt der Grundsatz: je größer die

Zahl der Teilnehmer an einer Szene, desto kräftiger gegliedert muß der Bau derselben sein. Die Hauptteile müssen dann um so mächtiger hervortreten, bald die einzelnen führenden Stimmen sich von der Mehrzahl abheben, bald das Zusammenwirken der Gesamtheit im Vordergrund stehen.

Da bei größerer Anzahl von Spielenden der einzelne leicht gedeckt wird, so sind diejenigen Stellen der Ensembleszenen besonders schwierig, in denen die Wirkung dargestellt wird, welche das Verhandelte auf die einzelnen Beteiligten hat. Wo in diesem Fall ein kurzes, hingeworfenes Wort nicht genügt, den Zuhörer zu unterrichten, ist eine Erfindung nötig, welche den einzelnen zwanglos aus der Gruppe löst und in den Vordergrund stellt. Es ist ganz untunlich, in solchem Falle die dramatische Bewegung der Mehrzahl plötzlich zu unterbrechen und die Übrigen zu stummen und tatlosen Zuschauern der geheimen Offenbarungen einzelner zu machen.

Je rascher die Handlung im Zusammenspiel fortläuft, desto schwerer wird solches Isolieren der einzelnen. Hat die Handlung aber eine gewisse Wucht und Höhe erreicht, so wird es der größten Kunst nicht immer möglich, einem Hauptschauspieler Raum zu wünschenswerter Darlegung seiner innersten Stimmung zu geben. Und deshalb gilt für diese Szenen das dritte Gesetz. Der Dichter wird seine Personen nicht alles sagen lassen, was für sie bezeichnend und für ihre Rolle an sich nötig wäre. Denn hier besteht ein innerer Gegensatz zwischen dem Erfordernis der einzelnen Rolle und dem Vorteil des Ganzen. Jede Person auf der Bühne fordert für sich Beteiligung am Fortgange der Handlung, soweit dies ihre gesellschaftliche Stellung zu den anderen Charakteren der Szene erlaubt. Der Dichter aber kommt in die Lage, ihr diesen Anteil beschränken zu müssen. Auch Haupthelden müssen häufig mit stummem Spiel begleiten, wo ihnen im wirklichen Leben das Dreinsprechen geboten sein würde. Dem Schauspieler dagegen ist langes Schweigen peinlich, der Nebenspieler ermattet und sinkt zum Statisten herab, der Hauptspieler fühlt lebhaft das Unrecht, welches seiner Rolle geschieht, weit weniger die höhere Notwendigkeit. Es genügt für die richtige Gesamtwirkung nicht immer, daß der Dichter auf die Bewegung der nicht gerade im Vordergrund stehenden Rollen achtet und durch wenige Worte oder durch eine nicht ruhmlose Beschäftigung dem Darsteller Richtung für sein stummes Spiel und Übergänge zu den Stellen, wo er wieder eingreifen darf, gewährt. Es gibt äußerste Fälle, wo auf der Szene dasselbe gilt, was bei großen Gemälden gestattet wird, welche zahlreiche Gestalten in starker Bewegung und Verschlingung zeigen. Wie dort der Schwung der Hauptlinien so wichtig ist, daß ihm einmal die richtige Verkürzung eines Armes und Fußes geopfert werden muß, so wird auch in der starken Strömung einer menschenreichen Szene die für den einzelnen Charakter nötige Darstellung aufgegeben werden müssen, aus Rücksicht auf Verlauf und Gesamtwirkung der Szene. Damit der Dichter dergleichen gebotene Fehler aber schön verüben könne, wird ihm die Empfindung lebhaft sein müssen, daß es an sich Fehler sind.

Es gereicht dem Stücke tatsächlich zum Nutzen, die Zahl der Mitspieler soviel als irgend möglich zu beschränken. Jede Rolle mehr erschwert die Besetzung, macht bei Krankheit oder Abgang eines Schauspielers die Wiederholung des Stückes unbequem. Schon diese äußere Rücksicht wird den Dichter bestimmen, bei Ensembleszenen wohl zu überlegen, welche Gestalten ihm unumgänglich notwendig seien. Dazu kommt ein innerer Grund: je größer die Zahl der tätigen Nebenpersonen in einer Szene ist, desto mehr Zeit nimmt sie in Anspruch.

Die Ensembleszenen sind allerdings eine wesentliche Hilfe, dem Stück Farbe und Glanz zu geben. Sie werden ungern bei einem geschichtlichen Stoffe entbehrt werden. Aber sie werden auch in solchem Stück mit Maß verwendet werden müssen, weil sie mehr als andere den Erfolg von dem

Geschick des Regisseurs abhängig machen und weil in ihnen die ausgeführte Darstellung des innern Lebens der Hauptfiguren, eine genaue Schilderung der Seelenvorgänge, welche den höchsten dramatischen Anteil beanspruchen, weit schwieriger ist. Die zweite Hälfte des Stückes wird sie am lebhaftesten heischen, weil in ihr die Tätigkeit der Gegenspieler mächtiger hervortritt, aber nur dann ohne Schaden vertragen, wenn in diesem Abschnitt der Handlung die warme Teilnahme des Zuschauers an den Hauptcharakteren bereits unerschütterlich festgestellt war. Auch hier wird der Dichter sich hüten, das innere Leben der Haupthelden für längere Zeit zu decken.

Eine der schönsten Ensembleszenen Shakespeares ist die Bankettszene auf der Galeere des Pompejus in »Antonius und Kleopatra«, sie enthält keinen Hauptteil der Handlung und ist, was bei Shakespeare in den tragischen Teilen seiner Handlung nicht häufig ist, wesentlich Situationsszene. Sie hat aber eine gewisse Bedeutung, weil sie am Schluß des zweiten Aktes, also an einer Stelle steht, welche eine Auszeichnung fordert, zumal in diesem Stück, in welchem die vorhergehenden politischen Auseinandersetzungen ein buntes und belebtes Bild sehr wünschenswert machten. Die Fülle der kleinen charakterisierenden Züge, welche in dieser Szene vereinigt sind, das knappe Zusammenfassen derselben, vor allem aber die technische Anordnung sind bewunderungswürdig. Die Szene wird eingeleitet durch eine kurze Unterredung der Diener, wie sie bei Shakespeare nicht selten ist, um das Aufstellen der Tische und Geräte auf seiner Bühne zu vermitteln. Die Szene selbst ist dreiteilig. Der erste Teil stellt das übermütige Geplauder der versöhnten Triumvirn und die Pedanterie des trunkenen Schwachkopfes Lepidus dar, auf den schon die Diener hingewiesen haben; der zweite in furchtbarem Gegensatz die heimliche Unterredung des Pompejus und Mänas; der dritte, durch das Hinaustragen des trunkenen Lepidus eingeleitet, die Steigerung des wüsten Bacchanals und die überhandnehmende Trun-

kenheit. Die Verbindung der drei Teile, wie Mänas den
Pompejus zur Seite zieht, wie Pompejus wieder an der
Person des Lepidus anknüpfend das Gelage fortsetzt, ist
sehr beachtenswert. Kein Wort in der ganzen Szene ist
unnütz und bedeutungslos, der Dichter empfindet in jedem
Augenblick die Lage der einzelnen Gestalten, auch der
Nebenfiguren, jede greift fördernd in den Verlauf ein, für
den Regisseur wie für die Rollen ist das Ganze meisterhaft
zurechtgemacht. Von dem ersten Bericht des Antonius über
den Nil, durch welchen das Bild der Kleopatra auch in diese
Szene hineingetragen wird, und dem einfältigen Dreinreden
des Lepidus: – »Ihr habt seltsame Schlangen dort« –, durch
welches ein Eindruck in die Seelen der Zuhörer geworfen
wird, welcher auf den Schlangentod der Kleopatra vorbereitet, bis zu den letzten Worten des Antonius: »Gut, gebt die
Hand, Herr«, in denen der Berauschte unwillkürlich die
Überlegenheit des Cäsar Augustus anerkennt, und bis zu
den folgenden trunkenen Reden des Pompejus und Enobar-
bus gleicht alles feinziselierter Arbeit an fest zusammenge-
fügten Metallgliedern.

Belehrend ist der Vergleich dieser Szene mit dem Schluß des
Bankettaktes in den »Piccolomini«. Die innere Ähnlichkeit
ist so groß, daß man die Meinung erhalten muß, Schiller
habe die Shakespearesche Ausführung vor Augen gehabt.
Auch hier ist eine Dichterkraft zu bewundern, welche eine
große Anzahl von Gestalten mit unumschränkter Sicherheit
zu leiten weiß, auch hier ein großer Reichtum von bedeutenden Momenten und kräftige Steigerung im Bau. Aber was
für Schiller bezeichnend ist, diese Momente sind zum Teil
episodischer Natur, das Ganze breiter und größer angelegt.
Dies letzte freilich mit Berechtigung. Denn die Szene steht
nicht am Ende des zweiten, sondern am Ende des vierten
Aktes, und sie enthält einen wesentlichen Teil der Handlung, die Erlangung der verhängnisvollen Unterschrift, sie
würde also, auch wenn das Bankett nicht den gesamten
vierten Akt füllte, eine größere Anlage gehabt haben. Ihre

Anordnung ist genau wie bei Shakespeare.* Zuerst eine einleitende Unterredung der Diener, welche aber zu unverhältnismäßiger Breite ausgesponnen ist; die Beschreibung des Pokals hat kein Recht uns zu beschäftigen, weil der Becher selbst mit dem Stück weiter nichts zu tun hat und die zahlreichen Seitenlichter, welche aus dieser Beschreibung auf die Gesamtlage fallen, nicht mehr stark genug sind. Dann eine ebenfalls dreiteilige Handlung, erstens: Bemühung Terzkys, von Nebenfiguren die Unterschrift zu erhalten, zweitens: im scharfen Gegensatz dazu das kurze Gespräch der Piccolomini, drittens: die Entscheidung als Streit des trunkenen Illo mit Max. Auch hier ist der Verband der einzelnen Szenenteile sorgfältig. Octavio führt durch das vorsichtige Ausforschen Buttlers leise die Aufmerksamkeit aus der bewegten Gruppe der Generäle heraus auf seinen Sohn, durch das Suchen des fehlenden Namens wird die volle Aufmerksamkeit auf Max geleitet; worauf der trunkene Illo sich wieder zuerst sehr bedeutsam an Octavio wendet, bevor er mit Max zusammenstößt. Die Verbindung und Lösung der einzelnen Gruppen, das Herausheben der Piccolomini, die Handlung des Höhenpunktes, das bewegte Zwiespiel der Nebenfiguren bis zu dem kräftigen, kurzen Schluß sind sehr schön.

---

* Der Akt ist zweiteilig. Der erste vorbereitende Teil enthält drei kurze dramatische Bestandteile: den Eintritt des Max, die Vorlegung der gefälschten Urkunde durch die Intriganten, den Anschluß Buttlers an sie. Von da beginnt, ebenfalls durch Unterredung der Diener eingeleitet, der große Schluß. Die zechenden Generäle darf man nicht den ganzen Akt im Mittel- und Hintergrund der Bühne sehen, die Bühne zeigt besser ein Vorzimmer des Bankettsaals durch Pfeiler und Hinterwand von diesem getrennt, so daß man die Gesellschaft bis zu ihrem Eintritt am Schluß nur undeutlich erblickt und nur einzelne bequeme Rufe und Bewegungen der Gruppen aufnimmt. Schiller war im »Wallenstein« noch ein sorgloser Regisseur, von da ab tat er mehr für die szenische Anordnung. Zu den Besonderheiten der scharfen Zeichnung in dieser schönen Szene gehört die teilnahmlose Versunkenheit des Max – sie ist von Kleist im »Prinz von Homburg« wunderlicher wiederholt worden. Nicht durch Schweigen kennzeichnet Shakespeare die Träumenden, sondern durch zerstreute und tiefsinnige Reden.

Wir besitzen außerdem noch zwei mächtige Massenszenen
von Schiller, die größten aus der großen Zeit unserer Dichtkunst: die Rütliszene und den ersten Akt des »Demetrius«.
Beide sind Muster, welche der angehende Dramatiker nicht
nachahmen, aber in ihrer hohen Schönheit sorgfältig beachten soll. Was man auch gegen den dramatischen Bau des
»Tell« sagen muß, auf einzelnen Szenen ruht ein Zauber, der
immer aufs neue zur Bewunderung hinreißt. Auch in der
Rütliszene ist die dramatische Bewegung eine verhältnismäßig gehaltene, die Ausführung breit, prächtig, voll schöner
Lokalfarbe. Zuerst gibt eine Einleitung die Stimmung. Sie
besteht aus drei Teilen: Ankunft der Unterwaldner, Unterredung Melchtals und Stauffachers, Begrüßung der Schwy-
zer. Man beachte wohl, daß der Dichter vermieden hat,
durch dreimalige Betonung des Eintritts der drei Kantone zu
ermüden. Zwei Hauptgestalten heben sich hier kräftig von
den Nebenfiguren ab und bilden für die Einleitung einen
kleinen Höhenpunkt, die Zerrissenheit durch mehre gleich-
schwebende Momente wird verhindert. Mit dem Eintritt der
Urner, welcher durch ihr Horn, das Herabsteigen vom
Berge und die Reden der Anwesenden hinreichend betont
ist, beginnt sogleich die Handlung.
Diese Handlung läuft fünfgeteilt fort. Erstens Einrichtung
der Tagsatzung mit kurzen Reden und kräftiger Beteiligung
der Nebenspieler. Darauf Stauffachers großartige Darstellung vom Wesen und Zweck des Bündnisses. Nach diesem
mächtigen Hervortreten des einzelnen drittens bewegter
Streit der Ansichten und Parteien über die Stellung des
Bundes zum Kaiser, viertens hohe Steigerung der Gegensätze bis zum ausbrechenden Streit über die Mittel, sich von
der Gewaltherrschaft der Vögte zu lösen, und Abstimmung
über die Beschlüsse. Endlich fünftens der feierliche Schwur.
Und nach solchem Abschluß der Handlung ein Ausklingen
der Stimmung, welches seine Klangfarbe von der umgeben-
den Natur und der aufgehenden Sonne erhält. Bei dieser
reichen Gliederung ist die Schönheit in den Verhältnissen

der einzelnen Teile besonders anziehend. Der Mittelpunkt dieser ganzen Gruppe von dramatischen Momenten, Stauffachers Vortrag, tritt als Höhenpunkt heraus. Darauf als Abstich die unruhige Bewegung in den Massen, die eintretende Befriedigung und der hohe Aufschwung! Nicht weniger schön ist die Behandlung der zahlreichen Nebenfiguren, das selbständige Eingreifen der einzelnen kleinen Rollen, welche in ihrer Bedeutung für die Szene mit einer gewissen republikanischen Gleichberechtigung nebeneinander stehen.

Das größte Muster für Staatsaktionen ist die prachtvolle Eröffnungsszene des »Demetrius«, der polnische Reichstag. Der Stoff dieses Dramas machte die Mitteilung vieler Voraussetzungen nötig, die seltsamen Schicksale des Knaben Demetrius erforderten außerdem eine starke Anwendung besonderer Farben, um die fremdartige Welt poetisch nahezubringen. Schiller machte mit der ihm eigenen kühnen Hoheit die epische Erzählung zum Mittelpunkt einer reich ausgestatteten Schauszene und umgab den langen Bericht des einzelnen mit leidenschaftlicher Bewegung der Massen. Auf eine kurze Einleitung folgt mit dem Eintritt des Demetrius die vierteilige Szene: 1. die Erzählung des Demetrius; 2. die kurz zusammenfassende Wiederholung derselben durch den Erzbischof und die ersten Wellen, welche dadurch in der Versammlung aufgeregt werden; 3. die Bitte des Demetrius um Unterstützung und die Steigerung der Bewegung; 4. die Gegensprache und der Einspruch des Sapieha. Die Szene endigt mit Tumult und plötzlichem Abbruch. Durch ein kleines dramatisches Moment wird sie mit dem darauf folgenden Zwiegespräch zwischen dem König und Demetrius verbunden. Die Bewegungen der Nebenpersonen sind kurz und heftig, der Stimmführer wenige, außer Demetrius ist nur der eine Widerspruch erhebende kräftig von der Masse abgehoben. Man empfindet und erfährt, daß die Masse schon vorher gestimmt ist, die Erzählung des Demetrius bildet in ihrer schmuckvollen Ausführung den Hauptteil der Szene, wie dem ersten Akt geziemte.

Goethe hat uns, wenn man von den kurzen Szenen im »Götz« absieht, keine Massenszenen von großer dramatischer Wirkung hinterlassen. Den Volksszenen im »Egmont« fehlt zu sehr kräftige Bewegung, der schöne Spaziergang im »Faust« ist aus kleinen dramatischen Bildern zusammengefügt, die Studentenszene in Auerbachs Keller beabsichtigt keine tragische Wirkung und hat für den Darsteller des Faust den Übelstand, daß sie ihn müßig und unbeschäftigt auf der Bühne läßt.

Besondere Unterstützung durch den Regisseur fordern die Aktionsszenen, in denen größere Massen wirken. Wenn auch unsere Bühnen in dem Chorpersonal der Oper eine ziemliche Anzahl von Mitspielern bereit haben und diese Helfer noch durch Statisten zu verstärken gewöhnt sind, so ist doch die Zahl der Personen, welche auf der Bühne versammelt werden können, oft verschwindend klein gegen die Menschenmenge, welche im wirklichen Leben an einer Volksszene, an einem Gefecht, an einem großen Aufruhr teilnehmen. Leicht empfindet deshalb der Zuschauer vor den eingeführten Haufen die Leere und Dürftigkeit. Auch hier stört, daß das moderne Theater wenig geeignet zur Aufstellung größerer Massen ist. Nun ist allerdings die äußerliche Anordnung solcher Szenen zum großen Teil in den Händen des Regisseurs; aber der Dichter hat die Aufgabe ihm leicht zu machen, daß er durch seine Kunst den Schein belebter Menschenmenge hervorbringe.

Schon Einzug und Abgang einer größern Anzahl von Personen nimmt Zeit in Anspruch und zerstreut die Aufmerksamkeit, diese muß also durch spannende kleine Erfindungen und durch die Verteilung der Masse in Gruppen zusammengehalten werden.

Der Bühnenraum muß so eingerichtet sein, daß die verhältnismäßig geringe Zahl der wirklich vorhandenen Spieler nicht übersehen werden kann, durch Versatzstücke, gute

Perspektiven, ein Aufstellen an den Seiten, welches die Phantasie auf größere unsichtbare Mengen hinleitet, die sich durch Zeichen und Rufe hinter der Szene bemerkbar machen, usw.

Glänzende Schauaufzüge, wie Iffland der »Jungfrau von Orleans« einrichtete,[59] wird sich der Dichter eines Trauerspiels mit Fug verbitten, die Gelegenheit dazu soviel als möglich vermeiden.

Dagegen sind solche Massenwirkungen, wobei die Menge in lebhafter Bewegung sich tummelt, Volksszenen, große Ratsversammlungen, Lagerbilder, Gefechte, zuweilen wünschenswert.

Für Volksszenen ist die schöne Behandlung Shakespeares zum oft nachgeahmten Vorbild geworden: kurze, schlagende Reden einzelner Volksfiguren, fast immer in Prosa, unterbrechende und belebende Rufe einer Menge, welche von einzelnen Führern ihre Anregung erhält. Es lassen sich aber durch eine Volksszene auf der Bühne noch andere Wirkungen hervorbringen, nicht die höchsten dramatischen, aber doch bedeutende, welche zur Zeit noch wenig von unseren Dichtern verwertet worden sind.

Da wir auch bei Volksszenen den Vers nicht aufgeben sollen, wird schon durch diesen eine andere Behandlung des Haufens geboten, als Shakespeare liebte. Nun ist die Einführung des alten Chors allerdings unmöglich; die Neubelebung, welche Schiller einmal versucht hat,[60] dürfte trotz der Fülle von poetischer Schönheit, welche in den Chören der »Braut von Messina« entzückt, keine Nachahmung finden; aber zwischen den Hauptspielern und einer größern Anzahl von Nebenfiguren ist noch ein anderes dramatisch bewegtes Zusammenspiel denkbar, welches die Führer sowohl der Menge verbindet als gegenüberstellt. Nicht nur kurze Rufe, auch Reden, welche mehre Verse umfassen, erhalten durch das Zusammensprechen mehrer mit eingeübtem Tonfall und Zeitmaß eine gesteigerte Kraft. Der Dichter wird bei derartiger Einführung der Menge instand gesetzt, ihr einen würdigeren Anteil an der Handlung zu geben, er wird in dem Wechsel zwischen einzelnen Stimmen, dem Drei- oder Vierklang und der Gesamtheit, zwischen helltönendem Tenor und kräftigem Baß zahlreiche Nuancen, Steigerung und Färbung hervorzubringen vermögen. Bei solchem Zusammensprechen größerer Massen hat er darauf zu achten, daß der Sinn der Sätze auch der Wucht und Energie des Ausdrucks wohl entspreche, daß die Worte leicht verständlich und ohne Mißlaut seien, daß sich die einzelnen Satzteile gut voneinander abheben.

Es ist nicht wahr, daß diese Behandlung an Stelle einer mannigfaltigen und naturwahren Bewegung auf der Bühne eine gekünstelte setzt, denn auch die herkömmliche Art und Weise, Volksszenen einzurichten, ist eine überkommene, künstliche, welche den Verlauf nach einem Schema umbildet. Die hier vorgeschlagene Weise ist nur wirkungsvoller. Der Dichter mag bei ihrer Anwendung seine Kunst verstecken und durch Abwechselung im Gebrauch der mehrstimmigen Rede und Gegenrede Mannigfaltigkeit hervorbringen. Das klangvolle Zusammensprechen eignet sich nicht nur für lebhaftes Wortgefecht und Erörterungen, es ist für jede Stimmung, welche in einer versammelten Menge aufbraust, zu gebrauchen. Auf unseren Bühnen wird bis jetzt das Einüben des Zusammensprechens unverantwortlich vernachlässigt, es ist oft nichts als schwer verständliches Geschrei. Der Dichter wird deshalb wohltun, in seinen Textbüchern für die Bühne genau die Stimmengruppen zu unterscheiden. Für solche Bezeichnung muß er selbst die Wirkungen deutlich vorausgefühlt haben.

Die Gefechte sind auf der deutschen Bühne übel berüchtigt und werden von dem vorsichtigen Dichter vermieden. Ursache ist wieder, daß unsere Theater dergleichen schlecht machen. Shakespeare hatte eine unleugbare Vorliebe für kriegerische Bewegungen der Massen, er hat sie auch in seinen späteren Stücken durchaus nicht beschränkt. Und obgleich er selbst gelegentlich mit geringer Achtung von den

Mitteln spricht, durch welche Gefechte auf seinem Theater dargestellt wurden, so ist man doch berechtigt anzunehmen, daß er sie sorgfältiger ferngehalten hätte, wenn sie nicht seinen Zuschauern sehr angenehm gewesen wären. Solcher Eindruck war aber bei einem waffenfreudigen Volke, welches alle kriegerischen Leibesübungen noch mit Leidenschaft trieb, nur möglich, wenn bei diesen Szenen eine gewisse Kunst und Technik zutage kam und wenn das unvermeidliche Konventionelle der Bühne nicht den Eindruck des Kläglichen machte. Szenen wie das Gefecht des Coriolanus und Aufidius, des Macbeth und Macduff, die Kampfszenen in »Richard III.« und »Julius Cäsar« sind so wichtig und bedeutsam, daß man sieht, wie sicher Shakespeare ihren Wirkungen vertraute. In neuer Zeit hat man auf der englischen Bühne diese kriegerischen Effekte wieder mit einem Aufwand von Hilfsmitteln zu erhöhter Wirkung herausgeputzt und die Zuschauer nur zuviel damit beschäftigt. Wenn in Deutschland immer noch zuwenig dafür geschieht, so darf diese Nachlässigkeit für den Dichter kein Grund werden, sich ängstlich davon fernzuhalten. Es sind Hilfswirkungen, die ihm wohl einmal gute Dienste leisten können. Er soll sich selbst ein wenig kümmern, wie dergleichen gut eingerichtet werden kann, und darauf achten, daß die Bühnen ihre Schuldigkeit tun.

Viertes Kapitel.

Die Charaktere

1.

Die Völker und Dichter

Die Bildung der dramatischen Charaktere bei den Germanen zeigt deutlicher als der Bau ihrer Handlung den großen Fortschritt, welchen das Menschengeschlecht seit dem Erscheinen der dramatischen Kunst bei den Griechen gemacht hat. Sowohl die natürliche Anlage unseres Volkes als seine Stellung über den Jahrtausenden einer verschütteten Welt und die dadurch gebotene Ausbildung des geschichtlichen Sinnes erklären diese Verschiedenheit. Seit dem neueren Drama die Aufgabe wurde, durch Poesie und Schauspielkunst auf der Bühne den Schein eines individuellen Lebens bis zur Täuschung genau darzustellen, hat die Schilderung der Charaktere eine Bedeutung für die Kunst gewonnen, welche sie in der alten Welt nicht hatte.

Die poetische Kraft des dramatischen Dichters erweist sich am unmittelbarsten in Erfindung der Charaktere. Beim Aufbau der Handlung, bei der Einrichtung für die Bühne helfen ihm andere Eigenschaften; eine sichere Bildung, ein männlicher Zug in dem eigenen Wesen, gute Schule und Erfahrung; wo aber die Fähigkeit zu scharfer Zeichnung der Charaktere gering ist, wird vielleicht ein bühnengerechtes, nie ein bedeutendes Werk geschaffen werden. Macht dagegen eigentümliche Erfindung die einzelnen Rollen anziehend, da darf man gute Hoffnung hegen, wenn auch das Zusammenwirken der Gestalten zum Gesamtbilde noch sehr mangelhaft ist. Deshalb ist gerade bei diesem Teile des künstlerischen Schaffens durch Lehre weniger zu helfen als bei jedem andern. Die »Poetik« des griechischen Denkers, wie sie uns erhalten ist, enthält über die Charaktere nur wenige Zei-

len.[61] Auch in unserer Zeit vermag die Technik nichts als
dürftige Vorschriften aufzustellen, die den Schaffenden
nicht einmal wesentlich fördern. Was diese Regeln für die
Arbeit geben können, trägt der Dichter im ganzen sicher in
sich, und was er nicht hat, vermögen sie nicht zu geben.

Das Charakterisieren des Dichters beruht auf der alten
Eigenschaft des Menschen, jedes Lebendige als geschlossene
Persönlichkeit zu empfinden, in welcher eine Seele, gleich
der des Beobachters, als Bewegendes vorausgesetzt und
darüber das Besondere, Eigenartige des fremden Daseins als
reizvoll genossen wird. In diesem Drange bildet der
Mensch, lange bevor ihm sein poetisches Schaffen zu einer
gelehrten Kunst wird, alles, was ihn umgibt, in Persönlichkeiten um, denen er mit geschäftiger Einbildungskraft viel
von dem eigenen menschlichen Wesen verleiht. Aus Donner
und Blitz wird ihm eine Göttergestalt, welche auf dem
Streitwagen über dem hohlen Himmelsboden daherfährt,
den feurigen Speer schleudernd; die Wolken wandeln sich in
Himmelskühe und Schafe, aus welchen eine göttliche
Gestalt die Himmelsmilch auf die Erde schüttet. Auch die
Geschöpfe, welche neben dem Menschen die Erde bewoh-
nen, empfindet er als menschenähnliche Persönlichkeiten, so
den Bären, Wolf, Fuchs. Ebenso legt noch jeder von uns
dem Hund, der Katze Vorstellungen und Empfindungen
unter, welche uns geläufig sind, und nur weil uns solches
Auffassen des Fremdartigen durchaus Bedürfnis und Ver-
gnügen ist, werden uns die Tiere so heimisch. Unablässig
äußert sich derselbe personenbildende Trieb. Auch im Verkehr mit Menschen, alltäglich, bei jeder ersten Bekanntschaft eines Fremden, formen wir aus den wenigen Lebensäußerungen, die uns von ihm zugehen, aus einzelnen Worten, dem Ton seiner Stimme, dem Ausdruck seines Gesich-
tes, das Bild einer geschlossenen Persönlichkeit, zunächst
dadurch, daß wir die unvollständigen Eindrücke blitzschnell
aus dem Vorrat der Phantasie, nach der Ähnlichkeit mit
früher Beobachtetem ergänzen. Spätere Beobachtungen der-

selben Person mögen das Bild, welches uns in die Seele gefallen ist, umformen, reicher und tiefer ausbilden; aber schon bei dem ersten Eindruck, wie gering die Zahl der eigenartigen Züge sei, empfinden wir diese als ein folgerichtiges, streng geschlossenes Ganze, in welchem wir das Eigentümliche auf der Grundlage des gemeinsamen Menschlichen erkennen. Dieses Gestalten ist allen Menschen, allen Zeiten gemein, es wirkt in jedem von uns mit der Notwendigkeit und Schnelle einer ureigenen Kraft, es ist jedem eine stärkere oder schwächere Fähigkeit, jedem ein reizvolles Bedürfnis.

Auf dieser Tatsache beruht die Wirkung des dramatischen Charakterisierens. Die erfindende Kraft des Dichters bringt den kunstvollen Schein eines reichen individuellen Lebens hervor, weil er einige – verhältnismäßig wenige – Lebensäußerungen einer Person so zusammenstellt, daß die von ihm *als Einheit verstandene und empfundene* Person auch dem Schauspieler und dem Zuhörer als ein eigenartiges Wesen verständlich wird. Selbst bei den Haupthelden eines Dramas ist die Zahl ihrer Lebensäußerungen, welche der Dichter in der Beschränkung durch Zeit und Raum zu geben vermag, ist die Gesamtzahl der charakterisierenden Züge doch nur gering; vollends bei den Nebenfiguren müssen vielleicht zwei, drei Andeutungen, wenige Worte den Schein eines selbständigen, höchst eigentümlichen Lebens hervorbringen. Wie ist das möglich? Deshalb, weil der Dichter das Geheimnis versteht, durch seine Arbeit den nachschaffenden Sinn der Hörer anzuregen. Denn auch das Verstehen und Genießen eines Charakters wird nur dadurch erreicht, daß die Selbsttätigkeit des empfangenden Zuschauers dem Schaffenden hilfreich und kräftig entgegenkommt. – Also was Dichter und Schauspieler in der Tat geben, sind an sich einzelne Striche, aber durch sie vermag ein scheinbar reich ausgestattetes Bild, in welchem wir eine Fülle von eigentümlichem Leben ahnen und voraussetzen, hervorzuwachsen, weil Dichter und Schauspieler die erregte Einbildungs-

kraft des Hörers zwingen, selbstschöpferisch mitzuar-
beiten.

Die Art und Weise der dramatischen Charakterbildung
durch die Dichter zeigt die größte Mannigfaltigkeit. Sie ist
zunächst nach Zeiten und Völkern verschieden. Sehr verschieden bei Romanen und Germanen. Das Behagen an
charakterisierenden Einzelnheiten ist von je bei den Germanen größer gewesen, bei den Romanen größer die Freude an
der zweckvollen Gebundenheit der dargestellten Menschen
durch eine kunstvoll verschlungene Handlung. Tiefer faßt
der Deutsche seine Kunstgebilde, ein reicheres inneres
Leben sucht er an ihnen zur Darstellung zu bringen, das
Eigentümliche, ja Absonderliche hat für ihn großen Reiz.
Der Romane aber empfindet das Beschränkte des einzelnen
vorzugsweise vom Standpunkt der Konvenienz und Zweckmäßigkeit, er macht die Gesellschaft, nicht wie der Deutsche
das innere Leben des Helden, zum Mittelpunkt, ihn freut es,
fertige Personen, oft nur mit flüchtigem Umriß der Charaktere, einander gegenüberzustellen; ihre verschiedenen Tendenzen sind es, wodurch sie im Gegenspiel zueinander
anziehend werden. Auch da, wo genaue Darstellung eines
Charakters, wie bei Molière, die besondere Aufgabe ist und
wo die Einzelnheiten der Charakteristik hohe Bewunderung
abnötigen, sind diese Charaktere, der Geizige, der Heuchler,[62] meist innerlich fertig, sie stellen sich mit einer zuletzt
ermüdenden Eintönigkeit in verschiedenen gesellschaftlichen Beziehungen vor, sie werden trotz der Vortrefflichkeit
der Zeichnung unserer Bühne immer fremder werden, weil
ihnen das höchste dramatische Leben fehlt, das *Werden* des
Charakters. Wir wollen auf der Bühne lieber erkennen, wie
einer geizig wird, als wie er es ist.

Was also dem Germanen die Seele füllt, einen Stoff wert
macht und zu schöpferischer Tätigkeit reizt, ist vorzugsweise die eigenartige Charakterbewegung der Hauptfiguren,
ihm gehen in schaffender Seele leicht zuerst die Charaktere
auf, zu diesen erfindet er die Handlung, aus ihnen strahlt

Farbe, Licht und Wärme auf die Nebenfiguren; den Romanen lockt stärker die fesselnde Verbindung der Handlung,
die Unterordnung des Einzelwesens unter den Zwang des
Ganzen, die Spannung, die Intrige. Dieser Gegensatz ist alt,
er dauert noch in der Gegenwart. Dem Deutschen wird es
schwerer, zu den tief empfundenen Charakteren die Handlung aufzubauen, dem Romanen verschlingen sich leicht und
anmutig die Fäden derselben zu einem kunstvollen Gewebe.
Diese Eigentümlichkeit bedingt auch einen Unterschied in
der Fruchtbarkeit und in dem Werte der Dramen. Die
Literatur der Romanen hat wenig, was sie den höchsten
Leistungen des germanischen Geistes an die Seite setzen
kann; aber den schwächeren Talenten unseres Volkes
gedeiht bei ihrer Anlage häufig kein brauchbares Theaterstück. Einzelne Szenen, einzelne Personen erwärmen und
fesseln, dem Ganzen fehlt die saubere, spannende Ausführung. Den Fremden gelingt das Mittelgut besser; auch da,
wo weder die dichterische Idee noch die Charaktere
Anspruch auf dichterischen Wert haben, unterhält noch die
kluge Erfindung der Intrige, die kunstvolle Verbindung der
Personen zu bewegtem Leben. Während bei den Germanen
jenes höchste Dramatische: das Durcharbeiten der Empfindung in der Seele bis zur Tat, seltener, aber dann wohl
einmal mit unwiderstehlicher Kraft und Schönheit in der
Kunst zutage kommt, findet sich bei den Romanen weit
häufiger und fruchtbarer die zweite Eigenschaft des dramatischen Schaffens: die Erfindung des Gegenspiels, die wir-
kungsvolle Darstellung des Kampfes, welchen die Umgebung des Helden gegen die Beschränktheiten desselben
führt.
Ferner aber ist bei jedem einzelnen Dichter die Art des
Charakterisierens eine verschiedene, sehr verschieden der
Reichtum an Gestalten, ebenso die Sorgfalt und Deutlichkeit, womit ihr Wesen dem Zuhörer dargelegt wird. Auch
hier ist Shakespeare der reichste und tiefste der Schaffenden,
nicht ohne eine Eigentümlichkeit, welche uns zuweilen in

Verwunderung setzt. Wir sind geneigt anzunehmen und wissen aus vielen Nachrichten, daß sein Publikum nicht vorzugsweise aus den Scharfsinnigen und Gebildeten Altenglands bestand, wir sind also berechtigt vorauszusetzen, daß er seinen Charakteren ein einfaches Gewebe geben und ihre Stellung zu der Idee des Dramas nach allen Seiten hin genau darlegen werde. Das geschieht nicht immer. Zwar bleibt der Hörer bei den Haupthelden Shakespeares nie über wichtige Motive ihres Handelns in Ungewißheit, ja die volle Kraft seiner Dichtergröße kommt gerade dadurch zur Erscheinung, daß er in den Hauptcharakteren die Vorgänge der Seele von der ersten aufsteigenden Empfindung bis zum Höhenpunkte der Leidenschaft mit gewaltig packender Kraft und Wahrheit auszudrücken weiß wie kein anderer. Auch die vorwärts treibenden Gegenspieler seiner Dramen, z. B. Jago, Shylock, verfehlen nicht, den Zuschauer zum Vertrauten ihres Wollens zu machen. Und wohl darf man sagen, daß die Charaktere Shakespeares, deren Leidenschaft doch die höchsten Wellen schlägt, zugleich mehr als das Gebilde irgendeines anderen Dichters gestatten, tief hinab in ihr Inneres zu blicken. Aber diese Tiefe ist für die Augen des darstellenden Künstlers wie für den Hörer zuweilen unergründlich, und seine Charaktere sind in ihrem letzten Grunde durchaus nicht immer so durchsichtig und einfach, wie sie flüchtigen Augen erscheinen, ja mehre von ihnen haben etwas besonders Rätselhaftes und schwer Verständliches, welches ewig zur Deutung lockt und doch niemals ganz erfaßt werden kann.

Nicht nur solche, wie Hamlet, Richard III., Jago, in denen besonderer Tiefsinn oder ein nicht leicht verständlicher Grundzug des Wesens und einzelne wirkliche oder scheinbare Widersprüche auffallen, sondern auch solche Charaktere, welche bei oberflächlicher Betrachtung die geradlinige Straße bühnengemäß dahinschreiten.

Man prüfe die Urteile, welche in Deutschland seit etwa hundert Jahren über die Charaktere im »Julius Cäsar« abge-

geben worden sind, und die freudige Beistimmung, mit
welcher unsere Zeitgenossen die edlen Wirkungen dieses
Stückes aufnehmen. Der warmherzigen Jugend ist Brutus
der edle, das Vaterland liebende Held; ein ehrlicher Erklärer
aus dem Gelehrtenzimmer sieht in Cäsar den großen, festen,
allen überlegenen Charakter; ein Politiker von Fach freut
sich der ironischen, rücksichtslosen Strenge, womit der
Dichter von der Einleitung an seinen Brutus und Cassius als
unpraktische Toren, ihre Verschwörung als ein kopfloses
Wagnis unfähiger Aristokraten behandelt hat. Der Schauspieler von Urteil endlich findet in demselben Cäsar, den
ihm sein Erklärer beredt als Musterbild eines Machthabers
geschildert hat, einen innerlich bis zum Tode erkrankten
Helden, eine Seele, in welcher bereits der Größenwahn das
kräftige Gefüge zerfressen hat. Wer hat recht? Jeder von
ihnen. Und doch hat jeder auch die Empfindung, daß die
Charaktere durchaus nicht aus ungehörigen Bestandteilen
gemischt, künstlich zusammengesetzt oder irgendwie
unwahr sind. Jeder von ihnen fühlt deutlich, daß sie vortrefflich geschaffen, auf der Bühne höchst wirksam leben,
am meisten der Schauspieler selbst, wenn ihm auch das
Geheimnis der Dichterkraft Shakespeares nicht ganz verständlich würde. Wenn er aber dies Geheimnis erkennt, so
wird er mit einer Ehrfurcht darauf blicken, die ebenso groß
sein mag als jene Pietät der Griechen, welche dem Genius
des Sophokles einen Altar stiftete.[63]
Denn Shakespeares Art der Charakterbildung stellt in ungewöhnlicher Größe und Vollkommenheit dar, was dem
Schaffen der Germanen überhaupt eigen ist gegenüber der
alten Welt und gegenüber den Kulturvölkern, welche nicht
mit deutschem Leben durchsetzt sind. Dies Germanische
aber ist die Fülle und liebevolle Wärme, welche jede einzelne
Gestalt zwar genau nach den Bedürfnissen des einzelnen
Kunstwerks formt, aber auch das ganze außerhalb des Stük-
kes liegende Leben derselben überdenkt und in seiner
Besonderheit zu erfassen sucht. Während der Deutsche

behaglich die Bilder der Wirklichkeit mit den bunten Fäden der spinnenden Phantasie überzieht, empfindet er die wirklichen Grundlagen seiner Charaktere, das tatsächliche Gegenbild mit menschenfreundlicher Achtung und mit dem möglichst genauen Verständnis seines gesamten Inhalts. Dieser Tiefsinn, die liebevolle Hingabe an das Individuelle und wieder die hohe Freiheit, welche mit dem Bilde wie mit einem werten Freunde zweckvoll verkehrt, haben seit alter Zeit den gelungenen Gestalten der deutschen Kunst einen besonders reichen Inhalt gegeben, darum ist in ihnen ein Reichtum von Einzelzügen, ein gemütlicher Reiz und eine Vielseitigkeit, durch welche die Geschlossenheit, wie sie dramatischen Charakteren notwendig ist, nicht aufgehoben, sondern in ihren Wirkungen höchlich gesteigert wird.

Der Brutus des Shakespeare ist ein hochsinniger Mann, aber er ist als Aristokrat in Genuß erzogen, er ist gewöhnt, zu lesen und zu denken, er hat die Begeisterung, Großes zu wagen, nicht die Umsicht und Klugheit, es durchzuführen. Cäsar ist ein majestätischer Held, der ein siegvolles, großes Leben durchgesetzt und seinen eigenen Wert in einer Zeit des Eigennutzes und anspruchsvoller Schwäche erprobt hat; aber mit der hohen Stellung, die er sich über den Köpfen seiner Zeitgenossen gegeben hat, ist die Großmannssucht in ihn gekommen, Schauspielerei und heimliche Furcht; der feste Mann, der sein Leben hundertmal gewagt hat und nichts mehr fürchtet als den Schein der Furcht, ist insgeheim abergläubisch, bestimmbar, der Einwirkung schwacher Menschen ausgesetzt. Der Dichter verbirgt das nicht, er läßt die Charaktere an jeder Stelle genau das sagen, was ihnen bei solcher Beschaffenheit zukommt; aber er behandelt ihr Wesen als selbstverständlich und erklärt es nicht, weil es ihm nicht durch kühle Berechnung deutlich geworden ist, sondern mit Naturgewalt aus allen Voraussetzungen aufgestiegen.

Dem Bewunderer Shakespeares macht diese Größe der dichterischen Anschauung bald hier, bald da Schwierigkeiten.

Im ersten Teil des »Cäsar« z. B. tritt Casca kräftig in den Vordergrund; in der sinkenden Handlung des Stückes erfährt man kein Wort über ihn; er und die anderen Mitverschworenen sind dem Dichter offenbar gleichgültiger als dem Hörer. Wer näher zusieht, findet wohl den Grund und begreift, daß der Dichter diese Gestalt, welche er zuerst so wohlwollend hervorhebt, gleich darauf ohne Umstände beiseite wirft; ja der Dichter deutet das in dem Urteil an, welches ausnahmsweise diesmal Brutus und Cassius über den Casca fällen. Ihm und dem Stück ist der Mann nur ein unbedeutendes Werkzeug.

In vielen Nebenrollen steht der große Dichter auffallend schweigsam, mit einfachen Strichen bewegt er sie in ihrer Befangenheit vorwärts; das Verständnis ihres Wesens, das wir angelegentlich suchen, bleibt zuletzt nicht zweifelhaft, es wird aber nur klar aus Streiflichtern, welche von außen auf sie fallen. So sind z. B. die Gemütswandlungen der Anna (aus »Richard III.«) während der berühmten Sterbeszene an der Bahre in einer Weise gedeckt, welche kein anderer Dichter wagen dürfte, und die ohnedies knappe Rolle wird dadurch eine der schwersten. Ähnliches gilt von vielen Gestalten, welche, aus Böse und Gut gemischt, als Helfer einer Handlung auftreten. Bei solchen Nebenrollen überläßt er dem Schauspieler vieles; durch die Aufführung vermag der Künstler manche scheinbare und wirkliche Härten in neue Schönheiten zu verwandeln. Ja manchmal hat man die Empfindung, daß er deshalb erklärendes Beiwerk einzelner Rollen unterließ, weil er für bestimmte Schauspieler schrieb, deren Persönlichkeit vorzugsweise gemacht war, die Rolle zu ergänzen. In anderen Fällen sieht man deutlich einen Mann, der mehr als andere dramatische Schriftsteller, als Schauspieler und Zuschauer gewöhnt ist, die Menschen in der vornehmen Gesellschaft zu betrachten, und der hinter den Formen guter Sitte die charakteristischen Beschränktheiten zu verdecken und durchzulassen versteht; so ist der größte Teil seiner Hofleute gebildet. Durch solche Schweig-

samkeit, durch schroffe Übergänge, scheinbare Lücken
mutet er dem Schauspieler mehr zu als jeder andere; zuweilen sind seine Worte nur wie der punktierte Grund einer
Stickerei, wenig ist herausgebildet, aber alles liegt darin,
genau angedeutet und zweckmäßig für die höchsten Wirkungen der Bühne empfunden; dann erblickt der Zuschauer
überrascht bei guter Darstellung ein reiches, rundes Leben,
wo er beim Lesen über eine Fläche hinwegsah. – Selten
begegnet dem Dichter, daß er in der Tat zuwenig für einen
Charakter tut; so tritt die kleine Rolle der Cordelia[64] auch
bei guter Darstellung nicht in das richtige Verhältnis, welches sie im Stück haben sollte. Manches in den Charakteren
erscheint uns allerdings fremdartig und einer Erläuterung
bedürftig, was den Zeitgenossen durchsichtig und schnell
verständlich war als ein Abbild ihres Lebens und ihrer
Bildung.

Das Größte dieses Dichters aber ist, wie bereits früher
gesagt wurde, die ungeheure treibende Kraft, welche in
seinen Hauptcharakteren arbeitet. Unwiderstehlich ist die
Gewalt, mit welcher sie ihrem Schicksal entgegen, bis zu
dem Höhenpunkt des Dramas aufwärts stürmen, fast in
allen ein markiges Leben und starke Energie der Leidenschaft. Und sind sie auf der Höhe angelangt, von welcher ab
die Befangenen durch übermächtige Gewalten abwärts gezogen werden, hat die Spannung sich in einem verhängnisvollen Tun für den Augenblick gelöst, dann kommen in mehren
Stücken ausgeführte Situationen und Einzelschilderungen,
das Höchste, was die neuere Poesie des Dramas hervorgebracht hat. Die Dolch- und Bankettszene im »Macbeth«, die
Brautnacht in »Romeo und Julia«, das Hüttengericht im
»Lear«, der Besuch bei der Mutter im »Hamlet«, Coriolanus
am Altar des Aufidius sind Beispiele. Zuweilen scheint, wie
gesagt wurde, von diesem Momente ab die Anteilnahme des
Dichters an den Charakteren geringer zu werden, selbst im
»Hamlet«, in welchem die Kirchhofszene – wie berühmt
ihre tiefsinnigen Betrachtungen auch sind – und der Schluß

gegen die Spannung der ersten Hälfte abfallen. Beim
»Coriolanus« freilich liegen die beiden schönsten Szenen in
der zweiten Hälfte des Stückes, ebenso im »Othello« die
gewaltigsten; das letztere Stück hat aber andere technische
Besonderheiten.

Wenn Shakespeares Art zu charakterisieren schon für die
Schauspieler seiner Zeit zuweilen dunkel und schwer war, so
ist natürlich, daß wir seine Eigentümlichkeiten sehr lebhaft
empfinden. Denn kein größerer Gegensatz ist denkbar als
die Behandlung der Charaktere bei ihm und bei den tragischen Dichtern der Deutschen: Lessing, Goethe, Schiller.
Während wir bei Shakespeare durch die Verschlossenheit
mancher Nebencharaktere daran erinnert werden, daß er der
epischen Zeit des Mittelalters noch nahestand, haben unsere
dramatischen Charaktere bis zum Überfluß die Eigenschaften einer lyrischen Bildungsperiode, eine fortlaufende,
breite und behagliche Darstellung innerer Zustände, über
welche die Helden mit einer zuweilen unheimlichen Selbst-
beobachtung nachdenken, dazu Sentenzen, welche den
jedesmaligen Standpunkt des Charakters zu der sittlichen
Ordnung zweifellos deutlich machen. Bei den Deutschen ist
nichts Dunkles und, Kleist ausgenommen, wenig Gewalt-
sames.

Von den großen Dichtern der Deutschen hat Lessing am
besten verstanden, seine Charaktere in dem Wellenschlage
heftiger dramatischer Bewegung darzustellen. Unter den
Kunstgenossen wird die poetische Kraft des einzelnen wohl
zumeist nach seinen Charakteren geschätzt, und gerade im
Charakterisieren ist Lessing groß und bewundernswert; der
Reichtum an Einzelheiten, die Wirkung schlagender
Lebensäußerungen, welche sowohl durch Schönheit als
Wahrheit überraschen, ist bei ihm in dem beschränkten
Kreise seiner tragischen Figuren größer als bei Goethe,
gehäufter als bei Schiller. Die Zahl seiner dramatischen
Grundformen ist nicht groß; um das zärtliche, edle, ent-
schlossene Mädchen, Sara, Emilia, Minna, Recha, und ihren

schwankenden Liebhaber, Melfort[65], Prinz, Tellheim, Templer, stellen sich die dienenden Vertrauten, der würdige Vater, die Buhlerin, der Intrigant, alle nach den Fächern der damaligen Schauspielertruppen geschrieben. Und doch gerade in diesen Typen ist die Mannigfaltigkeit der Abwandelungen bewunderungswürdig. Er ist ein Meister in der Darstellung solcher Leidenschaften, wie sie sich in einem bürgerlichen Leben äußerten, wo das heiße Ringen nach Schönheit und Adel der Seele so wunderlich neben rohem Begehren stand. Und wie bequem ist alles auch für den Schauspieler empfunden, keiner hat ihm so aus der Seele gearbeitet, ja einzelnes, was beim Lesen zu unruhig und zu theatralisch aufgeregt scheint, tritt erst durch die Darstellung in ein gutes Verhältnis.

Nur in einzelnen Momenten macht seine feine Dialektik der Leidenschaft nicht den Eindruck der Wahrheit, weil er sie zu fein zuspitzt und einem Behagen an haarspaltendem Wortspiel nachgibt; an wenigen Stellen breitet sich auch bei ihm die Nachdenklichkeit da, wo sie nicht hingehört, und zuweilen ist mitten in der tief poetischen Erfindung ein erkünstelter Zug, welcher erkältet, statt den Eindruck zu verstärken. Lehrreich ist dafür, außer mehrem im »Nathan«, in »Sara Sampson« Akt III, Szene 3, die Stelle, in welcher Sara sich leidenschaftlich darüber ergeht, ob sie den Brief ihres Vaters annehmen soll. Der Zug ist höchstens als kurze Einzelnheit der Charakteristik zu benutzen, auch dafür nur andeutend zu behandeln, in der breiten Ausführung wird er peinlich.

Noch lange werden Lessings Stücke eine hohe Schule des deutschen Darstellers sein, und die liebevolle Achtung der Künstler wird sie auch dann noch auf unserem Theater bewahren, wenn einst eine männlichere Bildung die Zuschauer empfindlicher machen wird gegen die Schwäche der Umkehr und Katastrophe in »Minna von Barnhelm« und »Emilia Galotti«. Denn darin irrte noch der kräftige Mann, daß heftige Leidenschaft hinreiche, den poetischen

Charakter zum dramatischen zu machen, während es viel
mehr auf das Verhältnis ankommt, in welchem die Leidenschaft zur Willenskraft steht. Seine Leidenschaft schafft
Leiden und erregt im Zuschauer zuweilen ein abweisendes
Mitleid. Noch schwanken seine Hauptpersonen – und dies
ist nicht sein Kennzeichen, sondern das der Zeit –, durch
stürmische Bewegung hin und her getrieben, und wo sie zu
verhängnisvoller Tat kommen, fehlt dieser zuweilen die
höchste Berechtigung. Die tragische Entwickelung in »Miß
Sara Sampson« beruht darauf, daß Melfort die Nichtswür-
digkeit begeht, seiner frühern Geliebten ein Stelldichein mit
Miß Sara zu vermitteln, in »Emilia Galotti« wird die Jungfrau vom Vater aus Vorsicht erstochen.

Denn die Freiheit und der Adel, mit welchen die Personen
bei den Dichtern des vorigen Jahrhunderts ihre Seelenstim-
mungen ausdrücken, ist nicht begleitet von einer entsprechenden Meisterschaft im Handeln; nur zu häufig empfindet
man eine Zeit, in welcher der Charakter auch der Besten
nicht fest gezogen und zu Metall gehärtet war durch eine
starke öffentliche Meinung, durch den sicheren Inhalt, welchen das politische Leben im Staate dem Manne gibt. Willkür in den sittlichen Gesichtspunkten und empfindsame
Unsicherheit stören auch genialer Kraft die höchsten Kunstwirkungen. Das ist den Dramen Goethes oft vorgeworfen
worden, hier sei nur der Fortschritt angedeutet, welcher
durch ihn und Schiller in den dramatischen Wirkungen
eingeführt wurde.

Goethe ist in den charakterisierenden Einzelnheiten seiner
Rollen nicht reichlicher als Lessing, – Weislingen, Clavigo,
Egmont sind sogar dramatisch dürftiger als Melfort, Prinz,
Tellheim – seine Figuren haben nichts von dem heftig pulsie-
renden Leben, dem Unruhigen, ja Fieberhaften, welches in
den Bewegungen der Charaktere Lessings zittert, nichts
Gekünsteltes beunruhigt, die unverwüstliche Anmut seines
Geistes adelt auch noch das Verfehlte. Erst Goethe und
Schiller haben den Deutschen das geschichtliche Drama

aufgeschlossen, den höheren Stil in Behandlung der Charaktere, welcher für große tragische Wirkungen unentbehrlich ist, wenn auch Goethe diese Wirkung nicht vorzugsweise durch Gewalt der Charaktere noch durch die Handlung erreichte, sondern durch die unübertreffliche Schönheit und Erhabenheit, mit welcher er das Gemüt seiner Helden in Worten ausklingen läßt. Da besonders, wo aus seinen dramatischen Personen die herzliche Innigkeit lyrischer Empfindung durchtönen durfte, zeigt sich gerade in kleinen Zügen ein Zauber der Poesie, den kein Deutscher sonst auch nur annähernd erreicht hat. So wirkt die Rolle des Gretchen.

Es ist nicht zufällig, daß solche höchste Schönheit in Goethes Frauencharakteren wirksam wird; die Männer treiben zum großen Teil nicht vorwärts, sie werden getrieben, ja sie beanspruchen zuweilen eine Teilnahme, die sie sich auf der Bühne nicht verdienen, und erscheinen fast wie werte Freunde des Dichters selbst, deren gute Eigenschaften nur ihm bekannt sind, während sie in der Gesellschaft, zu welcher er sie geladen hat, nicht ihre starke Seite hervorkehren. Auch was den »Faust« zu unserem größten Dichterwerk macht, ist nicht die Fülle des dramatischen Lebens, am wenigsten in der Rolle des Faust selbst. Wenn aber die treibende Kraft der Goetheschen Helden nicht stark genug ist, um erhabene Wirkungen, gewaltige Kämpfe möglich zu machen, so ist die dramatische Bewegung derselben in einzelnen Szenen doch knapp, weise und höchst bühnengerecht, namentlich ist die Fügung seiner Dialoge bewundernswert. Denn es sind die Szenen, welche zwischen zwei Personen verlaufen, das Schönste in den Dramen Goethes; Lessing weiß auch drei Charaktere in leidenschaftlichem Gegenspiel mit höchster Wirkung zu beschäftigen; Schiller aber beherrscht mit überlegener Sicherheit eine große Zahl auf der Bühne.

Die Art und Weise der Charakterschilderung ist bei Schiller in der Jugend sehr anders als in den Jahren seiner Reife. Es

ist ein großer Fortschritt, aber er ist auch nicht ganz ohne
Einbuße. Von der Empfindungsweise schöner Seelen, welche er in den »Räubern« ins Ungeheuerliche, später ins
Heldenhafte erhob, bis zu einer dem Shakespeare ähnlichen
festen Geschlossenheit der Charaktere im »Demetrius«,
welche Umwandlung!

Durch mehr als ein halbes Jahrhundert hat Pracht und Adel
der Charaktere Schillers die deutsche Bühne beherrscht, und
lange haben die schwachen Nachahmer seines Stils nicht
verstanden, daß die Fülle seiner Diktion nur deshalb so
große Wirkungen hervorbrachte, weil unter ihr ein Reichtum von dramatischem Leben wie unter einer Vergoldung
bedeckt liegt. Dies kräftige Leben der Personen ist bereits in
seinen ersten Stücken sehr auffallend, ja es hat in »Kabale
und Liebe« so bedeutenden Ausdruck gewonnen, daß nach
dieser Richtung in den späteren Werken nicht immer ein
Fortschritt sichtbar wird. Dem Verse und höheren Stil hat er
wenigstens die markige Kürze, den bühnengemäßen Ausdruck der Leidenschaft, manche Rücksicht auf die Darsteller
nachgesetzt. Immer voller und beredter wurde ihm der
Ausdruck der Empfindungen durch die Sprache.

Auch seine Charaktere – am meisten die reichlich ausgeführten – haben jene besondere Eigenschaft seiner Zeit, ihr
Denken und Empfinden dem Hörer in vielen Momenten der
Handlung eindringlich zu berichten. Und sie tun es in der
Weise hochgebildeter und beschaulicher Menschen, denn an
die leidenschaftlichste Empfindung hängt sich ihnen sofort
ein schönes, oft ausgeführtes Bild, und der Stimmung, welche so aus ihrem Innern heraustönt, folgt eine Betrachtung –
wie wir alle wissen, oft von hoher Schönheit –, durch welche
die sittlichen Grundlagen des aufgeregten Gefühls klarge-
macht werden und die Befangenheit der Situation durch eine
Erhebung auf höheren Standpunkt wenigstens für Augenblicke aufgehoben erscheint. Es ist offenbar, daß solche
Methode des dramatischen Schaffens der Darstellung starker
Leidenschaften im allgemeinen nicht günstig ist, und sie

wird sicher in irgendeiner Zukunft unseren Nachkommen
seltsam erscheinen; aber ebenso sicher ist, daß sie die Art zu
empfinden, welche den gebildeten Deutschen am Ende des
vorigen Jahrhunderts eigentümlich war, so vollständig wie-
dergibt wie keine andere Dichtweise und daß gerade darauf
ein Teil der großen Wirkung beruht, welche Schillers Dramen noch jetzt auf das Volk ausüben. Allerdings nur ein
Teil, denn die Größe des Dichters liegt gerade darin, daß er,
welcher seinen Charakteren auch in bewegten Momenten so
viele Ruhepunkte zumutet, dieselben doch in höchster Spannung zu erhalten weiß; fast alle haben ein starkes, begeister-
tes inneres Leben, einen Inhalt, mit welchem sie der Außenwelt sicher gegenüberstehen. In dieser Befangenheit machen
sie zuweilen den Eindruck von Nachtwandlern, denen die
Störung durch die Außenwelt Verhängnis wird, so die Jungfrau, Wallenstein, Max, Thekla, oder die wenigstens eines
mächtigen Anstoßes an ihr inneres Leben bedürfen, um zu
einer Tat zu kommen, so Tell, selbst Cesar und Manuel.[66]
Deshalb ist auch die leidenschaftliche Bewegung der Hauptcharaktere Schillers im letzten Grunde nicht immer dramatisch, aber diese Unvollkommenheit wird oft verdeckt durch
das reiche Detail und die schöne Charakteristik, mit welcher
gerade er die liesenden Nebenfiguren ausstattet. Endlich ist
der größte Fortschritt, welchen die deutsche Kunst durch
ihn gemacht, daß er in gewaltigen tragischen Stoffen seine
Personen zu Teilnehmern einer Handlung macht, welche
nicht mehr die Beziehungen des Privatlebens, sondern die
höchsten Interessen der Menschen, Staat, Glauben, zum
Hintergrunde hat. Für junge Dichter und Darsteller freilich
wird seine Schönheit und Kraft immer gefährlich sein, weil
das innere Leben seiner Charaktere überreichlich in der
Rede ausströmt; er tut darin so viel, daß dem Schauspieler
manchmal wenig zu schaffen übrigbleibt, seine Dramen
bedürfen weniger der Bühne als die eines anderen Dichters.

2.

Die Charaktere im Stoff und auf der Bühne

Rechte und Pflichten des dramatischen Dichters zwingen ihn während der Arbeit zu einem unablässigen Kampf gegen die Bilder, welche ihm Geschichte, Epos, sein eigenes Leben darbieten.

Unleugbar wird dem deutschen Dichter Wärme und Anreiz zum Schaffen häufig zuerst durch die Charaktere gegeben. Solche Art des Schaffens scheint unvereinbar mit dem alten Grundgesetz für Bildung der Handlungen, daß die Handlung das erste sein müsse, die Charaktere erst das zweite. Wenn die Freude an dem eigentümlichen Wesen eines Helden den Dichter veranlassen kann, die Handlung dafür erst zusammenzusetzen, so steht doch die Handlung unter der Herrschaft des Charakters und wird durch ihn gebildet, zu ihm erfunden. Der Widerspruch ist nur scheinbar. Denn der schaffenden Seele geht Wesen und Charakter eines Helden nicht so auf wie dem Geschichtschreiber, welcher am Ende seines Werkes die Ergebnisse eines Lebens zieht, oder wie dem Leser eines Geschichtswerkes, der aus den Eindrücken verschiedener Schicksale und Taten das Bild eines Mannes allmählich in sich ausmalt. Die schöpferische Kraft tritt vielmehr dem Dichter derart in das erwärmte Gemüt, daß sie den Charakter eines Helden *in einzelnen Momenten* seines Verhältnisses zu andern Menschen lebendig und reizvoll heraustreibt. Diese Momente, in denen der Charakter lebendig wird, sind bei dem Epiker Situationen, bei dem dramatischen Dichter Aktionen, worin der Held in Bewegung schreitet; sie sind die Grundlage der noch nicht lebensvoll angeordneten Handlung, in ihnen liegt bereits die Idee des Stückes, wahrscheinlich noch nicht geklärt und abgeschlossen. Immer aber ist Voraussetzung dieser ersten Anfänge dichterischer Arbeit, daß der *Charakter unter dem Zwange* eines Teilstücks der Handlung lebendig wird. Nur unter solcher Voraussetzung ist eine poetische Erfassung desselben möglich.

Der Idealisierungsprozeß aber beginnt dadurch, daß sich die Umrisse des geschichtlichen oder sonsther wert gewordenen Charakters nach dem Bedürfnis der in der Seele aufgegangenen Situation umbilden. Der Zug des Charakters, welcher den empfundenen Momenten der Handlung nützlich ist, wird zu einem Grundzuge des Wesens, welchem sich alle übrigen Charaktereigentümlichkeiten als ergänzendes Nebenwerk unterordnen. Gesetzt, den Dichter feßle der Charakter Kaiser Karls V., poetisch vermag er ihn nur zu empfinden, wenn er ihn durch eine bestimmte Aktion durchtreibt. Der Kaiser auf dem Reichstage von Worms, oder wie er dem gefangenen König Franz gegenübersteht, oder in der Szene, in welcher der Landgraf von Hessen zu Halle den Fußfall tut, oder in dem Augenblick, wo er die Nachricht von dem drohenden Überfall des Kurfürsten Moritz erhält, wird unter dem Zwange der Situation jedesmal ein weit anderer; er behält vielleicht noch alle Züge der geschichtlichen Überlieferung, aber der Ausdruck wird ein eigentümlicher und beherrscht so sehr das ganze Bild, daß es bereits jetzt nicht mehr für ein historisches Porträt gelten könnte. Doch die Umbildung geht rasch weiter. An die erste dichterische Anschauung knüpfen sich andere, das erste Teilstück der Handlung schließt andere an sich, es ringt danach, ein Ganzes zu werden, es erhält Anfang und Ende. Und jedes neue Glied der Handlung, welches sich ausbildet, zwingt dem Charakter etwas von der Farbe und den Motiven auf, welche zu seiner Erklärung notwendig sind. Ist in solcher Weise die Handlung gerichtet, so ist dem Dichter unter der Hand der wirkliche Charakter nach den Bedürfnissen seiner Idee völlig umgeformt. Allerdings trägt der Schaffende während dieser ganzen Arbeit die Züge der wirklichen Gestalt wie ein Neben- oder Gegenbild in seiner Seele, er nimmt aus diesem, was er von Einzelnheiten brauchen kann; aber was er daraus schafft, ist frei nach den

Bedürfnissen seiner Handlung herausgehoben und mit eigener Zutat zu neuer Masse verschmolzen.

Ein auffallendes Beispiel ist der Charakter Wallensteins in Schillers Doppeldrama. Es ist kein Zufall, daß die Gestalt des Dichters so sehr verschieden von dem geschichtlichen Bild des kaiserlichen Feldherrn geformt wurde. Die Forderungen der Handlung haben ihm sein Aussehen gegeben. Der Dichter erwärmt sich für den historischen Wallenstein, gerade seit dem Tode Gustav Adolfs wird dieser fesselnd. Er hat hohe Pläne, ist ein großartiger Egoist, hat unbefangene Auffassung der politischen Lage usw. Nun hatte ein Drama, das seinen Ausgang schildert, die Aufgabe, auf möglichst geringen Voraussetzungen darzustellen, wie sein Held allmählich zum Verräter *wird*, durch seine eigene Schuld und unter dem Zwange der Verhältnisse. Schiller sah in sich die Gestalt Wallensteins, wie er aus Vorbedeutungen sein Geschick zu erkennen sucht (wahrscheinlich die erste Anschauung), dann wie er dem Questenberg, dem Wrangel gegenübertritt, dann wie sich treue Männer von ihm lösen. Das waren die ersten Aktionsmomente. Nun wurde aber bedenklich, daß ein so frevelhaftes Beginnen, wenn es mißglückt, den Helden tatsächlich schwächer, kurzsichtiger, kleiner zeigt als die gegenwirkenden Gewalten. Deshalb mußte, um ihm Größe und Anteil zu bewahren, für seinen Charakter ein leitender Grundzug gefunden werden, welcher ihn steigere und den Verlockungen zum Verrat gegenüber als selbsttätig und frei erwies und der auch erklärte, wie ein bedeutender und überlegener Mann kurzsichtiger werden konnte als seine Umgebung. In dem wirklichen Wallenstein war etwas der Art zu finden: daß er abergläubisch war und auf Astrologie hielt – nicht gerade mehr als andere seiner Zeitgenossen. Dieser Zug konnte dichterisch verwertet werden. Aber als kleines Motiv, als eine Wunderlichkeit seines Wesens hätte er wenig genützt. Er mußte geadelt und vergeistigt werden. So entstand das Bild eines tiefsinnigen, inspirierten, gehobenen Mannes, welcher in blutiger Zeit über Menschenleben und Recht dahinschreitet, den Blick unverwandt nach der Höhe gerichtet, wo er die stillen Lenker seines Schicksals zu sehen glaubt.[67] Und dasselbe düstere, träumerische Spielen mit unbegreiflichen Größen konnte ihn auch dem Zwang äußerer Verhältnisse gegenüber heben; denn derselbe Grundzug seines Wesens, eine gewisse Neigung zu doppeldeutigem und verstecktem Handeln, das grübelnde Versuchen und Tasten mochte ihn, den scheinbar Freien, allmählich in die Netze des Verrats verstricken. So war eine sehr eigenartige dramatische Bewegung für sein Inneres gewonnen. – Aber dieser Grundzug seines Wesens war im letzten Grunde doch ein vernunftwidriges Moment, es fesselte vielleicht, es stellte ihn uns nicht menschlich nahe, es blieb eine große Seltsamkeit. Um tragisch zu wirken, mußte dieselbe Besonderheit in Beziehung zu den besten und liebenswertesten Empfindungen seines Herzens gebracht werden. Daß der Glaube an Offenbarungen unbegreiflicher Mächte dem Helden auch das Freundesverhältnis zu den Piccolomini weiht, daß derselbe Glaube nicht hervorgerufen, aber verhängnisvoll gesteigert wird durch ein geheimes Bedürfnis, zu ehren und zu vertrauen, und daß gerade dies Vertrauen auf Menschen, die Wallenstein sich durch seinen Glauben zutraulich verklärt hat, ihm verderben muß, das führt die fremdartige Gestalt unserem Herzen nahe, gibt der Handlung innere Einheit, dem Charakter die Vertiefung. In solcher Weise haben die ersten gefundenen Situationen und das Bedürfnis, diese Situationen in einen festen Zusammenhang von Ursachen und Wirkungen zu bringen und zu einer dramatisch wirksamen Handlung abzurunden, den geschichtlichen Charakter Zug um Zug umgeformt. Ebenso ist sein Gegenspieler Octavio durch den Trieb, ihm einen innerlichen Zusammenhang mit Wallenstein zu geben, allerdings auch in Abhängigkeit von dem Charakter desselben, geformt worden. Ein kalter Intrigant, der über einem Vertrauenden das Netz zusammenzieht, hätte nicht genügt, auch er mußte gehoben und dem Haupt-

helden gemütlich nahegestellt werden, und wenn er als
Freund des Getäuschten aufgefaßt wurde, der – gleichviel
aus welchem Pflichtgefühl – den Freund aufgibt, so war es
zweckmäßig, auch in seinem Leben einen Zug zu erfinden,
der ihn mit dem Schicksal Wallensteins verflocht. Da nun
dem finsteren Stoff ohnedies ein wärmeres Leben, hellere
Farben, eine Reihe von sanften und rührenden Gefühlen
sehr not taten, fand der Dichter den Max. Das reine, arglose
Kind des Lagers wurde das Gegenbild zugleich seines Vaters
und seines Feldherrn. Es kümmerte den Dichter bei dieser
Gestalt vielleicht zuwenig, daß eine so frische, harmlose,
unbefleckte Natur in einem Widerspruch zu ihren eigenen
Voraussetzungen, zu dem zügellosen Soldatenleben stand,
in dem sie aufgewachsen war, wie denn Schiller überhaupt
bei dem, was ihm diente, im Motivieren nicht gerade sorgfältig war. Ihm genügte, daß dieses Wesen durch Charakter
und Geschick in einen edlen und dabei scharf schneidenden
Gegensatz zum Helden und Gegenspieler treten konnte.
Und er hat ihn und die entsprechende Gestalt seiner Geliebten mit einer Vorliebe heraufgeführt, welche sogar den Bau
des Dramas bestimmte.
So war es, im ganzen betrachtet, nicht Laune und nicht ein
zufälliger Fund des Dichters, welcher die Charaktere des
Wallenstein und seiner Gegenspieler geformt hat. Allerdings
aber sind diese Gestalten, wie jedes Dichterbild, zugleich
gefärbt durch die Persönlichkeit des Dichters. Und es ist
Schillern eigen, allen seinen Helden besonders sichtbar die
Gedanken zu geben, mit denen sein eigenes Innere erfüllt
ist. Diese geistvollen Betrachtungen sowie die in großen,
einfachen Linien geschwungenen Umrisse empfinden wir
bereits jetzt als seine Eigentümlichkeit. Anderes aber als
Besonderheit seiner Zeit. Die Meisterschaft im Grübeln und
Wägen ist bei Wallenstein nicht durch entschiedene Kraft
des Willens ins Gleichgewicht gebracht. Daß er auf die
Sprache der Sterne, die zuletzt die seines eigenen Herzens
ist, lauscht, wäre in der Ordnung. Aber er ist auch in

Abhängigkeit von seiner Umgebung dargestellt. Die Gräfin
Terzky bestimmt ihn, Max stimmt ihn um, und der Zufall,
daß Wrangel verschwunden, verhindert vielleicht einen
Umschlag der Ereignisse. Sicher war Absicht des Dichters,
die Unschlüssigkeit Wallensteins stark hervorzuheben; aber
Schwanken ist auch bei uns ein Übelstand, für jeden Dra-
menhelden nur zu gebrauchen als scharfer Gegensatz zu
bereits bewährter Tatkraft.

Wenn dieser Vorgang des Ableitens der Charaktere aus der
inneren Notwendigkeit der Handlung hier als ein Ergebnis
verständiger Überlegung erschien, so ist wohl kaum nötig zu
bekennen, daß er sich so in der warmen Seele des Dichters
nicht vollzieht. Zwar tritt auch dort in vielen Stunden ein
kühles Erwägen als Überwachung und Ergänzung des
schöpferischen Heraustreibens ein, aber das Schaffen
geschieht doch in der Hauptsache mit einer Naturkraft, in
welcher dem Dichter unbewußt derselbe Gedanke tätig ist,
den wir vor dem fertigen Kunstwerk durch Nachdenken als
innewohnendes Gesetz des geistigen Schaffens erkennen.

Namentlich vor geschichtlichen Charakteren zeigt sich die
Umbildung derselben nach den Bedürfnissen der Handlung
nicht nur bei den einzelnen Dichtern verschieden, auch
derselbe Dichtergeist steht nicht allen seinen Helden gleich
frei und unbefangen gegenüber. Es ist möglich, daß auch
eine starke Dichterkraft einmal die geschichtlichen Einzelzüge eines Heldenlebens aus irgendeinem Grunde besonders
sorgfältig darzustellen sucht. Dann erkennt man in dem
fertigen Kunstwerk diese Sorgfalt noch aus einem besonderen Reichtum eigenartiger Züge, welche für die Charakteristik verwertet sind. So zeigt »Heinrich VIII.« von Shakespeare mehr Porträtzüge als irgendeine Heldengestalt seiner
Dramen. Allerdings ist auch diese Gestalt in der Hauptsache
ganz nach den Bedürfnissen der Handlung umgeformt und
von dem historischen Heinrich VIII. durch eine weite Kluft
getrennt; aber das Porträtmäßige der Zeichnung sowie die
zahlreichen Rücksichten, die der Dichter beim Bau der

Handlung auf die wirkliche Geschichte nahm, geben doch
dem Drama einen fremdartigen Farbenton. Wie zahlreich
die kleinen Züge in diesem reich ausgestatteten Charakter
sind, er wird selten einem Darsteller als die lohnendste
Aufgabe erscheinen.

Aus ähnlichen Gründen ist das Einführen historischer Helden, deren Porträt besonders volkstümlich geworden ist,
wie etwa von Luther und Friedrich dem Großen, besonders
schwer. Die Versuchung liegt so nahe, auch solche wohlbe-
kannte Züge der geschichtlichen Figur, welche für die
Handlung des Dramas unwesentlich sind und deshalb als
zufällig erscheinen, herauszutreiben. Diese aus der Wirklichkeit entnommene Zutat zu einer einzelnen Gestalt gibt
derselben mitten unter den frei erfundenen Personen ein
peinlich anspruchsvolles, absonderliches, wohl gar abstoßen-
des Aussehen. Der Wunsch, ein möglichst genaues Abbild
des wirklichen Daseins hervorzubringen, wird auch in dem
Schauspieler übermächtig und verlockt diesen zu kleinlicher
Malerei; selbst der Zuschauer fordert ein genaues Porträt
und ist vielleicht überrascht, wenn die übrigen Charaktere
und die Handlung deshalb weniger wirksam werden, weil er
so lebhaft an einen werten Freund aus der Geschichte erinnert wurde.

Leicht ist die Vorschrift gegeben, daß der dramatische Charakter wahr sein müsse, daß nämlich die einzelnen Lebens-
momente desselben miteinander im Einklang stehen und als
zusammengehörig empfunden werden, und daß der Charakter dem Ganzen der Handlung auch in Beziehung auf Farbe
und seelischen Inhalt genau entspreche. Aber solche Regel
wird, so allgemein ausgedrückt, dem neueren Dichter in
vielen Fällen keinen Nutzen gewähren, wo ihm der Zwiespalt zwischen den letzten Bedürfnissen seiner Kunst und
der geschichtlichen, selbst mancher dichterischen Wahrheit
geheime Schwierigkeiten bereitet.

Es versteht sich, daß der Dichter die Überlieferungen der
Geschichte treu bewahren wird, wo sie ihm nützen und wo

sie ihn nicht stören. Denn unsere Zeit, so fortgeschritten in geschichtlicher Bildung und in der Kenntnis früherer Kulturverhältnisse, überwacht auch die historische Bildung ihrer Dramatiker. Der Dichter soll sich hüten, zunächst, daß er seinen Helden nicht zuwenig von dem Inhalte ihrer Zeit gebe, und daß ein modernes Empfinden der Charaktere dem gebildeten Zuschauer im Gegensatz erscheine zu den ihm wohlbekannten Befangenheiten und Eigentümlichkeiten des Seelenlebens der alten Zeit. Die jungen Dichter verleihen ihren Helden leicht ein Verständnis der eigenen Zeit, eine Gewandtheit, über die höchsten Angelegenheiten derselben zu philosophieren und für ihre Taten solche Gesichtspunkte zu finden, wie sie aus geschichtlichen Werken der Neuzeit geläufig sind. Es ist unbequem, einen alten Kaiser des fränkischen oder hohenstaufischen Hauses so bewußt, zweckvoll und verständig die Tendenzen seiner Zeit ausdrücken zu hören, wie etwa Stenzel und Raumer[68] diese dargestellt haben. Nicht weniger gefährlich aber ist die entgegengesetzte Versuchung, in welche der Dichter durch das Bestreben kommt, die Eigentümlichkeiten der Vergangenheit lebendig zu erfassen; leicht erscheint ihm dann das Besondere, von unserem Wesen Abweichende der alten Zeit als das Charakteristische und deshalb für seine Kunst Wirksame. Dann ist er in Gefahr, den unmittelbaren Anteil, welchen wir an dem schnell Verständlichen, allgemein Menschlichen nehmen, zu verdecken, und in der noch größeren Gefahr, den Verlauf seiner Handlung aufzubauen auf Absonderlichkeiten jener Vergangenheit, auf Vergängliches, welches in der Kunst den Eindruck des Zufälligen und Willkürlichen macht.

Und doch bleibt in einem geschichtlichen Stück oft ein unvermeidlicher Gegensatz zwischen den dramatisch zugerichteten Charakteren und der dramatisch zugerichteten Handlung. Es lohnt, bei diesem gefährlichen Punkte zu verweilen. Da der moderne Dichter vor geschichtlichen Stoffen allerdings die Verpflichtung hat, sorgfältig auf das zu achten, was wir Farbe und Kostüm der Zeit nennen, und da nicht nur die Charaktere, sondern auch die Handlung aus entfernter Zeit genommen sind, so wird sicher auch in der Idee des Stückes und der Handlung, in den Motiven, den Situationen vieles sein, was nicht allgemein menschlich und jedem verständlich ist, sondern erst durch das Besondere und Charakteristische jener Zeit erklärt wird. Wo z. B. Königsmord durch ehrgeizige Helden verübt wird, wie im »Macbeth« oder »Richard«, wo der Intrigant seine Gegner mit Gift und Dolch angreift, wo die Gattin eines Fürsten ins Wasser gestürzt wird, weil sie ein Bürgerkind ist,[69] in diesen und unzähligen anderen Fällen wird die Befangenheit und das Schicksal der Helden zunächst aus der dargestellten Begebenheit, aus den Sitten und Besonderheiten ihrer Zeit hergeleitet werden müssen.

Gehören nun aber die Gestalten einer Zeit an, welche hier die epische genannt wurde, wo in der Wirklichkeit die innere Freiheit der Menschen noch wenig entwickelt, die Abhängigkeit der einzelnen von dem Beispiele anderer, von Sitte und Brauch sehr viel größer ist, wo das Innere des Menschen nicht ärmer an starken Gefühlen, aber viel ärmer an der Fähigkeit ist, dieselben durch die Sprache auszudrükken, so werden die *Charaktere* des Dramas eine solche Befangenheit in der Hauptsache gar nicht darstellen *dürfen*. Denn da auf der Bühne nicht die Taten wirken und nicht die schönen Reden, sondern die Darstellung der Gemütsvorgänge, durch welche das Empfinden sich zum Wollen und zur Tat verdichtet, so müssen die dramatischen Hauptcharaktere einen Grad von innerer Freiheit, eine Bildung und eine Dialektik der Leidenschaft zeigen, welche in innerlichstem Gegensatze steht zu der tatsächlichen Befangenheit und Naivetät ihrer alten Vorbilder in der Wirklichkeit.

Nun würde dem Künstler allerdings leicht verziehen, daß er seine Gestalten mit einem stärkeren und reicheren Leben anfüllt, als sie in Wirklichkeit hatten. Wenn nur nicht dieser reichere Inhalt deshalb den Eindruck der Unwahrheit machte, weil einzelne Voraussetzungen der dargestellten Handlung ein so gebildetes Wesen der Hauptcharaktere gar nicht vertragen. Denn die Handlung, welche doch aus der Geschichte oder Sage entnommen ist und überall den sittlichen Inhalt, den Grad der Bildung, die Eigentümlichkeit ihrer Zeit verrät, vermag der Dichter nicht immer ebenso gut mit tieferem Inhalt zu füllen als den einzelnen Charakter. Der Dichter kann z. B. einem Orientalen die feinsten Gedanken und zartesten Empfindungen süßer Leidenschaft in den Mund legen und doch den Charakter so färben, daß er den schönen Schein der Kunstwahrheit erhält; nun aber macht die Handlung vielleicht notwendig, daß derselbe Charakter die Frauen seines Harems säcken lasse oder ein Kopfabschneiden befehle. Unvermeidlich bricht dann der innere Widerspruch zwischen Handlung und Charakter auf. Das ist in der Tat eine Schwierigkeit des dramatischen Schaffens, welche zuweilen auch von der größten Begabung nicht ganz überwunden werden mag; dann bedarf es aller Kunst, um bei so spröden Stoffen dem Hörer den stillen Widerspruch zwischen Stoff und Lebensbedürfnis des Dramas zu verdecken. – Darum sind alle Liebesszenen in historischen Stücken von besonderer Schwierigkeit. Hier, wo wir die unmittelbarsten Klänge einer holden Leidenschaft fordern, ist eine harte Aufgabe, zu gleicher Zeit die Zeitfarbe zu geben. Am besten gedeiht es dem Dichter noch dann, wenn er, wie Goethe bei Gretchen, in solcher Situation Besonderheiten des Charakters mit starker Farbe malen und bis an die Grenzen des Genre hinabgehen darf.

Der stille Kampf des Dichters mit Voraussetzungen seines Stoffes, welche undramatisch und doch nicht wegzuschaffen sind, findet aber fast vor jeder Handlung statt, welche aus der Heldensage oder der älteren Geschichte genommen ist.

In den epischen Stoffen, welche die Heldensage der großen Kulturvölker darbietet, ist die Handlung bereits künstlerisch zugerichtet, wenn auch nach anderen als dramatischen

Bedürfnissen. Leben und Schicksale der Helden erscheinen abgeschlossen, durch verhängnisvolle Taten bestimmt, gewöhnlich bildet die Reihenfolge der Begebenheiten, in denen sie handelnd und leidend erscheinen, eine längere Kette, aber es ist wohl möglich, einzelne Glieder derselben für den Gebrauch des Dramas abzulösen. Die Gestalten selbst schweben in großen Umrissen, einzelne charakteristische Eigentümlichkeiten derselben sind mächtig entwickelt. Sie stehen auf den Höhen ihres Volkstums, zeigen Kraft und Größe, so erhaben und eigenartig entwickelt, als die schöpferische Phantasie des Volkes nur zu erfinden vermochte, die verhängnisvollen Ereignisse ihres Lebens sind häufig gerade solche, wie der dramatische Dichter sie sucht, Liebe und Haß, eigensüchtiges Begehren, Kampf und Untergang.

Solche Stoffe sind ferner geweiht durch die teuersten Erinnerungen eines Volkes, sie waren einst Stolz, Freude, Unterhaltung von Millionen. Sie sind nach einer Umbildung durch die schöpferische Volkskraft, welche Jahrhunderte währte, immer noch biegsam genug, um der Erfindung des dramatischen Dichters Vertiefung der Charaktere, sogar Veränderung im Zusammenhange der Handlung zu gestatten. Mehre von ihnen sind uns in der Ausarbeitung erhalten, welche ihnen im großen Epos zuteil wurde, die meisten sind wenigstens ihrem Hauptinhalt nach auch unserer Bildung nicht ganz fremd. Dies Gesagte gilt mehr oder weniger von den großen Sagenkreisen der Griechen, von den sagenhaften Überlieferungen, welche in die älteste Geschichte der Römer verwebt sind, von den Heldensagen des deutschen und romanischen Mittelalters.

Freilich unterscheiden sich die Charaktere der epischen Sage bei näherer Betrachtung sehr von den Personen, wie sie dem Drama nötig werden. Es ist wahr, die Helden des Homer wie der »Nibelungen« sind sehr bestimmte Persönlichkeiten. Auch der Blick in das Innere der Menschenseele, in die wogenden Gefühle ist den epischen Dichtern durchaus nicht verwehrt, schon sie leiten aus dem Charakter des Helden

nicht selten sein Schicksal her, aus seinen Leidenschaften die
verhängnisvollen Taten; schon in den Dichtungen frühester
Zeit ist Kenntnis des Menschenherzens und zuweilen der
gerechte Sinn zu bewundern, welcher das Schicksal des
Menschen aus seinen Tugenden, Fehlern und Leidenschaften erklären möchte. Nicht ebenso ausgebildet ist die Fähigkeit, die Einzelnheiten der inneren Vorgänge darzustellen.
Das Leben der Persönlichkeiten äußert sich in einzelnen,
anekdotenhaften Zügen, die oft mit überraschender Feinheit
empfunden sind; was vorher liegt, die stille Arbeit im
Innern, und was auf solche Tat folgt, die stille Wirkung auf
die Seele, wird übergangen oder kurz abgefertigt. Wie sich
der Mensch unter Fremden behauptet, durchschlägt oder
untergeht im Kampfe mit stärkeren Gewalten, welche gegen
ihn stehen, das zu erzählen ist der Hauptreiz, also Beschreibung hoher Feste, Zweikampf, Schlacht, Reiseabenteuer.
Am lebhaftesten ist der Ausdruck des Gefühls noch da, wo
der Mann als ein Leidender sich gegen das Unerträgliche
empört; auch hier starrt der Ausdruck verhältnismäßig unle-
bendig in häufig wiederkehrenden Formeln, als Klage, als
Gebet zu den Göttern, vielleicht so, daß der Sprechende
seinem Geschick ein anderes gegenüberhält oder in einem
ausgeführten Bilde seine Lage bespiegelt. Fast immer ist die
Rede der Helden einfach, arm, eintönig, mit denselben
wiederkehrenden Klängen der Empfindung. So die Selbstgespräche des Odysseus und der Penelope in dem Gedicht, in
welchem das eigenartige Leben noch am reichlichsten und
mit den besten Einzelzügen dargestellt ist. Auch wo der
innere Zusammenhang der Begebenheiten auf den geheimen
Anschlägen und der eigentümlichen Leidenschaft einer einzelnen Person ruht, da also, wo sich aus dem Innern eines
Charakters eine verhängnisvolle Handlung entwickelt, ist
die Analyse der Leidenschaft noch kaum vorhanden. Kriem-
hilds Plan, Rache zu nehmen für den Mord, der an ihrem
Gatten verübt wurde, die sämtlichen Seelenbewegungen dieses fesselnden Charakters, der dem Dichter so gewaltig in

der Seele lebt, wie kurz und gedeckt sind sie in der Erzählung! Es ist bezeichnend, daß bei diesem deutschen Gedichte das lyrische Beiwerk, Selbstgespräche, Klagen, gemütliche Betrachtungen, viel ärmer ist als in der »Odyssee«, dagegen besonders lebhaft und schön ausgeführt jede Eigentümlichkeit der Hauptcharaktere, welche deren Freundschaft oder Feindschaft zu anderen bestimmt.

Aber sobald man die gewaltigen, schattenhaften Gestalten der Sage sich auf der Bühne menschlich nahe und von Menschen dargestellt denkt, verlieren sie die Würde und Größe ihrer Umrisse, womit die geschäftige Phantasie ihr Bild umkleidet hat; ihre Reden, die innerhalb der epischen Erzählung die kräftigste Wirkung ausüben, werden, in die Jamben der Bühne umgeschrieben, matt, alltäglich. Ihr Handeln dünkt uns roh, barbarisch, wüst, ja ganz unmöglich, sie scheinen zuweilen, wie jene Nixe und Kobolde des alten Volksglaubens, ohne eine menschliche und vernünftige Seele. Die erste Arbeit des Dichters muß also eine Umbildung und eine Vertiefung der Charaktere sein, wodurch uns dieselben menschlich verständlich werden. Wir wissen, wie lockend den Griechen solche Dichterarbeit erschien.

Und sie standen besonders günstig zu ihrem alten Sagenstoff. Er war durch tausend Fäden mit dem Leben ihrer Gegenwart verbunden, durch örtliche Überlieferungen, Götterdienst und bildende Kunst. Die freiere Bildung ihrer Zeit erlaubte bereits wichtige Änderungen vorzunehmen, mit innerer Unbefangenheit das Überlieferte als rohen Stoff zu behandeln. Und doch! Die Geschichte der attischen Tragödie ist in der Tat eine Geschichte des inneren Kampfes, den große Dichter mit einem Gebiet von Stoffen führten, welches sich einigen Hauptgesetzen des dramatischen Schaffens um so heftiger widersetzt, je mehr die Kunst des Schauspielers ausgebildet, die Ansprüche der Zuschauer an einen reichen Inhalt der Charaktere gesteigert wurden.

Euripides ist für uns das lehrreiche Beispiel, wie die griechische Tragödie durch den inneren Gegensatz zwischen ihrem

Stoffgebiet und den größeren Anforderungen, welche die
Kunst der Darstellung allmählich machte, aufgelöst wurde.
Keiner seiner großen Vorgänger versteht besser als er, die
Gebilde der epischen Sage mit flammender, markzerfressen-
der Leidenschaft zu füllen; keiner hat gewagt, so realistisch
die dramatischen Charaktere der Empfindungsweise und
dem Verständnis seiner Zuschauer nahezurücken, keiner hat
der Kunst der Schauspieler soviel zuliebe getan. Überall in
seinen Stücken erkennt man deutlich, daß die Darsteller und
die Bedürfnisse der Bühne größere Bedeutung gewonnen
haben. Aber die schauspielerisch wirksame Behandlung seiner Rollen, an sich ein Fortschritt, das gute Recht des
Bühnendramas, trug doch dazu bei, seine Stücke zu ver-
schlechtern; das Wilde und Barbarische der Handlung
mußte als widerwärtig auffallen, wenn die Personen wie
Athener aus der Umgebung des Dichters dachten und fühlten und dabei wie unbändige Skythen[70] handelten. Seine
Elektra ist eine gedrückte Frau aus einem edlen Hause, die in
der Not einen armen, aber braven Bauer geheiratet hat und
mit Verwunderung wahrnimmt, daß unter seinem schlechten Kittel doch ein wackeres Herz schlägt; aber nur schwer
glauben wir ihrer Versicherung, daß sie eine Tochter des
entleibten Agamemnon sei. Wenn in der »Iphigeneia in
Aulis« Mutter und Tochter hilfeflehend die Hand an das
Kinn des Achilles und Agamemnon legen und diese dadurch
nach Volkssitte beschwörend zu erweichen suchen, und
wenn Achilles der grüßenden Klytämnestra die Hand versagt, so war solche mimische Erfindung ein an sich vortreff-
liches schauspielerisches Motiv; aber es stand in auffallen-
dem Gegensatz zu der herkömmlichen Bewegung der mas-
kierten und drapierten Personen, und während dieser Fortschritt der Schauspielkunst die Szenenwirkung in den Augen
der Zuschauer wahrscheinlich kräftig steigerte, machte er
zugleich die Iphigeneia zu einer bedrängten Athenerin und
das beabsichtigte Abschlachten derselben fremdartiger und
unwahrer. In vielen anderen Fällen gibt der Dichter dem

Begehren seines Pathosspielers nach großen Gesangwirkungen so weit nach, daß er den verständlichen und gemütlichen Verlauf seiner Handlung plötzlich und unmotiviert durch Ausmalen der alten Sagenzüge unterbricht, durch Raserei, Kindermord u. a. m. Der ursächliche Zusammenhang der Ereignisse wird bei diesem Eindringen opernhafter und schauspielerischer Effekte Nebensache, die tragische Wucht geht verloren, die Personen werden Gefäße für mehrerlei Gefühle, spielend und sophistisch lösen sie sich von dem Zwange ihrer Vergangenheit. Fast in jedem Stück wird fühlbar, daß dem Dichter der alte Sagenstoff durch die wohlberechtigte Steigerung der Bühnenwirkungen wie ein morsches Gewebe zerfährt und zur Herstellung einer einheitlichen dramatischen Handlung unbrauchbar wird. Wären uns Stücke anderer Zeitgenossen überliefert, wir würden wahrscheinlich erkennen, wie auch andere vergeblich um die Versöhnung zwischen den gegebenen Stoffen und den Lebensbedingungen ihrer Kunst gerungen haben. Denn das muß wiederholt werden: was die Dichtergröße des Euripides mindert, ist nicht zumeist der ihm eigentümliche Mangel an Ethos, sondern es ist die naturgemäße und unaufhaltsame Auflösung, welche in Dramenstoffe kommen mußte, die wesentlich undramatisch waren. Allerdings trug auch die wiederholte Benutzung desselben Stoffes dazu bei, den Übelstand an den Tag zu bringen; denn die späteren Dichter, welche bereits große dramatische Behandlung fast aller Sagen vorfanden, hatten dringende Veranlassung, durch etwas Neues, Reizendes ihre Zuhörer zu gewinnen, und sie fanden dies darin, daß sie der Kunst ihrer Schauspieler neue und höhere Aufgaben stellten. Und dieser sachgemäße Fortschritt beschleunigte den Verderb der Handlung und dadurch auch der Rollen.[71]

Wir Deutsche aber stehen zur epischen Sage weit ungünstiger. Sie ist für uns eine verschüttete Welt. Auch wo unsere Wissenschaft in weiten Kreisen Kunde davon verbreitet hat, wie von Homer und den »Nibelungen«, ist die Kenntnis und die Freude daran ein Vorrecht der Gebildeten. Unsere Bühne aber ist sehr viel realistischer geworden als jene griechische und fordert von den Charakteren weit reichlichere Einzelzüge, einen unser Empfinden nicht peinlich verletzenden Inhalt. Wenn bei uns auf der Bühne Tristan eine Frau heiratete, um sein Verhältnis zur Frau eines andern zu verdecken, so würde sein Darsteller in Gefahr sein, von einer erbitterten Galerie als gemeines Scheusal mit Äpfeln geworfen zu werden,[72] und die Brautnacht der Brunhild, so wirksam in dem Epos geschildert, wird auf der Bühne immer eine gefährliche Stimmung der Schauenden erwecken.[73]

Uns Deutschen ist als Quell dramatischer Stoffe die Geschichte wichtiger geworden als die Sage. Für eine Mehrzahl der jüngeren Dichter ist die Geschichte des Mittelalters der Zauberbrunnen, aus welchem sie ihre Dramen heraufholen. Und doch liegt im Leben und Charakter unserer deutschen Vorfahren etwas schwer Verständliches, was uns die Helden des Mittelalters – freilich noch mehr die Zustände des Volkes – wie mit einem Nebel verdeckt und die Seele eines Fürstensohnes aus der Zeit Ottos des Großen undurchsichtiger macht als die eines Römers aus der Zeit des zweiten Punischen Krieges. Die Unselbständigkeit des Mannes ist weit größer, jeder einzelne ist stärker durch die Anschauungen und Gewohnheiten seines Kreises beeinflußt. Die Eindrücke, welche von außen in die Seele fallen, werden von behender Einbildungskraft schnell umsponnen, verzogen, gefärbt; zwar ist die Tätigkeit der Sinne scharf und energisch, aber das Leben der Natur, das eigene Leben und das Treiben anderer werden weit weniger nach dem verständigen Zusammenhange der Erscheinungen aufgefaßt, als vielmehr nach den Bedürfnissen des Gemüts gedeutet. Leicht bäumt die Selbstsucht des einzelnen auf und stellt sich zum Kampfe, ebenso behende ist das Fügen unter übermächtige Gewalt. Die urwüchsige Einfalt eines Kindes mag in demselben Mann mit durchtriebener List und mit Lastern verbunden sein, welche wir als Auswuchs einer verderbten Zivilisation zu betrachten gewöhnt sind. Und diese Unfreiheit sowie die Vereinigung der – scheinbar – stärksten Gegensätze in Empfindung und Art des Handelns finden sich bei den Führern der Völker ebensosehr als bei kleinen Leuten. Es ist offenbar, daß schon dadurch das Urteil über Charaktere, Wert oder Unwert ihrer einzelnen Handlungen, über Stimmungen und Beweggründe erschwert wird. Wir sollen den Mann nach Bildung und sittlichem Gefühl seiner Zeit und seine Zeit nach Bildung und Moral der unseren beurteilen. Man versuche nun in irgendeinem der frühern Jahrhunderte des Mittelalters sich eine Art Bild von dem mittleren Durchschnitt der Sittlichkeit im Volke zu machen, und man wird mit Erstaunen sehen, wie schwer das ist. Dürfen wir nach den Strafen schließen, welche die ältesten Volksrechte auf alle möglichen scheußlichen Missetaten setzten, oder nach den Greueltaten im Hofhalt der Merowinger? Es gab damals noch kaum etwas von dem, was wir öffentliche Meinung nennen, und wir dürfen höchstens sagen, daß die Geschichtschreiber uns den Eindruck von Männern machen, welche Vertrauen verdienen. Wenn ein Fürstensohn sich in wiederholten Empörungen gegen seinen Vater erhob, wieweit wurde er durch die Auffassung seiner Zeit, durch seine innersten Beweggründe gerechtfertigt oder entschuldigt? Selbst bei Ereignissen, welche sehr klar scheinen und uns in greller Beleuchtung erhalten sind, empfinden wir einen Mangel in unserem Verständnis. Nicht nur, weil wir zuwenig von jener Zeit wissen, sondern auch, weil wir, was uns überliefert wird, nicht immer verstehen, wie der dramatische Dichter es verstehen muß, in seinem ursächlichen Zusammenhange und in seiner Entstehung aus dem Kern eines Menschenlebens.

Wer freilich die wirklichen Verhältnisse und den geschichtlichen Charakter seines Helden nicht näher untersuchen wollte und den Namen desselben nur benutzte, um einige Ereignisse jener Zeit nach Anweisung eines bequemen

Geschichtswerkes auf der Bühne mit tapferen Betrachtungen
zu versehen, der würde jeder Schwierigkeit aus dem Wege
gehen. Aber er würde auch schwerlich einen in Wahrheit
dramatischen Stoff finden. Denn die edle Masse der Dramenstoffe lagert in den Steinmassen der Geschichte fast
immer nur da, wo das geheime vertrauliche Leben der
Heldencharaktere beginnt, man muß danach zu suchen
wissen.

Gibt man sich nun ernstlich Mühe, die Helden aus entfernter Vergangenheit soviel als möglich kennenzulernen, so
entdeckt man in ihrem Wesen etwas sehr Undramatisches.
Denn wie jenen epischen Gedichten ist auch dem geschichtlichen Leben alter Zeit eigen, daß der innere Kampf des
Menschen, seine Empfindungen, Gedanken, das Werden
seines Wollens bei den Helden selbst noch keinen Ausdruck
gefunden haben. Auch in keinem Beobachter. Das Volk,
seine Dichter und Geschichtschreiber sehen den Mann
scharf und gut im Augenblicke der Tat, sie empfinden –
wenigstens bei den Deutschen – das Charakteristische seiner
Lebensäußerungen sehr innig, mit Rührung, Erhebung,
Laune, Abneigung. Aber nur die Augenblicke, in denen sein
Leben sich nach außen kehrt, sind jener Zeit anziehend,
fesselnd, verständlich. Sogar die Sprache hat für die inneren
Vorgänge bis zum Tun nur dürftigen Ausdruck, auch die
leidenschaftliche Bewegung wird vorzugsweise in der Wirkung genossen, welche sie auf andere ausübt, und in der
Beleuchtung, welche sie der Umgebung mitteilt. Für die
Gemütszustände sowie für die Rückwirkungen, welche das
Geschehene auf Empfindungen und Charakter des Mannes
ausübt, fehlt jede Technik der Darstellung, fehlt die Teilnahme. Sogar die Schilderung offenliegender Charaktereigentümlichkeiten sowie eine reiche Ausführung des Geschehenen sind bei dem Erzähler nicht häufig, eine verhältnismäßig trockene Zusammenreihung der Begebenheiten wird
mehr oder weniger oft durch Anekdoten unterbrochen, in
denen eine einzelne den Zeitgenossen wichtige Lebensäuße-

rung des Helden hervorbricht, hier ein treffendes Wort, dort eine kräftige Tat. Vorzugsweise auf solchen Sagen beruht die Erinnerung, welche das Volk von seinem Führer und dessen Taten bewahrt. Wir wissen, daß bis über die Reformation, ja bis über die Mitte des vorigen Jahrhunderts hinaus dieselbe Auffassung bei Gebildeten häufig war, daß sie noch jetzt unserem Volke nicht geschwunden ist.

Diese Armut des dramatischen Lebens erschwert dem Dichter das Verständnis und die Darstellung eines jeden Helden. Aber in der Anlage unserer Urahnen war noch etwas Besonderes, was ihr Wesen zuweilen ganz geheimnisvoll macht. Schon in ihrer ältesten epischen Zeit zeigen sie in Charakteren, in Sprache, Poesie und Sitte die Neigung, ein eigenartiges inneres Grübeln und Deuten zur Geltung zu bringen. Nicht die Dinge an sich, sondern was sie bedeuten, ist schon den Ahnen des Denkervolkes die Hauptsache. Sehr reichlich dringen die Bilder der Außenwelt in die Seele der alten Germanen, welche vielseitiger, anerkennender, mit stärkerer Kraft der Aufnahme versehen sind als jedes andere Volk der Erde. Aber nicht in der schönen, klaren, ruhigen Weise der Griechen oder mit der sichern, beschränkten, praktischen Einseitigkeit der Römer spiegelt sich das Empfangene bei ihnen in Rede und Tun wider, sie verarbeiten langsam und innig, und was aus ihnen herausquillt, hat eine starke subjektive Färbung und eine Zugabe aus ihrem Gemüt erhalten, die wir schon in frühester Zeit lyrisch nennen dürfen. Darum steht auch die älteste Poesie der Deutschen in auffälligem Gegensatz zu dem Epos der Griechen: nicht das volle und reichliche Erzählen der Handlung ist ihr die Hauptsache, sondern ein scharfes Herausheben einzelner, glänzender Züge, die Verknüpfung des Momentes mit einem ausgeführten Bilde, ein Darstellen in kurzen, abgebrochenen Wellen, auf denen man das aufgeregte Gemüt des Erzählers erkennt. Ganz ebenso ist bei den Charakteren die trotzige Selbstsucht mit einer Hingabe an ideale Empfindungen verbunden, die den Deutschen seit der Urzeit ein auffallendes

Gepräge gab und sie mehr als ihre Körperkraft und kriegerische Wucht den Römern furchtbar machte. Keine Volkssitte
hat so keusch und edel das Wesen der Frau gefaßt, kein
Heidenglaube hat wie der deutsche die Schrecken des Todes
überwunden, denn auf dem Schlachtfelde sterben ist die
höchste Ehre und Freude des Helden. Durch dieses Vor-
dringen des Gemüts und idealer Empfindungen erhalten die
Charaktere der deutschen Helden im Leben wie im Epos
schon sehr früh ein weniger einfaches Gefüge, ein originel-
les, zuweilen wunderliches Gepräge, welches ihnen bald
besondere Größe und Tiefe, bald ein abenteuerliches und
unvernünftiges Aussehn verleiht. Man vergleiche nicht den
poetischen Wert der Schilderung, aber die Charakteranlage
griechischer Helden in »Ilias« und »Odyssee« mit den Helden der »Nibelungen«. Dem tapfersten Griechen bleibt der
Tod etwas Furchtbares, die Gefahr des Kampfes etwas
Lästiges, es ist ihm nicht in unserem Sinne unehrenhaft,
einen schlafenden oder waffenlosen Feind zu töten, es ist
nicht der kleinste Heldenruhm, klug die Gefahr des Zusam-
mentreffens zu vermeiden und aus dem Hinterhalt einen
Ahnungslosen zu treffen. Der deutsche Held dagegen, derselbe, welcher aus Treue gegen seinen Herrn die verruchte-
ste Tat eines Deutschen begangen und einen wehrlosen
Mann listig von hinten getroffen hat, gerade er kann für sich,
seinen Herrn und seinen Stamm Tod und Untergang vermeiden, wenn er zu rechter Zeit ausspricht, daß Gefahr vorhanden sei. Die Überirdischen haben ihm sein und der Freunde
Verderben prophezeit, wenn die verhängnisvolle Reise fort-
gesetzt wird, und doch stößt er die Fähre, welche die
Rückkehr möglich macht, in den Strom; – noch an dem
Königshofe, wo ihm der Tod droht, vermag ein Wort zu
dem wohlwollenden König, ehrliche Antwort auf eine herzliche Frage das Ärgste abzuwenden, er aber schweigt. Ja
noch mehr, er und die Seinen höhnen und reizen die erbitterten Feinde, und mit der sicheren Aussicht auf Untergang
regen sie selbst herausfordernd im Spiele den blutigen Streit

auf.[74] Dem Griechen, jedem andern Volke des Altertums, vielleicht die Gallier ausgenommen, wäre solche Art Heldentum durchaus unheimlich und unvernünftig erschienen. Es war aber echt deutsch, der wilde und finstere Ausdruck eines Volkswesens, in welchem dem einzelnen seine Ehre und sein Stolz weit mehr galten als das Leben. – Nicht anders ist dies Verhältnis bei den Helden der Geschichte. Die idealen Empfindungen, welche ihr Leben regieren, wie unvernünftig sie zuweilen schon lange vor Ausbildung des Rittertums waren, die Pflichten der Ehre und Treue, das Gefühl des Männerstolzes und der eigenen Würde, Todesverachtung und Liebe zu einzelnen Menschen hatten oft eine Stärke und Gewalt, welche wir schwer zu schätzen, nicht immer als beherrschendes Motiv zu erkennen vermögen.

So schwebte die Seele des Germanen schon in ältester Zeit in Banden, welche für uns oft nicht mehr erkennbar sind; fromme Hingabe und Sehnsucht, Aberglaube und Pflichtgefühl, ein geheimer Zauberspruch oder ein geheimes Gelübde zogen seinen Entschluß zu Taten, welche wir vergeblich durch verständige Gründe, die unserer Bildung entnommen sind, zu erklären suchen.

Und zu solcher Anlage kam im Mittelalter endlich der große Kreis von Stimmungen, Gesetzen und phantastischen Träumereien, welcher mit dem Christentum eindrang. Während einerseits der schneidende Gegensatz, in welchem der milde Glaube der Entsagung zu den rauhen Neigungen eines erobernden Kriegervolkes stand, den Deutschen die Widersprüche zwischen Pflicht und Neigung, zwischen äußerem und innerem Leben höchlich vermehrte, entsprach er andererseits in auffallender Weise dem Bedürfnis der Hingebung, welche der Deutsche für einige große Ideen schon längst besaß. Wenn an die Stelle Wuotans und des getöteten Asengottes[75] der Vater der Christen und sein eingeborener Sohn und an die Stelle der Schlachtjungfrauen die Scharen der Heiligen traten, so erhielt dadurch auch das Leben nach dem Tode eine neue Weihe und herzlichere Bedeutung. Und zu den alten Gewalten, welche den Entschluß des Mannes in der Stille bestimmt hatten, zu dem bedeutungsvollen Wort, einem anlaufenden Tiere, zu dem Trinkgelage und dem Würfelspiele, zu den Mahnungen der Heidenpriester und den Weissagungen kluger Frauen kamen jetzt die Forderungen der neuen Kirche, ihr Segen und ihr Fluch, Gelübde und Beichte, die Priester und die Mönche; dicht an den rohen, rücksichtslosen Genuß traten leidenschaftliche Bußübungen und strengste Askese, und neben den Häusern der hübschen Frauen erhoben sich die Nonnenklöster. Wie seit der Herrschaft des Christenglaubens die Charaktere in den schärfsten Grundsätzen gezogen, wie Empfindung und Beweggründe des Handelns mannigfaltiger, tiefer und künstlicher gemacht werden, das zeigen z. B. zahlreiche Gestalten aus der Zeit der Sachsenkaiser, wo fromme Schwärmerei gerade unter den Vornehmen üblich wird und Männer und Frauen bald durch das Bestreben, die Welt für sich zu gewinnen, bald durch den reuigen Wunsch, den Himmel mit sich zu versöhnen, hin und her getrieben werden.

Wer je die Schwierigkeit empfunden hat, Menschen des Mittelalters, welche durch die tiefsinnige Natur der Germanen und durch die alte Kirche geformt wurden, zu verstehen, der wird diese kurzen Andeutungen nach jeder Richtung ergänzen.

Und deshalb wird hier ein früheres Beispiel von anderem Gesichtspunkt wiederholt. Was arbeitete in der Seele Heinrichs IV., als er im Büßerhemd an die Schloßmauer von Canossa trat? Damit der Dichter diese Frage durch eine edle Kunstwirkung beantworten könne, wird er sich doch vom Geschichtschreiber erst sagen lassen, was dieser weiß. Und er wird mit Erstaunen sehen, wie verschieden die Auffassung der Situation, wie unsicher und spärlich die erhaltene Nachricht und wie unbequem und schwer ergründlich das Herz dieses mittelalterlichen Helden ist.

Daß er nicht mit innerer Zerknirschung zum Papste fuhr, der hochfahrende gewaltsame Mann, der in dem römischen

Priester seinen gefährlichsten Gegner haßte, ist leicht zu begreifen. Daß er die bittere Notwendigkeit dieses Schrittes lange im empörten Gemüt herumgewälzt hatte und nicht ohne grimmige Hintergedanken das Büßerhemd anzog, ist vorauszusetzen. Aber er kam ebensowenig als ein listiger Staatsmann, der mit kalter Berechnung sich demütigt, weil er einen falschen Schritt des Gegners erkennt und aus dieser Niederlage die Früchte eines künftigen Sieges herauswachsen sieht. Denn Heinrich war ein mittelalterlicher Christ; wie tief er den Gregor haßte, der Fluch der Kirche hatte für ihn zuverlässig etwas Unheimliches und Furchtbares, zu seinem Gott und dem Christenhimmel gab es damals keinen anderen Weg als durch die Kirche. Gregor saß an der Himmelsbrücke, und wenn er es verbot, geleiteten die Engel, die neuen Schlachtjungfrauen der Christen, den toten Krieger nicht vor den Thron Allvaters, sondern sie stießen ihn in den Abgrund zu dem alten Drachen. Der Papst schreibt, daß der Kaiser viel geweint und sein Erbarmen angefleht habe und daß auch die Umgebung Gregors schluchzend und weinend diese Buße des Kaisers ansah. Der Büßende war also doch wohl im Glauben, daß der Papst ein Recht habe, ihn so zu plagen? Diese Einwirkungen des kirchlichen Gewissens auf weltliche Zwecke, die abenteuerliche und unsichere Mischung von Gegensätzen, bald Stolz, hoher Sinn, dauerhafte, unzerstörbare Kraft, die wir fast für übermenschlich halten, und wieder eine klägliche Leerheit und Schwäche, die uns verächtlich dünkt: das bietet dem Dichter keine leicht zu bewältigende Aufgabe. Allerdings, er ist Herr seines Stoffes, er vermag den geschichtlichen Charakter frei nach seinem Bedarf umzuformen. Es ist möglich, daß der wirkliche Heinrich vor Canossa stand wie ein ungebändigter, ruchloser Bube, der eine schwere Züchtigung auszuhalten hat. Was kümmert das den Dichter? Aber ebenso zwingend ist seine Verpflichtung, vorher das wirkliche Wesen des Kaisers bis in die tiefsten Falten zu ergründen. Sowohl der reuige Büßer als der kalte Staatsmann werden bei dieser Sachlage Unwahrheiten, der Dichter hat den Charakter des Fürsten aus Bestandteilen zu mischen, für welche er vielleicht in seiner eigenen Seele nicht die entsprechenden Anschauungen findet und die er sich erst durch Nachdenken in Anschauung und warme Empfindung umzusetzen hat. Es gibt wenige Fürsten des Mittelalters, welche nicht in wesentlichen Begebenheiten ihres Lebens, nach dem Maßstab unserer Bildung und Sittlichkeit gemessen, entweder als kurzsichtige Tröpfe oder als gewissenlose Bösewichter – nicht selten als beides – erscheinen. Der Geschichtschreiber wird mit solchen schwierigen Aufgaben in seiner anspruchslosen Weise fertig, er sucht sie im Zusammenhange ihrer Zeit zu verstehen und sagt ehrlich, wo sein Verständnis aufhört; der Dichter zieht diese Abenteuerlichen gebieterisch an das helle Licht unserer Tage, er füllt ihr Inneres mit warmem Leben, mit moderner Sprache, mit einem guten Anteil an Vernunft und Bildung unserer Tage, und er vergißt, daß die Handlung, in welcher er sie bewegt, aus der alten Zeit genommen ist und nicht ebenso umgeformt werden konnte, und daß sie auffallend schlecht stimmt zu dem höheren menschlichen Inhalt, den er ihren Charakteren gegeben.

Die geschichtlichen Stoffe aus grauer Vergangenheit und wenig bekannten Zeitabschnitten unseres Volkstums verlokken unsere jungen Dichter, wie einst den Euripides die epischen Stoffe, sie verleiten zu Schaustellungen, wie jene alten zu Deklamationen. Nun sollen ihre Gestalten darum nicht als unbrauchbar beiseite gelegt werden; aber der Dichter wird sich fragen, ob die Umbildungen, die er mit einem jeden Charakter der Vorzeit vorzunehmen verpflichtet ist, nicht vielleicht so groß werden, daß jede Ähnlichkeit seines Bildes mit der historischen Gestalt schwindet, und ob die unvertilgbaren Voraussetzungen der Handlung nicht mit seiner freien Gestaltung unverträglich geworden sind. Das wird allerdings zuweilen der Fall sein.

Nicht weniger beachtenswert ist der Kampf, welchen der

Dramatiker in seinen Rollen gegen das führen muß, was er als Natur zu idealisieren hat. Seine Aufgabe ist, großer Leidenschaft auch großen Ausdruck zu geben. Er hat dabei zum Gehilfen den Darsteller, also die leidenschaftlichen Akzente der Stimme, Gestalt, Mimik und Gebärde. Trotz dieser reichen Mittel vermag er fast niemals, und gerade in den Augenblicken höherer Leidenschaft nicht, die entsprechenden Erscheinungen des wirklichen Lebens ohne große Veränderungen zu verwenden, wie stark und schön und wirksam sich dort bei starken Naturen auch die Leidenschaft ausspreche und wie großen Eindruck sie dem zufälligen Beobachter mache. Auf der Bühne soll die Erscheinung in die Entfernung wirken. Selbst beim kleinen Theater ist ein verhältnismäßig großer Zuschauerraum mit dem Ausdrucke der Leidenschaft zu füllen, gerade die feinsten Akzente aber des wirklichen Gefühls in Stimme, Blick, selbst in der Haltung werden dem Publikum schon der Entfernung wegen durchaus nicht so deutlich und fesselnd, als sie im Leben sind. Und ferner, es ist die Aufgabe des Dramas, ein solches Arbeiten der Leidenschaft in allen Momenten verständlich und eindringlich zu machen; denn es ist nicht die Leidenschaft selbst, welche wirkt, sondern die dramatische Schilderung derselben durch Rede und Mimik; immer sind die Charaktere der Bühne bestrebt, ihr Inneres dem Hörer zuzukehren. Der Dichter muß deshalb für die Wirkung auswählen. Die flüchtigen Gedanken, welche in der Seele des Leidenschaftlichen durcheinanderzucken, Schlüsse, welche mit der Schnelligkeit des Blitzes gemacht werden, die in großer Zahl wechselnden Seelenbewegungen, welche bald undeutlicher, bald lebendiger zutage kommen, sie alle in ihrer ungeordneten Fülle, ihrem schnellen Verlauf, oft unvollkommenen Ausdruck, vermag die Kunst so nicht zu häufen. Sie braucht für jede Vorstellung, jede starke Empfindung eine gewisse Zahl bedeutsamer Worte und Gebärden, die Verbindung derselben durch Übergänge oder scharfe Gegensätze erfordert ebenfalls ein zweckvolles Spiel, jedes einzelne Moment stellt sich breiter dar, eine sorgfältige Steigerung muß stattfinden, damit eine höchste Wirkung erreicht werde. So muß die dramatische Dichtkunst zwar die Natur beständig belauschen, aber sie darf durchaus nicht kopieren, ja sie muß zu den Einzelzügen, welche die Natur ihr angibt, noch ein anderes mischen, was die Natur nicht bietet. Und zwar sowohl in den Reden als in der Schauspielkunst. Für die Dichtung ist eins der nächsten Hilfsmittel der Witz des Vergleiches, die Farbe des Bildes; dieser älteste Schmuck der Rede tritt mit Naturnotwendigkeit überall in die Sprache des Menschen, wo die Seele in gehobener Stimmung frei ihre Flügel regt. Dem begeisterten Redner wie dem Dichter, jedem Volke, jeder Bildung sind Vergleich und Bild die unmittelbarsten Äußerungen eines gesteigerten Wesens, des kräftigen geistigen Schaffens. Nun aber ist die Aufgabe des Dichters, mit der größten Freiheit und Gehobenheit seines Wesens die größte Befangenheit seiner Personen in ihren Leidenschaften darzustellen. Es wird also unvermeidlich sein, daß seine Charaktere auch in den Momenten hoher Leidenschaft weit mehr von dieser inneren schöpferischen Kraft der Rede, von der unumschränkten Macht und Herrschaft über Sprache, Ausdruck und Gebärdenspiel verraten, als sie in der Natur jemals zeigen. Ja diese innere Freiheit ist ihnen notwendig, und der Zuschauer fordert sie. Und doch liegt hier die große Gefahr für den Schaffenden, daß seine Redekunst der Leidenschaft zu künstlich erscheine. Unsere größten Dichter haben die Kunstmittel der Poesie oft in einer Reichlichkeit zu leidenschaftlichen Momenten benutzt, welche verletzt. Es ist bekannt, daß schon Shakespeare bei pathetischem Ausdruck der Neigung seiner Zeit zu mythologischen Vergleichen und prächtigen Bildern zu sehr nachgibt; dadurch kommt häufig ein Schwulst in die Sprache seiner Charaktere, den wir nur über der Menge von schönen, bedeutsamen Zügen, die dem Leben abgelauscht sind, vergessen. Näher stehen die großen Dichter der Deutschen unserer Bildung, aber auch bei ihnen, vor anderen bei Schiller, drängt sich in das Pathos nicht selten eine Schönrednerei, welche unbefangener Empfindung schon jetzt unbequem wird.

Wenn der Gegensatz zwischen Kunst und Natur bei jedem leidenschaftlichen Ausdruck erkennbar ist, so gilt dies am meisten von den innigsten und herzlichsten Empfindungen. Und so wird hier noch einmal an die sogenannten Liebesszenen erinnert. In der Wirklichkeit ist der Ausdruck der holden Leidenschaft, welcher aus einer Seele in die andere dringt, so zart, wortarm und diskret, daß er die Kunst in Verzweiflung bringt. Ein schneller Strahl des Auges, ein weicher Ton der Stimme vermag dem Geliebten mehr auszudrücken als jede Rede; gerade die unmittelbarste Äußerung des süßen Gefühls bedarf der Worte nur wie nebenbei; auch die Augenblicke der sogenannten Liebeserklärung werden häufig wortarm, dem Fernstehenden kaum sichtbar verlaufen. Dem Zuschauer kann auch die höchste Kraft des Dichters und Darstellers das beredte Schweigen und die schönen geheimen Schwingungen der Leidenschaft nur durch eine größere Anzahl von Hilfsmitteln ersetzen. Ja, Dichter und Darsteller müssen gerade hier eine Reichlichkeit von Wort und Mimik anwenden, die in der Natur unwahrscheinlich ist. Allerdings vermag der Schauspieler die Worte des Dichters durch Ton und Gebärde zu steigern und zu ergänzen; aber damit er diese erhöhenden Wirkungen übe, muß die Sprache des Dichters ihn leiten und höchst planvoll und zweckmäßig die Wirkungen der Schauspielkunst motivieren, und deshalb verlangt auch der Schauspieler eine schöpferische Tätigkeit des Dichters, welche nicht eine Nachbildung der Wirklichkeit, sondern etwas ganz anderes gibt: das Kunstvolle.

Darf man gegenüber solchen Schwierigkeiten, welche der Ausdruck hoher Leidenschaft im Drama darbietet, dem Dichter raten, so wird ihm das Beste sein, so genau und lebenswahr, als seine Begabung erlaubt, die einzelnen Momente zu starker Steigerung zusammenzuschließen und sowenig als möglich die schmückenden Betrachtungen, Vergleiche, Bilder ins Breite auszuführen. Denn während sie der Sprache Fülle geben, verdecken sie nur zu gern Flüchtigkeit und Armut der poetischen Erfindung. Wenn überall dem dramatischen Dichter genaues, immerwährendes Beobachten der Natur unentbehrlich ist, so gilt das am meisten bei Darstellung heftiger Leidenschaften; wohl aber soll er sich bewußt sein, daß er gerade hier am wenigsten die Natur nachahmen darf.

Eine andere Schwierigkeit entsteht dem Dichter durch den inneren Gegensatz, in welchen seine Art des Schaffens zu der seines Verbündeten, des Schauspielers, tritt. Der Dichter empfindet die Bewegungen seiner Charaktere, ihr Gegenspiel und Zusammenwirken nicht so wie der Leser die Worte des Dramas, nicht so wie der Schauspieler seine Rolle. Gewaltig und zum Schaffen reizend gehen ihm der Charakter, die Szene, jedes Moment auf, in der Art, daß ihm zugleich ihre Bedeutung für das Ganze klar vor Augen steht, während ihm alles Vorhergehende und alles Nachfolgende wie in leisen Akkorden durch das Gemüt zittert. Die Lebensäußerungen seiner Charaktere, das Fesselnde der Handlung, die Wirkung der Szenen empfindet er als lockend und gewaltig, vielleicht lange bevor sie in Worten Ausdruck gefunden haben. Ja, der Ausdruck, welchen er ihnen schafft, gibt seiner eigenen Empfindung oft sehr unvollständig die Schönheit und Macht wieder, womit sie in seiner Seele geschmückt waren. Während er so das Seelenhafte seiner Personen von innen heraus durch die Schrift festzuhalten bemüht ist, wird ihm die Wirkung der Worte, welche er niederschreibt, nur unvollkommen klar, erst nach und nach gewöhnt er sich an ihren Klang; auch den geschlossenen Raum der Bühne, das äußere Erscheinen seiner Gestalten, die Wirkung einer Gebärde, eines Redetons fühlt er nur nebenbei, bald mehr, bald weniger deutlich. Im ganzen steht er, der durch die Sprache schafft, den Bedürfnissen des Lesers oder Hörers noch näher als denen des Schauspielers, zumal wenn er nicht selbst darstellender Künstler ist. Die Wirkungen, welche er findet, entsprechen deshalb bald mehr den Bedürfnissen des Lesenden, bald mehr denen des Darstellers.

Nun aber muß der Dichter großer Empfindung auch einen vollen und starken Ausdruck durch die Sprache geben. Und die Wirkungen, welche eine Seele auf andere ausübt, werden dadurch hervorgebracht, daß ihr Inneres in einer Anzahl von Redewellen herausbricht, welche sich immer stärker und mächtiger erheben und an das empfangende Gemüt schlagen. Das bedarf einer gewissen Zeit und auch bei kurzer und höchst kräftiger Behandlung einer gewissen Breite der Ausführung. Der Schauspieler dagegen mit seiner Kunst bedarf des Stroms der überzeugenden, verführenden Rede, ja er bedarf des starken Ausdrucks der Leidenschaft durch die Sprache nicht immer. Sein Augenmerk ist darauf gerichtet, noch durch andere Mittel zu schaffen, deren Wirksamkeit der Dichter nicht ebenso lebendig empfindet. Durch eine Gebärde des Schreckens, des Hasses, der Verachtung vermag er zuweilen weit mehr auszudrücken als der Dichter durch die besten Worte. Ungeduldig wird er immer in Versuchung sein, von den höchsten Mitteln *seiner* Kunst Gebrauch zu machen. So werden die Gesetze der Bühnenwirkung für ihn und die Zuschauer zuweilen andere, als sie in der Seele des schaffenden Dichters lagen. Dem Darsteller wird oft in dem Kampf der Leidenschaft ein Wort, ein Augenblick besonders geeignet sein, die stärksten mimischen Wirkungen daran zu knüpfen; alle folgenden Seelenvorgänge in seiner Rede, wie poetisch wahr sie an sich sein mögen, werden ihm und den Zuschauern als Längen erscheinen. Dadurch wird bei der Darstellung manches unnötig, was beim Schreiben und beim Lesen die höchste Berechtigung hat.

Daß der Schauspieler seinerseits die Aufgabe hat, dem Dichter mit Sorgfalt zu folgen und sich soviel als irgend möglich den beabsichtigten Wirkungen desselben anzuschließen, selbst mit einiger Resignation, das versteht sich von selbst. Nicht selten aber wird sein Recht besser als das der Sprache; schon deshalb, weil seine Kunstmittel: Stimme, Erfindungskraft, Technik, selbst seine Nerven ihm Beschränkungen auferlegen, die der Dichter nicht als zwingende empfindet. Der Dichter aber wird bei solchem Recht, das der Schauspieler gegenüber seiner Arbeit hat, um so mehr mit Schwierigkeiten kämpfen, je ferner er selbst der Bühne steht und je weniger deutlich ihm in den einzelnen Momenten seiner schöpferischen Tätigkeit das Bühnenbild der Charaktere ist. Er wird also sich durch Nachdenken und Beobachtung klarmachen müssen, wie er seine Charaktere dem Schauspieler für die Bühnenwirkung bequem zurechtzulegen habe. Er wird aber der Schauspielkunst auch nicht immer nachgeben dürfen. Und da er schon beim Schreibtisch die Aufgabe hat, so sehr als möglich der wohlwollende Vormund des darstellenden Künstlers zu sein, so wird er die Lebensgesetze der Schauspielkunst ernsthaft studieren müssen.

3.

Kleine Regeln

Dieselben Gesetze, welche für die Handlung aufgezählt wurden, gelten auch für die Charaktere der Bühne. Auch diese müssen dramatische Einheiten sein – Wahrscheinlichkeit, Wichtigkeit und Größe haben –, zu starkem und gesteigertem Ausdruck des dramatischen Lebens befähigt sein.

Die Charaktere des Dramas *dürfen nur diejenigen Seiten der menschlichen Natur zeigen, durch welche die Handlung fortgeführt und motiviert wird*. – Kein Geiziger, kein Heuchler ist immer geizig, immer falsch, kein Bösewicht verrät seine niederträchtige Seele bei jeder Tat, welche er begeht; niemand handelt immer konsequent, unendlich vielfach sind die Gedanken, welche in der Menschenseele gegeneinander kämpfen, die verschiedenen Richtungen, in welchen sich Geist, Gemüt, Willenskraft ausdrücken. Das Drama aber, wie jedes Kunstgebilde, hat nicht das Recht, aus der Summe der Lebensäußerungen eines Menschen mit Freiheit auszuwählen und zusammenzustellen; nur was der Idee und Handlung dient, gehört der Kunst. Der Handlung aber werden nur solche gewählte Momente in den Charakteren dienen, welche als zusammengehörig leicht verständlich sind. Richard III. von England war ein blutiger und rücksichtsloser Gewaltherrscher, er war es aber durchaus immer, nicht gegen jeden; er war außerdem ein staatskluger Fürst, und es ist möglich, daß seine Regierung dem Geschichtschreiber nach einigen Richtungen als ein Segen für England erscheint. Wenn ein Dichter sich die Aufgabe stellt, die blutige Härte und Falschheit einer hochüberlegenen, menschenverachtenden Heldennatur in diesem Charakter verkörpert zu zeigen, so versteht sich von selbst, daß er Züge von Mäßigung, vielleicht von Wohlwollen, welche sich etwa im Leben dieses Fürsten finden, in seinem Drama entweder gar nicht oder nur so weit aufnehmen darf, als sie den Grundzug des Charakters, wie er ihn für diese Idee nötig hat, unterstützen. Und da die Zahl der charakterisierenden Momente, welche er überhaupt aufführen kann, im Verhältnis zur Wirklichkeit unendlich klein ist, so tritt schon deshalb jeder Zug in ein ganz anderes Verhältnis zum Gesamtbilde als in der Wirklichkeit. Was aber bei den Hauptfiguren nötig ist, gilt vollends von den Nebengestalten; es versteht sich, daß das Gewebe ihrer Seele um so leichter verständlich sein muß, je weniger Raum der Dichter für sie übrig hat. Schwerlich wird ein dramatischer Dichter darin große Fehler begehen. Auch dem ungeübten Talente pflegt die eine Seite sehr deutlich zu sein, von welcher es seine Figuren zu beleuchten hat.

Das erste Gesetz, das der Einheit, läßt sich noch anders auf die Charaktere anwenden: *das Drama soll nur einen Haupthelden haben*, um welchen sich alle Personen, wie groß ihre Zahl sei, in Abstufungen ordnen. Das Drama hat eine durchaus monarchische Einrichtung, die Einheit seiner Handlung ist wesentlich davon abhängig, daß die Handlung sich an einer maßgebenden Person vollzieht. Aber auch für eine sichere Wirkung ist die erste Bedingung, daß die Anteilnahme des Zuhörers zumeist auf *eine* Person gerichtet werde und daß er möglichst schnell erfahre, wer ihn vor anderen beschäftigen soll. Da überhaupt nur an wenigen Personen die höchsten dramatischen Vorgänge in großer Ausführung zutage kommen, so ist schon dadurch Beschränkung auf wenige große Rollen geboten. Und es ist alte Erfahrung, daß dem Hörer nichts peinlicher wird als Unsicherheit über den Anteil, welchen er jeder dieser Hauptpersonen zuzuwenden hat. Es ist also auch ein praktischer Vorteil des Stückes, seine Wirkungen auf *einen* Mittelpunkt zu beziehen.

Wer von diesem Grundsatz abweicht, soll das in der lebhaften Empfindung tun, daß er einen großen Vorteil aufgibt, und wenn ein Stoff dies Aufgeben notwendig macht, sich zweifelnd fragen, ob die dadurch entstehende Unsicherheit in den Wirkungen des Stückes durch andere dramatische Vorzüge desselben ersetzt werde.

Eine Ausnahme allerdings hat unser Drama seit langer Zeit aufgenommen. Wo die Beziehungen zweier Liebenden die Hauptsache der Handlung bilden, werden diese innig verbundenen Personen gern als gleichberechtigte angesehen, ihr Leben und Schicksal als eine Einheit aufgefaßt. So in »Romeo und Julia«, »Kabale und Liebe«, den »Piccolomini«, sogar in »Troilus und Cressida«. Aber auch in diesem Falle wird der Dichter wohltun, einem von beiden den Hauptteil der Handlung zu geben, wo das nicht möglich ist, die innere Entwicklung beider durch entsprechende Motive nach beiden Seiten zu stützen. Bei Shakespeare führt in der ersten Hälfte des Stückes Romeo, in der zweiten Julia, in

»Antonius und Kleopatra« ist Antonius bis zu seinem Tode der Held.

Während aber bei Shakespeare, Lessing, Goethe sonst der Hauptheld immer unzweifelhaft ist, hat Schiller nicht zum Vorteil für den Bau seiner Stücke eine eigentümliche Neigung zu Doppelhelden, die schon in den »Räubern« hervortritt und in späteren Jahren, seit seiner Bekanntschaft mit der antiken Tragödie, noch auffallender wird. Carlos und Posa, Maria und Elisabeth, die feindlichen Brüder, Max und Wallenstein, Tell, die Schweizer und Rudenz. Diese Neigung läßt sich wohl erklären. Der pathetische Zug in Schiller war seit der Bekanntschaft mit den Griechen noch verstärkt worden, er kommt in seinen Dramen nicht selten in Widerspruch mit einer größeren Dichtereigenschaft, der dramatischen Energie. So zerlegten sich ihm zwei Richtungen seines Wesens unter der Hand in getrennte Personen, von denen die eine den pathetischen, die andere den Hauptteil der Handlung erhält, die zweite freilich noch zuweilen ihren Anteil an Pathos. Wie diese Teilung den ersten Helden, der für ihn der pathetische war, herabdrückte, ist bereits gesagt.

Einen anderen Fehler vermeidet der Dichter schwerer. Der Anteil, welchen die Charaktere am Forttreiben der Handlung haben, muß so eingerichtet sein, *daß ihr erfolgreiches Tun immer auf dem leicht verständlichen Grundzuge ihres Wesens beruht* und nicht auf einer Spitzfindigkeit ihres Urteils oder auf einer Besonderheit, welche als zufällig erscheint. Vor allem darf ein entscheidender Fortschritt der Handlung nicht aus Wunderlichkeiten eines Charakters, welche nicht motiviert sind, oder aus solchen Schwächen desselben hervorgehen, welche unserem schauenden Publikum den fesselnden Eindruck desselben verringern. So ist die Katastrophe in »Emilia Galotti« für unsere Zeit bereits nicht mehr im höchsten Sinne tragisch, weil wir von Emilia und ihrem Vater männlicheren Mut fordern. Daß die Tochter sich fürchtet, verführt zu werden, und der Vater darum verzweifelt, weil doch der Ruf der Tochter durch die Entführung geschädigt ist, statt mit dem Dolch in der Hand sich und seinem Kinde den Ausweg aus dem Schlosse zu suchen, das verletzt uns die Empfindung, wie schön auch der Charakter Odoardos gerade für diese Katastrophe gebildet ist. Zu Lessings Zeit waren die Vorstellungen des Publikums von der Macht und Willkür fürstlicher Herrscher so lebendig, daß die Situation ganz anders wirkte als jetzt. Und doch hätte Lessing auch bei solcher Voraussetzung den Mord der Tochter stärker motivieren können. Der Zuschauer muß durchaus überzeugt sein, daß den Galotti ein Ausweg aus dem Schlosse unmöglich ist. Der Vater muß ihn mit letzter Steigerung der Kraft versuchen, den Prinzen durch Gewalt verhindern. Dann bleibt freilich immer noch der größere Übelstand, daß dem Odoardo in der Tat weit näher lag, den schurkischen Prinzen als seine unschuldige Tochter zu töten. Das wäre viel gewöhnlicher gewesen, aber menschlich wahrer. Natürlich konnte dieses Trauerspiel solchen Schluß nicht brauchen. Und dies ist ein Beweis, daß das Bedenkliche des Stückes tiefer liegt als in der Katastrophe. Noch machte die deutsche Luft, in welcher der starke Geist Lessings rang, das Schaffen großer tragischer Wirkungen schwierig. Die Besten empfanden wie edle Römer zur Kaiserzeit: der Tod macht frei!*

Wo aber unvermeidlich ist, den Helden in einer wesentlichen Richtung als kurzsichtig und beschränkt gegenüber seiner Umgebung darzustellen, muß das herabdrückende Gewicht aufgewogen sein durch eine ergänzende Seite seiner Persönlichkeit, welche ihm erhöhten Grad von Achtung und Anteil zuwendet. Das ist gelungen im »Götz« und »Wallenstein«, es ist versucht, aber nicht gelungen im »Egmont«. Wenn der griechische Verfasser der »Poetik« vorschreibt,

---

* Es versteht sich, daß auch »Emilia Galotti« in der Tracht ihres Jahres (1772) aufgeführt werden muß. – Das Stück fordert noch eine Rücksicht bei der Darstellung. Vom dritten Akt darf der Vorhang in den Zwischenakten nicht mehr heruntergelassen werden, dieselben sind außerdem sehr kurz zu halten.

daß die Charaktere der Helden, um Teilnahme zu erwecken, *aus böse und gut* gemischt sein müssen,[76] so gilt dieser Satz, auf die veränderten Verhältnisse unserer Bühne angewandt, noch heut. Die Stoffbilder, aus denen die Bühne der Germanen vorzugsweise ihre poetischen Charaktere heraushebt, sind selbst Menschen. Auch wo der Dichter einmal Gestalten der Sage verwertet, versucht er mehr oder weniger glücklich, dieselben mit der freieren Menschlichkeit und dem reicheren Leben zu füllen, welches an geschichtlichen Charakteren oder an Personen der Gegenwart zum Idealisieren einladet. Und der Dichter wird jeden Charakter für sein Drama benutzen dürfen, welcher die Darstellung starker dramatischer Vorgänge möglich macht. Die unbedingte und bewegungslose Güte und Schlechtigkeit sind für Hauptrollen schon dadurch ausgeschlossen. Die Kunst an sich legt ihm eine weitere Beschränkung nicht auf. Denn ein Charakter, in welchem die höchsten dramatischen Vorgänge sich reichlich darstellen lassen, wird ein Kunstgebilde, wie auch sein Verhältnis zu dem sittlichen Inhalt oder den gesellschaftlichen Ansichten der Hörer sein möge.

Wohl aber wird dem Dichter die Wahl begrenzt, zunächst durch seinen eigenen männlichen Charakter, Geschmack, Moral, Sitte, dann aber auch durch die Rücksicht auf seinen idealen Hörer, das Publikum. Es muß ihm sehr daran liegen, dasselbe für seinen Helden zu erwärmen und zum nachschaffenden Mitspieler in den Wandlungen und Gemütsvorgängen zu machen, welche er vorführt. Um dies Mitgefühl zu bewahren, ist er genötigt, Persönlichkeiten zu wählen, welche nicht nur durch die Wichtigkeit, Größe und Kraft ihres Wesens fesseln, sondern welche auch Empfindung und Geschmack der Hörer für sich zu gewinnen wissen.

Der Dichter muß also das Geheimnis verstehen, das Furchtbare, Entsetzliche, das Schlechte und Abstoßende in einem Charakter durch die Beimischung, welche er ihm gibt, für seine Zeitgenossen zu adeln und zu verschönen. Der Bühne der Germanen ist die Frage, wieviel der Dichter darin wagen

dürfe, seit Shakespeare kaum mehr zweifelhaft. Der Zauber
seiner schöpferischen Kraft wirkt vielleicht auf jeden, der
selbst zu bilden versucht, am gewaltigsten durch die Ausführung, welche er seinen Bösewichtern gegönnt hat.
Sowohl Richard III. als Jago sind Musterbilder, wie der
Dichter auch die Bösen und Schlechten schön zu bilden
habe. Die starke Lebenskraft und die ironische Freiheit, in
welcher sie mit dem Leben spielen, verbindet ihnen ein
höchst bedeutsames Element, welches ihnen widerwillige
Bewunderung erzwingt. Beide sind Schurken ohne jeden
Beisatz einer mildernden Eigenschaft. Aber in dem Selbstgefühl überlegener Naturen beherrschen sie ihre Umgebung
mit einer fast übermenschlichen Kraft und Sicherheit. Sieht
man näher zu, so sind beide sehr verschieden geformt.
Richard ist der wilde Sohn einer Zeit voll Blut und Greuel,
wo die Pflicht nichts galt und die Selbstsucht alles wagte.
Das Mißverhältnis zwischen einem ehernen Geist und einem
gebrechlichen Körper ist ihm Grundlage eines kalten Men-
schenhasses geworden. Er ist ein praktischer Mann und ein
Fürst, der das Böse nur tut, wo es ihm nützt, dann freilich
erbarmungslos, mit einer wilden Laune. Jago dagegen ist
weit mehr Teufel. Ihm macht es Freude, nichtswürdig zu
handeln, er tut das Böse mit innerstem Behagen. Er motiviert sich und anderen wiederholt in dem Stück, warum er
den Mohren verderbe, er soll ihm einen anderen Offizier
vorgezogen haben, er soll mit seiner Frau geliebelt haben.
Das ist alles nicht wahr, und sofern es wahr ist, nicht der
letzte Grund seiner Tücke. Der Hauptantrieb ist bei ihm der
Drang einer schöpferischen Kraft, Anschläge zu machen
und Ränke zu spinnen, allerdings zu seinem eigenen Nutz
und Vorteil. Er war deshalb für das Drama schwerer zu
verwerten als der Fürst, der Feldherr, dem schon die Umgebung und die großen Zwecke Wichtigkeit und eine gewisse Größe gaben; und deshalb hat Shakespeare ihn auch
noch stärker mit Humor gefüllt, der verschönernden Stimmung der Seele, welche den einzigen Vorzug hat, auch dem

Häßlichen und Gemeinen eine reizvolle Beleuchtung zu geben.

Grundlage des Humors ist die unbeschränkte Freiheit eines reichen Gemütes, welches seine überlegene Kraft an den Gestalten seiner Umgebung mit spielender Laune erweist. Der epische Dichter, welcher Neigung und Anlage für diese Wirkungen in sich trägt, vermag sie in doppelter Weise an den Gestalten seiner Kunst zu erweisen, er kann diese selbst zu Humoristen machen, oder er kann seinen Humor an ihnen üben. Der tragische Dichter, welcher nur durch seine Helden spricht, vermag selbstverständlich nur das erstere, indem er ihnen von seinem Humor mitteilt. Diese moderne Gemütsrichtung übt auf den Hörer stets eine mächtige, zugleich fesselnde und befreiende Wirkung. Für das ernste Drama jedoch hat ihre Verwertung eine Schwierigkeit. Die Voraussetzung des Humors ist innere Freiheit, Ruhe, Überlegenheit, das Wesen des dramatischen Helden ist Befangenheit, Sturm, starke Erregtheit. Das sichere und behagliche Spielen mit den Ereignissen ist dem Forteilen einer bewegten Handlung ungünstig, es dehnt fast unvermeidlich die Szene, in welche es dringt, zu einem Situationsbilde aus. Wo deshalb der Humor mit einer Hauptperson in das Drama eintritt, muß der Charakter, der dadurch über die anderen gehoben wird, andere Eigenschaften haben, welche verhindern, daß er in sich stark treibende Kraft, und darüber eine kräftig fortrückende Handlung.

Nun ist allerdings möglich, den Humor des Dramas so zu leiten, daß er heftige Bewegungen der Seele nicht ausschließt und daß ein freies Beschauen eigener und fremder Schicksale gesteigert wird durch eine entsprechende Fähigkeit des Charakters, großer Leidenschaft Ausdruck zu geben. Aber zu lehren ist das nicht.

Und die Verbindung eines tiefen Gemüts mit dem Vollgefühl sicherer Kraft und mit überlegener Laune ist ein Geschenk, welches dem Dichter ernster Dramen in Deutschland noch kaum zuteil geworden ist. Wem solche

Gabe verliehen wird, der verwendet sie als reicher Mann
sorglos, mühelos, sicher, er schafft sich selbst Gesetz und
Regel und zwingt seine Zeitgenossen, ihm bewundernd zu
folgen; wer sie nicht hat, der ringt vergebens darnach, etwas
von dem schmückenden Glanz, den sie überall ausgießt, in
seine Szenen hineinzumalen.

Es ist früher gesagt, wie bei unserem Drama die Charaktere
den Fortschritt der Handlung zu motivieren haben und wie
das Schicksal, welches sie beherrscht, im letzten Grund
nichts anderes sein darf als der durch ihre Persönlichkeit
hervorgebrachte Lauf der Ereignisse, welcher in jedem
Augenblick von dem Hörer als vernünftig und wahrscheinlich begriffen werden muß, wie sehr auch einzelne Momente
ihm überraschend kommen. Gerade dann erweist der Dichter seine Kraft, wenn er seine Charaktere tief und groß zu
bilden und den Lauf der Handlung mit hohem Sinne zu
leiten weiß, und wenn er nicht als schöne Erfindung darbietet, was auf der Heerstraße des gewöhnlichen Menschenverstandes liegt und was auch seichtem Urteil das nächste ist.
Und mit Absicht ist wiederholt betont worden, daß jedes
Drama ein fest geordnetes Gefüge sein müsse, bei welchem
der Zusammenhang zwischen Ursache und Wirkung die
ehernen Klammern bildet, und daß das Vernunftwidrige als
solches in dem modernen Drama überhaupt keine irgend
wichtige Stelle haben dürfe.

Jetzt aber darf an ein Nebenmotiv für Forttreiben der Handlung erinnert werden, welches in dem früheren Abschnitt
nicht erwähnt wurde. In einzelnen Fällen dürfen die Charaktere einen Schatten zum Mitspieler erhalten, der auf
unserer Bühne ungern geduldet werden soll, den Zufall.
Wenn nämlich das Werdende in der Hauptsache durch die
treibenden Persönlichkeiten begründet ist, dann darf in seinem Verlauf allerdings begreiflich werden, daß der einzelne
Mensch nicht mit Sicherheit den Zusammenhang der Ereignisse zu leiten vermag. Wenn im »König Lear« der Bösewicht Edmund, wenn in der »Antigone« der Gewaltherr-

scher Kreon den Todesbefehl, welchen sie ausgesprochen
haben, widerrufen, so erscheint allerdings als Zufall, daß
derselbe Befehl so schnell oder in unerwarteter Weise bereits
ausgeführt worden ist. Wenn im »Wallenstein« der Held den
Vertrag, welchen er mit Wrangel geschlossen hat, zurück-
nehmen will, so wird allerdings stark betont, wie unbegreiflich schnell der Schwede verschwunden sei. Wenn in
»Romeo und Julia« die Nachricht von Julias Tode eher zu
Romeo kommt als die Botschaft des Pater Lorenzo, so
erscheint der Zufall hier sogar von entscheidender Wichtigkeit für den Verlauf des Stückes. Aber dieses Eindringen
eines nicht berechneten Umstandes, wie sehr es auffallen
mag, ist im Grunde kein von außen hereinbrechendes
Motiv, sondern es ist nur Folge eines charakteristischen
Tuns der Helden.
Die Charaktere haben nämlich eine verhängnisvolle Entscheidung abhängig gemacht von einem Lauf der Tatsachen,
den sie nicht mehr regieren können. Der Fall war eingetre-
ten, den Edmund für den Tod der Cordelia festgesetzt hatte;
Kreon hatte die Antigone in das Grabgewölbe schließen
lassen, ob die Trotzige den Hungertod erwartete oder sich
selbst einen Tod wählte, darüber hatte er die Herrschaft
verloren. Wallenstein hat sein Schicksal in die Hand eines
Feindes gegeben; daß Wrangel guten Grund hatte, den
Entschluß des Zögernden unwiderruflich zu machen, lag auf
der Hand. Romeo und Julia sind in die Lage gekommen, daß
die Möglichkeit ihres Lebens von einer fürchterlichen, fre-
velhaften und höchst abenteuerlichen Maßregel abhängt,
welche der Pater in seiner Angst ausgedacht hat. In diesen
und ähnlichen Fällen tritt der Zufall nur deshalb ein, weil die
Charaktere unter übermächtigem Zwange die Wahl bereits
verloren haben. Er ist für den Dichter und sein Stück nicht
mehr Zufall, d. h. nicht ein Fremdes, welches das Gefüge
der Handlung zerreißt, sondern er ist ein aus den Eigentümlichkeiten der Charaktere hervorgegangenes Motiv wie jedes
andere, im letzten Grunde nur eine notwendige Folge vor-

ausgegangener Ereignisse. – Dies nicht unwirksame Mittel ist aber vorsichtig zu gebrauchen und genau durch das Wesen der Charaktere und die tatsächliche Lage zu motivieren.

Auch für Leitung der Charaktere durch die einzelnen Akte sind, wie bereits früher gesagt wurde, einige technische Vorschriften zu beachten; sie werden hier noch einmal kurz hervorgehoben.

Jeder Charakter des Dramas soll die Grundzüge seines Wesens so schnell als möglich deutlich und anziehend zeigen; auch wo eine Kunstwirkung in verdecktem Spiele einzelner Rollen liegt, muß der Zuschauer bis zu einem gewissen Grade Vertrauter des Dichters werden. – Je später im Verlauf der Handlung ein neuer Charakterzug zutage kommt, desto sorgfältiger muß er schon im Anfange motiviert werden, damit der Zuschauer das überraschende Neue mit dem vollen Behagen genieße, daß es der Anlage des Charakters doch vollständig entspricht.

Im Anfang des Stückes, wo die Hauptcharaktere sich darzustellen haben, sind kurze Striche Regel; es versteht sich von selbst, daß die bedeutsamen Einzelzüge nicht anekdotenhaft, sondern mit der Handlung verwebt zutage kommen müssen, ausnahmsweise sind hier kleine Episoden, eine bescheidene Situationsmalerei erlaubt. – Die Szenen des Anfangs, welche die Farbe des Stückes angeben, die Stimmung vorbereiten, sollen zugleich das Grundgewebe der Helden darlegen. Mit ganz ausgezeichneter Kunst verfährt dabei Shakespeare. Er läßt gern seine Helden, bevor sie in die Befangenheit der tragischen Handlung hineingeführt werden, in der Einleitungsszene den Zug ihres Wesens noch unbefangen und doch höchst bezeichnend aussprechen: Hamlet, Romeo, Brutus, Othello, Richard III.

Es ist kein Zufall, daß Goethes Helden, Faust (beide Teile), Iphigenie, sogar Götz, sich durch einen Monolog einführen oder in ruhigem Gespräch, wie Tasso, Clavigo; Egmont tritt erst im zweiten Akt auf. – Lessing folgt noch der alten

Gewohnheit seiner Bühne, die Helden durch ihre Vertrauten einzuführen; aber Schiller legt wieder größeres Gewicht auf charakteristische Darlegung der unbefangenen Helden. In der Trilogie des »Wallenstein« wird das Wesen des Helden durch das »Lager« und den ersten Akt der »Piccolomini« zuerst in zahlreichen Abspiegelungen glänzend dargestellt, Wallenstein selbst aber erscheint durch den Astrologen kurz eingeleitet im Kreise seiner Familie und der Vertrauten, aus dem er während des ganzen Stückes nur selten heraustritt.

Daß neue Rollen in der zweiten Hälfte des Dramas, der Umkehr, eine besondere Behandlung verlangen, ist bereits gesagt. Der Zuschauer ist geneigt, die Führung der Handlung durch neue Personen mit Mißtrauen zu betrachten, der Dichter muß sich hüten, zu zerstreuen oder ungeduldig zu machen. Deshalb bedürfen die Charaktere der Umkehr eine reichere Ausstattung, fesselnde Einführung, wirksamste Einzelschilderung in knapper Behandlung. Bekannte Beispiele vortrefflicher Ausführung sind, außer den früher genannten, Deveroux und Macdonald im »Wallenstein«, während Buttler in demselben Stück wieder als Muster gelten kann, wie ein Charakter, dessen tätiges Eingreifen für den letzten Teil des Stückes aufgespart ist, als Teilnehmer der Handlung durch die ersten Teile nicht geschleppt, sondern mit seinen inneren Wandlungen verflochten wird.

Zuletzt wird sich der ungeübte Bühnendichter hüten, wenn er andere über seinen Helden sprechen lassen muß, großen Wert auf solche Erläuterung des Charakters zu legen, er wird auch den Helden selbst nur, wo es durchaus zweckdienlich ist, ein Urteil über sich selbst abgeben lassen; denn alles, was andere von einer Person sagen, ja auch was sie selbst von sich sagt, hat im Drama geringes Gewicht gegen das, was man in ihr *werden* sieht, im Gegenspiele gegen andere, im Zusammenhange der Handlung. Ja, es mag tödlich wirken, wenn der eifrige Dichter seine Helden als erhaben, als lustig, als klug empfiehlt, während ihnen in dem

Stücke selbst trotz dem Wunsche des Dichters nicht vergönnt wird, sich so zu erweisen.

Die Führung der Charaktere durch die Szenen muß mit steter Rücksicht auf das Bühnenbild und die Bedürfnisse der szenischen Darstellung geschehen. Denn auch in der Szenenführung macht der Schauspieler gegenüber dem Dichter seine Forderungen geltend, und der Dichter tut wohl, dieselben mit Achtung anzuhören. Er steht zu seinem Darsteller in einem zarten Verhältnisse, welches beiden Teilen Rücksichten auflegt; in der Hauptsache ist das Ziel beider gemeinsam, beide betätigen an demselben Stoff ihre schöpferische Kraft, der Dichter als der stille Leiter, der Darsteller als ausführende Gewalt. Und der Dichter wird erfahren, daß der deutsche Darsteller im ganzen mit schneller Wärme und Eifer auf die Wirkungen des Dichters eingeht und ihn nur selten mit Ansprüchen belästigt, durch welche er seine Kunst zum Nachteil der Poesie in den Vordergrund zu stellen gedenkt. Da freilich der einzelne Darsteller die Wirkungen *seiner* Rolle im Auge hat, der Dichter die Gesamtwirkung, so wird bei dem Einüben des Stückes allerdings in vielen Fällen ein Zwiespalt der Interessen hervortreten. Nicht immer wird der Dichter seinem Verbündeten das bessere Recht zugestehen, wenn ihm einmal notwendig wird, eine Wirkung abzudämpfen, einen Charakter in einzelnen Momenten der Handlung zurückzudrängen. Die Erfahrung lehrt, daß der Darsteller sich bei solchem Widerspruch der beiderseitigen Auffassung bereitwillig fügt, sobald er die Empfindung erhält, daß der Dichter die eigene Kunst versteht. Denn der Künstler ist gewöhnt, als Teilnehmer an einem größeren Ganzen zu arbeiten, und erkennt, wenn er aufmerksam sein will, recht gut die höchsten Bedürfnisse des Stückes.

Die Forderungen, welche er mit Recht stellt: gute Spielrollen, starke Wirkungen, Schonung seiner Kraft, bequeme Zurichtung der Szenen, müssen im Grunde dem Dichter ebensosehr am Herzen liegen als ihm.

Diese Forderungen lassen sich aber in der Hauptsache auf zwei große Grundsätze zurückführen, auf den Satz, welcher hier aufgeführt wurde: dem schaffenden Dichter soll die Bühnenwirkung deutlich sein, und auf den kurzen, aber allerdings das Höchste heischenden Satz: der Dichter soll seinen Charakteren große dramatische Wirkungen zu schaffen wissen. Zunächst also soll der Dichter in jeder einzelnen Szene, zumal in Szenen des Zusammenspiels, die Übersicht über das Bühnenbild fest in der Seele halten; er soll die Stellungen der Personen und ihre Bewegungen zu- und voneinander, wie sie nach und nach auf der Bühne geschehen, mit einiger Deutlichkeit empfinden. Wenn er den Schauspieler zwingt, häufiger, als der Charakter und die Würde seiner Rolle erlauben, sich nach einer und der anderen Person zu richten, um vielleicht Nebenrollen ihre Wirkung zu erleichtern oder zurechtzumachen; wenn er versäumt, die Übergänge aus einer Aufstellung in die andere, von einer Seite der Bühne auf die andere, welche er bei einem späteren Moment der Szene voraussetzt, zu motivieren; wenn er den Schauspieler in eine Lage zwängt, welche ihm nicht verstattet, ungezwungen und wirksam seine Aktion auszuführen oder mit einem Mitspieler in die gebotene Verbindung zu treten; wenn er nicht darauf achtet, welche seiner Rollen jedesmal das Spiel zu bringen und welche es aufzunehmen hat; ferner, wenn er Hauptrollen längere Zeit auf der Bühne unbeschäftigt läßt oder der Kraft des Darstellers zuviel zumutet, so ist der letzte Grund dieser und ähnlicher Übelstände immer eine zu schwache und lückenhafte Vorstellung von dem Bühnenverlauf der dramatischen Bewegung, welche der Dichter in ihrem Laufe durch die Seelen vielleicht sehr gut und wirksam empfunden hat. In allen solchen Fällen haben die Forderungen des Schauspielers das Recht, berücksichtigt zu werden. Und der Schaffende wird auch aus diesem Grunde dem Bedürfnisse und dem Brauch der Bühne besondere Aufmerksamkeit zuwenden. Es gibt dafür kein besseres Mittel, als daß er mit dem Schauspieler einige neu einzuübende Rollen durchgeht – um zu lernen – und daß er fleißig den Proben beiwohnt, welche ein sorgfältiger Regisseur abhält.

Die alte Forderung, der Dichter solle seine Charaktere den Fächern der Darsteller anpassen, scheint unbehilflicher, als sie in Wahrheit ist. Zwar sind auf unserer Bühne gerade für die Hauptrollen die festen Überlieferungen aufgegeben, welche den Künstler einst im Bannkreis seines Faches erhielten, dem »Intriganten« unmöglich machten, eine Rolle aus dem »ersten Fach« zu spielen, und den »Bonvivant« durch eine schwer zu übersteigende Kluft von dem »jugendlichen Helden« trennten. Indes besteht noch soviel vom Brauch, als für die Darsteller und den Leiter der Bühne nützlich ist, um das einzelne Talent nach seiner besonderen Anlage zu ziehen und die Besetzung neuer Rollen zu erleichtern. Jeder Darsteller erfreut sich demnach eines gewissen Vorrats von dramatischen Mitteln, welche er innerhalb seines Faches ausgebildet hat: Tonlage seiner Stimme, Akzente der Rede, Haltung der Glieder, Stellungen, Zwang der Gesichtsmuskeln. Innerhalb seiner gewohnten Grenzen bewegt er sich verhältnismäßig sicher, außerhalb derselben wird er unsicher. Wenn nun der Dichter in derselben Rolle die gewandte Fertigkeit verschiedener Fächer beansprucht, so wird die Besetzung schwer, der Erfolg vielleicht zweifelhaft. Es sei z. B. ein italienischer Parteiführer des fünfzehnten Jahrhunderts nach außen hin scharf, schlau, verhüllt, rücksichtsloser Bösewicht, in seiner Familie von warmem Gefühl, würdig, verehrt und verehrungswert – keine unwahrscheinliche Mischung –, so würde sein Bild auf der Bühne sehr verschieden ausfallen, ob der Charakterspieler oder ob der ältere Held und würdige Vater ihn darstellen, wahrscheinlich würde bei jeder Besetzung die eine Seite seines Wesens zu kurz kommen. Und dies ist kein seltener Fall. Die Vorteile richtiger Besetzung nach Fächern, die Gefahren einer verfehlten kann man bei jedem neuen Stück beobachten.

Der Dichter wird sich zwar durch solche kluge Rücksicht

auf die größere Sicherheit seiner Erfolge nirgend bestimmen lassen, wo ihm das Formen eines ungewöhnlichen Bühnencharakters von Wichtigkeit wird. Er soll nur wissen, was für ihn und seine Darsteller am bequemsten ist.

Und wenn zuletzt von dem Dichter gefordert wird, daß er seine Charaktere wirksam für den Darsteller bilde, so enthält dieser Wunsch die höchste Forderung, welche überhaupt dem dramatischen Dichter gestellt werden kann. Denn für den Darsteller wirksam schaffen, heißt in Wahrheit nichts anderes, als im besten Sinne des Wortes dramatisch schaffen. Seele und Leib der Schauspieler sind bereit, sich in höchst bewußte, schöpferische Tätigkeit zu versetzen, um das geheimste Empfinden, Gefühl und Gedanken, Willen und Tat zu verbildlichen. Der Dichter sehe zu, daß er diesen gewaltigen Vorrat von Hülfskräften für seine Kunstwirkungen vollständig und würdig zu benutzen wisse. Und sein Kunstgeheimnis – das erste, welches in diesen Blättern dargestellt wurde, und das letzte – ist nur das eine: er schildere bis ins einzelne genau und wahr, wie starke Empfindung aus dem geheimen Leben als Begehren und Tat herausbricht und wie starke Eindrücke von außen in das Innere des Helden hineinschlagen. Das beschreibe er mit poetischer Fülle aus einer Seele, welche genau, scharf, reichlich jeden einzelnen Augenblick dieses Vorganges anschaut und besondere Freude findet, ihn mit schönen Einzelzügen abzubilden. So arbeite er, und er wird seinen Darstellern die größten Aufgaben stellen und wird ihre Kraft würdig und völlig verwerten.

Und wieder muß gesagt werden: keine Technik belehrt, wie man es anfangen müsse, um so zu schreiben.

Fünftes Kapitel

Vers und Farbe

Das Jahrhundert, in welchem der Roman die herrschende Gattung der Poesie geworden ist, wird den Vers nicht mehr für ein unentbehrliches Element des dichterischen Schaffens halten. Auch sind mehre Dramen hohen Stils, beliebte Repertoirestücke unserer Bühnen, in ungebundener Rede gedichtet. Wenigstens bei dramatischen Stoffen aus neuerer Zeit ist, so sollte man meinen, die Prosa das angemessenste Material für Ausdruck solcher Gedanken und Empfindungen, welche aus einem uns wohlbekannten, wirklichen Leben auf die Bühne versetzt werden. Aber das ernste Drama wird sich doch nur schwer entschließen, die Vorteile, welche der Vers gewährt, aufzugeben, um die der Prosa zu gewinnen.

Es ist wahr, die ungebundene Rede läuft flüchtiger, müheloser, ja in mancher Hinsicht dramatischer dahin. Es ist leichter, in ihr die verschiedenen Charaktere zu unterscheiden, sie bietet von der Satzbildung bis zu den mundartlichen Klängen hinab den größten Reichtum an Farben und Schattierungen, alles ist zwangloser, sie schmiegt sich behend jeder Stimmung an, sie vermag sogar leichtem Geplauder und humoristischem Behagen eine Anmut zu geben, welche dem Verse sehr schwer wird; sie erlaubt größere Unruhe, stärkere Gegensätze, heftigere Bewegung. Aber diese Vorteile werden reichlich aufgewogen durch die gehobene Stimmung des Hörers, welche der Vers hervorbringt und erhält. Während die Prosa leicht in Gefahr kommt, die Bilder der Kunst zu Abbildern gewöhnlicher Wirklichkeit herabzuziehen, steigert die Sprache des Verses das Wesen der Charaktere in das Edle. In jedem Augenblick wird in dem Hörer die Empfindung rege erhalten, daß er Kunstwirkungen gegenübersteht, welche ihn der Wirklichkeit entrücken und in eine andere Welt versetzen, deren Verhältnisse der menschliche Geist mit Freiheit geordnet hat. Auch die Beschränkung, welche der Dialektik und zuweilen der Kürze und Schärfe des Ausdrucks auferlegt wird, ist kein sehr fühlbarer Verlust; der dichterischen Darstellung ist die Schärfe und Feinheit der Beweisführung nicht ganz so wichtig als die Einwirkung auf das Gemüt und als der Glanz des bildlichen Ausdrucks, des Vergleichs und Gegensatzes, welche der Vers begünstigt. In dem rhythmischen Klange des Verses schweben, der Wirklichkeit enthoben, Empfindung und Anschauung wie verklärt in die Seelen der Hörer; und es muß gesagt werden, daß diese Vorteile gerade bei Stoffen aus der Neuzeit sehr wohltätig sein können, denn bei ihnen ist die Enthebung aus den Stimmungen des Tages am nötigsten. Wie dergleichen gemacht werden kann, zeigt nicht nur der »Prinz von Homburg«, auch die Behandlung, welche Goethe einem an sich undramatischen Stoff in der »Natürlichen Tochter« gegönnt hat, obgleich die Verse dieses Dramas für die Schauspieler nicht bequem geschrieben sind.

Der fünffüßige Jambus ist bei uns als dramatischer Vers seit Goethe und Schiller durchgesetzt.[77] Ein vorwiegend trochäischer Fall der deutschen Wörter macht diesen Vers besonders bequem. Er ist allerdings im Vergleich zu den kleinen logischen Einheiten des Sprachsatzes, deren Verkoppelung zu zweien das Wesen jeder Verszeile ausmacht, ein wenig kurz; wir vermögen in seinen zehn oder elf Silben nicht die Fülle des Inhalts zusammenzudrängen, welche er z. B. in der gedrungenern englischen Sprache hat, und der Dichter kommt daher bei einer Neigung zu reichlichem, tönendem Ausdruck leicht dazu, einen Satzteil für anderthalb oder zwei Verszeilen auszuweiten, welcher besser in einer untergebracht wäre, und dadurch seinen Redefluß übermäßig zu dehnen. Aber der Fünffuß hat den Vorteil der möglichst größten Flüssigkeit und Beweglichkeit, er vermag sich mehr als ein anderer Vers den wechselnden Stimmungen anzupassen, jeder Veränderung in Tempo und Bewegung der Seele zu folgen.

Die übrigen Versmaße, welche für das Drama bisher verwertet sind, leiden an dem Übelstand, daß sie eine zu starke eigentümliche Klangfarbe haben und das Charakterisieren durch die Rede, wie sie dem Drama nötig ist, mehr als billig beschränken.

Der deutsche trochäische Tetrameter,[78] den z. B. Immermann in der Katastrophe seines »Alexis« unter vielen anderen Maßen wirkungsvoll verwendet hat, läuft wie alle trochäischen Verse zu gleichmäßig mit dem Tonfall unserer Sprache. Die scharfen Taktschritte, welche seine Füße in der Rede hervorbringen, und der lange, schwungvolle Lauf geben ihm in der deutschen Sprache – abweichend von der griechischen – etwas Unruhiges, Aufwühlendes, eine dunkle Klangfarbe, welche nur für hohe tragische Stimmungen zu verwerten wäre. Der jambische Sechsfuß, dessen Zäsur in der Mitte des dritten Fußes steht, das tragische Maß der Griechen, ist in Deutschland bis jetzt wenig verwendet worden. Durch die Übersetzungen aus dem Griechischen kam er in den Ruf einer Steife und Starrheit, die ihm nicht wesentlich anhängen, er ist sehr wohl lebhafter Bewegung und zahlreicher Abwechslungen fähig. Sein Klang ist majestätisch und voll, für reichlichen Ausdruck, welcher langatmig dahinzieht, vortrefflich geeignet. Nur den Übelstand hat er, daß sein Haupteinschnitt, welcher auch im Drama nach der fünften Silbe festgehalten werden muß, den beiden Hälften des Verses sehr ungleiches Maß gibt. Gegen fünf Silben stehen sieben oder bei weiblicher Endung gar acht; leicht drückt sich daher in der zweiten Hälfte eine zweite Zäsur so stark ein, daß sie den Vers in drei Teile spaltet. Dies Nachklingen der längeren Hälfte macht ferner einen männlichen Abschluß des Verses wünschenswert, und das Vortönen der männlichen Endungen trägt allerdings dazu bei, ihm Wucht, zuweilen Härte zu geben. – Der Alexandriner, ein jambischer Sechsfuß, dessen Einschnitt nach der dritten Hebung liegt und den Vers in zwei gleiche Teile fällt, zerschneidet im deutschen Drama die Rede zu auffallend.

Im Französischen ist seine Wirkung eine andere, weil bei dieser Sprache der Versakzent weit mehr gedeckt und auf das mannigfaltigste unterbrochen wird. Nicht nur durch den launischen und unruhigen Wortakzent, sondern auch durch freie rhythmische Schwingungen der gesprochenen Rede, durch ein Zusammenwerfen und Dehnen der Worte, welches wir nicht nachahmen dürfen und das auf einem stärkeren Heraustreten des Klangelementes der Sprache beruht, mit welcher die schöpferische Kraft des Redenden in origineller Weise zu spielen weiß.[79]

Endlich ist im Deutschen noch ein jambischer Vers für lebhafte Bewegung vorzüglich geeignet, ebenfalls noch wenig benutzt, der Sechsfuß der »Nibelungen«, in der neueren Sprache ein jambischer Sechsfuß, dessen vierter Fuß nicht nur ein Jambus, auch ein Anapäst sein kann und stets hinter der (ersten) Senkung den Haupteinschnitt des Verses enthält. Das Eigentümliche und deutscher Rede Angemessene ist bei ihm das späte Eintreten des Einschnittes, welcher, abweichend von allen antiken Maßen, die in der Regel stärkere Silbenzahl der ersten Hälfte des Verses anweist. Wenn die Verszeilen dieses Maßes nicht strophisch verbunden, sondern mit kleinen Abwechslungen im Bau als fortlaufende Langverse verwendet werden, mit häufigem Überschlagen der Redesätze aus einem Vers in den anderen, so wird dieses Maß ausgezeichnet wirksam für den Ausdruck auch des leidenschaftlichsten Fortschritts. Und es ist möglich, daß sein Wesen, welches den rhythmischen Verhältnissen der deutschen Sprache vielleicht am besten entspricht, für bewegte Erzählung, ja sogar einmal für eine Gattung des Lustspiels Bedeutung gewinnt. Dem hohen Drama wird der Reim, welchen bei diesem Maß je zwei Langverse als verbindendes Element nicht entbehren können, wohl immer zu klangvoll und spielend sein, wie sehr man ihn auch durch das Hinüberziehen der Rede aus einem Vers in den anderen zu dämpfen vermag.

Für das moderne Drama ist ferner Gleichheit der Klangfarbe, also Einheit des Versmaßes unentbehrlich. Unsere Sprache und die Fassungskraft der Hörer sind, was Klangverhältnisse betrifft, wenig entwickelt. Die Verschiedenheiten im Versklange werden mehr als störende Unterbrechungen denn als fördernde Helfer aufgefaßt. Ferner aber ist der Anteil an dem geistigen Inhalt der Rede und an der dramatischen Bewegung der Personen so sehr in den Vordergrund getreten, daß auch darum jedes Versmaß, welches in seinem Abstich von dem vorhergehenden die Aufmerksamkeit auf sich lenkt, als eine Zerstreuung empfunden wird.

Dies ist auch der Grund, welcher billig die Prosa zwischen Versen von unseren Dramen ausschließen sollte. Denn noch stärker wird durch sie der Gegensatz in der Färbung. Eingefügte Prosa gibt ihren Szenen immer etwas derb der Wirklichkeit Nachgeahmtes, und dieser Übelstand wird dadurch erhöht, daß sie dem Dichter als Mittel dient, um Stimmungen auszudrücken, für welche der würdige Klang des Verses zu vornehm scheint.

Der jambische Fünffuß fließt dem deutschen Dichter, dessen Seele sich erst gewöhnt hat, in den Schwingungen desselben zu empfinden, meistens leicht auf das Papier. Aber seine Durchbildung zum dramatischen Verse pflegt dem Deutschen doch schwer zu werden, und die Dichter sind nicht zahlreich, denen dies völlig gelang. Und so deutlich drückt dieser Vers die Eigenschaft des Dichters aus, welche hier die dramatische genannt wurde, daß der Leser eines neuen Stückes schon aus wenigen Versreihen des bewegten Dialogs zu erkennen vermag, ob diese dramatische Kraft in dem Dichter herausgebildet sei. Allerdings ist den Deutschen immer noch leichter möglich, dramatisch zu empfinden, als dies innere Leben in entsprechender Weise im Vers auszudrücken.

Bevor der jambische Vers für die Bühne brauchbar wird, muß der Dichter imstande sein, ihn richtig, wohllautend und ohne übergroße Anstrengung zu schaffen, Haupteinschnitt und Hilfszäsuren, Hebungen und Senkungen, männliche und weibliche Endungen müssen nach bekannten Gesetzen regelrecht und in gefälligem Wechsel heraustreten.

Hat der Dichter diese Technik des Versbaues erworben und gelingt ihm, klingende Verse mit gefälligem Fluß und kernigem Inhalt zu schreiben, so ist sein Vers sicher noch recht undramatisch. Und die schwierigere Arbeit beginnt. Jetzt muß der Dichter eine andere Art von rhythmischer Empfindung gewinnen, welche ihn veranlaßt, an Stelle der Regelmäßigkeit scheinbare Unregelmäßigkeit zu setzen, den gleichartigen Fluß in der mannigfaltigsten Weise zu stören, das heißt, mit stark bewegtem Leben zu erfüllen.

Vorhin war gesagt, daß der Alexandriner bei den Franzosen durch das Eintreten unregelmäßiger Klangschwingungen in der Rede variiert und belebt werde. Die dramatische Sprache der Deutschen gestattet dem Schauspieler nicht, gleich der französischen, das unbeschränkte Spiel mit den Worten durch schnell wechselndes Zeitmaß, scharfe Akzente, durch ein Verlangsamen und Dahinwerfen des Klanges, welches fast unabhängig von der Bedeutung, welche die einzelnen Worte im Satze haben, vor sich geht. Dagegen ist dem Deutschen in ausgezeichneter Weise die Fähigkeit verliehen, die Bewegung seines Innern im Bau seiner Rede, durch Verbinden und Trennen der Sätze, durch Herausheben und Verstellen einzelner Wörter auszudrücken. Die Rhythmik der aufgeregten Seele prägt sich bei den Deutschen in der logischen Fügung und Trennung der Satzteile noch kräftiger aus als bei den Romanen in den tönenden Schwingungen ihrer Rezitation.

In dem Jambus des Dramas tritt dieses Leben dadurch ein, daß es den gleichmäßigen Bau des Verses unterbricht, aufhält und zerhackt, in unendlich verschiedenen Abschattierungen, welche durch die innere Bewegung der Charaktere hervorgebracht werden. Jeder Stimmung der Seele hat der Vers sich gehorsam zu bequemen, jeder soll er sowohl durch seinen Rhythmus als durch die logische Verbindung der

Satzeinheiten, welche er zusammenschließt, zu entsprechen suchen. Für ruhige Empfindung und feine Bewegung, welche getragen und würdig oder in heiterer Lebendigkeit dahinzieht, hat er seine reinste Form, den schönsten Wohlklang, einen gleichmäßigen Fluß zu verwenden. In solcher ruhiger Schönheit gleitet gern der dramatische Jambus bei Goethe dahin. Hebt sich aber die Empfindung höher, fließt die gesteigerte Stimmung in schmuckvoller, langatmiger Rede heraus, dann soll der Vers in langen Wellen dahinrauschen, bald in überwiegenden weiblichen Endungen ausklingend, bald durch häufigeren männlichen Ausgang kräftig abschließend. Das ist in der Regel der Vers Schillers. Die Erregung wird stärker, einzelne Redewellen reichen über den Vers hinüber und füllen noch Teile des nächsten, dazwischen drängen kurze Stöße der Leidenschaft und zerbrechen den Bau einzelner Verse; aber noch überzieht diese aufsteigenden Wirbel die rhythmische Strömung einer längeren Rede. So bei Lessing. Aber stürmischer, wilder wird der Ausdruck der Erregung, der rhythmische Lauf des Verses scheint vollständig gestört, immer wieder klingt ein Redesatz aus dem Ende eines Verses in den Anfang des andern, bald hier, bald dort wird ein Stück des Verses teils zum Vorhergehenden, teils zum Folgenden gerissen, Rede und Gegenrede zerhacken das Gefüge; das erste Wort des Verses und das letzte – zwei bedeutungsvolle Stellen – springen los und treten als besondere Glieder in die Rede, der Vers bleibt unvollendet, statt dem ruhigen Wechsel weicherer und härterer Endungen folgen längere Versreihen mit dem männlichen Abfall, die Verszäsur ist kaum noch zu erkennen, auch in diejenigen Senkungen, über welche beim regelmäßigen Lauf der Rhythmus schnell dahinschweben muß, dringen mächtig schwere Wörter, wie chaotisch bewegen sich die Teile des Verses durcheinander. Das ist der dramatische Vers, wie er in den besten Stellen Kleists, trotz aller Manier in der Sprache des Dichters, die mächtigste Wirkung ausübt, wie er

noch größer und durchgebildeter in den leidenschaftlichen
Szenen Shakespeares dahinwirbelt.

Erst wenn der Dichter in solcher Weise seinen Vers gebrauchen lernt, hat er ihn mit dramatischer Seele erfüllt. Immer
aber muß er ein Gesetz festhalten: der dramatische Vers soll
nicht gelesen, nicht ruhig rezitiert, sondern im Charakter
gesprochen werden. Für diesen Zweck ist nötig, daß die
logische Verknüpfung seiner Redesätze durch Binde- und
Fürwörter leicht verständlich sei. Ferner, daß der Ausdruck
der Empfindungen dem Charakter des Redenden entspreche
und nicht in unverständlicher Kürze abbreche, nicht schlep-
pend dahinfahre; endlich, daß harte und übelklingende
Lautverbindungen und schwerverständliche Wörter sorgfältig gemieden werden. Der gesprochenen Rede wird es
sowohl leichter als schwerer, den Sinn der Worte wiederzu-
geben. Zunächst verletzt und zerstreut jeder Mißklang, den
der Leser wahrscheinlich gar nicht bemerkt. Jede Unklarheit
in der Satzverbindung macht den Darsteller und den
Zuschauer unsicher und verleitet zu falscher Auffassung.
Aber auch vor genauem Ausdruck in feiner und geistvoller
Auseinandersetzung ist der Leser scharfsinniger und emp-
fänglicher als der leicht zerstreute und lebhafter beschäftigte
Hörer. Dagegen vermag der Darsteller auch vieles zu erklären. Der Leser in verhältnismäßig ruhiger Stimmung folgt
den kurzen Sätzen einer gebrochenen Rede, deren innerer
Zusammenhang ihm nicht durch die gewöhnlichen Partikeln
logischer Satzverbindung nahegelegt wird, mit Anstrengung, welche leicht zur Ermüdung wird; dem Darsteller
dagegen sind gerade solche Stellen die willkommenste
Grundlage für sein Schaffen. Durch einen Akzent, einen
Blick, eine Gebärde versteht er den letzten Zusammenhang,
die vom Dichter ausgelassenen Zwischenvorstellungen rasch
dem Hörer verständlich zu machen, und die Seele, welche er
selbst in die Worte legt, die Leidenschaft, welche aus ihm
herausströmt, wird ein Leiter, welcher den Inhalt der
gedrungenen und zerrissenen Rede dem Hörer vielleicht zu

einer gewaltigen Einheit herausbildet. Es geschieht, daß
beim Lesen lange Versreihen den Eindruck des Gekünstel-
ten, Gesuchten machen, welche auf der Bühne sich in ein
Gemälde der höchsten Leidenschaft verwandeln. Nun ist
möglich, daß der Schauspieler einmal das Beste dabei getan
hat, denn seine Kunst ist besonders da mächtig, wo der
Dichter wohl einen Gedankenstrich anbringt. Aber ebenso-
oft hat schon die Dichtkunst das beste Recht, und an dem
Leser liegt die Schuld, weil seine nachschaffende Kraft nicht
so tätig ist, als sie sein sollte. Leicht ist in den Versen
Lessings diese Besonderheit des Stils zu erkennen. Das
häufige Unterbrechen der Rede, die kurzen Sätze, die Fragen und Einwürfe, die bewegten dialektischen Prozesse,
welche seine Personen durchmachen, erscheinen beim
Lesen als eine gekünstelte Unruhe. Aber sie sind mit wenigen Ausnahmen so genau, wahr und tief empfunden, daß
dieser Dichter gerade deshalb ein Liebling der Darsteller
wird. Noch auffallender ist dieselbe Eigenschaft bei Kleist,
aber in ihm nicht immer gesund und nicht immer wahr. In
dem Unruhigen, Fieberhaften, Aufgeregten seiner Sprache
findet das innere Leben seiner Charaktere, welches gewaltig
und zuweilen unbehilflich nach Ausdruck ringt, das entsprechende Abbild. Aber auch unnützes Unterbrechen der
Rede ist nicht selten, eine unnötige gemachte Lebendigkeit,
zweckloses Fragen, ein Mißverstehen, das nicht fördert.
Meist hat er gerade dabei einen praktischen Zweck, er will
einzelne Vorstellungen, die ihm wichtig scheinen, kräftig
hervorheben. Aber ihm dünkt zuweilen wichtig, was in der
Tat keine Bedeutung beansprucht, und das häufige Wiederkehren der kleinen Sprünge, welche von der gebotenen
Linie abführen, stört nicht nur den Leser, auch den
Hörer.
Die Wirkung des Verses kann auch im deutschen Drama
verstärkt werden durch Parallelismus der Verse, sowohl
einzelner als ganzer Versbündel. Zumal in den Dialogszenen, wo Satz und Gegensatz scharf zusammentreten, sind

solche Schlagverse ein wirksames Mittel, den Abstich zu bezeichnen.

Freilich die Ausdehnung, welche dies rhythmische Schweben im griechischen Drama hatte, vermögen wir Deutsche nicht nachzuahmen. Wir sind bei unserer Sprechweise imstande, noch je vier Verse auf der Bühne als Einheiten gegeneinander so herauszuheben, daß dem Hörer Gleichfall und Gegensatz vernehmlich wird. Bei einer Rezitation, welche weniger die logische Seite und mehr die Klangschönheit hervorhebt, welche der Stimme stärkere Abwechslung erlaubt, könnte man wohl noch längere Versreihen einander wirksam gegenüberstellen. Und wenn die Griechen durch ihre Art der Rezitation sogar zehn Trimeter zu einer Einheit zusammenkoppelten und in der Gegenrede denselben Tonfall wiederholten, so liegt darin für uns nichts Unbegreifliches. Es ist möglich, daß es in der ältern Zeit der griechischen Tragödie eine Anzahl von Rezitationsmelodien oder Weisen gab, welche für ein Stück neu erfunden wurden oder den Hörern bereits bekannt waren und welche, ohne den Klang der Rede bis zum tönenden Gesange zu steigern, eine längere Versgruppe zu einer Einheit verbanden.

Für uns ist diese Vortragsweise nicht zu verwenden. Ja auch in Anwendung der gewöhnlichen Schlagverse, welche zu je einem, je zwei, je vier kämpfen, ist Maß geboten. Denn unsere Art des dramatischen Schaffens sträubt sich gegen jede Künstelei, durch welche die Bewegung der Charaktere und ihrer Empfindungen beschränkt wird. Das Behagen an dem Stilvollen solcher Gegenreden ist geringer als die Sorge, daß die Wahrheit der Darstellung durch eine künstliche Beschränkung verringert werden könnte. Der Dichter wird deshalb gut tun, diese kleine Wirkung abzudämpfen und ihr die Strenge und den Schein der Künstlichkeit dadurch zu nehmen, daß er parallele Verssätze durch unregelmäßig gestellte Verse unterbricht.

In der Seele des Dichters leuchtet zugleich mit der Grundlage der Charaktere und den Anfängen der Handlung die

Farbe des Dramas auf. Diese eigentümliche Zugabe jedes
Stoffes wird in uns Modernen kräftiger entwickelt als in
früherer Zeit, denn die geschichtliche Bildung hat uns Sinn
und Interesse für das von unserem Leben Abweichende sehr
geschärft. Charakter und Handlung werden von dem Dichter lebhaft in der Besonderheit empfunden, welche Zeit,
Ort, Bildungsverhältnisse des wirklichen Helden, seine Art
zu sprechen und zu handeln, die Tracht und die Formen des
Umgangs im Gegensatz zu unserem Leben haben. Dies
Originelle, welches an dem Stoffe hängt, trägt der Dichter
auch auf sein Kunstwerk über, auf die Sprache seiner Hel-
den, auf ihre Umgebung bis hinab zu Tracht, Dekoration,
Gerät. Auch dies Besondere und Eigenartige idealisiert der
Dichter. Er empfindet es als bestimmt durch die Idee seines
Stückes. Eine gute Farbe ist eine wichtige Sache; sie wirkt im
Beginn des Stückes sogleich anregend und fesselnd auf den
Zuschauer, sie bleibt bis zum Ende ein reizvoller Bestandteil, welcher zuweilen Schwächen der Handlung zu über-
decken vermag.
Nicht in jedem Dichter entwickeln sich diese schmückenden
Farben gleich lebhaft, sie treten auch nicht bei jedem Stoff
mit derselben Energie an das Licht. Aber ganz fehlen sie
nirgend, wo Charaktere und menschliche Zustände geschildert werden. Sie sind dem Epos, dem Roman unentbehrlich
wie dem Drama.
Am wichtigsten wird die Farbe bei geschichtlichen Stoffen,
hier hilft sie wesentlich, die Helden zu charakterisieren. Der
dramatische Charakter selbst muß in seinem Empfinden und
Wollen einen Inhalt haben, welcher ihn einem gebildeten
Manne der Gegenwart weit näher stellt, als sein Stoffbild in
der Wirklichkeit unserer Empfindungsweise entspricht. Die
Farbe aber ist es, welche den inneren Gegensatz zwischen
dem Manne der Geschichte und dem Helden des Dramas
dem Hörer anmutig verdeckt, sie umkleidet den Helden und
seine Handlung mit dem schönen Schein eines fremdartigen,
die Einbildungskraft anlockenden Wesens.

Die neuere Bühne bemüht sich daher mit Recht, schon in der Tracht, welche sie den Darstellern gibt, die Zeit, in welcher das Stück spielt, die gesellschaftliche Stellung und manche Eigentümlichkeiten der vorgeführten Charaktere auszudrücken. Wir sind erst etwa hundert Jahre von der Zeit geschieden, wo auf dem deutschen Theater Cäsar noch in Perücke und Degen auftrat, und Semiramis ihren Reifrock durch einige fremde Flittern und ihren Haaraufputz mit einer auffälligen Garnitur umgab, um sich als fremdartig auszuweisen. Jetzt ist man auf einzelnen großen Bühnen in Nachahmung der historischen Tracht sehr weit gegangen, auf der Mehrzahl hinter den Anforderungen, welche das Publikum im mittleren Durchschnitt der geschichtlichen Kenntnisse an die szenische Ausstattung zu machen berechtigt ist, zurückgeblieben. Es ist klar, daß die Bühne nicht die Aufgabe hat, antiquarische Seltenheiten nachzubilden, es ist aber ebenso deutlich, daß sie vermeiden muß, einer größeren Anzahl ihrer Zuschauer dadurch Anstoß zu geben, daß sie die Helden in eine Kleidung zwängt, welche vielleicht niemalen und nirgend, sicher nicht in dem Jahrhundert derselben möglich war. Wenn der Dichter einmal altertümelnde Liebhabereien Übereifriger von der Kleidung seiner Helden abhalten muß, weil das Seltsame und Ungewohnte der Zutat sein Stück nicht fördert, sondern stört, so wird er noch öfter Veranlassung haben, bei einem Hohenstaufendrama das spanische Mäntelchen und über einem Sachsenkaiser schimmernde Blechrüstung zu verbitten, welche seine Otto und Heinriche in Goldkäfer verwandelt und durch unerträglichen Glanz erweist, daß sie nie von einem Schwertstreich getroffen worden ist.

Ähnlich steht es mit der Malerei und dem Gerät des Theaters. Ein Rokokotisch, in eine Szene des fünfzehnten Jahrhunderts gesetzt, oder griechische Säulenhallen, unter denen König Romulus wandelt, sind bereits den Zuschauer peinlich. Um solche Nachlässigkeiten einzelner Regisseure und Schauspieler zu erschweren, wird der Dichter gut tun, bei

Stücken aus entfernter Zeit sowohl die szenische Ausstattung als auch die Kleidertracht genau vorzuschreiben, und zwar auf besonderem Blatt.

Für ihn aber ist das wichtigste Material, durch welches er seinem Stück Farbe gibt, die Sprache. Es ist wahr, der Jambus hat selbst eine gewisse Klangfarbe und dämpft den charakteristischen Ausdruck mehr als die Prosa. Aber auch er gestattet noch großen Reichtum an Schattierungen, sogar den Wörtern noch leise Färbung in den Dialekt.

Bei Stoffen aus älterer Zeit muß der Sprache eine dieser Zeit entsprechende Farbe erfunden werden. Das ist eine hübsche, herzerfreuende Arbeit, die der Schaffende recht liebevoll vornehmen soll. Am meisten wird sie gefördert durch sorgfältiges Lesen der erhaltenen Schriftdenkmäler aus der Zeit der Helden. Auch die fremde Sprache derselben wirkt durch eigentümlichen Tonfall, durch den Satzbau, die volkstümliche Art zu reden, anregend auf das Gemüt des Dichters. Und mit der Feder in der Hand wird sich der Schaffende, was ihm an kräftigem Ausdruck, treffendem Bild, schlagendem Vergleich, sprichwörtlicher Redensart brauchbar erscheint, zurechtlegen. Bei jedem fremden Volke, dessen Literatur irgend zugänglich ist, wird solche Arbeit förderlich, am meisten freilich gegenüber der heimischen Vorzeit. Unsere Sprache in früher Zeit hat, wie noch jetzt die slawische, eine weit größere, die Einbildungskraft anregende Bildlichkeit. Der Sinn der Worte ist nicht durch eine lange wissenschaftliche Arbeit vergeistigt, überall haftet an ihnen etwas von dem ersten sinnlichen Eindruck in die Volksseele, dem sie ihre Entstehung verdankten. Groß ist die Zahl der Sprichwörter, der gedrungenen Formeln und bildlichen Redensarten, welche die Reflexionen unserer Zeit ersetzen. Solche Bestandteile möge der Schaffende in dem Gedächtnis festhalten, nach ihrer Melodie bildet seine Begabung bald selbsttätig Grundton und Stimmung für die Sprache des Dramas heraus.

Und bei solcher Durchsicht der Werke aus alter Zeit bleiben

dem Dichter noch andere, kleine Züge hängen, Anekdoten, vieles Besondere, was ihm seine Bilder ergänzt und beleuchtet.

Was er so gefunden hat, darf er allerdings nicht pedantisch verwerten oder wie Arabesken in seine Rede hineinsetzen; jedes einzelne darf ihm wenig bedeuten, aber die Anregung, die er dadurch erhält, ist für ihn von höchstem Wert.

Und diese Stimmung, die er seiner Seele gegeben hat, verläßt ihn nicht, auch während er seine Helden durch die Szenen führt, sie wird ihm nicht nur die Sprache richten, auch das Zusammenwirken der Personen, die Art, wie sie sich gegeneinander benehmen, Formen des Umgangs, Sitte und Brauch der Zeit.

Sogar die Charaktere und ihre Bewegung in den Szenen. Denn an jede Stelle des Dramas, an jede Empfindung, jedes Tun hängt sich um das menschlich Gehobene der idealisierten Gestalten wie schmückende Zutat das Besondere, welches uns an den Stoffbildern als ihr Eigentümliches auffiel. Selten ist nötig, den Dichter zu warnen, daß er in solchem Färben der szenischen Wirkungen nicht zuviel tue; denn die wichtigste Aufgabe ist ihm allerdings, seine Helden unsere Sprache der Leidenschaft reden zu lassen und das Besondere an ihnen durch solche Lebensäußerungen zu erweisen, welche jeder Zeit verständlich werden, weil sie in jeder Zeit möglich und denkbar sind.

So wird die Farbe des Stückes in der Ausstattung der Sprache, an Charakteren und Einzelnheiten der Handlung sichtbar. Was der Dichter durch die Farbe in sein Drama hineinträgt, ist sowenig eine Nachahmung der Wirklichkeit, als die Personen seiner Helden sind, es ist freie Schöpfung. Aber diese Zutat hilft um so mehr, in der Phantasie der Hörer ein Bild hervorzuzaubern, welches den schönen Schein der geschichtlichen Treue hat, je ernster der Dichter sich um die wirklichen Zustände jener alten Zeit gekümmert hat. Freilich nur, wenn ihm die Kraft nicht fehlt, auch darzustellen, was er als lockend empfand.

Sechstes Kapitel
Der Dichter und sein Werk

Gewaltig ist die Masse des Schönen aus der Poesie vergangener Völker und Zeiten, zuletzt aus dem Jahrhundert unserer großen Dichter, welche dem Schaffenden das Urteil bildet und die Einbildungskraft aufregt. Dieser fast unübersehbare Reichtum an Kunstgebilden wird vielleicht der größte Segen für eine Zukunft, in welcher die Volkskraft besonders kräftig arbeitet, das Verwandte aufnehmend, das Widerstrebende wegwerfend. Aber während einer Zeit schwacher Ruhe des Volkstums war er ein Nachteil für die schöpferische Tätigkeit der Dichter, weil er die Stillosigkeit begünstigte. Es war noch vor wenig Jahren in Deutschland fast zufällig, ob ein Athener oder Römer, Calderon oder Shakespeare, ob Goethe oder Schiller, Scribe oder Dumas die Seele des jungen Dichters in den Bannkreis ihres Stils und ihrer Formen zogen.

Der Dichter der Gegenwart beginnt ferner als ein Genießender, der die schöne Kunst anderer reichlich aufnimmt und dadurch zu eigenem Schaffen angeregt wird. Er hat gewöhnlich keinen Lebensberuf, welcher ihn einem bestimmten Gebiete der Poesie verpflichtet, es ist wieder fast zufällig, welche Gattung der poetischen Darstellung ihn gerade anzieht; er mag als Lyriker seine Empfindungen ausklingen lassen, er mag einen Roman schreiben, zuletzt lockt auch das Theater: Glanz des Bühnenabends, Beifall der Versammlung, Gewalt der erhaltenen tragischen Eindrücke. Wenig deutsche Dichter, die nicht mit einem Band lyrischer Gedichte sich zuerst dem Publikum empfahlen, dann ihr Heil auf der Bühne versuchten, sich endlich mit den ruhigeren Erfolgen eines Romans befriedigten. Ohne Zweifel erwies ihre Dichterbegabung nach einer dieser Richtungen die größere Fähigkeit. Aber da die äußeren Verhältnisse ihnen keine Beschränkung auflegten und bald das eine, bald das andere Gebiet stärker anzog, so gelangte auch der Kreis, in welchem ihre Kraft sich am freiesten regte, nicht zu vollkommener Durchbildung. Das große Geheimnis einer reichen schöpferischen Tätigkeit ist Beschränkung auf einen einzelnen Zweig der schönen Kunst. Das wußten die Hellenen sehr wohl. Wer Tragödien schrieb, blieb der Komödie fern, wer im Hexameter schuf, mied den Jambus.

Aber auch der Dichter, welchem dramatisches Gestalten ein Bedürfnis ist, lebt, wenn er nicht selbst als Schauspieler oder Gebieter unter dem Schnürboden der Bühne dahinschreitet, seitab von dem Theater. Er mag schreiben oder nicht. Der äußere Zwang, ein mächtiger Hebel, das Talent zu bewegen, fehlt ihm fast ganz. Das Theater ist ein Tagesvergnügen des ruhigen Bürgers geworden, welches nicht die schlechteste, aber auch nicht die anspruchvollste Gesellschaft versammelt; es hat bei dieser reichen Ausdehnung etwas von der Würde und Hoheit eingebüßt, welche der Dichter für das Drama ernsten Stils wünschen muß. Auf der Szene drängen sich Posse, Oper, Komödie, Formen, Weltanschauung verschiedener Jahrhunderte. Alles müht sich zu gefallen, das Neueste und Seltsamste, und wieder was der großen Menge am behaglichsten ist, stößt anderes beiseite.

Auch das Gebiet der Stoffe ist dem Dichter fast unübersehbar geworden. Die griechische und römische Welt, das gesamte Mittelalter, heilige Bücher und Dichtungen der Juden und Christen, sogar die Völker des Orients, Geschichte, Sage und Gegenwart öffnen dem Suchenden ihre Schätze. Aber gerade dies ist ein Übelstand, daß bei solcher unendlicher Fülle des Stoffes die Wahl schwer und meist zufällig wird, daß keines dieser Stoffgebiete den Deutschen ausschließlich oder vorzugsweise anzuziehen imstande ist.

Endlich ist für den Deutschen, wie es scheint, noch nicht die Zeit gekommen, wo das dramatische Leben im Volke selbst reichlich und unbefangen heraufquillt. Gern möchten wir in Erscheinungen der neuesten Gegenwart die Anfänge einer neuen Entwickelung des Volkscharakters sehen, Anfänge, welche freilich der Kunst noch nicht zugute kommen. Daß dem dramatischen Dichter der Deutschen noch so schwer wird, sich aus der epischen und lyrischen Auffassung der Charaktere und Situationen zu erheben, ist kein Zufall.

Der Dichter aber soll für die Bühne arbeiten; nur in Verbindung mit der Schauspielkunst bringt er die höchsten Wirkungen hervor, welche seiner Poesie möglich sind. Das Bücherdrama ist im letzten Grunde nur Notbehelf einer Zeit, in welcher die volle Gewalt des dramatischen Schaffens dem Volke noch nicht gekommen oder wieder geschwunden ist. Es ist eine alte Gattung. Schon bei den Griechen wurden Stücke für die Rezitation geschrieben, mehre der römischen Deklamationsstücke sind uns erhalten. Auch in Deutschland hat das Bücherdrama von den Komödien der Hroswith über die stilistischen Versuche der ersten Humanisten bis zu dem größten Gedicht der Deutschen eine lange Geschichte.[80] Unendlich verschieden ist der dichterische Wert dieser Werke. Aber die Benutzung der dramatischen Form zu poetischen Wirkungen, welche darauf verzichten, die höchsten ihrer Gattung zu sein, ist im ganzen betrachtet eine Einschränkung, gegen welche sich die Kunst selbst, ja auch der genießende Leser auflehnt.

Auf den Blättern dieses Buches wurde der Beweis versucht, daß die technische Arbeit des Schaffenden beim Drama nicht ganz leicht und mühelos sei. Diese Gattung der Poesie fordert mehr vom Dichter als irgendeine andere. Eine eigentümliche, nicht häufige Befähigung, die seelischen Vorgänge bedeutender tatkräftiger Menschen darzustellen; mit Leidenschaft und Klarheit wohltemperierte Natur; ausgebildete und sichere dichterische Begabung, dazu Menschenkenntnis und was man im wirklichen Leben Charakter nennt; außerdem genaue Bekanntschaft mit der Bühne und ihren Bedürfnissen. Und doch ist auffallend, daß von den vielen, welche Anläufe in diesem Gebiete des Schaffens machen, die meisten nur dilettierende Freunde des Schönen sind; gerade sie wählen die mühevollste Tätigkeit und eine solche, welche ihnen am allerwenigsten einen Erfolg verspricht. Es ist wohl auch ernste Arbeit, einen Roman zu schreiben, der den Namen eines Kunstwerks verdient; aber bei einiger Gestaltungskraft und Menschenkenntnis vermag doch jeder Gebildete, der sich sonst nicht als Dichter versucht hat, etwas Lesbares zu bieten, worin einzelne bedeutende Eindrücke des eigenen Lebens, Geschautes und Durchgefühltes gemütvoll verflochten sind. Weshalb lockt gebildete, sehr tüchtige Männer gerade die eigensinnigste aller Musen, die so schwer zugänglich und so unartig gegen jeden ist, der ihr nicht ganz angehört? Welcher Feind ihres Lebens lenkt gerade solche warmherzige Freunde, welche in den Mußestunden ihres tätigen Lebens ein wenig Poesie treiben, auf ein dichterisches Gebiet, in welchem die engste Verbindung einer immerhin seltenen Gestaltungskraft mit einer ungewöhnlich festen Beherrschung künstlerischer Formen die Voraussetzung jedes dauerhaften Erfolges ist? Verführt vielleicht die geheime Sehnsucht des Menschen nach dem, was ihm am meisten fehlt? Und sucht der Dilettant gerade deshalb das Drama in sich herauszubilden, weil ihm bei lebhaften dichterischen Anschauungen doch versagt ist, seine unruhig flatternden Empfindungen in dem Körper einer Kunstform schöpferisch zu beleben? Zuverlässig ist bei solchen der Versuch, für die Bühne zu arbeiten, vergeblich und hoffnungslos.

Dem Dichter aber, der für sein Leben mit dramatischer Kraft ausgerüstet wurde, wünschen wir vor andern Gütern ein festes und geduldiges Herz.

Noch anderes Fördernde muß er für sein Handwerk mitbringen. Er soll schnell und freudig das Reizende eines Stoffes empfinden und doch die Dauer haben, denselben in sich zur Reife zu tragen. Er soll sich, bevor er selbst als Schaffender auf die Bühne steigt, längere Zeit mit einigen Hauptgesetzen des Schaffens vertraut machen, denn er muß zu prüfen verstehen, ob ein Stoff in der Hauptsache brauch-

bar sei. Auch darin muß das Urteil sein warmes Herz
überwachen von dem ersten Augenblick, wo der Anreiz
zum Schaffen in ihm entsteht. Ein Bühnenwerk, welches
mißlungen ist, bezeichnet ihm durchschnittlich ein verlore-
nes Jahr seines Lebens.

Nicht mit gleicher Schnelligkeit heftet sich die Einbildungskraft der einzelnen Dichter an den Stoff; dem Anfänger
flattert die suchende Seele leicht auf einen Gipfelpunkt,
welcher sich darbietet, und unter dem ersten grünenden
Zweig wird das Nest gebaut. Wer durch Erfahrungen
gewarnt ist, wird wählerisch und prüft wohl zu lange.
Häufig ist nicht Zufall, was einen Stoff der Seele nahelegt,
sondern Stimmung und Eindruck des eigenen Lebens, welcher die Phantasie nach einer bestimmten Richtung zieht.
Dann arbeitet die Seele schon heimlich über dem Stück,
bevor sie einen Helden und seine Hauptszenen gefunden
hat, und was sie von dem Stoffe fordert, ist, daß er ihr die
Möglichkeit gewisser szenischer Wirkungen darbiete.

Die Schwierigkeiten, welche die einzelnen Stoffkreise bereiten, sind genügend hervorgehoben. Wer aber von schwerem
Entschluß ist, möge auch bedenken, daß es bei den meisten
Begebenheiten von der Kraft seiner Begabung abhängt, ob
dieselben in eine brauchbare Handlung verwandelt werden.
Eine sichere Dichterkraft bedarf nur weniger Momente aus
Sage, Geschichte, Erzählung, nur *eines* starken und folgen-
schweren Gegensatzes, um eine Handlung daraus zu
bilden.

Wenn der dramatische Dichter des Altertums diese Züge in
seinen Sagen kurz vor dem Untergange der großen Helden
des Epos fand, so darf doch gefragt werden, ob es bei
historischen Dramen ebenfalls notwendig ist, die Haupthelden der Geschichte derart zum Mittelpunkt der Handlung
zu machen, daß diese sich um ihr Schicksal und ihren
Untergang bewegt. Wie schwer und mißlich es ist, ein
bedeutendes geschichtliches Leben künstlerisch zu verwerten, ist bereits ausgeführt. Und man wende auch nicht ein,

daß der größere historische Anteil, welchen die Haupthelden der Geschichte einflößen, und daß die vaterländische Begeisterung, welche der Dichter wie der Zuschauer ihnen entgegenbringt, sie vorzugsweise zu Helden des Dramas geeignet machen. Zunächst bietet die ältere deutsche Geschichte verhältnismäßig wenig Heldengestalten, deren Andenken durch ein großes Interesse der Gegenwart teuer ist. Was sind unserem Volke die Kaiser des sächsischen, fränkischen, staufischen, habsburgischen Hauses? Die Ziele, für welche sie siegten und untergingen, werden vielleicht durch die Überzeugungen der Gegenwart verurteilt, die Kämpfe ihres Lebens sind für uns ohne leichtverständliche Ergebnisse geblieben, sie sind für das Volk tot und eingesargt. Ferner aber wird der gewissenhafte Dichter vor den nicht sehr zahlreichen geschichtlichen Helden, welche noch in der Erinnerung des Volkes fortleben, besondere und neue Hemmnisse erkennen, welche ihm die Frische seines Schaffens einengen. Gerade der patriotische Anteil, welchen er selbst mitbringt und bei dem Hörer erwartet, vermindern ihm die überlegene Freiheit, mit der er als Dichter über jedem seiner Charaktere schweben muß, und verleiten ihn zu tendenziöser Darstellung oder zu porträtmäßiger Zeichnung. Ist einmal einem deutschen Dichter das dramatische Bild des großen Kurfürsten gelungen, so sind Luther, Maria Theresia, der alte Fritz um so öfter verunglückt.

Aber es ist durchaus nicht nötig, die Könige und Heerführer der Geschichte zu Hauptplanhelden eines historischen Dramas zu machen, welches sich mit Vorteil doch nur auf einem kleinen Teilstück ihres geschichtlichen Lebens aufzubauen vermag. Als weit bequemer und lohnender wird sich erweisen, die Rückwirkungen, welche aus ihrer Persönlichkeit in das Leben anderer fallen, zu verwerten. Wie gut hat das Schiller schon im »Carlos«, dann in der »Maria Stuart« getan! Der Philipp des ersten Stückes ist glänzendes Beispiel, wie ein geschichtlicher Charakter als Mitspieler für das Drama zu gebrauchen ist.

Denn mit dem Leben bekannter historischer Helden sind eine Menge Gestalten verbunden, von denen einzelne eigenartige Züge berichtet werden, welche die freie Erfindung gedeihlich anregen. Solche Nebengestalten der Geschichte, über deren Leben und Ausgang der Dichter freier verfügen kann, sind ihm vorzüglich bequem. *Ein* Verrat und seine Strafe, *eine* leidenschaftliche Tat des Hasses und ihre Folgen, *eine* Szene aus großem Familienzwist, *ein* trotziger Kampf oder ein schlaues Spiel gegen überlegene Gewalt geben ihm einen massenhaften Stoff. Und solche Züge finden sich auf jedem Blatt unserer Geschichte wie bei anderen gebildeten Völkern.

Wer Selbstgefühl hat, wählt zuverlässig seine Bilder lieber aus dem für die Kunst noch nicht zugerichteten Stoff, welcher in dem wirklichen Leben der Vergangenheit und neuer Zeit zu finden ist, als aus solchen Vorlagen, welche ihm durch andere Gattungen der Kunstpoesie geboten werden. Für das ernste Drama sind Stoffe, welche aus Romanen und modernen Novellen gehoben werden, wenig dankbar. Wenn Shakespeare Novellenstoffe benutzte, so waren seine Quellen in unserem Sinne nichts als kurze Anekdoten, in denen allerdings ein künstlerischer Zusammenhang und ein kräftiger Abschluß bereits erfunden war. Bei den ausgeführten epischen Erzählungen der Gegenwart jedoch erweist die Phantasie eines Dichters ihre Kraft häufig gerade in Wirkungen, welche den dramatischen innerlich feindlich sind, und die geschmückte und behagliche Ausführung der Menschen und Situationen im Roman mag dem Dramendichter die Einbildungskraft eher abstumpfen als reizen. Unrecht aber gegen fremdes Eigentum wird er schwerlich verüben, wenn er seinen Stoff auch aus diesem Kreise der Erfindung holt. Denn ist er ein Künstler, so geht doch nur sehr wenig von der Schöpfung anderer auf sein Drama über.

Der tragische Dichter vermag sich allerdings seine Handlung auch ohne jede Benutzung eines bereits vorhandenen Stoffes zu erfinden. Gleichwohl geschieht das seltener und schwerfälliger, als man wohl meint. Unter den großen Dramen unserer Bühne gibt es, gerade wie einst im Altertum, sehr wenige, welche nicht auf einem vorhandenen Stoff ausgebaut sind. Denn es ist eine Eigenheit der Einbildungskraft, daß sie die Bewegung im Leben eines Menschen lebendiger und genauer empfindet, wenn sie sich an eine gegebene Gestalt und deren Schicksal anspinnen kann. Nicht leicht wird ihr das selbstgefundene Bild so fest und gewaltig, daß sie eine kräftige Arbeit daran zu knüpfen geneigt ist.

Und noch eine Überzeugung mag der Dichter in stiller Seele bewahren: daß kein Stoff völlig gut und wenige ganz unbrauchbar sind. Es gibt auch nach dieser Seite kein vollkommenes Kunstwerk. Jeder Stoff hat innere Übelstände, welche die Kunst des Dichters so weit zu bewältigen vermag, daß das Ganze den Eindruck der Schönheit und Größe macht. Zu erkennen sind diese Schwächen aber immer für den geübten Blick, und jedes Kunstwerk ohne Ausnahme gibt nach dieser Seite der Kritik Veranlassung zu Ausstellungen. Der Beurteilende hat dafür zu sorgen, daß auch er gegenüber diesen Mängeln des Stoffes verstehe, ob der Dichter seine Pflicht getan, d. h. alle Mittel seiner Kunst angewendet habe, sie zu bewältigen und zu verdecken.

In der fröhlichen Stimmung, daß er ein wackeres Werk beginne, wird der Dichter sich das Liebgewordene streng prüfend gegenüberstellen, sobald seine Seele anfängt, die Stoffmasse verschönernd zu umziehen. Er wird sich die Idee deutlich zu machen, alles Zufällige, was aus der Wirklichkeit daran hängt, abzustreifen haben.

Zu dem ersten Reizvollen, welches in seiner Seele lebendig wird, gehören charakteristische Lebensäußerungen des Helden in einzelnen Augenblicken innerer Bewegung oder kräftiger Tat. Um diese Bilder zu vermehren und um die Charaktere zu vertiefen, wird er ernsthaft das wirkliche Leben seines Helden und dessen Umgebung zu verstehen suchen. Er wird deshalb vor einem historischen Drama gute Studien machen, und diese Arbeit wird ihm reichlich belohnt, denn

aus ihr geht ihm eine große Zahl von Anschauungen und
Bildern auf, welche ihm schnell durch die Phantasie in das
entstehende Werk eingefügt werden. Die anerkennende
Seele des Deutschen hat gerade für solche bezeichnende
Einzelnheiten sehr lebhafte Empfindung, und der Dichter
wird sich deshalb auch wohl einmal hüten müssen, daß das
historische Kostüm, Wunderliches und Besonderes einer
Zeit, ihm nicht zu wichtig werde.

Hat er in solcher Weise die Welt seiner künstlerischen
Anschauungen soviel als möglich erweitert, dann werfe er
seine Bücher beiseite und ringe wieder nach der Freiheit,
welche ihm nötig ist, um über dem vorhandenen Stoff frei
spielend zu walten. Vier Regeln aber halte er als Beschränkungen seiner treibenden Kraft fest in der Seele: der Handlung ein kurzer Verlauf, wenig Personen, wenig Verwand-
lungen, schon bei dem ersten Entwurf starkes Herausheben
der wichtigen Teile der Handlung.

Er mag sich Pläne niederschreiben oder nicht. Im ganzen ist
darauf nicht viel zu geben. Breite schriftliche Auseinandersetzungen haben das Gute, daß sie die einzelnen Absichten
durch Nachdenken deutlich machen, aber den Übelstand,
daß sie leicht die Einbildungskraft lähmen und außerdem das
fortwährend nötige Umbilden und Ausscheiden erschweren.
Ein Blatt kann für den Entwurf vollständig genügen.

Bevor der Dichter an die Ausführung geht, sollen ihm die
Charaktere seiner Helden, ihre Stellung zueinander in allen
Hauptsachen feststehen, und ebenso die Ergebnisse jeder
einzelnen Szene; dann gestalten sich leicht die Bilder der
Szenen und ihr dramatischer Verlauf während der Arbeit.

Allerdings schließt die kräftigste Arbeit vor Beginn des
Schreibens spätere kleine Abänderungen in den Charakteren
nicht aus, denn die schaffende Kraft des Dichters steht nicht
still. Er meint seine Gestalten zu treiben, und er wird
heimlich von ihnen getrieben. Es ist ein freudvoller Vorgang, den er in der Arbeit an sich selbst beobachtet, wie
durch seine schöpferische Kraft und unter dem logischen

Zwang der Begebenheiten die empfundenen Gestalten in den Szenen lebendig werden. An die einzelne Erfindung hängt sich eine neue, plötzlich blitzt eine schöne und große Wirkung auf. Und während dem klaren Geiste Ziele und Ruhepunkte des Weges feststehen, arbeitet die wogende Empfindung über den Wirkungen, den Dichter selbst aufregend und erhebend. Es ist eine starke innere Bewegung, den günstig beanlagten Dichter beglückend und kräftigend, denn über der heftigsten Spannung durch die treibende Phantasie, welche ihm in leidenschaftlichen Stellen seiner Handlung die Nerven bis zum Zucken spannt und die Wangen rötet, schwebt in heiterer Klarheit, beherrschend, frei wählend und ordnend der Geist.

Verschieden ist die Arbeit desselben Dichters an den einzelnen Momenten. Manche derselben gehen glänzend auf, ihre vorausempfundenen Wirkungen bewegen das Gemüt lebhaft, das Niedergeschriebene erscheint nur als schwacher Abdruck eines leuchtenden inneren Bildes, dessen Farbenzauber geschwunden ist; andere Momente entwickeln sich vielleicht langsam, nicht ohne Mühe, die Phantasie ist träge, die Nervenspannung nicht stark genug, zuweilen ist, als sträube sich die schöpferische Kraft gegen die Situation. Nicht immer werden solche Szenen die schlechtesten.

Sehr verschieden ist auch die Stärke der Schaffenskraft. Der eine ist schnell in der Arbeit des Niederschreibens, dem andern gestaltet sich das Empfundene langsam, schwerflüssig auf dem Papier. Nicht immer sind die Schnelleren im Vorteil. Ihre Gefahr ist, daß sie zu frühe, bevor die Arbeit der Phantasie die nötige Reife erlangt hat, die Bilder feststellen. Denn oft ist es dem Dichter möglich, sich selbst zu sagen, daß die innere, unbewußte Arbeit fertig sei, und den Augenblick zu erkennen, wo die Einzelnheiten der Wirkungen richtig ausgebildet sind. Das Reifenlassen der Bilder aber ist eine wichtige Sache, und es ist eine Eigentümlichkeit der schöpferischen Kraft, daß sie, wie wir annehmen möchten, auch in Stunden tätig ist, in denen der Dichter nicht über seiner Arbeit weilt.

Nicht unwichtig ist die Reihenfolge, in welcher der Dichter sein Stück niederschreibt. Dem einen arbeitet die wohlgezogene Einbildungskraft Szenen und Akte in der Aufeinanderfolge aus, andern heftet sie sich bald hier, bald da an eine größere Wirkung. Das Geschriebene aber gewinnt eine Gewalt über das Ungeschriebene. Sobald Anschauung und Empfindung in Worte gefaßt sind, treten sie dem Dichter wie ein fremdes Bestimmendes gegenüber; sie regen von neuem an, und ihre Farbe und ihre Wirkungen ändern die späteren ab. Wer in der gesetzlichen Reihenfolge arbeitet, wird den Vorteil haben, daß sich ihm Stimmung aus Stimmung, Situation aus Situation im regelmäßigen Laufe entwickelt; er wird nicht immer vermeiden, daß ihm leise und allmählich unter seinen Händen der Weg, den er seine Gestalten führen wollte, ein wenig abweicht. Es scheint, daß Schiller so gearbeitet hat. Wer dagegen sich zuerst das gegenüberstellt, was ihm gerade die spielende Phantasie lebhaft beleuchtet hat, der wird den Gesamteindruck und Gang seines Kunstwerks vielleicht sicherer übersehen, er wird während der Arbeit aber bald hier und da Veränderungen in Motiven und in Einzelzügen einzusetzen haben. Dies war wenigstens in einzelnen Fällen die Arbeit Goethes.

Ist das Stück bis über die Katastrophe vollendet und das Herz von Freude über das fertige Werk erhoben, dann beginnt die Gegenwirkung, welche die Welt im Großen und Kleinen gegen eine hochgesteigerte Stimmung des Menschen geltend macht. Noch ist die Seele des Dichters sehr warm, die Gesamtheit des Schönen, das er im Schaffen empfunden hat, das innere Bild, welches er von den Wirkungen hat, trägt er noch unbefangen auf das geschriebene Werk über. Es erscheint ihm nach der Stimmung der Stunde verfehlt oder höchlich gelungen, im ganzen wird er bei gesunder Geistesanlage geneigt sein, der Kraft, die er dabei bewährt hat, zu vertrauen.

Aber sein Werk wird, wenigstens wenn er ein Deutscher ist, meist noch nicht vollendet sein. Wenn auch der Dichter für die Aufführung schreibt, empfindet er doch nicht, wie bereits gesagt wurde, in jedem Augenblick die Eindrücke, welche die Momente seines Stückes auf der Bühne hervorbringen. Ungleich arbeitet die dramatische Kraft auch nach dieser Richtung, und es ist anziehend, ihre Schwankungen an sich selbst zu beobachten. Man vermag sie auch an den Werken großer Dichter zu erkennen. Bald ist eine Szene durch lebhafte Empfindung der szenischen Handlung ausgezeichnet, die Rede gebrochen, die Wirkungen genauer durch Übergänge vermittelt; ein andermal fließt sie für die Leser bequemer als für die Schauspieler dahin. Und wie richtig der Dichter auch das Ganze der Szenenwirkung empfunden haben mag, im einzelnen hat ihn doch der Sinn der Worte mehr gekümmert und die Wirkung, welche sie vom Schreibtische auf die empfangende Seele ausüben, als der Klang derselben und die Vermittelung mit dem Zuschauer durch die darstellenden Helfer. Aber nicht nur die Schauspielkunst macht ihre Rechte gegen sein Stück geltend und verlangt hier ein stärkeres Hervortreiben einer Wirkung, dort ein Abdämpfen; auch das Publikum ist dem Dichter gegenüber eine ideale Körperschaft, welche eine bestimmte Art der Behandlung fordert. Wie zur Zeit Shakespeares die Einbildungskraft der Hörenden reger war, der Genuß an den gesprochenen Worten größer, aber das Verständnis des Zusammenhanges langsamer, so hat auch jetzt die Zuhörerschaft eine Seele mit bestimmten Eigenschaften. Sie hat bereits vieles aufgenommen, ihr Verständnis des Zusammenhanges ist schnell, ihre Ansprüche an kräftigen Fortschritt groß, die Vorliebe für bestimmte Arten von Situationen übermäßig entwickelt.

Der Dichter wird deshalb genötigt sein, sein Werk der Schauspielkunst und dem Publikum anzupassen. Dieses Geschäft, dessen Regiebezeichnung *aptieren* ist, vermag der

Dichter allerdings nur in seltenen Fällen allein vollständig durchzusetzen.

Die Striche sind mit großem Unrecht im Lande der dramatischen Poesie übel berüchtigt, sie sind vielmehr, da zur Zeit das Schaffen des deutschen Dichters mit schwacher Entwikkelung des Formensinnes zu beginnen pflegt, häufig die größte Wohltat, welche seinem Stück erwiesen werden kann, unentbehrliche Vorbedingungen für die Aufführung, das einzige Mittel, Erfolg zu sichern. Sie sind ferner ein Recht, welches zuweilen die Schauspielkunst gegen den Dichter geltend machen muß, sie sind auch die unsichtbaren Helfer, welche das Bedürfnis der Zuschauer und die Ansprüche des Schaffenden ausgleichen. Wer an seinem Arbeitstisch mit stillem Behagen die dichterische Schönheit eines Werkes durchempfindet, der denkt ungern daran, wie sehr in dem Lichte der Bühne die Wirkungen sich ändern. Auch würdige Schriftsteller, welche den verdienstlichen Beruf gewählt haben, die Schönheiten großer Dichter den Zeitgenossen zu erklären, sehen gern mit Verachtung auf einen Handwerksgebrauch der Bühnen herab, der die schönste Poesie unbarmherzig verstümmelt. Wer so empfindet, kennt zuwenig Gesetz und Recht der lebendigen Darstellung durch Menschen. Erst durch den Stift eines sorgfältigen Regisseurs treten die schönen Formen in den Kunstwerken Shakespeares und Schillers für unsere Bühne in das richtige Verhältnis. Allerdings erfreut sich nicht jede Bühne einer technischen Leitung, welche mit Feingefühl und Verständnis für das Bühnengemäße diese Arbeit verrichtet. Und sehr widerwärtig ist die rohe Faust, welche in das dramatisch Schöne hineinschneidet, weil es einmal unbequem wird oder dem Geschmack eines verwöhnten Publikums zuwiderläuft. Aber die schlechte Anwendung eines unentbehrlichen Kunstmittels sollte dasselbe nicht in Verruf bringen, und wenn man die Klagen der Dichter über Mißhandlung ihrer Werke nach ihrer Berechtigung abschätzen

wollte, so würde man in der Mehrzahl der Fälle ihnen
Unrecht geben müssen.

Nun ist bei diesem Aptieren des Stückes vieles persönliche
Ansicht, die Berechtigung des einzelnen Striches zuweilen
zweifelhaft. Und die Regie eines Theaters, welche selbstverständlich die Wirkung auf einer bestimmten Bühne im Auge
hat, wird auch die Persönlichkeiten ihrer Schauspieler dabei
mehr berücksichtigen, als dem Dichter vor der Aufführung
willkommen ist. Sie wird einem tüchtigen Schauspieler,
welcher den Hörern besonders wert ist, auch einmal Ent-
behrliches stehen lassen, wenn sie eine Wirkung davon
erwartet, sie wird wieder einer Rolle, deren Besetzung mangelhaft sein müßte, gern eine achtbare Nebenwirkung nehmen, wenn sie die Überzeugung hat, daß der Schauspieler
dieselbe nicht herauszubringen vermag.

Der Verfasser des Stückes darf deshalb das Verkürzen seines
Werkes nicht ganz Fremden überlassen; er vermag es, wenn
ihm nicht längere Bühnenerfahrung zur Seite steht, schwerlich ohne fremde Hilfe zu Ende zu bringen. Er wird also sich
zwar selbst das letzte Urteil vorbehalten müssen, und er
wird einer Bühne gewöhnlich nicht gestatten, Kürzungen
ohne seine Einwilligung vorzunehmen; aber er wird auch die
Ansicht von Männern, welche bessere Erfahrung haben, mit
Selbstverleugnung anhören und geneigt sein, ihnen nachzu-
geben, wo nicht sein künstlerisches Gewissen ihm Zuge-
ständnisse unmöglich macht. Da aber sein Urteil noch nicht
unbefangen ist, so wird er bei dem ersten Eindringen einer
wohlwollenden Kritik in seine Seele durch Unsicherheit und
innere Kämpfe sich hindurchwinden müssen. Zu großem
Nutzen für sein Urteil. Die erste Störung in dem behaglichen Frieden eines Dichtergemütes, welches sich gerade der
Vollendung eines Werkes freut, ist für eine weiche Seele
vielleicht schmerzlich, aber sie ist heilsam wie ein frischer
Luftzug in lauer Sommerzeit. Der Dichter soll sein Werk
hochachten und lieben, solange er es als Ideal in sich trägt
und daran arbeitet; das fertige Werk muß auch für ihn

abgetan sein. Es muß ihm fremd werden, damit seine Seele die Unbefangenheit für neue Arbeit gewinne.

Zunächst freilich soll der Dichter noch in seiner Arbeitsstube das erste Anpassen versuchen. Es ist eine unfreundliche Tätigkeit, aber sie ist sehr nötig. Vielleicht hat er schon beim Schreiben einzelnes als entbehrlich empfunden, er hat manche Stimmung, die ihm besonders lieb war, breiter ausgeführt, als eine leise Mahnung seines Gewissens gestatten wollte. Ja, es ist möglich, daß sein Werk nach Vollendung der Arbeit in dem Augenblicke, wo er es für fertig hält, noch eine ziemlich chaotische Masse von richtigen und kunstvollen Wirkungen und von episodischer Zutat oder schädlicher ungleichmäßiger Ausführung ist.

Jetzt ist die Zeit gekommen, wo er nachholen mag, was er bei der Arbeit versäumt. Szene um Szene durchmustere er prüfend, in jeder untersuche er den Lauf der einzelnen Rollen, die Aufstellung, die gebotenen Bewegungen der Personen, er versuche in jedem Moment der Szene ihr Bild auf der Bühne sich lebendig zu machen, treffe genaue Bestimmungen über die Ein- und Ausgänge, durch welche seine Personen auftreten und abgehen, überlege auch die Dekorationen und das Gerät, ob sie nicht hindern, wie sie am besten fördern.

Und nicht weniger genau untersuche er die dramatische Strömung der Szene selbst. Wahrscheinlich wird er dabei Längen entdecken, denn dem Schreibenden erscheint leicht ein Nebenzug zu wichtig, oder die Rolle eines Lieblings ist störend für die Gesamtwirkung in den Vordergrund getreten, oder die Ausführungen der Reden und Gegenreden sind zu zahlreich. Und unerbittlich tilge er wieder, was dem Bau der Szenen nicht zum Heile gereicht, wenn es an sich auch noch so schön ist. Und er gehe weiter und prüfe die Verbindung der Szenen eines Aktes, dann die Gesamtwirkung desselben. Er strenge seine ganze Kunst an, um Binnenwechsel der Dekorationen wegzuschaffen, vollends da, wo ein Akt ihm zweimal durch solche Einschnitte gebrochen

wird. Beim ersten Anblick erscheint ihm das wahrscheinlich
unmöglich, aber es *muß* möglich sein.

Und hält er die Akte für geschlossen, ihre Szenengliederung
für befriedigend, dann vergleiche er die Steigerung der Wirkungen durch die einzelnen Akte, ob die Kraft des zweiten
Teils auch der des ersten entspricht. Er steigere den Höhenpunkt durch Aufgebot seiner besten poetischen Kraft und
habe ein scharfes Auge auf seinen Akt der Umkehr. Denn
wenn die Hörer mit seiner Katastrophe nicht zufrieden sein
sollten, liegt häufig der Fehler in dem vorhergegangenen
Akte.

Dem Dichter wird durch die Gewöhnung seiner Mitleben-
den die Länge der Zeit bestimmt, innerhalb welcher sich die
Handlung vollenden muß. Mit Erstaunen lesen wir von der
Fähigkeit der Athener, fast einen ganzen Tag die größten
und angreifendsten tragischen Wirkungen zu ertragen.
Noch Shakespeares Stücke sind nicht unbedeutend länger,
als unserem Publikum bequem wäre, sie würden unverkürzt
auch in einem kleinen Hause, wo schnelleres Sprechen möglich ist, in der Mehrzahl fast vier Stunden in Anspruch
nehmen. Der deutsche Zuhörer verträgt im geschlossenen
Theater nur schwer eine Darstellung, welche drei Stunden
überdauert. Das ist ein keineswegs geringzuachtender
Umstand; denn in der Zeit, welche darüber hinausreicht,
sind, wie spannend die Handlung auch sein möge, Störun-
gen durch einzelne abgehende Zuhörer und eine gewisse
Unruhe der bleibenden kaum zu verhindern. Diese
Beschränkung ist aber auch deshalb ein Übelstand, weil
gegenüber großem Stoff und reicher Ausführung die Zeit
von drei Stunden eine enggemessene ist, zumal auf unseren
Bühnen dem fünfaktigen Stück durch vier Zwischenakte
noch fast eine halbe Stunde verlorengeht. Von den deutschen Dichtern ist es Schiller bekanntlich am schwersten
geworden, sich mit der Bühnenzeit abzufinden, und
obgleich seine Verse schnell dahinschweben, würden seine

Stücke unverkürzt doch fast sämtlich längere Zeit in Anspruch nehmen, als die Hörer vertragen.

Ein fünfaktiges Stück, welches nach der Zurichtung für die Bühne im Akte durchschnittlich fünfhundert Verse enthält, übersteigt schon die gegebene Zeit. Im ganzen darf man 2000 Verse als die regelmäßige Länge eines Bühnenstückes betrachten, ein Umfang, dessen Zeitdauer freilich durch den Charakter des Stückes, das mittlere Tempo der Reden, Gedrungenheit oder leichteren Fluß der Verse bedingt wird, auch dadurch, ob die Handlung des Stückes selbst viele Einschnitte, Pausen, Massenbewegungen und mimische Tätigkeit der Schauspieler verlangt. Zuletzt durch die Bühne, worauf gespielt wird, denn die Größe und gute oder schlechte Schallfähigkeit des Hauses und die Gewohnheit des Ortes üben wesentlichen Einfluß.

Allerdings sind die meisten Bühnenwerke unserer großen Dichter bedeutend länger,* aber der Dichter würde sich

---

* Zwanzig unserer großen Bühnenstücke in Versen haben folgende Länge:

»Carlos«	5471 Verse,	»Othello«	3133 Verse,
»Maria Stuart«	3927 "	»Coriolan«	3124 "
»Wallensteins Tod«	3865 "	»Romeo und Julia«	2979 "
»Nathan«	3847 "	»Braut von Messina«	2845 "
»Hamlet«	3715 "	»Die Piccolomini«	2669 "
»Richard III.«	3603 "	»Kaufmann v. Venedig«	2600 "
»Torquato Tasso«	3453 "	»Julius Cäsar«	2590 "
»Jungfrau v. Orleans«	3394 "	»Iphigenie«	2174 "
»Wilhelm Tell«	3286 "	»Macbeth«	2116 "
»König Lear«	3255 "	»Prinz von Homburg«	1854 "

Die Zahlen machen nicht den Anspruch unbedingter Genauigkeit, da die unvollendeten Verse abzuschätzen waren – sie sind durchschnittlich mitgezählt – und da die Stellen in Prosa, welche bei Shakespeare bekanntlich umfangreich sind, nur eine ungefähre Schätzung erlauben. Die Dramen in Prosa: »Emilia Galotti«, »Clavigo«, »Egmont«, »Kabale und Liebe«, entsprechen unserer Bühnenzeit besser. Von den aufgezählten Dramen in Versen sind nur die drei letzten ohne jede Verkürzung aufzuführen, die ihnen aus anderen Gründen doch nicht ganz erlassen wird. »Carlos«, der über alles Maß hinausgeht, würde unverkürzt sechs Stunden in Anspruch nehmen.

Da »Wallensteins Lager« – mit den Liederzeilen – 1105 schnell dahinschwebende Verse hat, so würden die drei Stücke des dramatischen Gedichtes vergebens auf ihr Vorbild berufen. Denn ihre Werke stammen sämtlich aus einer Zeit, in welcher der gegenwärtige Bühnenbrauch entweder noch gar nicht vorhanden oder weniger zwingend war. Und zuletzt nehmen sie auf unseren Bühnen die Freiheiten vornehmer Hausfreunde in Anspruch, sich die Zeit ihres Abschiedes zu wählen und die Bequemlichkeit anderer nicht zu berücksichtigen. Wer jetzt auf der Bühne heimisch werden will, muß sich einem Brauch, der nicht sofort abzustellen ist, fügen. Der Dichter wird also sein Werk zuletzt auch nach der Verszahl schätzen, und wenn dasselbe, wie zu befürchten, über die Bühnenzeit hinausgeht, so wird er noch einmal mustern, was irgend entbehrlich ist.

Hat er diese herbe Arbeit der Selbstprüfung, soweit er vermochte, beendet, dann möge er daran denken, das Stück für die Öffentlichkeit vorzubereiten.

Zu dieser Arbeit ist dem jungen deutschen Dichter ein erfahrener Bühnenfreund unentbehrlich. Er wird ihn in dem Leiter oder Regisseur einer größern Bühne zu erwerben suchen. Er wird diesem sein Werk in Handschrift einsenden.

Nun beginnt neues Erwägen, Verhandeln, Kürzen, bis der Wortlaut des Stückes für die Aufführung festgestellt ist. Hat der Dichter die zweckmäßigen Änderungen vorgenommen, so wird sein Werk bei dem Theater, mit dem er sich vertrauensvoll in Verbindung gesetzt hat, gewöhnlich rasch aufgeführt. Ist ihm möglich, dieser Aufführung beizuwohnen, so wird das ihm sehr nützlich sein, weniger deshalb, weil er selbst sofort die Übelstände und Mängel seiner Arbeit erkennt, denn bei jungen Schriftstellern kommt die Selbsterkenntnis selten so schnell, sondern weil auch dem erfahre-

---

»Wallenstein« zusammen 7639 Verse zählen und bei Aufführung an *einem* Tage ungefähr soviel Zeit fordern als das Oberammergauer Passionsspiel. Keine einzige der Hauptrollen ist so umfangreich, daß ihre Bewältigung an einem Tage dem Schauspieler Übermäßiges zumutet.

nen Leiter einer Bühne manche Schwächen und Längen des
Stückes erst durch die Aufführung deutlich werden.
Es ist wahr, die erste Verbindung des Dichters mit der
Bühne ist für ihn nicht frei von Mißbehagen. Die Sorge um
die Aufnahme des Stückes legt sich beengend auch um ein
mutiges Herz, immer noch tun die Kürzungen weh, und das
Beschreiten der halbdunklen Bühne wird peinlich durch die
innere Unsicherheit und durch Bedenken gegen die unferti-
gen Leistungen der Darsteller. Aber diese Verbindung hat
auch viel Herzerfreuendes und Lehrreiches: die Proben, das
Aufnehmen des wirklichen Bühnenbildes, die Bekanntschaft
mit Brauch und Ordnung des Theaters. Und bei erträglichem Erfolg des Dramas bleibt vielleicht die Erinnerung
daran dem Dichter ein werter Besitz des späteren Lebens.
Hier eine Warnung. Der junge Dichter soll einigemal sich
am Einüben und an den Aufführungen der Bühnen beteili-
gen. Er soll genau, bis ins Kleinste, die Einrichtung der
Bühne, die Verwaltung des großen Organismus, die Wün-
sche der Darsteller kennenlernen. Aber er soll nicht auf seine
Stücke reisen. Er soll nicht so warm in ihnen beharren, er
soll nicht so eifrig den Beifall neuer Menschen suchen. Und
ferner, er soll nicht den Regisseur spielen und soll sich
während der Spielproben nur einmischen, wo das dringend
geboten ist. Er ist kein Schauspieler und vermag in dem Eifer
der forteilenden Proben schwerlich ein Verfehltes dem Darsteller durch Bessermachen zu ändern. Er merke sich an,
was ihm auffällt, und bespreche dies später mit den Künst-
lern. Die Stelle des Dichters ist in der Leseprobe. Diese
richte er so ein, daß zuerst er selbst – wenn ihm Stimme und
Übung ward – sein Drama vorlese und daß, wo möglich, in
einer zweiten Probe wieder die Künstler ihre Rollen lesen.
Die gute Einwirkung, welche er auszuüben vermag, wird
sich hier am besten bewähren.
Die größere Selbständigkeit der einzelnen Landschaften hat
in Deutschland verhindert, daß die Erfolge eines Theaterstückes an der großen Bühne einer Hauptstadt maßgebend

werden für die Erfolge auf den übrigen Theatern des Landes. Ein deutsches Drama muß das Glück haben, bei acht bis zehn größeren Theatern in den verschiedenen Teilen Deutschlands Erfolge zu erlangen, bevor sein Lauf über die übrigen als gesichert betrachtet werden kann. Während der Ruf eines Theaterstückes, welches von der Wiener Burg ausgeht, so ziemlich die übrigen Theater des Kaiserstaates bestimmt, hat schon das Berliner Hoftheater einen viel kleineren Kreis, in dem es den Ton angibt; was in Dresden gefällt, mißfällt vielleicht in Leipzig, und ein Erfolg in Hannover sichert noch keineswegs ähnlichen in Braunschweig. Indes so weit reicht doch der Zusammenhang der deutschen Bühnen, daß der gute Erfolg eines Bühnenwerkes auf einem oder zwei angesehenen Theatern die übrigen darauf aufmerksam macht. Überhaupt ist Mangel an Aufmerksamkeit auf das irgendwo dargestellte Brauchbare im allgemeinen nicht der größte Vorwurf, welcher gegenwärtig den deutschen Theatern zu machen ist.

Hat ein Theaterstück die Probe einer ersten Aufführung durchgemacht, so gab es bisher zwei Wege, dasselbe an den Bühnen zu verbreiten. Der eine war, das Stück drucken zu lassen und an die einzelnen Theater zu versenden, der andere, die Handschrift einem Agenten zum Vertrieb zu übergeben.

Jetzt vertritt die Genossenschaft dramatischer Autoren und Komponisten zu Leipzig[81] durch ihren Vorstand die Rechtsansprüche ihrer Mitglieder an deutsche Bühnen, sie besorgt den Vertrieb der dramatischen Werke zu Aufführungen, die Überwachung der Aufführungen, die Einziehung der Honorare und Tantiemen. Wer jetzt als junger Verfasser mit dem Theater zu tun hat, kann die Unterstützung durch die Genossenschaft gar nicht mehr entbehren, und es liegt deshalb in seinem Interesse, ein Mitglied derselben zu werden.

Aber außerdem ist einem jungen Schriftsteller auch wünschenswert, zu den Theatern selbst, ihren Vorständen, ausgezeichneten Mitgliedern usw. in unmittelbare Beziehung zu treten. Er lernt dadurch das Theaterleben, seine Forderungen und seine Bedürfnisse kennen. Deshalb schlägt er *bei seinen ersten* Stücken am besten einen Mittelweg ein. Ist sein Stück als Manuskript gedruckt (er wählt nicht zu kleine Lettern, damit die Augen der Souffleure nicht über ihn weinen), so übergibt er dasselbe für die große Mehrzahl der Bühnen der Direktion seiner Genossenschaft, behält aber die Versendung und den Verkehr mit einigen Bühnen, von denen er besondere Förderung erwarten darf. Außerdem ist vorteilhaft, daß er einzelnen bedeutenden Darstellern der betreffenden Theater einen Abdruck seines Werkes sendet. Er bedarf der warmen Hingebung und des liebevollen Anteils der Schauspieler, es ist freundlich, daß auch er ihnen das Studium ihrer Rollen erleichtert. Die so eingeleitete Verbindung mit achtungswerten Talenten der Bühne wird dem Schriftsteller nicht nur nützlich sein, sie kann ihm auch bedeutende Menschen, warme Bewunderer des Schönen, vielleicht fördernde und treue Freunde gewinnen. Dem deutschen Dramatiker tut der frische, anregende Umgang mit gebildeten Darstellern mehr not als irgend etwas anderes, denn am leichtesten erwirbt er durch ihn, was ihm gewöhnlich fehlt, genaue Kenntnis des Wirksamen auf der Bühne. Schon Lessing hat das erfahren.

Hat der Dichter dies alles getan, so wird er bei günstigem Erfolge seines Stückes bald durch einen ziemlich umfangreichen Briefwechsel in die Geheimnisse des Theaterlebens eingeweiht werden.

Und zuletzt, wenn der junge Bühnendichter in solcher Art das Kind seiner Träume in die Welt geschickt hat, wird er hinreichend Gelegenheit haben, noch etwas anderes an sich herauszubilden als Bühnenkenntnis. Es wird seine Pflicht sein, glänzende Erfolge zu ertragen, ohne übermütig und eingebildet zu werden, und betrübende Niederlagen, ohne den Mut zu verlieren. Er wird viele Gelegenheit haben, sein Selbstgefühl zu prüfen und zu bilden, und wird auch in dem luftigen Reich der Bühne, gegenüber den Darstellern, den Tagesschriftstellern und den Zuschauern, noch etwas aus sich machen können, was mehr wert ist als ein gewandter und technisch gebildeter Dichter: einen festen Mann, der das Edle nicht nur in seinen Träumen empfindet, sondern auch durch sein eigenes Leben darzustellen redlich und unablässig bemüht sein soll.

Anmerkungen

1 Wolf Heinrich Graf von Baudissin (1789–1878), übertrug u. a. 13 Dramen Shakespeares für die sogenannte Schlegel-Tieck-Übersetzung; mit Freytag befreundet.

2 Philosophie der Kunst vor allem bei Hegel (*Vorlesungen über die Ästhetik*, nach Hegels Tod herausgegeben von H. G. Hotho 1835–38), bei Schopenhauer (*Die Welt als Wille und Vorstellung*, 1819) und bei Friedrich Theodor Vischer (*Ästhetik oder Wissenschaft des Schönen*, 1846–57).

3 Zu diesem Widerspruch zwischen theoretischer Hochschätzung des Dramas und der Dürftigkeit der dramatischen Produktion in der deutschen Literatur des 19. Jh.s vor allem: Helmut Schanze, *Drama im bürgerlichen Realismus (1850–1890)*, Frankfurt a. M. 1973, und das Nachwort des Herausgebers.

4 Wohl der Schauspieler Eduard Devrient (1801–77), der 1852–70 Leiter des Karlsruher Hoftheaters war und dort am 2. Januar 1853 auch Freytags Lustspiel *Die Journalisten* aufgeführt hatte; schrieb eine *Geschichte der deutschen Schauspielkunst* (5 Bde., 1848–74). (Hinweise von Norbert Altenhofer, Frankfurt a. M.)

5 Sophokles ist nach antiker Überlieferung nicht selbst als Schauspieler aufgetreten.

6 Unterscheidung zwischen der Tragödie und dem (den Konflikt ausgleichenden) Schauspiel.

7 Aristoteles (384–322 v. Chr.) in der *Poetik*, entstanden in seinen letzten Lebensjahren.

8 Allegorische Sakramentsspiele (besonders für die Fronleichnamsfeiern), dramatische Verherrlichungen der Eucharistie. Höhepunkte bei den Spaniern Lope de Vega (1562–1635) und Calderón (1600–81).

9 August Wilhelm Iffland (1759–1814), Schauspieler, Theaterdirektor, Verfasser von Rühr- und Familienstücken aus der deutschen Kleinbürger-Szenerie.

10 Comedia en capa y espada, spanisches Intrigenstück mit vornehmem Personal (caballeros); nach dessen Kleidung und Ausrüstung der Name. Höhepunkte bei Lope de Vega, Calderón und Tirso de Molina (1584–1648).

11 Gerechnet seit Schillers frühesten Dramen *Die Räuber* (1781) und *Die Verschwörung des Fiesko zu Genua* (1783).

12 Gotthold Ephraim Lessing (1729–81), *Hamburgische Dramatur-*

gie, in 104 »Stücken« veröffentlicht von April 1767 bis März 1769; setzt sich mit Grundbegriffen der *Poetik* des Aristoteles auseinander, kritisiert die Aristoteles-Rezeption der französischen Dramatiker.

13 Von Freytag fingierter Zeitungsbericht als denkbare Vorlage für Schillers bürgerliches Trauerspiel *Kabale und Liebe*.

14 So auch in Hegels *Ästhetik*.

15 D. h. zur Zeit der attischen Tragödie.

16 D. h. zur Zeit Shakespeares in England und zur Zeit Lopes und Calderóns in Spanien.

17 Euripides (um 480–406 v. Chr.). Seine Tragödie *Hekabe* entstand vermutlich zwischen 428 und 418 v. Chr.

18 William Shakespeare (1564–1616). Seine Geschichtschronik *Heinrich V.* mit der Schlacht bei Azincourt in Frankreich; zusammen mit *Ancient Pistol* wurde sie 1599 uraufgeführt.

19 Shakespeares *Heinrich VI.* entstand wahrscheinlich zwischen 1589 und 1591.

20 Kulissenähnlich bemalte Prismen, drehbar zu schnellerem Dekorationswechsel; wahrscheinlich erst in der hellenistischen Zeit verwandt.

21 *Wallenstein*-Trilogie (1800); *Maria Stuart* (1801).

22 Aischylos (525/524–456/455 v. Chr.). Seine *Hiketides* (d. i. *Die Schutzflehenden*) sind das erste Stück der *Danaiden*-Trilogie (zwischen 468 und 460 v. Chr.). Nach neueren Erkenntnissen nicht, wie Freytag meint, den »älteren Stücken« des Aischylos zuzurechnen.

23 Muß wohl »Antigone« heißen.

24 In Sophokles' *Aias* (zwischen 455 und 450 v. Chr.) die Ehefrau des Titelhelden, Tochter des phrygischen Königs Teleutas.

25 Die Falstaff-Szenen in beiden Teilen von Shakespeares *Heinrich IV.* (1597 und 1598).

26 In Shakespeares *Viel Lärm um Nichts* (um 1599).

27 Des Aristoteles.

28 In *Romeo und Julia*.

29 In Shakespeares *Kaufmann von Venedig* (um 1598).

30 Am bekanntesten hier die Wiener Zauberpossen von Ferdinand Raimund (1790–1836) aus dem Jahrzehnt zwischen 1820 und 1830, z. B. *Der Alpenkönig und der Menschenfeind* (1828).

31 So bezeichnet sich Mephistopheles selbst in Goethes *Faust* I, Walpurgisnacht, V. 4023.

32 Schillers *Jungfrau von Orléans* (1801).

33 Vgl. dagegen Goethes *Faust* und Bertolt Brechts *Leben des Galilei* (1. Fass., 1938/39).

34 In Shakespeares *König Heinrich IV.*, 1. Teil (1597).

35 In der sogenannten Schicksalstragödie, z. B. Schiller, *Die Braut von Messina* (1803), Zacharias Werner (1768–1823), *Der vier- undzwanzigste Februar* (1815), Franz Grillparzer (1791–1872) *Die Ahnfrau* (1817) und weiteren Stücken von Adolf Müllner (1774–1829) und Ernst Christoph von Houwald (1778–1845).

36 Vgl. am Ende von Kap. 9 der *Poetik*.

37 In Sophokles' *Trachinierinnen* (um 445 v. Chr.).

38 Über die »Entdeckung« vgl. Kap. 11 und 16 in Aristoteles' *Poetik*.

39 Sämtlich Tragödien des Sophokles.

40 In der Tragödie *Ion* (zwischen 412 und 409 v. Chr.) des Euripi- des (485–406 v. Chr.).

41 In Kap. 16 der *Poetik* des Aristoteles.

42 *Trachinierinnen, Aias, Antigone, Elektra.*

43 Vgl. Anm. 6.

44 Entsprechen den positivistischen Aspekten »temps«, »race«, »milieu«, die Hippolyte Taine (1828–93) zuerst in seiner *Histoire de la littérature anglaise* (1863) entwickelte, also zur gleichen Zeit wie Freytag seine *Technik des Dramas*.

45 *Die Perser*, 472 v. Chr. uraufgeführt. Das Stück behandelt den Untergang der persischen Flotte des Großkönigs Xerxes in der Seeschlacht bei Salamis (480 v. Chr.).

46 Der zweite Schauspieler.

47 *König Ödipus* (vor 425 v. Chr.).

48 *Elektra* (um 420 v. Chr.).

49 *Ödipus auf Kolonos* (401 v. Chr. postum aufgeführt).

50 *Antigone* (442 v. Chr.).

51 *Trachinierinnen* (um 445 v. Chr.).

52 *Aias* (um 445–440 v. Chr.).

53 *Philoktetes* (409 v. Chr.).

54 Das dritte Teildrama der *Orestie* (458 v. Chr.) des Aischylos.

55 In *Der gefesselte Prometheus* (Entstehungszeit unbekannt) und der *Orestie*.

56 In den *Choëphoren* und den *Eumeniden* der *Orestie*.

57 In Shakespeares *Julius Cäsar* (zwischen 1597 und 1601) I,2.

58 Zugehörig zum Genre »Tagelied« in der mittelalterlichen Liebes- lyrik.

59 Berliner Erstaufführung von Schillers *Jungfrau von Orléans* am

Königlich Preußischen Nationaltheater unter August Wilhelm Iffland am 23. November 1801. Schiller selbst nahm an der Aufführung vom 6. Mai 1804 in Berlin teil und kritisierte dabei, der prunkvolle Krönungsumzug mit zweihundert Darstellern habe sein Stück erdrückt. Man habe den »Zug« und nicht die »Jungfrau« gegeben.

60 In der *Braut von Messina* (1803) mit nachträglicher Vorrede »Über den Gebrauch des Chors in der Tragödie«.

61 In Kap. 6 der *Poetik* des Aristoteles.

62 Anspielung auf zwei Titelhelden Molières in den Stücken *L'avare* (1668) und *Tartuffe* (1664).

63 Sophokles wurde nach seinem Tod 406 v. Chr. vom athenischen Volk als Heros »Dexion« verehrt.

64 Cordelia: die jüngste Tochter von Shakespeares *König Lear*.

65 Muß hier und im folgenden »Mellefont« heißen.

66 Die beiden feindlichen Brüder in Schillers Trauerspiel *Die Braut von Messina*.

67 Nach dem literarhistorischen Befund ist das astrologische Motiv von Schiller erst in sehr spätem Stadium der Ausarbeitung des *Wallenstein* auf den Rat Goethes hin aufgegriffen worden. Vgl. seine Briefe an Goethe vom 4., 7. und 11. Dezember 1798.

68 Gustav Adolf Harald Stenzel (1792–1854) und Friedrich von Raumer (1781–1873): einflußreiche Historiker der 1. Hälfte des 19. Jh.s.

69 So im *Agnes Bernauer*-Stoff, der 1853 von Friedrich Hebbel in einem »deutschen Trauerspiel« dramatisch bearbeitet worden ist.

70 Von den Griechen als barbarisch betrachtete Völkerschaften an der Nordküste des Schwarzen Meeres.

71 Vgl. die ähnliche Kritik an Euripides in Nietzsches Essay *Die Geburt der Tragödie aus dem Geist der Musik* (1871).

72 Richard Wagners Musikdrama *Tristan und Isolde* wurde im Juni 1865 uraufgeführt, also zwei Jahre nach Erscheinen der Erstauflage von Freytags *Technik des Dramas*.

73 Vgl. dazu das Trauerspiel *Brünhild* (1861) von Emanuel Geibel (1815–84) und die Trilogie *Die Nibelungen* (1862) von Friedrich Hebbel (1813–63).

74 In charakteristischen Einzelzügen das Verhalten Hagens im mittelhochdeutschen *Nibelungenlied*.

75 In der nordischen Mythologie Odins Sohn Baldr (›der Leuchtende‹), dessen Tod als für die Götter verhängnisvoll geweissagt

worden war. Trotz aller Versuche, ihn zu schützen, wird er zuletzt von seinem Gegenspieler Loki durch List vernichtet.

76 Sinngemäß in Kap. 15 der *Poetik* des Aristoteles.

77 Der fünffüßige Jambus ist der sogenannte Blankvers, als bevorzugter Vers des Dramas in England seit der elisabethanischen Zeit, in Deutschland seit der Mitte des 18. Jh.s etabliert. Jambus und Trochäus sind sogenannte alternierende Versmaße, in denen je eine betonte und eine unbetonte Silbe miteinander wechseln.

78 Vierhebiger alternierender Vers, in der 1. Hälfte des 19. Jh.s in Deutschland vielfach gebraucht, z. B. von Karl Leberecht Immermann (1796–1840) in der Dramentrilogie *Alexis* (1832).

79 Der Alexandriner war der bevorzugte Vers der klassischen Tragödie in Frankreich und nach diesem Vorbild auch der deutschen Tragödie des 17. und der 1. Hälfte des 18. Jh.s.

80 Das Buch- oder Lesedrama ist bekannt aus Beispielen von Seneca (4 v. – 65 n. Chr.), seinen neun zur Rezitation bestimmten Tragödien, u. a. *Medea*, *Phaedra*, *Ödipus*, ferner aus den sechs lateinischen Legenden-Dramen (zwischen 960 und 970) der Hrotsvith von Gandersheim (935–973), aus den Dialogen und Dramen in der deutschen Literatur des 16. Jh.s (zum Teil nach dem griechischen Vorbild der satirischen Dialoge des Lukian [120–180 n. Chr.]) u. a. bei Pamphilius Gengenbach (1470 bis 1524), Ulrich von Hutten (1488–1523) und Hans Sachs (1494 bis 1576), z. B. dessen *Tristrant mit Isalden* (1553); aus den *Bardieten* (1769–87) von Friedrich Gottlieb Klopstock (1724–1803) und Goethes *Faust*.

81 Gegründet am 12. Juli 1871. Selbsthilfevereinigung der Bühnenautoren für sämtliche Aufführungsrechte ihrer Mitglieder, mit eigener Theateragentur, die gegen Provision Bühnenwerke auswertete. Unter den 63 Gründungsmitgliedern auch Gustav Freytag. 1899 aufgelöst.

Literaturhinweise

Realismus und Gründerzeit. Manifeste und Dokumente zur deutschen Literatur 1848–1880. Bd. 1. Stuttgart 1976. Bd. 2. Ebd. 1975.

Bußmann, Walter: Gustav Freytag. Maßstäbe seiner Zeitkritik. In: Archiv für Kulturgeschichte 34 (1952) S. 261–287.

– Zur Geschichte des deutschen Liberalismus im 19. Jahrhundert. Darmstadt ²1969.

Dilthey, Wilhelm: Die Technik des Dramas. [Rezension.] In: Berliner Allgemeine Zeitung. 26. 3.–9. 4. 1863. Wiederabgedr. in: Shakespeare-Jahrbuch 69 (N.F. 10) (1933) S. 27–60. Reprogr. nachgedr. als Anh. in: Gustav Freytag: Die Technik des Dramas. Darmstadt 1975. [Reprogr. Nachdr. der 13. Aufl. 1922.] S. 317–350.

Hermann, Renate: Gustav Freytag, bürgerliches Selbstverständnis und preußisch-deutsches Nationalbewußtsein. Ein Beitrag zur Geschichte des nationalliberalen Bürgertums der Reichsgründungszeit. Diss. Würzburg 1974.

Kafitz, Dieter: Grundzüge einer Geschichte des deutschen Dramas von Lessing bis zum Naturalismus. 2 Bde. Königstein i. Ts. 1982.

Löwenthal, Leo: Gustav Freytag – der bürgerliche Materialismus. In: L. L.: Erzählkunst und Gesellschaft. Neuwied/Berlin 1971. S. 120–136.

Richter, Claus: Leiden an der Gesellschaft. Vom literarischen Liberalismus zum poetischen Realismus. Kronberg i. Ts. 1978.

Schanze, Helmut: Die Anschauung vom hohen Rang des Dramas in der zweiten Hälfte des 19. Jahrhunderts und seine tatsächliche Schwäche. In: Beiträge zur Theorie der Künste im 19. Jahrhundert. Hrsg. von Helmut Koopmann und J[osef] Adolf Schmoll gen. Eisenwerth. Bd. 1. Frankfurt a. M. 1971. S. 85–96.

– Theorie des Dramas im »Bürgerlichen Realismus«. In: Deutsche Dramentheorien. Beiträge zu einer historischen Poetik des Dramas in Deutschland. Hrsg. von Reinhold Grimm. Frankfurt a. M. 1971. S. 374–393.

– Drama im bürgerlichen Realismus (1850–1890). Theorie und Praxis. Frankfurt a. M. 1973.

Nachwort

Gustav Freytags *Technik des Dramas* ist ein repräsentatives Kuriosum geblieben bis heute. Repräsentativ war und ist es als ein Dokument des bürgerlichen Liberalismus des vorigen Jahrhunderts, der sich 1848 zunächst für den Paulskirchen-Parlamentarismus einsetzte, sich dann der Tendenz zum Häuslichen und Familiären, politisch zur kleindeutschen Lösung anheimgab und schließlich sich ausruhte in der deutschnationalen Repräsentierkultur der Gründerzeit und des neuen Kaiserreiches, dem Gustav Freytag (1816–95) zum richtigen Zeitpunkt seine germanischen *Ahnen* geliefert hat, jenen historischen Tiefenraum, vor dem der neue Gründerkaiser sich als die Krone der – Darwinschen – Höherentwicklung der germanischen Rasse seit der Völkerwanderung darstellen konnte. Freytag hat immer verklärt, bestätigt, affirmiert. Das läßt ihn wie ein – politischer orientiertes – Seitenstück zu Paul Heyse und dessen Kultur des Repräsentativen erscheinen.

Kurios ist die *Technik des Dramas*, weil sie in einer Zeit entstand und erschien, als die dramatische Produktion in deutscher Sprache – bis auf die beiden immer wieder vorgezeigten Ausnahmen Friedrich Hebbel und Franz Grillparzer – auf einem bemerkenswerten Tiefstand war, in einer breiten platten Ebene der flachen Quantitäten mit den genannten beiden Bergen am äußersten Südostrand, d. h. in Wien. Auch Freytags vielgerühmte Komödie *Die Journalisten* kann nur dort als eine Erhebung gelten, wo ringsum die plane Öde ist, ein Moränenhügel in der Tundra, auf die wiederum von Südosten ein einsamer Gipfel der Komödie schaut, Johann Nestroy in Wien. Kurios ist Freytags *Technik*, weil sie Zeugnis einer theoretischen Liebe zu etwas ist, was praktisch nicht da war, sondern eben mit Hilfe einer *Technik* herbeigebetet werden sollte.

Die Kuriosität hat tragische Ausmaße, was einer *Technik des*

Dramas beinahe gut ansteht: Dieses 19. Jahrhundert war von höchster Instanz verpflichtet, theoretisch verdonnert zum Drama, seit Hegel – über die Schultern Aristoteles', Lessings und Schillers immer höher steigend – im dritten Teil seiner *Vorlesungen über die Ästhetik* das Drama zur »höchsten Stufe der Poesie und der Kunst überhaupt«[1] befördert hatte. Spätestens von da an datiert die unglückliche Liebe des vorigen Jahrhunderts zum Drama, und es bleibt nun in der Tat kurios, daß der theoretische Annäherungsversuch Freytags in jener mißlichen Situation der praktisch immer wieder abgewiesenen Liebe, daß dieses Produkt einer höchst unglücklichen Situation also unsere Modellvorstellung vom Drama bis heute prägt, wenigstens in ihrer populäreren Form.

Wer unter uns wäre – und das in der Ära der Brecht, Beckett und Ionesco – auf der Schule nicht mit jenem fünfteiligen Dramenschema Freytags konfrontiert worden, das den Bogen des Dramas durch die fünf Akte so anschaulich verfolgt von der Exposition über Steigerung, Höhepunkt und fallende Handlung bis hin zur Katastrophe, gegliedert noch von drei weiteren dramatischen Momenten, so daß der ganze Bogen, wie es auch Freytag mehr oder weniger verdeckt suggeriert, eben doch bis heute wie die übergeschichtliche Naturform des Dramas erscheint – bis heute sozusagen das Drama des Stadttheaters und des Abonnements. Dario Fo und Ernst Jandl werden unterdes auf den Studio-, Kammer- und Experimentierbühnen gespielt, die Off-off-Stücke noch weiter weg.

Jene tragische Situation des abgewiesenen und dennoch vom Hegelianismus theoretisch immer wieder neu verpflichteten Liebhabertums gegenüber jenem Drama, das Arnold Böcklin um 1880 als geheimnisvoll unnahbare Frauensperson gemalt hat, ist als »die Anschauung vom hohen Rang des

---

1 Georg Wilhelm Friedrich Hegel, *Vorlesungen über die Ästhetik*, T. III: *Die Poesie*, hrsg. von Rüdiger Bubner, Stuttgart 1971 (Reclams Universal-Bibliothek, Nr. 7985 [4]), S. 259.

Dramas in der zweiten Hälfte des 19. Jahrhunderts und seiner tatsächlichen ›Schwäche‹«[2] von der Literaturwissenschaft bemerkt worden und in der Tat ja auch ihrerseits so dramatisch, daß man zumindest ihre Symptome näher beschreiben muß.

Lessing – durch seine Vermittlung auch Shakespeare – und Schiller wirken als dramatische Autoritäten auf das ihnen folgende Jahrhundert ein, weniger schon der Dramatiker Goethe mit seinem auch formal unnachahmlichen *Faust* und der vielfach als kranker Exzentriker begriffene Kleist. 1859 feiert das deutschsprachige Gebiet – u. a. eben auch weite Teile der Schweiz – den hundertsten Geburtstag des *Tell*-Dichters, und man tut das weithin dramatisch, mit dialogisierten Schiller-Festspielen und -Prologen, in denen zumeist Allegorien der Freiheit und der Schönheit »um die Palme ringen«, wie es so schön heißt. Das Schillerjahr setzt einen ungeheuren Druck auf die Verpflichtung der Zeit zum Drama, was analog zum klassischen Schiller und zur Geschichtswut des 19. Jahrhunderts zumeist historisches Drama bedeutet oder Drama der antiken Mythen.

»Ein Blick auf die Neuerscheinungen auf dem Gebiet von Tragödie und Schauspiel von 1858–1870 zeigt, wie in einer einzigartigen Kettenreaktion präformierte Stoffe und gegebene Handlungsschemata immer wieder neu adaptiert werden. 80 % der Dramen behandeln antike und mittelalterliche Stoffe. Für den angegebenen Zeitraum lassen sich nachweisen: 17 Bearbeitungen biblischer und 48 griechischer oder römischer Stoffe. 26 Sujets stammen aus der germanischen Sage und Frühzeit, 40 aus der mittelalterlichen Kaiserzeit. Die Lukretia-, Sophonisbe-, Gracchen-, Nero-, Spartacus- und Arminius-Stoffe finden mehrfache Bearbeiter [...].«[3]

---

2 Dies der Titel eines Aufsatzes von Helmut Schanze, in: *Beiträge zur Theorie der Künste im 19. Jahrhundert*, hrsg. von Helmut Koopmann und J[osef] Adolf Schmoll gen. Eisenwerth, Bd. 1, Frankfurt a. M. 1971, S. 85–96.

3 *Realismus und Gründerzeit. Manifeste und Dokumente zur deutschen Literatur 1848–1880*, hrsg. von Max Bucher [u. a.], Bd. 1, Stuttgart 1976, S. 142.

Bei relativ großer handwerklicher Fingerfertigkeit, aber
betrüblichem Niveautiefstand ist das Jahrhundert nach sei-
ner Mitte geradezu fixiert auf das Drama, vor allem die
Tragödie, und auf dramatische Denkmuster generell, so daß
Klaus Günther Just mit allem Recht sagen konnte: »Jede
Betrachtung des Dramas in der Ära Bismarck muß von der
Tatsache ausgehen, daß die militärischen und politischen
Ereignisse selber, der Deutsch-Französische Krieg und der
Akt der Reichsgründung, von den Zeitgenossen als ›Schauspiel‹ erlebt wurden«,[4] und Gustav Freytag hatte rechtzeitig
die *Technik* solchen dramatischen Erlebens geschrieben,
übrigens eine Analogie zu der kaum bezweifelbaren Tatsache, daß wir Realität heute mehr und mehr als arrangierte,
durch Fotografie, Film und das Rechteckformat des Fern-
sehbildschirms aufbereitete wahrnehmen, daß wir die Wirklichkeit von vornherein als abgelichtete und viereckige erfahren und daß andere Formen des Wahrnehmens und der
Gegenständlichkeit dabei zu verkümmern drohen.

Just legt mit guten Gründen nahe, auch das Musikdrama
Richard Wagners und den Aufbau eines besonderen Spiel-
zentrums für diese Form in Gestalt der Bayreuther Festspiele als mitbedingt von der dramatischen Apperzeptions-
weise des Jahrhunderts zu sehen. Und von dorther ist es nur
ein kleiner Schritt, auch Friedrich Nietzsches Essay von der
Geburt der Tragödie aus dem Geist der Musik als Ausdruck
derjenigen Erlebnisweise zu begreifen, deren *Technik* Freytag acht Jahre zuvor beschrieben hatte. Aus dieser Nachbar-
schaft wird auch verständlicher, weshalb Freytag gerade der
antiken Tragödie in seinem Buch so breiten Raum gewährt.

Der dramatische Furor der Epoche prägt sich schließlich aus
im Theaterboom der Gründerzeit, die also nicht nur die
Dresdner Bank und Hauptbahnhöfe hervorgebracht hat,
sondern auch solche dem »Wahren, Schönen, Guten«

---

4 Klaus Günther Just, *Von der Gründerzeit bis zur Gegenwart. Geschichte der
deutschen Literatur seit 1871*, Bern/München 1973, S. 98.

gewidmeten Kunstetablissements wie das in den siebziger und achtziger Jahren unserer Gegenwart neu aufgemöbelte Frankfurter Opernhaus. Animierend wirkte die Gewerbefreiheit, die 1869 für den Norddeutschen Bund und 1871 für das ganze Reichsgebiet eingeführt wurde und auch Theater einschloß. »Der Theaterbau steigt sprungartig an. Von 1870–1885 werden 104 Neubauten (60 Theaterbrände) errichtet, von 1850–1870 waren es nur 46 (13 Brände). Innerhalb des ersten Jahres der Theaterfreiheit entstehen in Norddeutschland 90 neue Theaterunternehmen. Die Gesamtzahl der Theaterkompagnien, die bis 1869 relativ konstant geblieben war, verdoppelt sich bis 1885, die Zahl der Bühnenangehörigen erreicht mit 15 000 sogar die dreifache Höhe [. . .].«[5]

Die Ära Bismarcks, d. h. besonders die Zeit zwischen 1860 und 1890, erlebt die Welt dramatisch und ist ihrerseits dramatisch strukturiert, und mit ihrem Beginn, kurz nachdem Bismarck 1862 preußischer Ministerpräsident geworden ist, erscheint 1863 die *Technik des Dramas*, wie der architektonische Reißbrettentwurf der Epoche, dem vielleicht das fertige Haus, d. h. das gültige Drama, auf dem Theater deshalb so schwer zu gelingen schien, weil die politische und gesellschaftliche Realität es vorwegnahm und realisierte auf der »Bühne des Zeitgeschehens«, wie man leichthin sagt.

Freytags *Technik des Dramas* ist nur die Spitze des Eisbergs in einer Zeit, die trotz oder wegen des Mißlingens ihrer dramatischen Produktion ein – von Hegel mitverschuldetes – dramatisches Trauma hatte. Gustav Freytag war sein eigener Vorläufer gewesen: schon 1849 hatte er unter demselben Titel einen elfseitigen Aufsatz publiziert in *Die Grenzboten*, jener Zeitschrift, die er zusammen mit Julian Schmidt, dem von Hebbel so apostrophierten »ästhetischen Kannegießer«, von 1848 bis 1861 und von 1867 bis 1870 herausgibt und

5 *Realismus und Gründerzeit*, S. 147.

zum Organ des *Grenzboten*-Realismus, d. h. eines poetischen Realidealismus oder Idealrealismus, in räumlicher Nähe zu Otto Ludwig und Berthold Auerbach macht. Der Aufsatz geht dreizehn Jahre später in unser Heimwerker-Handbuch für angehende Dramatiker ein.

Abgesehen davon, daß Freytag selbst vor und nach seiner großen *Technik* sich mehrfach in kleineren Aufsätzen zu Fragen des Dramas und des Theaterbetriebs äußerte, ist im deutschsprachigen Gebiet vom Nachmärz an bis in die achtziger Jahre des 19. Jahrhunderts eine wahre Wut des öffentlichen Theoretisierens auf dem Gebiet des Dramas und des Theaters zu registrieren, als ob das, was 1848 als öffentlicher Vorgang auf der politischen Bühne mißlang, nun im Hof- oder Stadttheater entschärft durch ästhetische Fiktion und quasi fürs Abonnement, für den zahlenden gebildeten oder sich bildenden Bürger, nachgeholt werden müsse. Progressive, Liberale und Konservative konkurrieren in einer Art Wettschreiben über den Zustand der deutschen Bühnen und der für sie bestimmten literarischen Produktion. Da schreibt Robert Prutz 1851 über *Das Drama der Gegenwart* und Rudolf Gottschall 1852 über *Das neue deutsche Drama*, und auch Joseph von Eichendorff äußert sich 1854 *Zur Geschichte des Dramas*. Hermann Hettner veröffentlicht 1852 sein Buch über *Das moderne Drama*, das sich in seiner Intention, jungen Dramatikern Arbeitsanleitung zu geben, mit den Zielen der späteren *Technik* Freytags trifft. Richard Wagner theoretisiert 1851 *Über moderne dramatische Dichtkunst* und ein Jahr später dreibändig über *Oper und Drama*; bei ihm ist jenes Abgedrängtwerden von den achtundvierziger Barrikaden hinter die Zäune des Ästhetischen paradigmatisch für viele produktive Geister der Epoche anzuschauen. 1857 veröffentlicht Friedrich Theodor Vischer den dritten, Problemen des Dramas vorbehaltenen Band seiner epochalen *Ästhetik oder Wissenschaft des Schönen*, und ein Jahr danach Rudolf Gottschall seine vielgelesene und -aufgelegte *Poetik. Die Dichtkunst und ihre Technik* mit breiten

Ausführungen über das Drama in der *II. Abteilung*. Adolf
Stahr veröffentlicht 1859 *Aristoteles und die Wirkung der
Tragödie*, im selben Jahr wie Lassalle sein *Sickingen*-Drama
mit einem programmatischen Vorwort zu den Aufgaben der
historischen Tragödie.
Als 1863 Freytags *Technik des Dramas* erscheint, wird sie
weithin beachtet, von prominenten Kritikern rezensiert,
keinesfalls nur positiv, wie später noch zu zeigen ist. Der
Theorie- und Technik-Boom in Sachen Drama geht nach
Freytags Buch weiter. Eduard von Hartmann, der »Unbewußte«, veröffentlicht 1870 *Aphorismen über das Drama*,
ein Jahr vor Nietzsches Schrift über die antike Tragödie und
ihre Renaissance bei Wagner. 1872 erscheinen als bis heute
prominentester Beitrag zum damals ausgefochtenen Streit
um die Vorbildlichkeit Shakespeares »aus dem Nachlasse«
Otto Ludwigs *Shakespeare-Studien*; Otto Ludwig selbst ist
das tragischste Beispiel dafür, wie die Liebe der Epoche zum
erfolgreichen Stückeschreiben immer wieder abgewiesen
wird in die dramatische Theorie – und in die erzählende
Prosa, wofür fast alle deutschen Realisten der Zeit, inklusive
Freytag, Beleg sind. Noch 1880–83 publiziert Johannes
Prölß in drei Bänden seine *Geschichte des neueren Dramas.*[6]
Auch diese ausgewählten Beispiele sind wiederum nur ver-
einzelte Eisbergspitzen und stehen für riesige Quantitäten
dramentheoretischer und theatertechnischer Literatur der
Zeit. Das Verhältnis zwischen Theorie und Praxis des Dra-
mas in jenen Jahrzehnten erinnert unabweisbar an das Miß-
verhältnis zwischen kreißendem Berg und geborener Maus.
– Der Furor der *Techniken* setzt sich, abgeschwächt, übrigens auch ins Gebiet der erzählenden Gattungen fort, wie
die Novellentheorie Paul Heyses und die Romantheorie
Friedrich Spielhagens demonstrieren.
Freytags *Technik des Dramas* hat einerseits heute noch ein

6 Diese Auswahl von Literatur zum Drama nach der umfangreichen Quellen-
bibliographie in: *Realismus und Gründerzeit*, für das vorliegende Werk vor
allem S. 444–456.

Stück kanonische Geltung, etwa in der Analyse der Bauformen klassischer Dramen von der attischen Tragödie bis zu Hebbel und Grillparzer. Andererseits wirkt das Buch auf uns heute auch provozierend altertümlich, denn es weiß natürlich nichts von den Bauformen des epischen und des absurden Theaters, die beide für uns schon wieder klassisch sind.

Freytags *Technik* ist Deskription und Strukturanalyse eines Dramas vor dem Film, als Drama und Theater noch das Monopol abendlicher Kunstunterhaltung und die Verpflichtung zur Darstellung von »Realität«, zur Darstellung eines in großem Spannungsbogen angelegten Geschehens und Prozesses hatten, also noch einen Plot bieten mußten. Theater und Stücke sind heute durch andere Medien von diesen Forderungen entlastet, was mit dazu beitrug, daß sie »episch« und »absurd« wurden.

Die *Technik des Dramas* beschränkt sich aber auch selbst in dem, was um 1860 durchaus schon bekannt war. Sie konzentriert sich auf Analyse der Tragödie und des nichttragischen Dramas, d. h. des Schauspiels, und spart dabei alle Formen des Lustspiels und der Komödie aus. Die Tragödie und das Tragische werden begünstigt vom feierlichen und bürgerlichen Ernst der Epoche. Hebbels »Pantragismus«, die Philosophie Arthur Schopenhauers und, wie eine Resultante aus beiden, Nietzsches Denken repräsentieren auf hohem Niveau das, was sich trivial als gravitätischer Bierernst und gemessene Wichtigtuerei, verstärkt ab 1871, breitmacht. Freytags Werk, selbst noch sein »Lustspiel« *Die Journalisten*, sind vom gespreizten Stelzschritt gezeichnet, der auch Theodor Fontane auffiel. Die Prätention von Würde begünstigte das Tragische und Feierliche. Erhebung durch die Tragödie ist das erstrebte Erlebnis des Schönen für denjenigen ordentlichen Bürger, über dessen Bauchwölbung sich die goldene Uhrkette spannt.

Wäre Freytag in seinem Buch ausführlich auch auf die Komödie zu sprechen gekommen, so hätte kein Weg an den

Franzosen vorbeigeführt, an Molière nicht, aber auch nicht an der französischen Gesellschaftskomödie der Zeit, die damals in Übersetzungen die deutschen Theater zu füllen begann. Die deutschnationale Ausrichtung der *Technik des Dramas* ließ den Blick nach Westen nicht zu – ein bemerkenswertes Beispiel von direkter Einwirkung politischer Konstellationen auf ästhetische Analyse. Freytag war bei der Erstauflage seiner *Technik des Dramas* schon über die Hälfte des Wegs von der Paulskirche zum Hermannsdenkmal und zu seinen *Ahnen*, des Wegs vom Liberalismus zum Nationalismus der Gründerzeit gegangen, was eine parallele Zunahme des Engagements für eine kleindeutsche Lösung und des antifranzösischen Affekts einschloß.

Wir heutigen Leser der *Technik des Dramas* schlucken immer wieder, wenn wir Freytag derart fixiert sehen auf das »Drama der Germanen«, das er zuerst in Shakespeare kulminieren sieht und dann wieder im deutschen Drama um 1800. Das ist Bismarck-Dramaturgie und Hohenzollern-Poetik. Dieses Drama germanischer Bauform ist nach Freytag einerseits geschieden von der attischen Tragödie, die aber dennoch zu seinen Ausgangspunkten gehört, andererseits mehr noch getrennt vom Drama der Franzosen, das hinwiederum Freytag durch eine Kluft des Mißverständnisses noch stärker geschieden sieht von der griechischen Antike, den Tragikern und besonders von Aristoteles. So reproduziert sich epigonal bei Freytag Lessings Position, ohne daß er dessen kritische Weltläufigkeit besäße, wenn er ihn auch stets als erste Autorität stark heraushebt und an Lessings Stücken die klassische Technik des Dramas geradezu modellhaft hervortreten läßt. Freytag ist ein ins Hausbackene entschärfter Lessing, die *Technik des Dramas* eine aufs Biedere und Ordentliche reduzierte *Hamburgische Dramaturgie* ohne deren schillernde und weitreichende Überfülle der Aspekte, ohne deren kombinatorische Energie, ohne deren »Witz«.

So ist »bequem« eines der verräterischsten Normen-Stichworte der Freytagschen Dramaturgie für die Epoche der

Gartenlaube: »Die Personen des Dichters werden gegenüber ihren Stoffbildern aus der Wirklichkeit [d. i. historischen Vorbildern] mit einem bequemen Handwerksausdruck Ideale genannt«. Nichts macht den Abstand des bürgerlichen Realismus von Schiller und Lessing deutlicher als diese Rede vom bequemen Ideal.

Hier wird der Realidealismus dieser *Technik* besonders augenfällig. Freytag operiert durchaus mit einer geschichtsenthobenen »Idee« des Dramas, die seiner Idealnorm des fünfgliedrigen, im Bogen konstruierten Bühnenwerkes entspricht. Andererseits sieht er diese überzeitliche Norm durch *race, milieu et temps* überall auf erklärbare und verständliche Weise legitim abgewandelt, so daß sich bei ihm eine Art von Dialektik zwischen Norm und historisch-natürlichem Stellenwert ergibt, die auf den Realidealismus Schellings und auf den Dramen-Verklärer Hegel zurückverweist und zugleich auch an den liberalen Pragmatiker im politischen Werdegang Freytags erinnert. Die *Technik des Dramas* operiert zwischen Normativität und relativierender Deskription. Sie ist einerseits noch an der normativen Ästhetik der Zeit vor Goethe orientiert, als man noch zu sagen wußte und zu hören wünschte, wie ein Drama, ein Epos und ein Gedicht zu konstruieren sei. Andererseits ist Freytags Argumentation durch das Bewußtsein von der Relativität dieser Regeln gegangen, von der Kraft des Natürlichen, Originalen, des Individuellen und der Entwicklung, wie es seit Herder, der Goethezeit und der Romantik durch das Jahrhundert der Historie, Charles Darwins und Hippolyte Taines sich ausbildete. Eine Dialektik von Norm und Situation konstituiert nach Freytag das Drama, zu dessen Verfertigung er technische und praktische Winke geben möchte. Der Geist der Idee und der Norm relativiert sich durch das Jahrhundert immer stärker zur Rezeptier-, Koch- und Umgangskunst, wie an den bekannten Anleitungen von Rumohr sichtbar wird: *Geist der Kochkunst* (1822) und *Schule der Höflichkeit* (1834/35).

Das Festhalten an Idee und Naturform eines regelrechten fünfgliedrigen Dramas mit fixen Details hat Freytag freilich schon von seinen Zeitgenossen den Vorwurf eines neuen Gottschedianismus eingetragen, so in einer Besprechung der *Technik* von dem Kontrahenten Rudolf Gottschall, der Freytags Buch mit einem gewissen Recht auch vorwarf, es setze die »Goldmünze der Schönheit fortwährend in die kupfernen Metalldreier der bürgerlichen Tüchtigkeit, Nützlichkeit und Sittlichkeit« um.[7] Und auch der Rezensent Julius Leopold Klein monierte, in Freytags *Technik des Dramas* werde die Inspirationsästhetik durch die These von der Lehrbarkeit des dramatischen Handwerks verraten, die schöpferische Kraft werde durch Detailvorschriften gelähmt.[8] Die *Technik* erschien also auch manchem Zeitgenossen als Kochbuch für Dramatiker.

So wie bei Freytag ein philiströser Rückschritt hinter Lessing zu beobachten war, so erinnert in der *Technik* tatsächlich manches Gebot an die Ära Johann Christoph Gottscheds, so das starke Herausstreichen der Einheiten, besonders freilich der Einheit der Handlung, und das wiederholte Verbot des Wunderbaren und »Vernunftwidrigen« zugunsten einer strikt durchgehaltenen Wahrscheinlichkeit. »Der Zusammenhang zwischen Ursache und Wirkung« ist bei Freytag schon oberstes positivistisches Gebot für das Drama, und sein Verdikt gegen das »Vernunftwidrige« ist auch Konsequenz des Historismus der Epoche, denn es meint vor allem Vermeidung des Anachronismus und geschichtswidriger Kostümfehler. Gegen Goethes Einsicht in die dichterisch produktive Kraft des Anachronismus (in seiner Besprechung des *Adelchi* von Alessandro Manzoni 1822) wird hier bei Freytag schon dem archäologischen Theater der Meininger vorgearbeitet. Auch das Auffrischen der Ständeklausel für die Tragödie an einigen Stellen der *Technik* weist in die Zeit vor Lessing, möglicherweise auch

7 *Realismus und Gründerzeit*, S. 452.
8 *Ebd.*

Freytags Verbürgerlichung der aristotelisch-lessingischen
Fixpunkte »Furcht« und »Mitleid«.

Gerechterweise muß man sagen, daß der Freytagsche Gott-
schedianismus durch anderes konterkariert wird, durch die
wiederholten Hinweise auf die Relativität von Regeln und
Normen und vor allem auf »Wirkung« als die eigentliche
Intention des Dramas (so in den ersten beiden Abschnitten
des I. Kapitels). Freytags *Technik des Dramas* ist in ihrem
Zentrum wirkungsorientiert und kommt hier modernen
Einsichten der Literaturwissenschaft entgegen.

Was die *Technik des Dramas* und auch andere Schriften
Freytags heute etwas mühsam lesbar erscheinen läßt, ist ihr
lederner Bildungsstil, den schon Fontane moniert hat, jenes
gepflegte und doch schon runzlige Goethe-Getue, das dem
19. Jahrhundert als stilistische Schablone und Attitüde zu
Gebote stand, wie man auch an Heyse sehen kann. Ein
olympischer Fertig-Stil, der wie von oben herab milde und
moderiert alles an den ihm in der Schöpfung zukommenden
Platz verweist, wird von solchen Autoren fast saucenhaft
über alles gegossen, was darzustellen ist. Man wünschte, das
geriete irgendwo einmal durch Emotion, durch stammelnde
Aufregung oder Kraftworte glaubhaft aus den Fugen. Hier
hat auch Freytags Reserve gegenüber Kleist ihren Grund.

Was andererseits bei so viel Abstand heute Freytags *Technik
des Dramas* wieder lesenswert erscheinen läßt, ist nicht nur
die Tatsache, daß es eines der kanonischen Bücher der
Literatur zum Drama der klassischen Autoren bis Grillparzer bleibt. Gerade die Theorie der Lehrbarkeit des produkti-
ven Schreibens und Gestaltens vergrößert heute, von den
amerikanischen Schreibschulen bewußt gehalten, erneut ihre
Faszination. Schöne Literatur herzustellen, ist derzeit wieder lehr- und lernbarer als vordem, so scheint es. Und also
versuchen wir, Freytags Buch auch wieder als eine Art
workshop in creative writing zu erfahren, ohne daß wir
deshalb glauben müßten, der Fünfakter in Blankversen
stünde direkt vor einer neuen Hochblüte. Auszuschließen

aber ist selbst das nicht, wo doch die Lyrik sich heute wieder in Volkslied-Strophen und -Reimen übt und beim Erzählen die Novelle wieder Konjunktur hat. Lassen wir uns also lehren, wie man heute wieder »Iphigenien« macht.

Frankfurt a. M. 1983 *Klaus Jeziorkowski*

Dichtungstheorie der Aufklärung und Klassik

IN RECLAMS UNIVERSAL-BIBLIOTHEK

Bodmer, Johann Jakob / Breitinger, Johann Jakob, Schriften zur Literatur. Herausgegeben von Volker Meid. 9953 [5]

Empfindsamkeit. Theoretische und kritische Texte. Herausgegeben von Wolfgang Doktor und Gerhard Sauder. 9835 [3]

Gellert, Christian Fürchtegott, Die zärtlichen Schwestern. Lustspiel. Im Anhang: Chassirons und Gellerts Abhandlungen über das rührende Lustspiel. Herausgegeben von Horst Steinmetz. 8973 [2]

Gerstenberg, Heinrich Wilhelm von, Ugolino. Tragödie. Mit einem Anhang und einer Auswahl aus den theoretischen und kritischen Schriften. Herausgegeben von Christoph Siegrist. 141 [2]

Gottsched, Johann Christoph, Schriften zur Literatur. Herausgegeben von Horst Steinmetz. 9361 [5]
– Sterbender Cato. Im Anhang: Auszüge aus der zeitgenössischen Diskussion über Gottscheds Drama. Herausgegeben von Horst Steinmetz. 2097 [2]

Hamann, Johann Georg, Sokratische Denkwürdigkeiten. Aesthetica in nuce. Mit einem Kommentar herausgegeben von Sven-Aage Jørgensen. 926 [3]

Herder, Johann Gottfried, Abhandlung über den Ursprung der Sprache. Herausgegeben von Hans Dietrich Irmscher. 8729 [2]
– Journal meiner Reise im Jahr 1769. Hist. krit. Ausgabe. Herausgegeben von Katharina Mommsen unter Mitarbeit von Momme Mommsen und Georg Wackerl. 9793 [4]
– Von der Urpoesie der Völker (Shakespeare. Über Ossian und die Lieder alter Völker. Über Volkslieder. Über das Buch Hiob). Auswahl und Einleitung von Konrad Nussbächer. 7794
– Von deutscher Art und Kunst. Einige fliegende Blätter. Von Johann Gottfried Herder, Johann Wolfgang Goethe und Justus Möser. Herausgegeben von Hans Dietrich Irmscher. 7497 [3]

Lessing, Gottfried Ephraim, Briefe, die neueste Literatur betreffend. Herausgegeben und kommentiert von Wolfgang Bender. 9339 [7]

- Fabeln. Abhandlungen über die Fabel. Mit einem Nachwort und Erläuterungen von Heinz Rölleke. 27[2]
- Hamburgische Dramaturgie. Herausgegeben und kommentiert von Klaus L. Berghahn. 7738[8]
- Kritik und Dramaturgie. Auswahl und Einleitung von Karl Hans Bühner. 7793
- Laokoon oder über die Grenzen der Malerei und Poesie. Mit beiläufigen Erläuterungen verschiedener Punkte der alten Kunstgeschichte. Nachwort von Ingrid Kreuzer. 271[3]

Schiller, Friedrich, Kallias oder über die Schönheit. Über Anmut und Würde. Herausgegeben von Klaus L. Berghahn. 9307[2]
- Über die ästhetische Erziehung des Menschen in einer Reihe von Briefen. Nachwort von Käthe Hamburger. 8994[2]
- Über naive und sentimentalische Dichtung. Herausgegeben von Johannes Beer. 7756[2]
- Vom Pathetischen und Erhabenen. Ausgewählte Schriften zur Dramentheorie. (Die Schaubühne als eine moralische Anstalt betrachtet. Über den Grund des Vergnügens an tragischen Gegenständen. Über die tragische Kunst. Über das Pathetische. Über das Erhabene. Über epische und dramatische Dichtung. Über den Gebrauch des Chors in der Tragödie. Tragödie und Komödie.) Herausgegeben von Klaus L. Berghahn. 2731[2]

Schlegel, August Wilhelm, Über Literatur, Kunst und Geist des Zeitalters. Auswahl aus den kritischen Schriften (Allgemeine Übersicht des gegenwärtigen Zustandes der deutschen Literatur. Poesie. Goethes Römische Elegien. Goethes Hermann und Dorothea. Bürger. Entwurf zu einem kritischen Institute). Herausgegeben von Franz Finke. 8898[3]

Schlegel, Friedrich, Kritische und theoretische Schriften. Auswahl und Nachwort von Andreas Huyssen. 9880[3]

Schlegel, Johann Elias, Canut. Ein Trauerspiel. Im Anhang: Gedanken zur Aufnahme des dänischen Theaters. Herausgegeben von Horst Steinmetz. 8766[2]

Winckelmann, Johann Joachim, Gedanken über die Nachahmung der griechischen Werke in der Malerei und Bildhauerkunst. Herausgegeben von Ludwig Uhlig. 8338[2]

Philipp Reclam jun. Stuttgart